제대로 작성하는 논문

Proper way for the well written
Research Paper : from Alpha to Omega

시작부터 마무리까지

노경섭, 김정욱 지음

제대로 작성하는 논문 : 시작부터 마무리까지

초판발행 2021년 6월 14일
2쇄발행 2022년 7월 15일

지은이 노경섭, 김정욱 / **펴낸이** 전태호
펴낸곳 한빛아카데미(주) / **주소** 서울시 서대문구 연희로2길 62 한빛아카데미(주) 2층
전화 02-336-7112 / **팩스** 02-336-7199
등록 2013년 1월 14일 제2017-000063호 / **ISBN** 979-11-5664-553-5 03310

책임편집 김은정 / **기획** 고지연 / **편집** 박정수 / **진행** 김은정
디자인 이아란 / **전산편집** 임희남 / **제작** 박성우, 김정우
영업 김태진, 김성삼, 이정훈, 임현기, 이성훈, 김주성 / **마케팅** 길진철, 김호철, 주희

이 책에 대한 의견이나 오탈자 및 잘못된 내용에 대한 수정 정보는 아래 이메일로 알려주십시오.
잘못된 책은 구입하신 서점에서 교환해 드립니다. 책값은 뒤표지에 표시되어 있습니다.
홈페이지 www.hanbit.co.kr / **이메일** question@hanbit.co.kr

Published by HANBIT Academy, Inc. Printed in Korea
Copyright © 2021 노경섭, 김정욱 & HANBIT Academy, Inc.
이 책의 저작권은 노경섭, 김정욱과 한빛아카데미(주)에 있습니다.
저작권법에 의해 보호를 받는 저작물이므로 무단 복제 및 무단 전재를 금합니다.

지금 하지 않으면 할 수 없는 일이 있습니다.
책으로 펴내고 싶은 아이디어나 원고를 메일(writer@hanbit.co.kr)로 보내주세요.
한빛아카데미(주)는 여러분의 소중한 경험과 지식을 기다리고 있습니다.

지은이 소개

지은이 노경섭 nonmoon.kr@gmail.com

현재 한국연구네트워크 LLC의 대표이며, 세종대학교 미래교육원 경영학 전공의 주임교수와 연구과학자 전문 과정의 책임교수를 맡고 있다. 정보통신산업진흥원(NIPA), 정보통신기획평가원(IITP), 한국산업기술평가관리원(KEIT), 한국정보통신진흥협회(KAIT), 중소기업기술정보진흥원(TIPA), 한국방송통신전파진흥원(KCA)의 심사평가위원으로 활동하고 있으며 경영지도사로도 활동하고 있다. 부천대학교 경영과 조교수(겸임)를 지냈고 세종대학교, 한국과학기술대학교, 경기대학교, 중부대학교 등 여러 대학에서 통계학 및 다수의 경영학 관련 강의와 논문 관련 특강을 진행했다. 관심 연구 분야는 인공지능, Python을 이용한 논문 분석 기법, 빅데이터, 데이터 마이닝, The prediction of network 등이다. 주요 저서로는 『제대로 알고 쓰는 논문 통계분석 : SPSS & AMOS (개정증보판)』(한빛아카데미, 2019), 『제대로 시작하는 기초 통계학 : Excel 활용 (2판)』(한빛아카데미, 2021)이 있다.

지은이 김정욱 jukim@sejong.ac.kr

현재 세종대학교 경영대학 경영학부 정교수이며, 세종대학교 비즈니스 애널리틱스 연계융합전공의 주임교수와 경영대학 학장을 역임하였다. 정보관리기술사, 정보시스템 감리사, 개인정보 영향평가사로 활동하고 있으며 한국정보화진흥원(NIA), 국민건강보험공단(NHIS), 공간정보산업진흥원(SPACEN), 코레일네트워크의 심사평가위원으로도 활동하고 있다. 또한 통일부, 산업자원통상부, 한국전력, 한국산업기술평가관리원(KEIT), 정보통신산업진흥원(NIPA), 중소기업기술정보진흥원(TIPA)의 평가위원으로 활동하였다. 관심 분야는 비즈니스 애널리틱스, 비즈니스 인공지능, 블록체인과 암호화폐, 빅데이터, 데이터 마이닝 등이다.

- **홈페이지** www.nonmoon.kr
  이 책으로 학습하는 독자를 위해 유용한 학습 자료와 정보를 제공하는 공간입니다.
  오프라인 강의도 안내하고 있습니다.

- **질문 전용 메일** nonmoon.kr@gmail.com
  이 책을 학습하면서 이해되지 않는 내용이 있다면 메일을 보내주세요.
  성심껏 답변해드립니다.

- **저자 직강 동영상** www.youtube.com/c/노경섭
  책만으로는 이해가 되지 않는다면 저자의 강의를 들어보세요.

지은이 머리말 — 올바르게 논문 쓰는 방법을 알고 싶은 이들에게

유튜브와 오프라인 공간을 통해 논문 관련 강의를 진행하며 가장 많이 느낀 것은 열심히 학위 과정을 밟고 있는 분들이 막상 논문을 쓰려고 할 때 막막해한다는 사실이다. 마치 운전을 전혀 배우지 않았지만 당장 고속도로에 나가 원하는 지점에 도달해야 하는 것과 유사한 상황으로 볼 수 있다.

실제로 많은 사람들의 논문을 살펴보면 형식은 논문이지만 내용은 논문이 아닌 것을 자주 보게 된다. 그런 논문을 쓰고 학위라도 받게 되면, 논문 저자의 어깨가 엄청나게 뻣뻣해지는 것도 보았다. 이 역시 제대로 논문 쓰는 방법을 모르고 주변에서 하는 방법을 그대로 답습하기 때문에 벌어지는 코미디다.

논문을 써야 하는 당사자는 물론 주변에서도 논문을 빨리 쓰고 졸업해야 한다는 말을 하곤 한다. 이런 말이 응원이 아닌 핀잔처럼 들리기도 하는데, 논문의 진도가 안 나가는 것은 사실 연구자의 잘못이 아니다. 논문을 쓰기 어려운 이유는 현재의 대학 교육 시스템과 교육 내용이 논문에 특화된 교육이 아니기 때문이다. 논문을 어떻게 진행해야 하는지, 즉 논문 쓰는 과정에서 무엇을 먼저하고 무엇을 나중에 해야 하는지 알려주는 사람이 없었다.

연구는 고난이도의 두뇌 활동으로, 실제 벌어지는 현상에 대해 관찰하고 고찰하는 시간을 투입해야 하며 선행 연구까지 확인해야 하지만 어느 누구에게서도 그 방법을 들어보지 못했다. 주변에 물어봐야 헛일인데, 이는 비슷비슷한 실력이기에 개인 의견을 들을 뿐 명쾌한 해결책을 듣지는 못한다. 시중에 나와 있는 다양한 논문 작성법에 관한 서적을 보더라도 논문을 준비하는 과정이나 노력해야 하는 부분, 추가로 필요한 도구들에 대해 정확하게 콕 집어서 이야기하지 않고 마치 뜬구름 잡는 듯한 내용으로 기술된 경우가 허다하다.

어린아이가 젓가락 사용법을 배울 때 엄마나 아빠가 손 모양을 바로잡아주며 올바른 방법을 알려주듯이 논문 작성 방법도 그렇게 자상하게 가르쳐야 한다고 생각한다. 엄마 아빠는 아이에게 젓가락 잡는 방법을 보여주고 받치는 손가락을 보여주며 움직여야 하는 젓가락을 손가락에 쥐는 방법을 보여준다. 아이가 배워야 할 것을 콕 집어서 가르치는 것이다. 이렇게 눈으로 보여주며 아이에게 해보라고 하면 몇 번의 교정과 연습만으로도 쉽게 배울 수 있다. 그런데 "두 가락의 얇은 막대를 손가락 사이에 끼워 받치는 손과 움직이는 손으로 막대를 움직여 음식물을 집어서 입에 넣는다"라고 고상하게 알려주면 누가 젓가락 운지법을 정확하게 알 수 있겠는가?

논문을 작성하는 방법도 그와 같다. 논문마다 내용이야 다르겠지만 기본적인 선행 연구 고찰과 논리 전개는 대동소이하기 때문이다. 제대로 작성하는 방법을 콕 집어 보여주고 그 방법대로 진행해나갈 수 있도록 가이드해주면 된다.

이 책은 다음과 같은 기본 관점 아래 구성하였다.

> 1. 논문에 대해 전혀 모르는 사람도 따라 하면 논문이 나올 수 있도록 한다.
> 2. 논문이라는 분야를 조감(鳥瞰)하여 전체적인 안목을 갖도록 한다.
> 3. 논문으로서 가져야 하는 특성을 이해하여 완성도 높은 논문을 작성하도록 한다.
> 4. 연구 분야에서 근거가 되는 최선의 재료(선행 연구)를 기본으로 가져가는 방법을 안내한다.
> 5. 취해야 할 논문과 버려야 할 논문을 보는 눈을 기른다.
> 6. 연구 중에 봤던 논문을 후속 연구에 활용할 수 있는 방법을 안내한다.
> 7. 논문을 작성하면서 누구에게 물어보기 애매한 내용이나 궁금증을 명쾌하게 정리한다.

감사의 글

이번에도 남다른 애정으로 마지막까지 연락을 주고받으며 고생해주신 한빛아카데미 관계자 분들, 1:1 논문 코칭에서 많은 에피소드를 주신 석사·박사·연구자 분들, 논문을 작성하는 연구자들을 위해 씽크와이즈 프로그램을 무료로 제공할 수 있도록 배려해주신 ㈜심테크시스템의 김창석 이사님께 고마운 마음을 전합니다. 특히, 집필 과정 전체에서 인사이트를 얻고 방향 설정을 하는 데 도움을 주시고 논문 작성이라는 현실에서 부분적으로 바람직하지 않은 부분을 질타하는 내용에 대해 사실이라면 자신감을 가져도 된다고 힘을 주신 김정욱 교수님께 감사의 말씀을 전합니다. 마지막으로, 약 1년 동안 주말도 없이 집필에 힘쓰느라 많은 시간을 같이하지 못한 아내와 현준, 형준, 희원 3남매에게 고마움과 미안함을 같이 전합니다.

군자동 연구실에서
노경섭

Contents

지은이 소개 • 3   지은이 머리말 • 4

INTRO 들어가기 전에

01 제대로 된 논문을 쓰기 위한 사전 지식과 장비 • 10
02 논문의 전체 흐름 알기 • 62

Chapter 01 연구주제 선택하기

01 논문 주제의 성격 • 66
02 논문 주제를 선택하기 어려운 이유 • 69
03 연구주제를 빠르게 결정하는 방법 • 72
04 이론적 고찰을 할 때 국내 논문은 피하자 • 75
05 나의 첫 연구주제가 정해지지 않았다면? • 82
06 일반적으로 주제를 선택하는 방법 • 84
07 내 학위논문의 주제가 미래의 나를 결정한다 • 88
Episode 1 논문 작성 선행 학습의 효과를 톡톡히 본 사례 • 90
Episode 2 잘못된 논문 컨설팅을 받은 사례 • 91

Chapter 02 연구주제에 맞는 논문 검색하기

01 논문 서칭의 의미 • 94
02 스스로 논문을 찾아야 하는 이유 • 117
03 초보 연구자가 많이 하는 실수 • 123
04 제대로 논문을 찾는 방법 • 127
05 논문 서칭 후 결과물을 처리하는 방법 • 131
Episode 3 논문 개발의 A부터 Z까지 지도한 사례 • 135

Contents

Chapter 03 키페이퍼 선택하기 / 연구모델 확정하기

01 키페이퍼 선택하기 · 141
02 연구모델 확정하기 · 145
Episode 4 지도 교수님 이야기 · 151

Chapter 04 이론적 배경 구성 및 작성하기

01 이론적 배경을 작성하기 위한 선결 조건 · 155
02 이론적 배경의 작성 포인트 · 159
03 이론적 배경 작성하기 · 163
04 이론적 배경과 가설 설정을 위한 시뮬레이션 · 167
Episode 5 논문의 완성도를 높이고 싶어 다시 쓴 사례 · 171

Chapter 05 연구방법 결정하기 / 설문 작성하기

01 연구방법을 결정하기 위한 선결 조건 · 175
02 설문 작성 방법과 주요 요소 · 182
03 설문 작성하기 · 186
04 기관에서 발표한 자료 이용하기 · 196
05 설문 개발하기 · 200
Episode 6 열정적으로 논문 작성 수업을 듣고 논문에 활용한 사례 · 203
Episode 7 논문 작성 수업을 듣고 동기부여가 된 사례 · 204

Contents

Chapter 06 데이터 수집 및 분석하기

01 최우선 해결 사항 • 209
02 데이터 수집 방법과 데이터 클리닝 장치 • 214
03 데이터 수집 시 마음가짐과 주의 사항 • 218
04 데이터 분석 시 주의할 점 • 221
Episode 8 프로포절과 데이터 클리닝 관련 사례 • 225

Chapter 07 논리 전개하기 / 데이터 정리하기

01 논리 전개: 전략적 접근 • 228
02 데이터 정리 방법: SPSS Statistics & 구조방정식모델 • 235
03 논문 목차에 따라 정리하기 • 241
Episode 9 수준 낮은 논문을 끌어 올린 사례 • 249

Chapter 08 프로포절과 논문 심사 대비하기

01 프로포절 준비하기 • 252
02 논문 심사 대비하기 • 258
Episode 10 논문 작성의 핵심을 파악하는 것이 중요함을 일깨운 사례 • 264

부록 A 이왕 쓰는 논문, 영어로 써라 • 265
부록 B 논문 작성에 대해 정말 궁금했던 것들 • 273

찾아보기 • 283

INTRO

들어가기 전에
Preliminary Works

Contents

Section 01_ 제대로 된 논문을 쓰기 위한 사전 지식과 장비
Section 02_ 논문의 전체 흐름 알기

SECTION 01 | 제대로 된 논문을 쓰기 위한 사전 지식과 장비

▌현실을 정확히 알자

제대로 된 논문을 쓰고 싶다면

지금 이 책을 선택한 독자는 논문을 쓰고 싶은 사람 혹은 써야 할 논문을 완성도 높게 쓰고 싶은 사람일 것이다. 막상 논문을 쓰려고 보면 어떻게 써야 할지, 어떤 방향으로 접근해야 할지에 대한 적절한 안내를 찾기 어렵다. 설사 관련 서적을 참고해 보더라도 개념적인 내용 중심이어서 실제로 논문을 쓸 때 구체적으로 따라 할 수 있는 가이드가 되지 않았기 때문에 이 책을 손에 집어 들었을 것이다.

학위논문을 쓰거나 저널에 싣기 위한 논문을 개발한다고 할 때, 방향성이나 접근법을 염두에 두지 않고 무작정 써나간다 해도 시간이 지나면 경과야 어떠하든지 결국 어떠한 형태로든 논문은 완성되게 마련이다. 하지만 이 과정에서 조금이라도 제대로 된 방법을 알고 접근한다면 논문의 질은 훨씬 올라갈 것이다. 어차피 써야 할 논문이라면 최대한 완성도를 높여야 하지 않겠는가?

기존 논문을 참고해 형식적인 논문의 모습을 갖추었다고 해서 다 논문이 되는 것은 아니다. 사실, 연구윤리를 준수하면서 논문이 가져야 할 가치를 충분히 갖춘 논문을 주변에서 찾기가 쉽지 않은 것이 현실이다. 논문에는 연구자의 이름이 반드시 들어간다. 그 의미가 무엇인지 한번 생각해볼 필요가 있다. 논문 저자가 자신의 업종을 떠나서 세월이 더 흘러 생을 마감하더라도, 인터넷 어딘가에는 자신의 이름으로 된 연구 결과가 논문의 형태로 여전히 남게 된다. 그렇다면 연구는 '연구자에 의해 제대로, 정확한, 양질의 연구가 이루어져야 하며, 그 결과들이 논문에 제시되어야 한다'는 기본 사항을 기준으로 삼고, 연구과정은 물론 논문을 개발하는 과정에 적용해야 할 것이다.

이 책에서 가장 먼저 강조하는 것은 장비다. 논문을 쓰는 데 무슨 장비가 필요하나 싶겠지만, 장비를 잘 갖추어놓으면 논문을 쓰는 과정에서 상당한 도움을 받으며 안정적으로 쓸 수 있다. 장비를 효율적으로 활용함으로써 연구에 몰두할 수 있고 논문을 마무리 짓는 시점에서는 최소한 1~2주 정도의 시간을 벌 수 있다. 실제로 논문을 쓰면서 실감하겠지만, 논문 작성 후반부에 1~2주를 절약할 수 있다면 최소한 밤은 새지 않으면서 작업을 마무리할 수 있으며 연구자 자신도 모르는 실수를 방지할 수 있다는 큰 이점이 생긴다.

연구는 높은 산을 오르는 것과 같다. 동네 뒷산에 오를 때는 장비가 그다지 중요하지 않지만, 에베레스트와 같은 태산을 오를 때는 장비 문제로 목숨이 위험해지는 경우도 발생한다. 이때 셰르파(sherpa: 등정을 돕는 인부이자 안내자)의 안내는 아주 중요한 역할을 하며, 셰르파의 역량에 따라 등정의 성공 여부가 갈리기도 한다.

[그림 0-1] 논문을 쓰려면 장비가 필요하다.

지금은 과거처럼 원고지나 A4 용지에 타자기를 활용하는 물리적인 요소들의 합으로 논문이 생산되지 않는다. 연구의 편리함을 가져다주는 수많은 논문 작성 프로그램을 쉽게 접할 수 있고, 학교에서는 논문을 쓸 수 있도록 다양한 지원을 아끼지 않고 있다.

장비와 관련한 이야기를 집중적으로 다루기 전에, 대학원생과 수료생을 포함한 연구자들이 왜 논문 작성에 부담을 느끼는지에 대해 생각해볼 필요가 있다. 문제를 이해해야 문제를 풀 수 있듯이, 논문 쓰기가 어려운 이유를 정확하게 알고 넘어가야 논문을 쓰더라도 정확하고 제대로 된 논문을 쓰게 될 것이기 때문이다.

논문을 쓰려고 하면 왜 막막할까?

이 책의 독자 중에는 대학생도 있겠지만 상당수는 대학원생 이상으로 연구에 집중하는 분들일 것이다. 석사과정 4학기와 박사과정 6학기 동안 준비하고 노력해왔는데, 왜 논문을 쓰려고 하면 막막한 생각이 드는 걸까?

솔직히 말하자면, 대학원을 성실하게 다니면서 열심히 공부했다 하더라도 논문을 쓰지 못하는 것이 자연스럽다고 할 수 있다. 풀타임으로 학업을 진행한다 해도 박사과정 6학기 동안 배워야 할 것이 너무 많아 정작 마지막에 해야 할 논문 쓰는 방법은 배우지 못하기 때문이다.

이 때문에 어찌어찌 논문을 쓰고 학위를 취득했다 하더라도 연구자로서 역량이 부족한 것은 당연한 귀결이라 할 수 있다. 그 결과 후속 연구로 이어지기가 어렵다. 최소한 박사학위를 가진 사람이라면 스스로 연구주제를 설정하고 연구방법과 그 실행 방법까지 알고 있어야 한다. 박사학위를 받은 다음에도 논문을 작성하기 위해 다른 사람의 지도가 필요하다면 박사학위 논문을 작성했던 과정에서 배워야 할 중요한 무언가를 갖추지 못하고 지나버린 것이다.

대학원에 입학하면 교수님에게서 논문 쓰라는 말을 듣게 된다. 하지만 학교에서는 정작 논문 쓰는 방법을 가르치지 않는다. 물론 모두 그런 것은 아니겠으나 국내의 많은 대학원이 그렇게 돌아가는 상황이다. 운이 좋다면 프로젝트를 하면서 논문으로 연결하는 방법을 배우기도 할 텐데, 모든 대학원생에게 이런 기회가 열려 있지는 않다. 또 프로젝트에 참여한다 해도 프로젝트의 상황에 밀려 논문을 쓰는 것이지 연구자 스스로 연구주제를 선택하는 과정을 거쳐 개발을 진행하는 것이 아니므로 여전히 연구자의 연구 역량과 관련하여 문제가 발생할 소지가 있다. 그렇다면 학교에서는 왜 논문을 쓰라고 하면서도 정작 논문 쓰는 방법은 알려주지 않을까?

논문을 쓰기 위한 연구를 하려면 기본적으로 알고 있어야 하는 지식이 있다. 기본적으로 연구조사방법론을 알아야 하는데 이는 1과 2로 구분되어 있다. 이런 방법론을 제대로 공부하려면 최소 2학기가 필요하다. 그런데 방법론만 알아서는 부족하다. 양적 연구라면 기본적인 분석 방법에 해당하는 통계학을 알아야 한다. 물론 SPSS나 SAS, STATA, Python, R 등 다양한 통계 프로그램을 접할 수 있지만, 최소한 기초통계학은 기본으로 알고 난 이후, 연구에서 사용하는 통계학으로 범위를 넓혀야 연결되는 후속 연구와 관련해 다각도로 접근할 수 있다. 이처럼 기초통계학과 연구에서 사용하는 논문통계를 배우는 데만도 2학기가 필요하다. 여기서 끝이 아니다. 현재 가장 많이 사용되는 분석 방법을 배워야 한다. 최근에는 많은 연구에서 약 15년 이상 구조방정식모델링(SEM: structural equation modeling) 방법이 유행하고 있다. 또한 인문사회과학 분야가 점점 더 복잡해짐에 따라 더 깊숙이 들어가는 연구를 진행하기 때문에 이에 대한 연구방법도 배워야 한다. 이 정도가 기본적으로 알아야 할 지식이다. 그리고 이렇게 습득한 지식을 논문으로 적용하는 과정이 있어야 하는데, 이때 또 1학기가 더 필요하다.

이처럼 최소한 6과목을 배워야 '이제 좀 연구를 해볼까?' 하는 생각을 할 수 있다. 이런 과정을 대학원의 커리큘럼에 넣는다면 전공 과정에 해당하는 과목은 뒤로 밀릴 수밖에 없

[그림 0-2] 빡빡한 대학원 커리큘럼 속에 논문 작성에 필요한 과목을 집어넣을 여력이 없다.

다. 결국 시간과 비용의 물리적인 한계로 대학원 커리큘럼에 이런 기초 과목들을 넣을 수 없으므로, 전부 연구자 스스로 학습해야 하는 과목이 되어버렸다. 그러니 논문을 쓰지 못하고 있다 하더라도 절대로 낙심하거나 괴로워할 필요가 없다. 단지 모르는 것은 모른다고 인정하고 이제부터 하나씩 쌓아간다는 심정으로 준비하는 자세가 필요하다.

이 과정에서 한 가지 주의해야 할 점이 있다. '남들이 이렇게 하니까 나도 그냥 따라 하면 되겠지.'라는 안이한 생각을 경계해야 한다. 특히나 이런 위험한 인식과 태도는 지도 교수님의 랩이 활성화된 경우에 많이 나타난다. 어떤 것을 접하더라도 문제의식을 갖지 않는 연구자라면 큰 문제가 아닐 수 없다. '왜?'라는 생각을 배제한 채 기존 논문에 나온 것을 무조건 답습하는 태도는 철저히 지양하도록 해야 한다. 연구자로서 좀 더 적극적으로 문제의식을 가져야 하고, 어떤 측면으로는 학문에 있어 비평적 시각(critical view and review)을 가지고 접근하는 것이 필요하다.

▌ 논문 기본 지식

우리가 앞으로 써야 할 구체적인 대상이 되는 '논문'의 성격을 알고 시작한다면 조금 더 편하게 논문을 대할 수 있다. 논문이란 무엇이고, 논문에는 어떤 종류가 있으며, 좋은 논문이 될 수 있는 조건들은 무엇인지 살펴보자.

논문이란?

논문의 일반적 정의는 '연구자가 연구에서 가설을 설정하고 적절한 절차에 따라 형식을 갖추어 이론적으로 혹은 논리적으로 증명하거나 검증해서 연구자의 주장을 입증하는 글'이다. 마땅히 왜 연구를 하는지, 연구에서 보여주고자 하는 것이 무엇인지,

[그림 0-3] 논문은 레고처럼 각 부분이 모여 하나의 주장을 증명하는 과정이다.

연구를 통해 어떤 공헌이 있는지를 나타내야 한다. 이를 위해 서론-본론-결론의 흐름이 있어야 하고, 논문에서 사용하는 문장들 간의 자연스러운 흐름이 처음부터 끝까지 잘 연결되어 나타나야 한다. 이처럼 일정한 흐름을 보여주는 구성은 논문마다 혹은 연구자마다 새롭게 창조하는 것이 아니다. 연구 논문에서는 논리를 주장해가는 일정한 규칙이 존재한다. 마치 레고(LEGO)를 맞추어가듯이, 논문에서 증명하기 위한 여러 부분의 논리 조각들이 모여서 하나의 주장을 증명하는 과정이라 할 수 있다. 이때 연구자가 중요시해야 할 것

은 논리의 흐름이다. 논문은 정서적인 글쓰기가 아닌 논리적인 글쓰기이므로 건조한 문장(건조체)을 사용한다. 즉, 연구 결과를 주장하기 위해 증거를 바탕으로 논리적 흐름에 따라 새로운 지식을 독자에게 전달하여 알리는 것이다.

당연히 전달되는 내용에는 어떤 지식적인 기여나 공헌이 나타나야 한다. 이때 나타나는 기여나 공헌의 크고 작음이 논문의 질을 판단하는 근거가 된다. 활자화된 형태로 공개된 논문은 공공재다. 완성된 논문을 저널이나 학회에 투고하여 게재가 확정된 순간 공공재가 된다. 따라서 이 논문을 읽는 독자에게 무언가 영향력 있는 결과를 제공해야 한다. 그 영향은 지엽적인 것이 될 수도 있고, 범용적인 것이 될 수도 있다.

논문은 영어로 thesis, article, paper 등으로 나타내며, 특히 학위논문은 dissertation으로 표현한다. 학위논문의 경우, 엄격한 형식이 요구되며 연구문제를 설정했다면 그 연구문제를 해결하기 위한 연구방법론을 자세히 제시해야 하고 그에 따른 결과까지 상세하게 보고해야 한다.

논문이 갖추어야 할 형식

논문(論文)은 말 그대로 논리적으로 구성된 문장의 나열이다. 논리의 진행이라는 관점에 초점을 맞추어보자.

당연한 말이지만, 연구자는 어떤 문제의식을 느끼고 그 문제에 대해 파악하거나 해결하기 위해 연구를 진행한다. 기존에 알았던 것과 다른 무언가를 찾아내거나 알지 못하던 것을 찾아내어 세상에 알리려는 것이다. 그러므로 연구자는 즉흥적인 말이나 행동으로 특정 사실을 나타내는 것이 아니라 증거를 찾고 이론적인 근거로 접근하는 연구를 시작하게 된다.

그렇다면 논문에서는 우리가 알고 있는 세상은 어떤지, 그중에서 어떤 부분에 문제의식을 느꼈는지, 그에 대해 어떤 방식으로 밝히려 하는지를 설명해야 한다. 독자 입장에서 볼 때, 연구의 시작에서부터 연구자가 왜 그러한 연구 의도를 가졌으며 문제의식 및 해결 방법를 시도하는지에 대해 이해할 수 있도록 해야 할 것이다. 이런 과정을 논문의 **서론**(序論, introduction)이라고 한다.

서론에서 문제가 있음을 제시했다면 이제 그에 대한 증거를 내놓아야 한다. 그러려면 현재까지 그 문제가 어떤 방식의 연구를 통해 이해되어 왔는지 설명하거나 다른 사람이 그 문제에 대해 연구한 것이 있다면 그 근거를 설명해야 한다. 문제에 대한 근거(이론)들이 잘 정리되었다면, 이를 기반으로 연구자가 인식한 문제를 해결하기 위한 모델이나 사안에 대해 선행 연구자들이 어떻게 접근해왔는지 고찰한다. 그래야 연구자의 연구문제가 기존과 어떻게 다른지 설명할 수 있고, 연구자의 연구주제와 해결 방법이 이론적으로 문제없음을 나타낼 수 있다. 선행 연구를 고찰하며 인용할 때 주의할 점은 선행 연구의 결과와 연구자의 의견이 들어갈 때 표절이 되지 않도록 기술해야 한다는 점이다. 그래서 연구자는 연구를 시작하기 전에 **연구윤리**[1]에 대한 이해가 선행되어야 한다. 이러한 일련의 과정을 나타내는 부분을 **이론적 배경**(theoretical background)이라 한다.

문헌에 대한 고찰을 이루는 이론적 배경이 마무리되면, 이제 연구자가 제시한 연구문제를 해결을 위한 연구모델이나 대상에 대한 설정이 필요하다. 당연히 문헌적 고찰의 바탕 위에서 진행해야 하고, 설정된 연구문제를 해결하기 위한 연구모델에 맞게 실제적인 데이터를 수집해야 한다. 이 과정에서 연구모델뿐 아니라 연구문제를 해결하기 위한 가설 설정과 가설의 채택/기각 여부를 판단하기 위한 기준을 선택해야 하고, 어떤 방법으로 이를 해결할지에 대한 설명이 필요하다. 이러한 과정이 **자료의 수집 및 분석 방법**(data collection and methods)에 속한다.

연구 목적에 맞게 수집한 데이터는 분석 방법에 맞게 분석해야 한다. 이론에 맞는 변수와 신뢰성 및 타당성을 확보해야 하고, 분석한 데이터를 바탕으로 가설의 채택/기각 여부를 판단해야 한다. 여기에 분석 결과에 대한 해석을 기술한다. 이러한 과정을 **연구모델, 자료 분석 및 가설 검정**(data analysis, test of hypothesis and discussion), **분석 결과**라 한다.

분석 결과를 기술했다면, 이러한 결과를 일반화하여 어떠한 의미가 있는지 기술하는 것이 **결론**(conclusion)이다. 이후 연구자에 대한 시사점과 해당 연구의 한계점을 언급하고, 실무자들에게 제시할 수 있는 시사점을 기술하며 전체적인 논문을 마무리한다.

■ **논문이 갖추어야 할 구조**

논문 제목

초록

키워드

1. 서론

2. 이론적 배경

3. 연구모델과 분석 방법

4. 결과 분석

5. 결론

참고문헌
---

[1] 연구윤리에 관한 자세한 내용은 한국연구재단(www.nrf.re.kr)이나 연구윤리정보센터(www.cre.or.kr)를 방문하면 쉽게 찾아볼 수 있다.

논문의 종류

논문은 크게 일반적인 학술논문과 학위논문으로 구분할 수 있다. 학술논문은 학회나 저널에 투고하여 출판된 논문을 가리킨다. 학술논문은 학자들 간의 교류를 목적으로 활발하게 진행되고 있으며, 해당 분야의 학문 발전에 기여하고 있다. 학위논문은 명칭 그대로 학위 취득에 목적을 두고 작성된 논문으로, 연구자의 연구 분야를 논문의 출발점으로 인식할 수 있다. 특정 주제를 선택하여 연구하고 결과를 정리하는 것은 학술논문과 같으나 보다 자세하고 구체적으로 자료를 제시하며 분량에 제한이 없다.

논문은 기술이 되는 대상의 유형에 따라 다시 다음과 같이 구분할 수 있다.

■ 원저 논문(original research)

저자가 연구주제에 대해 실험, 설문, 관찰 등의 방법으로 연구를 진행하여 그 결과를 논문으로 보고하는 형식이며, 가장 대중적으로 쓰이는 1차 문헌이다. 상세한 보고 형식을 따르고 연구 배경, 방법, 가설, 연구 결과와 해석, 연구의 의의가 보고되므로 가장 가치 있게 평가받는다. 가장 일반적인 유형이지만 논문을 작성하는 데 많은 시간을 필요로 한다.

■ 리뷰 논문(review article)

기존에 연구하여 보고된 문헌을 고찰하여 개략적인 내용을 제시하는 논문이며, 2차 논문으로 분류한다. 기존에 출판된 논문을 기반으로 하기 때문에, 원저 논문에 비해 상대적으로 중요도가 낮다. 하지만 해당 분야에 대해 집중적으로 리뷰해놓은 논문을 참고하는 논문이 상당히 많기 때문에 그 분야를 전체적인 파악하기에 좋은 논문이다.

■ 임상 사례 연구(clinical case study)

의료나 임상에서 얻은 데이터를 이용하여 분석하는 연구이며 1차 문헌으로 분류된다. 이 연구를 통해 이론을 확장하여 일반화하는 것에 목적을 둔다. 대량 관찰이나 대표적인 표본을 구성하지 않고 하나의 대상에 대해 여러 요소를 집중하여 심도 있게 연구한다는 특징이 있다.

■ 임상 시험(clinical trial)

새로운 약품이나 의료 기기가 개발되면 이에 대한 유효성과 안정성을 확인하여 증명하기 위한 목적으로 사람에게 실시하여 결과를 종합하는 것을 말한다. 예를 들어, COVID19의 백신 유효성을 확인하기 위해 1상, 2상, 3상, 4상의 총 4단계에 걸친 임상 시험이 이루어진다. 실제로 이런 임상 시험의 결과가 랜싯(Lancet)과 같은 저널에 발표되고 있다.

■ 견해, 논평, 의견(perspective, commentary, opinion)

사회에서 일반적으로 받아들이는 특정 개념에 대해 진행하는 학술적 검토를 의미한다. 단일 개념과 다중 개념에 대해 주로 개인적인 관점에서 검토가 이루어진다.

■ 도서 리뷰(book review)

도서가 논문에 비해 논리성은 물론 근거를 제시하는 부분이 약하기 때문에 일반화하기는 어렵다. 따라서 도서 리뷰는 출간된 학술 서적에 대해 의견을 제시하는 것을 목적으로 하며, 논문 형식으로 학술 저널에 게재한다.

> **참고** Paper, Thesis, Article, Dissertation의 구분
>
> • **Paper**
> 일반적으로 논문을 일컫는 말이지만, 보통 대학에서 과제로 제공하는 간략한 논문을 가리킬 때 많이 쓴다.
> - Term paper: 학기 중에 주어지는 과제로서 보고서와 같은 논문
> - Research paper: 일반적인 연구 논문을 말하며 연구자가 정한 주제에 맞는 논증을 통해 과학적 결론을 도출하는 논문
>
> • **Thesis**
> 일반적으로 학위논문을 일컫는 말이지만, 주로 석사논문을 가리킬 때 많이 쓴다.
>
> • **Dissertation**
> 일반적으로 학위논문을 일컫는 말이지만, 주로 박사논문을 가리킬 때 많이 쓴다.
>
> • **Article**
> 일반적으로 저널에 투고되는 논문을 의미하며, 학위논문에 비해 단순한 구조와 내용으로 구성된다.

좋은 논문이 되기 위한 조건

연구자라면 당연히 좋은 논문을 쓰기 위해 노력해야 하고, 그러자면 좋은 논문의 조건을 알고 있어야 한다. 대표적인 세 가지 조건을 살펴보자.

(1) 독창성

누구나 할 수 있는 연구가 아닌 연구자만의 독특한 아이템에 따른 연구를 말한다. 이런 독창적인 논문을 개발하기 위해서 무엇에 가장 집중해야 할까? 과연 전공 공부를 열심히 하면서 전공에서 필요한 저널만 꾸준히 집중해서 읽으면 나만의 독창적인 연구가 가능할까? 물론 전공 지식이 아주 많다면 분명 도움이 될 수 있다. 하지만 여기서 간과하지 말아야 할 것이 있다. 개별 학문의 영역만으로 접근해서는 현대사회의 복잡하고 다양한 연구 대상이 지닌 성격과 속성을 충분히 설명할 수 없다는 것이다. 그렇기에 학제적(interdisciplinary)인 연구가 중요하다. 여러 학문 분야의 이론과 다양한 기법을 적용하여 연구문제에 체계적으로 접근해야 한다.

그 나물에 그 밥이란 말이 있다.[2] 전공 논문들만 참고해서는 절대로 독창적인 연구 결과가 나올 수 없다. 지도 교수의 랩(Lab)이 활성화되어 있다면 코스워크 기간을 한결 수월하게 지낼 것이다. 하지만 불행히도 그 랩에서 작성되는 논문들을 보면 비슷한 경우가 꽤 있다. 이런 상황이라면 참고문헌 역시 공유되기 십상이다. 논문 작성 방법을 모르니 서로 의지하게 되고 자기 그룹 안에서만 의견을 공유하는 것이다. 이러다 보니 취해야 할 논문과 버려야 할 논문을 구분하는 성숙한 눈을 가지기 어렵다. 연구자의 논문 개발에 도움이 된다고 판단된다면, 틈틈이 심리학, 법학, 자연과학 등 다양한 분야의 논문을 같이 읽기를 권한다.

(2) 윤리성

윤리성과 관련된 문제는 간단히 정리하기가 쉽지 않다. 하지만 연구자라면 반드시 숙지해야 할 사항이다. 연구자가 마음먹고 연구윤리를 무시하더라도 이를 밝혀내기가 쉽지 않다. 그렇기에 연구자는 연구 편향이나 표절 등의 문제에서 적당히 타협하고 싶은 유혹을 받기도 한다. 위안부를 자발적 성 노동자로 왜곡 기술하여 전 세계적으로 큰 이슈가 된 하버드대학교의 미쯔비시 교수의 논문은 연구윤리의 중요성을 일깨우는 대표적인 예라 할 수 있다.

연구 과정에 편향이 있음을 알고도 그 연구를 의도적으로 일반화하려 했다면 연구자로서의 자질에 문제가 있는 것이다. 예를 들어, 어떤 분석 방법을 적용하여 해결하는 유사한 툴(tool)이 2개가 있는데, A툴로는 잘 해결되지 않지만 B툴을 쓰면 이상하게도 쉽게 해결할 수 있는 경우를 가정해보자. 이런 경우 연구자는 분석 방법이 같은 것으로 생각할 수 있기 때문에 B툴을 주로 사용하게 될 것이다. 하지만 윤리적인 연구자라면 같은 데이터를 대상으로 분석 방법을 적용할 때, 왜 A툴은 잘 해결되지 않지만 B툴로는 해결되는지를 고민해야 한다. 그런 과정이 있어야 진정한 연구자로 자리매김할 수 있다.

연구윤리와 관련하여 크게 유념해야 할 또 다른 이슈는 표절 문제다. 지금은 ICT(information communication technology)가 발달하여 표절 여부를 검사 프로그램으로 확인할 수 있다. 이러한 표절 검사 시스템이 우리나라 대학에서 의무적으로 사용되기 시작한 때가 2015년이므로 과거에는 연구자 스스로 표절 여부를 확인할 방법이 없었다. 현재, 기본적으로 6어절이 동일한 순서로 배열되어 있으면 표절로 인식하며, 최대 20%의 표절이 아니라면 학위를 받는 데는 문제가 없다. 물론 연구자가 해당 내용을 이해한 후 참고문헌을 보지 않고 문장을 스스로 작성한다면 표절로부터 자유로울 수 있다.

(3) 검증 가능성

검증 가능성이란 연구 결과물에 대해 다른 사람이 다시 똑같은 연구를 하더라도 동일한 결과가 나와야 한다는 것이다. 이는 신뢰도의 문제다. 신뢰도란 반복 측정했을 때 어느 정도 동일한 결과가 나오는지를 수치로 나타낸 값이다. 검증 가능성이 뒷받침되지 않는다면

---

[2] 특정 전공이나 분야를 폄훼하려는 의도가 아님을 양해해주기 바란다.

해당 연구 결과가 특정 상황하에서만 확인된 결과이므로 일반화하기에 무리가 있다. 앞에서도 이야기했지만, 논문은 공공재이기 때문에 논문에서 주장하는 내용은 일반화되어야 한다. 공공재는 누구나 볼 수 있어야 하고, 누구나 적용하고 활용할 수 있어야 한다.

논문 쓰기는 장비발로 시작하자

연구자가 해당 분야를 어느 정도 파고 들어갈 것인지를 땅을 파는 것에 비교해볼 수 있다. 땅을 팔 때 호미나 삽을 사용할 수도 있지만 포크레인 등의 중장비를 사용한다면 훨씬 수월하면서도 깊고 정밀하게 팔 수 있다. 논문을 쓸 때도 마찬가지다. 논문 작성에 도움이 되는 효율적인 장비들을 제대로 활용하면 연구에 집중하고 논문을 개발하는 데 큰 보탬이 된다.

■ 워드프로세서

이견이 있을 수도 있으나 논문을 쓸 때 가장 먼저 생각해야 할 것이 워드프로세서의 선택이다. '시작이 반'이라는 말이 있듯이 논문 쓰기에 최적화된 워드프로세서를 선택한 순간 논문의 반은 이미 썼다고 생각해도 좋을 정도로 중요하다.

[그림 0-4] 마이크로소프트의 워드프로세서

■ 마인드 프로세서

논문을 쓰다 보면 이것저것 생각해야 할 것이 너무나도 많다. 논문 주제와 직접적으로 관련된 생각도 있겠지만 갑자기 다양한 아이디어가 생길 수도 있다. 이럴 때 논문을 전체적으로 조망하거나 번뜩이는 아이디어를 정리할 수 있는 마인드 프로세서 프로그램이 있다면 논문 쓰기가 한결 수월해질 것이다. 시중에는 무료 버전을 포함해 수많은 마인드맵 프로그램이 나와 있다. 이 책을 구매한 독자들에게는 국내에서 개발되고 해외로 수출하는 씽크와이즈의 마인드 프로세서 프로그램을 무료로 제공한다. 따라서 이 책에서도 씽크와이즈 프로그램을 이용하여 정리하는 방법을 소개한다.[3]

[그림 0-5] 씽크와이즈의 마인드 프로세서

---

[3] 참고로, 씽크와이즈의 마인드 프로세서는 단순한 마인드맵의 한계를 훨씬 뛰어넘는 퍼포먼스를 나타낼 수 있다. 지면의 한계로 인해 이 책에는 많은 기능을 소개하지 못하지만 유튜브를 통해 논문에서 활용 가능한 다양한 기능을 소개하도록 한다.

■ 전문 서지 관리 프로그램

논문을 작성하다 보면 수많은 참고문헌을 검토하게 된다. 참고문헌을 정리하는 자신만의 방법이 있겠지만, 엑셀 등의 문서 프로그램으로 정리하기보다는 참고문헌을 관리하는 전문 서지 관리 프로그램을 이용하는 것이 논문 쓰기에 유리하다. 이미 사용하는 관리 프로그램이 있다면 그대로 사용하면 된다. 만약 사용하는 관리 프로그램이 없다면 Mendeley를 추천한다. Mendeley는 세계 최대의 네덜란드 출판사인 Elsevier에서 무료로 제공하는 프로그램으로, 클라우드(cloud) 역시 무료로 제공하기 때문에 논문 작성의 효율성을 극대화할 수 있다.

[그림 0-6] Elsevier의 Mendeley

장비발의 시작, MS-Word

논문 작성의 기본 도구는 워드프로세서다. 일반인들에게 보급되기 시작한 것이 이미 30년이 넘었으며 학교마다 저널마다 워드프로세서로 논문을 작성하는 고유의 형식을 만들어두고 이 형식에 맞추어 투고하도록 하고 있다. 그렇다면 연구자는 어떤 워드프로세서를 써야 할까? 자기에게 가장 익숙한 워드프로세서를 쓰면 될까?

대한민국에서는 많은 사람들이 우리나라의 토종 프로그램인 흔글을 사용한다. 흔글은 우리나라의 거의 모든 기관에서 사용하는 워드프로세서로, 기능이 출중하다. 흔글이 좋은 프로그램임을 알고 있지만, 그렇더라도 논문을 효율적으로 쓰고 싶다면 MS-Word를 사용해야 한다는 것은 필연에 가깝다. 물론 흔글에서도 논문 작성에 필요한 기능이 지원되고 많은 연구자들이 흔글을 사용하여 학위논문을 써서 학위를 받았다. 그러나 논문을 작성할 때 내부적으로 많은 전처리 작업을 해서 출력해야 할 뿐만 아니라 연구자의 노동력을 효율적으로 사용해야 하는데 이와 관련된 흔글 기능은 MS-Word에 비해 상당히 빈약하다.

논문을 쓸 때 MS-Word을 사용해야 하는 이유는 크게 세 가지로 볼 수 있다.

첫째, 논문에서 원하는 부분에 바로 접근할 수 있다. 목차 기능을 이용하여 각각의 목차를 지정하면 MS-Word의 좌측 면에 목차 제목이 표시된다. 이 제목을 클릭하면 본문의 해당 부분으로 바로 이동할 수 있다. 별것 아닌 것 같은 기능이지만, 논문을 쓸 때 앞뒤로 왔다 갔다하며 작업을 하는데 이때 마우스의 휠을 수없이 돌리기보다는 목차 기능을 활용해 즉각적으로 액세스하면 상당히 편리하다.

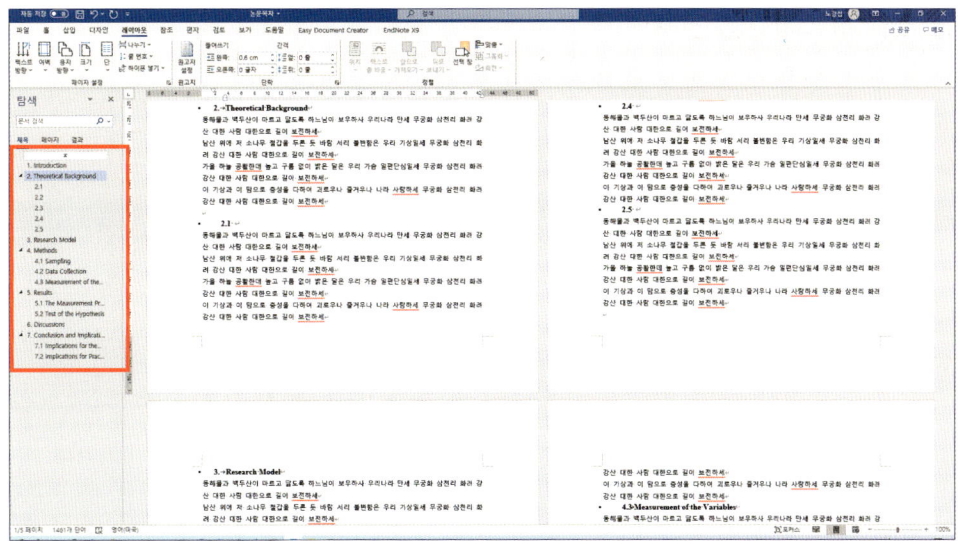

[그림 0-7] 목차 기능을 이용해 해당 본문 바로 가기

둘째, 목차 기능을 이용하면 단 한 번의 클릭만으로 목차를 정렬할 수 있다. 표목차와 그림목차 역시 한 번 클릭하여 따로 정리할 수 있다. 이때 본문의 목차 페이지가 정확하게 표시되므로 따로 대조할 필요가 없다. 물론 흔글에서 이와 유사한 기능을 사용할 수 있음을 알고 있다. 하지만 설정하는 방법이 너무 복잡하여, 인터넷을 이리저리 돌아다니며 해당 기능에 대한 사용법을 찾는 데 시간이 너무 많이 들어간다. MS-Word에서 '목차' 기능을 사용하면, 목차를 만들어야 하는 페이지에서 한 번의 클릭만으로 목차를 구성할 수 있다.

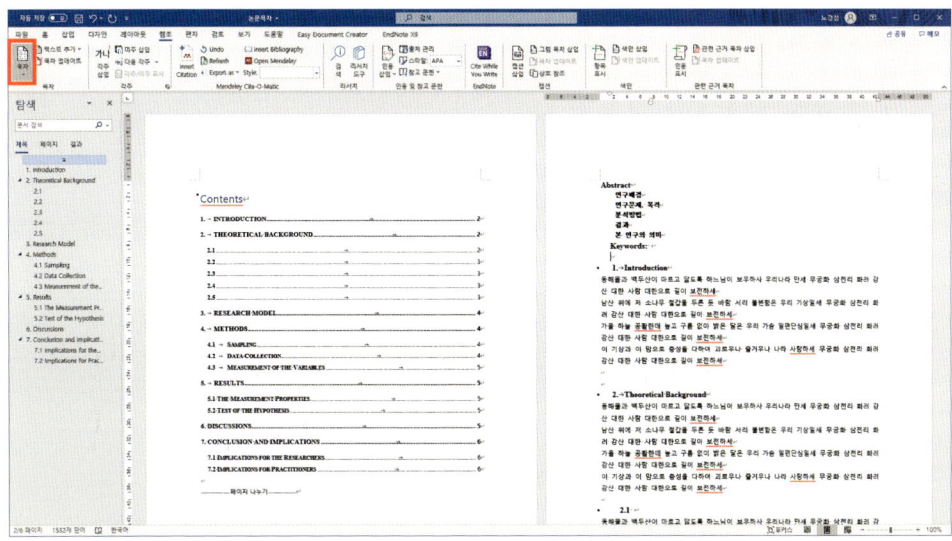

[그림 0-8] 목차 정렬하기

셋째, MS-Word에서는 참고문헌을 관리하는 서지 관리 프로그램을 지원한다. 흔글에서는 이들 프로그램을 전혀 지원하지 않으므로, 이것이 MS-Word를 사용해야 하는 가장 큰 이유가 되기도 한다.

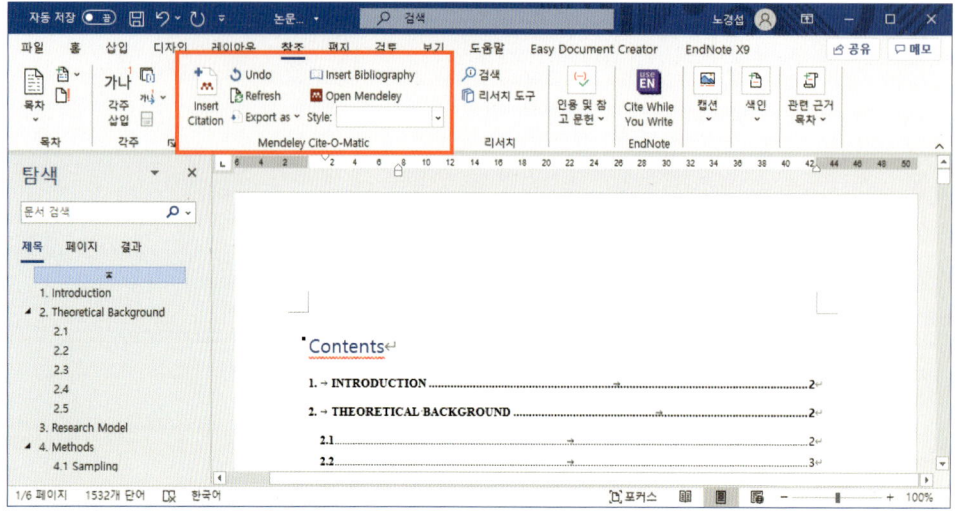

[그림 0-9] 서지 관리 프로그램 지원: Mendeley

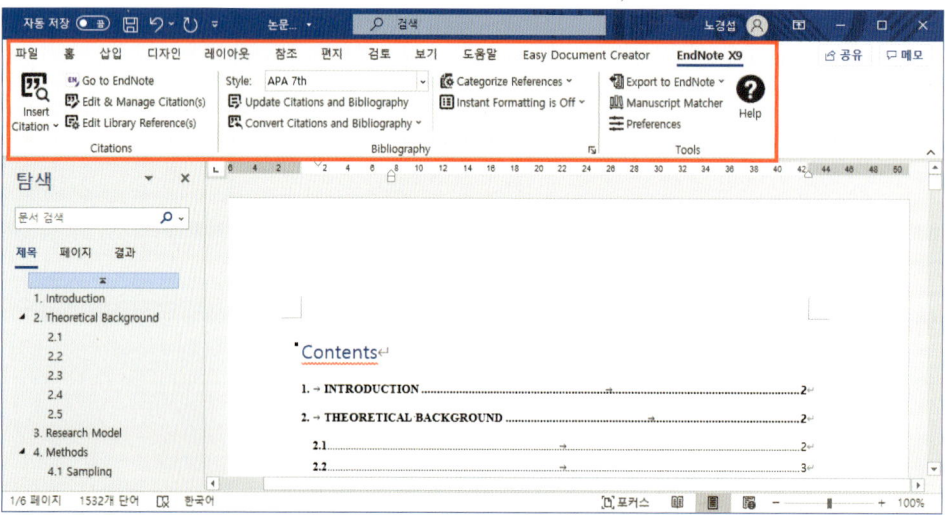

[그림 0-10] 서지 관리 프로그램 지원: EndNote

씽크와이즈의 마인드 프로세서

마인드맵 프로그램이 수도 없이 많지만, 씽크와이즈의 마인드 프로세서는 토니부잔의 마인드맵 개념을 적용하였고, 이를 발전시켜 다양한 기능을 장착하고 있다. 씽크와이즈 마인드 프로세서는 국내에서 개발된 프로그램으로 다른 마인드맵 프로그램과는 비교가 되지 않을 정도로 기능이 많다. 특히 PC와 스마트폰은 물론 웹으로도 연동되므로 논문을 쓰는 동안 떠오르는 아이디어나 수많은 문헌을 정리할 때 연구자들의 애로 사항을 효과적으로 해소해줄 것이라 확신한다.

이제 설치 방법과 사용 방법을 알아보자. 홈페이지(https://www.thinkwise.co.kr)를 방문해서 다운로드하면 유료 버전이나 기본 기능만 있는 Base 버전을 받게 된다. 독자들께 최신 프리미엄 기능을 3개월간 무료로 사용할 수 있는 별도의 링크를 제공한다.[4]

설치하기

01 프로그램을 다운로드하기 위해 http://twd.so/ATvMm에서 ❶ 이름과 이메일을 입력하고 ❷ 확인 버튼을 클릭한다.

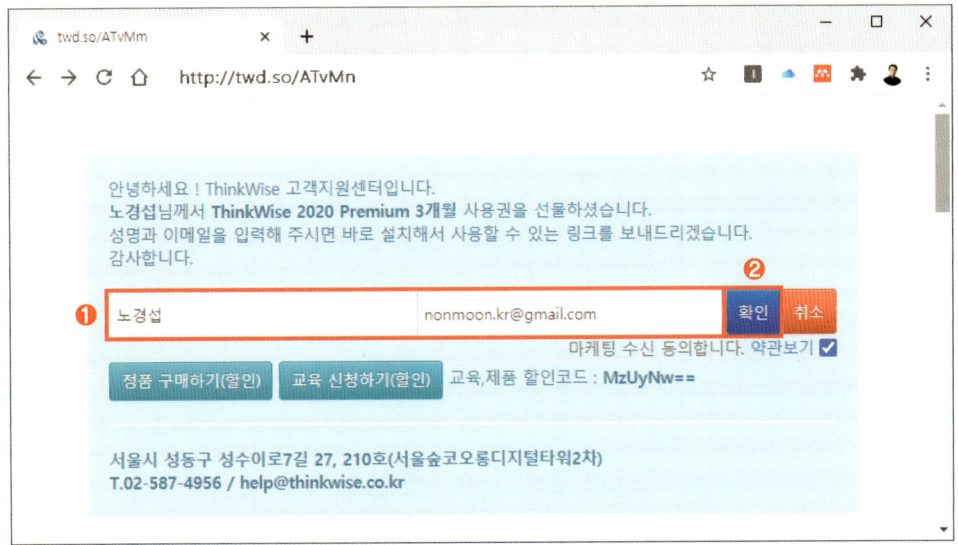

[그림 0-11] ThinkWise Premium 정품 버전 신청하기

---

[4] 별도 링크로 들어오면 씽크와이즈의 모든 기능을 이용할 수 있다. 무료 제공 기간 3개월이면 집중하여 논문 한 편을 완성하는 데 충분한 기간이 될 것이다.

02 그림과 같은 내용의 메일을 수신하게 된다. 다운로드를 클릭한다.

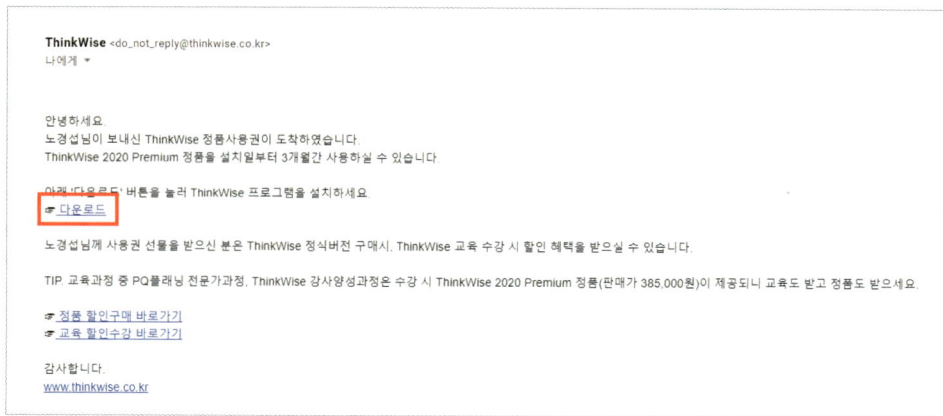

[그림 0-12] ThinkWise Premium 버전 다운로드

03 설치 방법의 안내 페이지로 이동된다. `다음(N) >`을 클릭한다.

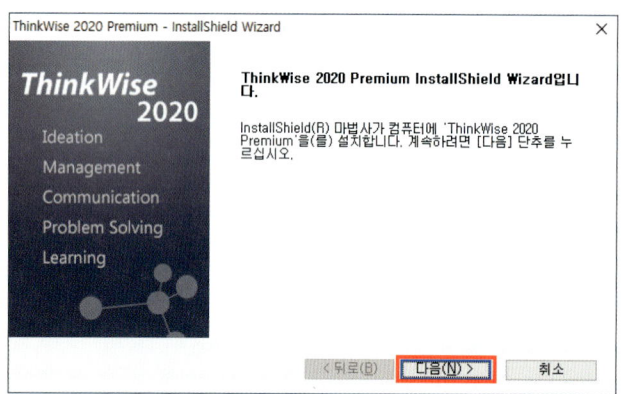

[그림 0-13] 설치 시작하기 1

04 사용권에 대한 ❶ ◉동의(A)를 클릭하고 ❷ `다음(N) >`을 클릭한다.

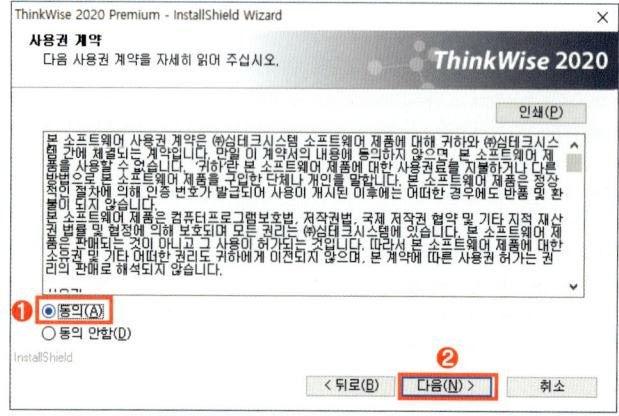

[그림 0-14] 설치 시작하기 2

24 제대로 작성하는 논문

05 ❶ ◉ 사용자 설치(C)에 체크하고 ❷ 다음(N) > 을 클릭한다.

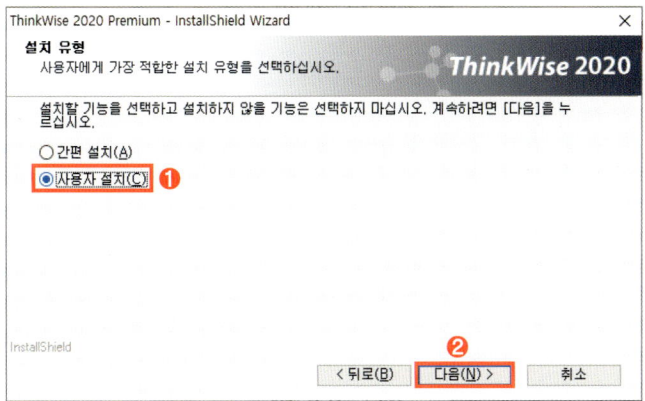

[그림 0-15] 설치 시작하기 3

06 ❶ 사용자 정보에 이름과 회사를 입력하고 ❷ 다음(N) > 을 클릭한다.

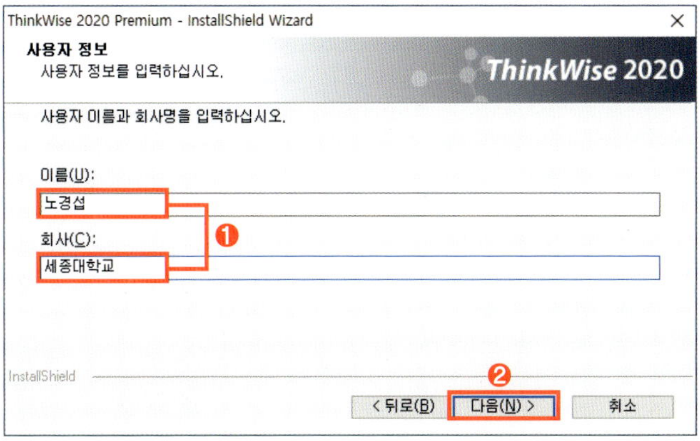

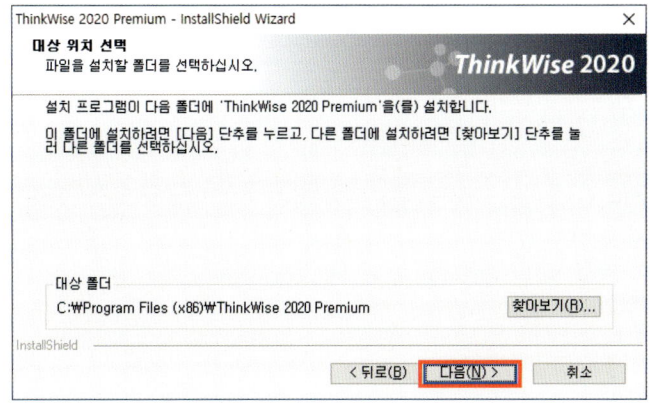

[그림 0-16] 정보 입력하기

07 설치 경로를 설정하고 다음(N) > 을 클릭한다.

[그림 0-17] 설치 위치 지정하기

08 설치가 진행된다. 가로 바가 진행되는 동안은 프로그램 설치를 취소할 수 있으며 그대로 두면 설치가 완료된다.

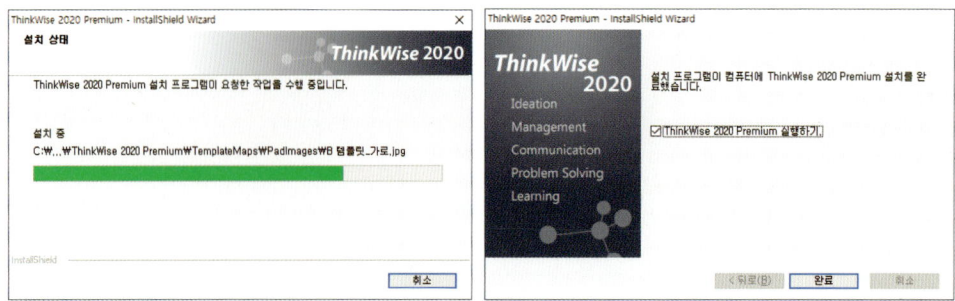

[그림 0-18] 설치 완료하기

09 설치가 완료된 뒤 프로그램을 실행하여 도움말 의 ● 사용권정보 를 클릭하면 설치된 씽크와이즈의 사용 기한을 알 수 있다.

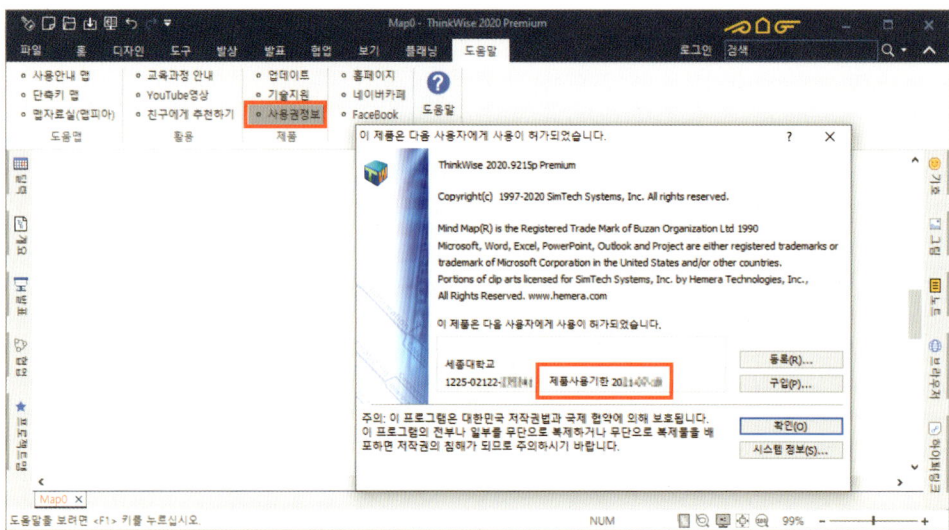

[그림 0-19] 씽크와이즈의 사용권 확인하기

26 제대로 작성하는 논문

사용 방법

01 씽크와이즈의 마인드맵 프로그램이 실행되면 ❶ 프로필에 이름, 소속, 좌우명 등을 입력하고 ❷ **확 인**을 클릭한다.

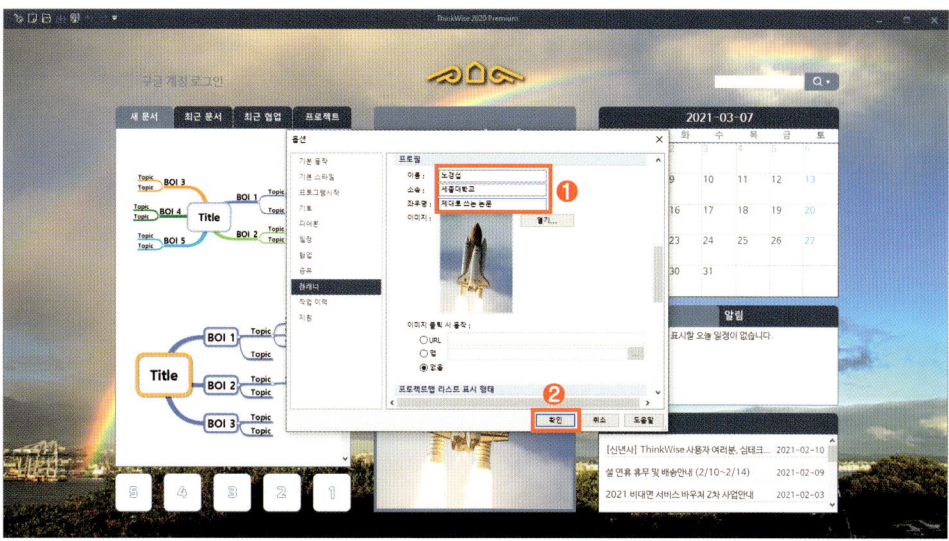

[그림 0-20] 상세 정보 입력하기

02 맵을 그리기 위해 **새 문서** 에서 마음에 드는 형태를 선택한다.

[그림 0-21] 맵의 형태 선택하기

03 이제 임의의 단어들을 넣어서 맵을 그려보겠다. 맵을 그리는 첫 도형인 제목 에서 '제목'을 논문 제목이나 주제로 변경한다. 여기서는 ❶ **제대로 작성하는 논문**으로 바꾸고 Enter↵ 를 클릭한다. 도형이 그림과 같은 모양이 되면 ❷ Space Bar 를 클릭하거나 ▶+ 를 클릭하여 **제대로 작성하는 논문**의 하위 가지를 생성한다.

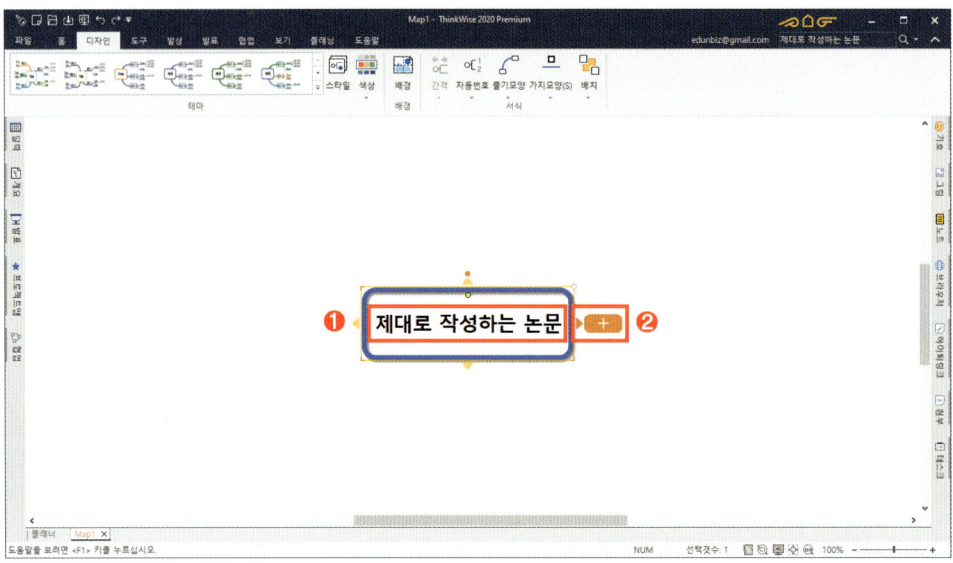

[그림 0-22] 논문 제목 입력하기

04 하위 가지에 **제1장 서론**을 입력한다.

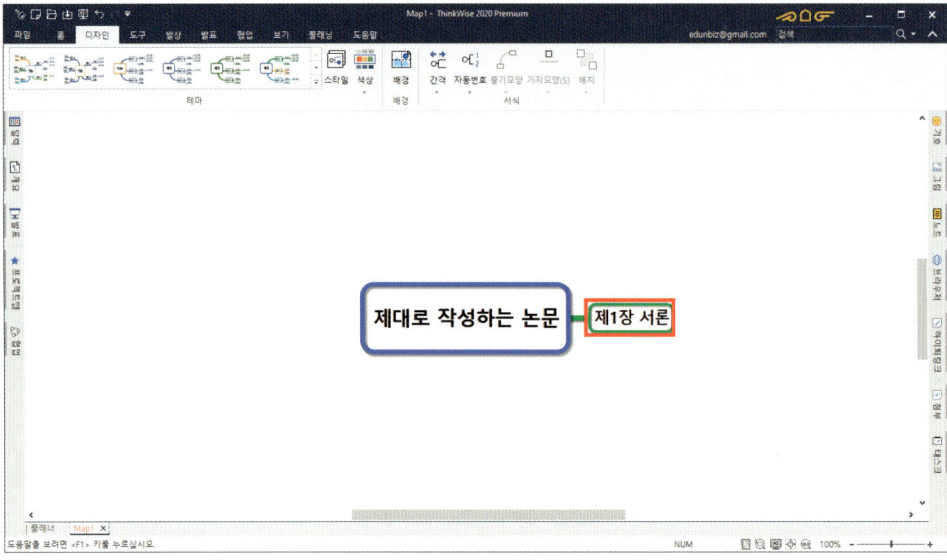

[그림 0-23] 논문의 서론 구성하기

05 다시 **제대로 작성하는 논문** 도형에 마우스 커서를 두고 `Space Bar`를 클릭하거나 ▶➕를 클릭하여, **제1장 서론**과 동일한 위상의 새로운 도형을 만들 수 있다. 새로 만든 가지인 '제1장 서론'을 클릭한 상태에서는 `Shift` + `Space Bar` 혹은 ➕를 클릭하여 동일한 위상의 새로운 가지를 생성할 수 있다.

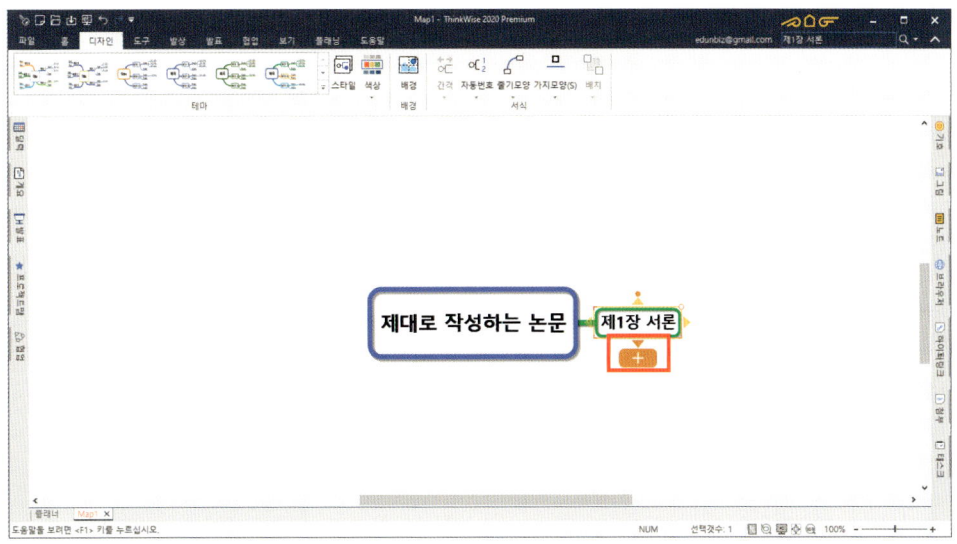

[그림 0-24] 논문의 큰 목차 생성하기

06 ❶ 동일한 위상의 도형으로 **제1장 서론, 제2장 이론적 배경, 제3장 연구방법과 연구모델, 제4장 분석결과, 제5장 결론**을 입력한다. ❷ 추가로 **아이디어1**이라는 도형을 하나 생성해서 좌측으로 이동한다. ❸ 도형 위의 ●를 마우스로 클릭하여 드래그 앤 드롭(Drag and Drop)하면 도형을 원하는 위치로 이동할 수 있다.

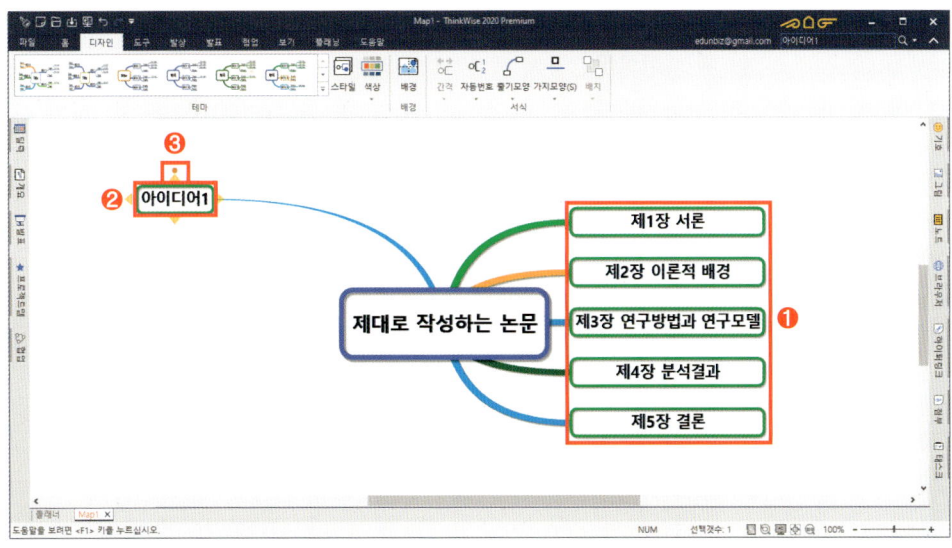

[그림 0-25] 논문의 큰 목차 완성하기, 아이디어 구분하기

07 다시 도형을 하나 생성해서 **아이디어2**로 이름을 정하고 마인드 맵의 구조를 완성한다.

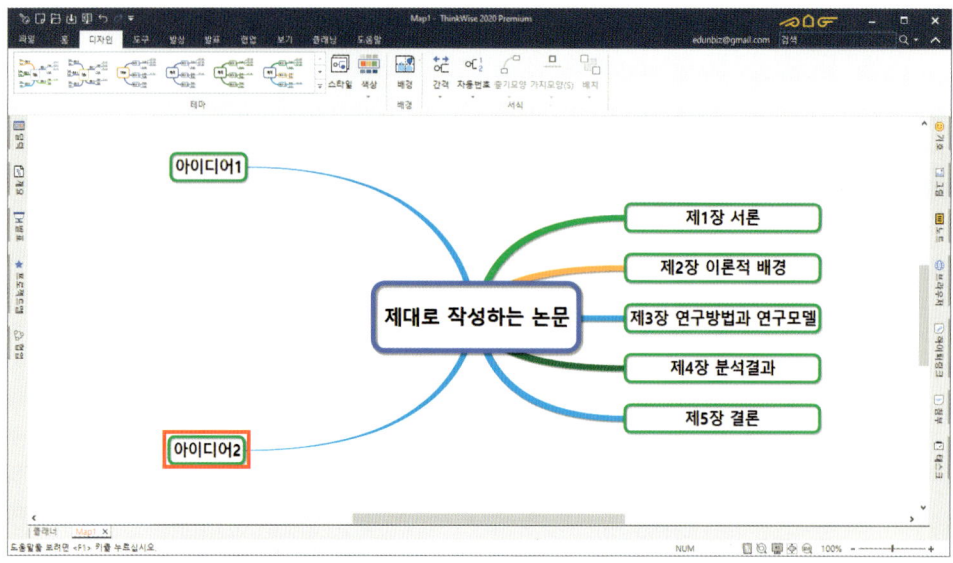

[그림 0-26] 아이디어 영역 완성하기

씽크와이즈(TW)의 유용성

연구모델 도형에서 가설의 기반이 되는 논문들을 정리하면 다른 프로그램으로 정리하는 것보다 훨씬 편리하게 정리할 수 있다. 폴더를 만들어 필요한 논문을 따로 정리할 수도 있지만 TW로 논문 제목에 따라 정리하면서 PDF 문서를 첨부할 수도 있고, 구글학술검색에서 찾은 HTML 문서를 하이퍼링크로 직접 연결할 수도 있다. PDF 문서와 달리, 하이퍼링크로 연결한 구글학술검색 문서의 경우 번역기를 이용할 수 있기 때문에 논문 접근성을 훨씬 더 높일 수 있다.

앞서 마인드맵을 그릴 때 **아이디어1, 2**에 해당하는 도형을 만들었다. 논문을 쓰는 과정에서 다양한 구상을 하게 되고, 때로는 연구자 스스로도 놀랄 만큼 번뜩이는 아이디어가 떠오를 수도 있다. 이럴 때 수첩이나 휴대폰에 메모를 하면, 나중에 다시 찾느라 시간을 쓰게 되고 메모를 해놓았다는 것 자체를 잊기도 한다. 따라서 마인드맵을 사용해 논문 주제의 오른쪽은 순전히 논문을 위해 참고할 문서나 내용을 위한 공간으로 구성하고, 왼쪽은 논문을 쓰면서 떠오르는 아이디어나 추후 찾아봐야 할 자료를 정리를 하는 공간으로 구성하면 효율적인 논문 작성은 물론 효과성까지 극대화할 수 있다는 장점이 있다.

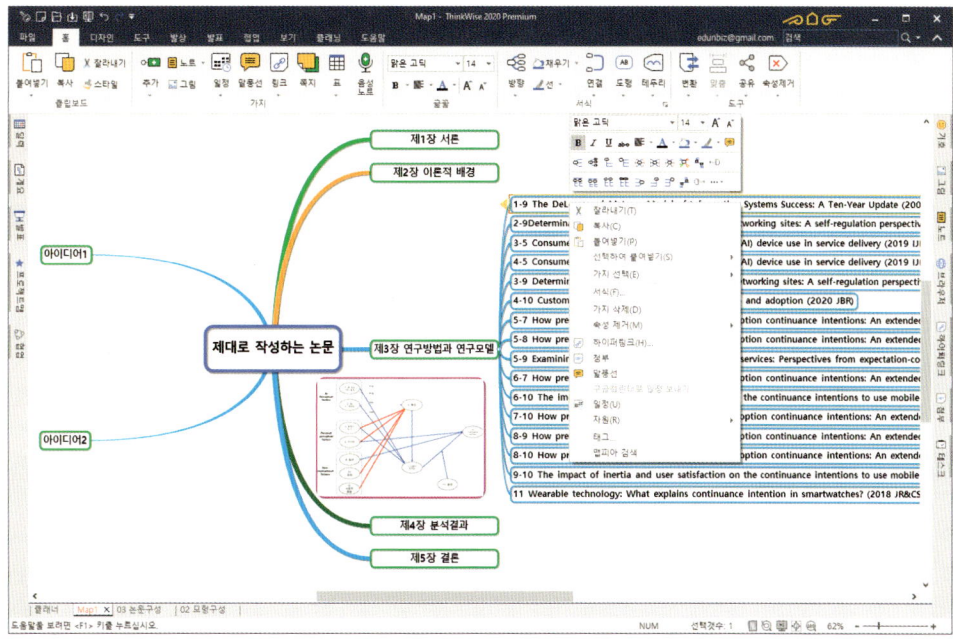

[그림 0-27] TW를 활용한 자료 정리 예

또한 TW에서는 구글의 클라우드를 활용할 수 있다. TW의 메뉴 중 파일 을 클릭하여 다른 이름으로 저장 을 클릭하면 ThinkWise 문서 를 구글 드라이브 에 저장을 할 수 있다.

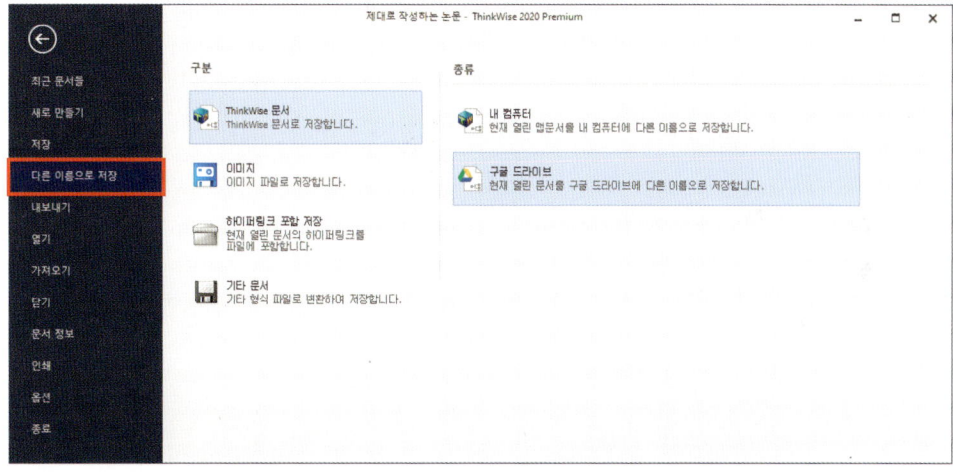

[그림 0-28] 구글 클라우드 활용 예 1

클라우드를 이용하면 언제 어디서나 작성 중인 논문에 접근할 수 있고, 백업에 대한 불안감을 해소할 수 있다. 구글 드라이브에 저장하려면 TW가 미리 구글 계정과 연동되어 있어야 편리하게 쓸 수 있다.

클라우드에서 논문을 관리하는 장점은 이뿐만이 아니다. 책상에 앉아 논문 작성에 열중하다 보면 다양한 생각을 하기가 어렵다. 오히려 길을 걷거나 잠자리에 들었을 때 생각이 많아지고 새로운 아이디어가 떠오르기도 한다. 바로 이때 클라우드의 진면목이 나타난다. 구글 드라이브에 연결되었다면 어떤 기기로든 자신이 관리하기 편리한 구조로 폴더를 생성하여 저장하면 된다.[5]

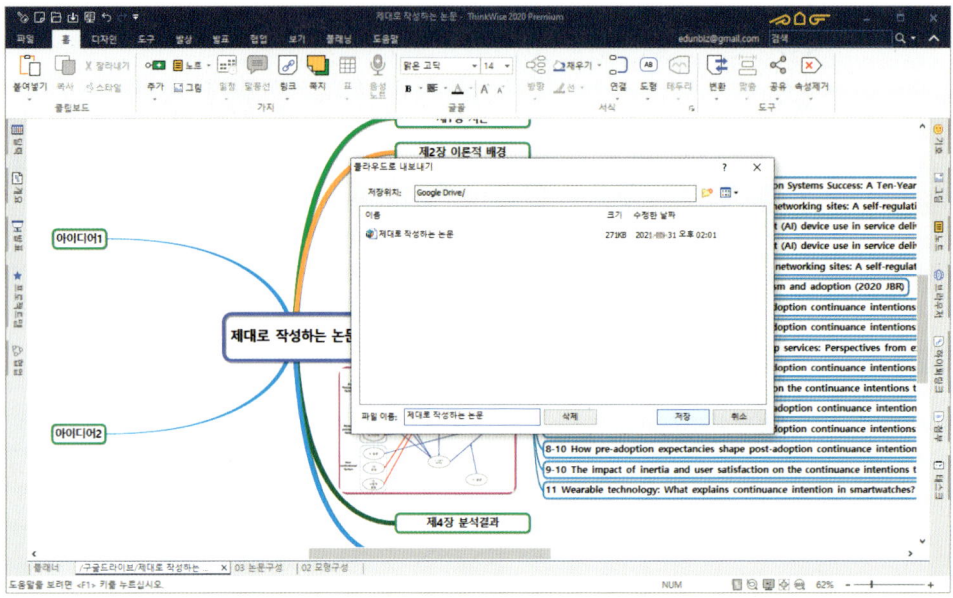

[그림 0-29] 구글 클라우드 활용 예 2

논문을 MS-Word로 작성하고 TW에 붙여넣기하여 관리하는 것이 번거롭게 느껴질 수도 있다. 그러나 TW에서 관리하면 논문 목차에 해당하는 내용이 어느 정도인지를 직관적으로 판단할 수 있다. 따라서 추가하거나 보완해야 할 내용을 쉽게 파악할 수 있다.

---

5 씽크와이즈는 PC용 프로그램, 스마트폰용 앱, 웹 브라우저 버전을 지원하므로 잠들기 전에 침대 위에서 떠오르는 아이디어가 있다면 그 상황에서 쓰기 편한 기기를 활용하여 바로 저장할 수 있다.

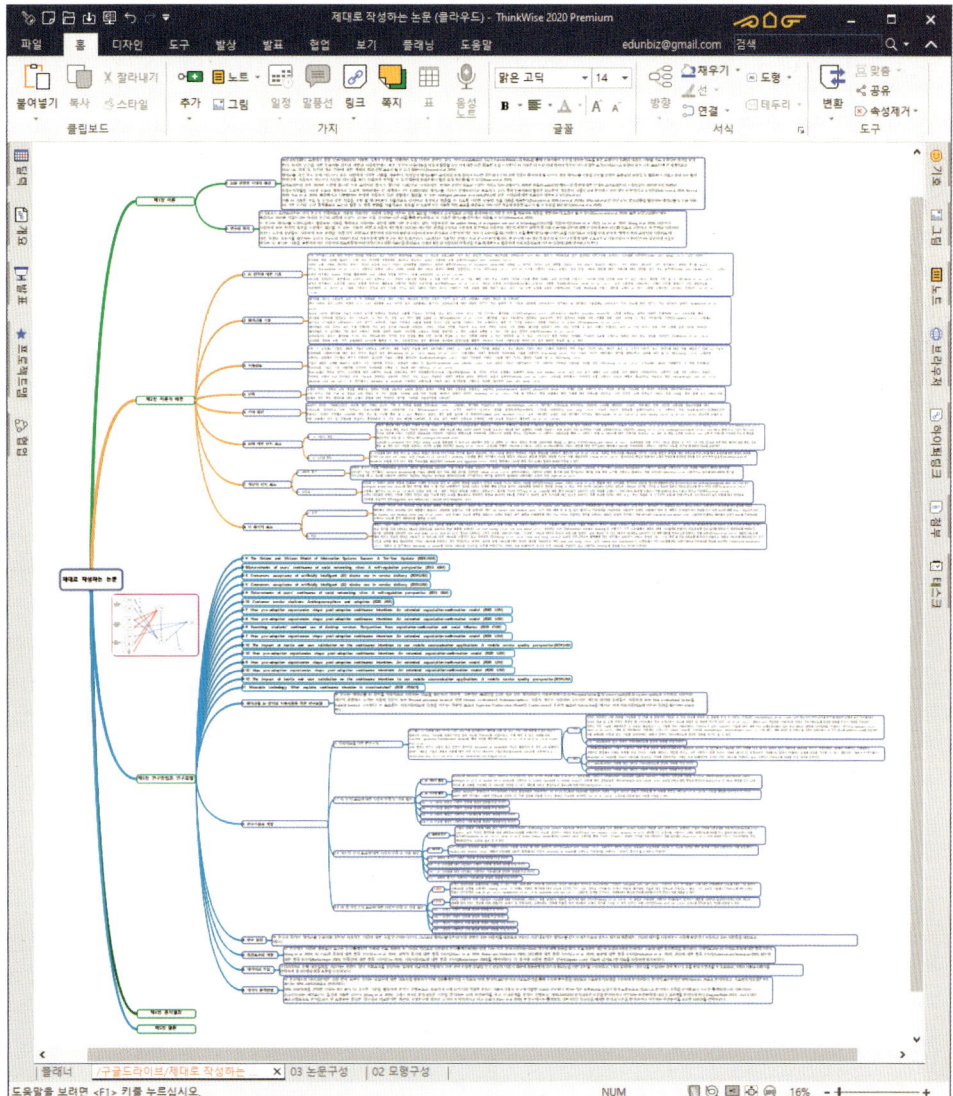

[그림 0-30] 한눈에 보이는 논문 구성

참고　스마트폰과 연동되는 씽크와이즈의 마인드 프로세서

씽크와이즈의 마인드 프로세서는 구글 드라이브를 통해 데스크탑과 스마트폰에서 공유할 수 있다. 따라서 언제 어디서나 바로 접근하여 기록을 남길 수 있다는 장점이 있으며, 기존에 작성하던 마인드 맵에 추가·삭제·수정이 가능하다.

• 데스크탑 사용 시

씽크와이즈를 구동하고 구글 계정 로그인을 클릭한 후, 자신의 구글 계정으로 연동한다.

[그림 0-31] 데스크탑에서 구글 계정 연동하기

• 스마트폰 사용 시

앱스토어나 플레이스토어에서 ThinkWise로 검색하면 스마트폰 앱을 설치할 수 있다. 엡을 설치한 후 클라우드를 이용한 연동이 가능하다.

[그림 0-32] 스마트폰 앱과 앱 화면

Mendeley로 참고문헌 관리하기

참고문헌을 관리할 때 반드시 일정한 툴(프로그램)로 관리해야 하는 가장 큰 이유는 논문을 작성하며 참고하는 문헌을 따로 정리하지 않아도 되기 때문이다. 서지 관리 프로그램이 나오기 전에는 연구자들이 저마다 나름의 방법을 이용해 관리를 하였다. 그러다 보니 정리 과정에서 실수도 생기고 정리하는 데 상당히 많은 시간이 들어갔다. 하지만 서지 관리에 최적화된 프로그램을 이용하면 프로그램이 알아서 정리해주기 때문에 연구자는 현재 진행하는 연구에만 몰두할 수 있다. 논문 마감 시한이 가까워질수록 시간을 아낀 효과는 크게 발생한다.

> **참고** Endnote와 Mendeley
>
> EndNote는 많은 대학의 학술정보원에서 본교 학생에게는 무료로 제공하고 있다. 필자도 오랫동안 EndNote를 사용해왔는데, 참고문헌이 200개 정도에 달하면 내부적인 데이터베이스에 문제가 생기는 듯하다. 참고문헌에 저자 표시가 제대로 되지 않거나 스타일이 제대로 적용되지 않는 점을 발견했다.
>
> 이에 비해 Mendeley는 프로그램 자체가 무거운지 MS-Word에서 작동할 때 약간 렉이 걸리는 감이 있다.[6] 그러나 정확하게 출력해주어야 할 참고문헌에서 정확하게 표시해 주는 것을 확인했다.
>
> 스타일을 APA 7th로 했을 때 EndNote와 Mendeley는 각각 다음과 같이 보여준다.
>
> > Dwivedi, Y. K., Hughes, L., Ismagilova, E., Aarts, G., Coombs, C., Crick, T., Duan, Y., Dwivedi, R., Edwards, J., & Eirug, A. (2019). Artificial Intelligence (AI): Multidisciplinary perspectives on emerging challenges, opportunities, and agenda for research, practice and policy. *International Journal of Information Management*, 101994.
>
> [그림 0-33] EndNote에 출력되는 참고문헌 표시
>
> > Dwivedi, Y. K., Hughes, L., Ismagilova, E., Aarts, G., Coombs, C., Crick, T., Duan, Y., Dwivedi, R., Edwards, J., Eirug, A., Galanos, V., Ilavarasan, P. V., Janssen, M., Jones, P., Kar, A. K., Kizgin, H., Kronemann, B., Lal, B., Lucini, B., … Williams, M. D. (2019). Artificial Intelligence (AI): Multidisciplinary perspectives on emerging challenges, opportunities, and agenda for research, practice and policy. *International Journal of Information Management*. https://doi.org/10.1016/j.ijinfomgt.2019.08.002
>
> [그림 0-34] Mendeley에 출력되는 참고문헌 표시

---

[6] 사용자 입장에서 엄밀하게 이야기하자면, 두 프로그램 모두 아주 원활하게 작동하지는 않는 것 같다. 다만 Mendeley의 경우 MS-Word에서 처음 한 번만 '참조' 탭에서 몇 초 정도 지연이 생길 뿐, 그 이후로는 즉각적인 액세스가 가능하다.

> 두 프로그램 모두 저자들을 다 보여주지 않으나 차이가 있다. EndNote에는 생략 표시가 보이지 않지만 Mendeley에는 '...'으로 생략 표시가 나타나 있다. 또한 최근 들어 중요성이 커진 doi(디지털 문서 식별 번호) 주소를 Mendeley에서는 함께 출력하고 있음을 알 수 있다.

참고문헌을 관리하는 서지 관리 프로그램으로 많이 사용하는 것은 EndNote이지만, 최근에는 Mendeley의 사용자가 증가하는 추세다. 사용자 경험상 Mendeley는 다른 프로그램에 비해 오류가 적고, 표시해야 할 정보가 정확하고, 업데이트가 가능하며, 무료라는 장점도 있다. 또한 클라우드 서비스를 기반으로 작동하기 때문에 이 또한 이용자에게는 큰 이점으로 작용한다. 따라서 이 책에서는 Mendeley 설치 방법과 활용 방법을 소개하려고 한다.

Mendeley를 활용하려면 Mendeley Desktop, Web Importer, Citation Plugin의 세 가지 구성 요소가 모두 있어야 논문을 작성하는 데 문제가 없다. 이제 설치 방법을 알아보기로 하자.

참고 Mendeley의 세 가지 구성 요소

• Mendeley Desktop

연구자가 논문을 작성할 때 사용하는 컴퓨터에 설치하여 참고문헌을 관리하는 프로그램이다. 클라우드 지원을 통해 데스크탑 컴퓨터나 모바일 앱을 사용해서 Mendeley에 접근하고 동기화할 수 있다. Mendeley의 기본이 되는 프로그램이다.

• Web Importer

논문, 웹페이지 및 기타의 문서를 Mendeley Desktop으로 가져오는 역할을 하는 프로그램이다. 몇 번의 클릭만으로 인터넷이나 다양한 데이터베이스에 있는 문서를 자신의 Mendeley 계정으로 가져올 수 있고, Mendeley Desktop과 동기화하여 관리를 용이하게 할 수 있다. 알려진 모든 웹브라우저에서 사용할 수 있다.

• Citation Plugin

MS-Word에 Add-on하여 논문을 작성하면서 참고문헌을 입력하고 정리하는 프로그램이다. Mendeley 라이브러리를 검색한 다음 클릭 몇 번으로 MS-Word에 참조 및 참고문헌을 개별 혹은 묶음으로 삽입하거나 수정할 수 있다. Mendeley Desktop을 직접 열거나 설치하지 않더라도 인용할 수 있다.

설치하기

■ Mendeley Desktop 설치하기

01 Mendeley 홈페이지로 들어가 `Create a free account` 를 클릭한다. Mendeley는 무료로 사용할 수 있는 프로그램이다.

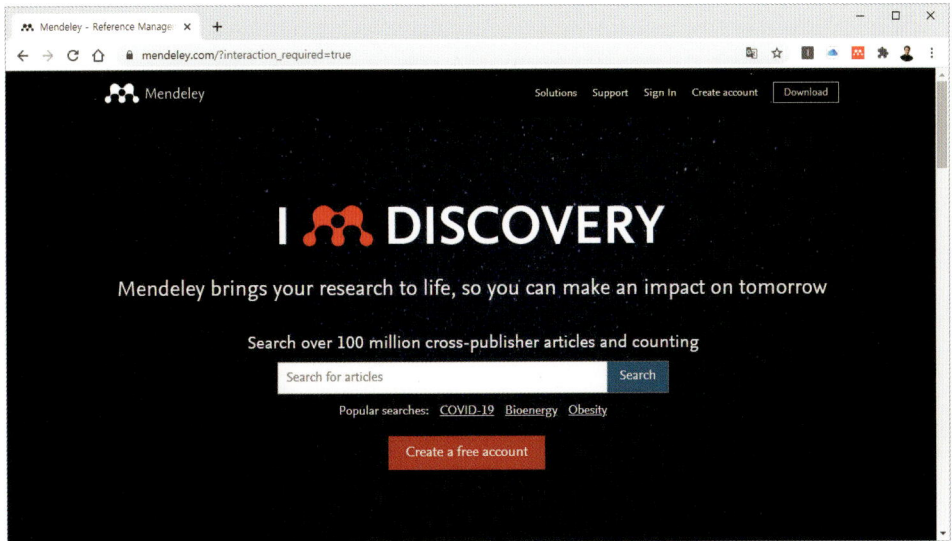

[그림 0-35] Mendeley 홈페이지(https://www.mendeley.com)

02 회원 가입 창이 열리면 ❶ email을 입력하고 ❷ `Continue` 를 클릭한다.

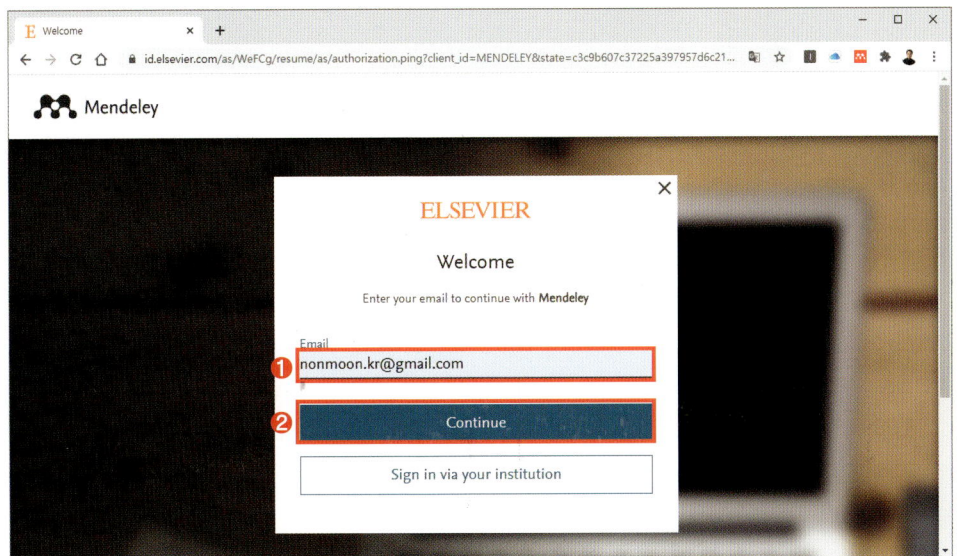

[그림 0-36] 회원 가입 ID 입력하기(이메일 활용)

INTRO ▶ 들어가기 전에 **37**

03 ❶ Given name과 Family name을 입력하고, Password를 설정한다. Password는 확인하는 과정이 없으므로 만약 Password를 확인하고 싶다면 ◎를 클릭하여 확인한다. ❷ 다 작성했으면 Register 를 클릭한다.

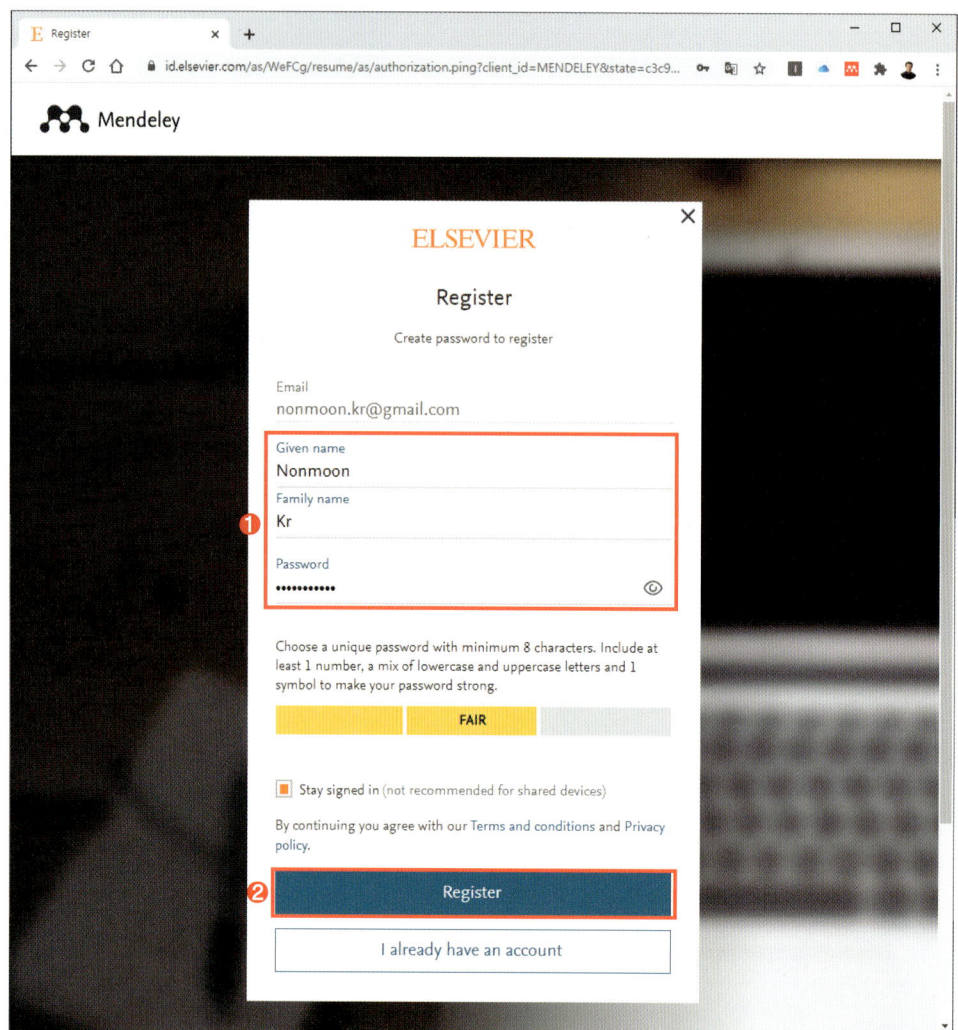

[그림 0-37] 회원 가입 상세 정보 입력하기 1

04 회원 가입이 된 화면이 나타난다. Continue to Mendeley 를 클릭하여 추가 진행을 한다.

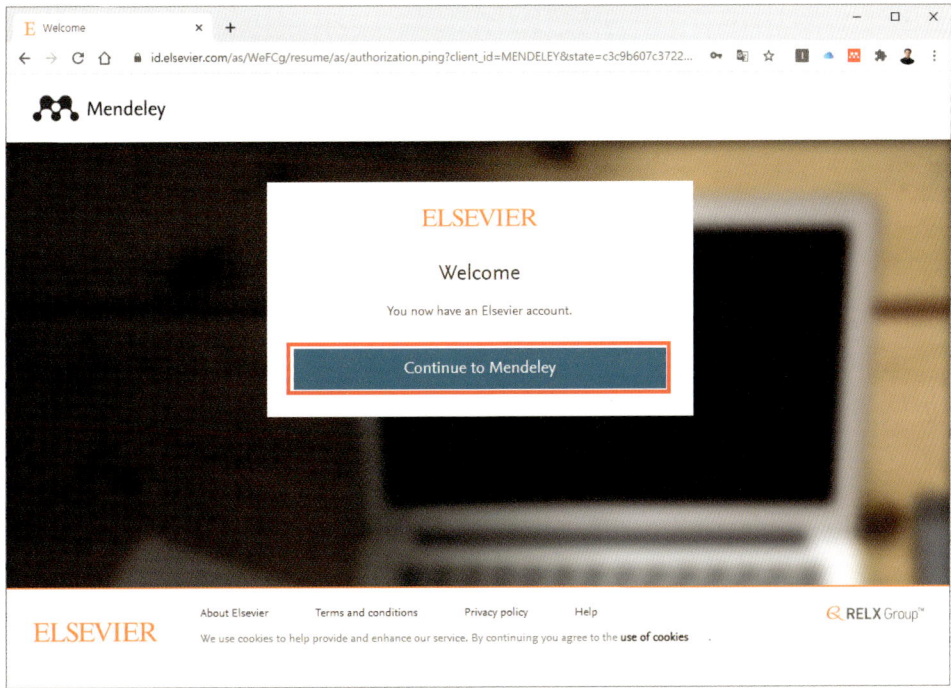

[그림 0-38] 회원 가입 완료 화면

05 ❶ 직업과 전공을 선택한 다음 ❷ Continue to Mendeley 를 클릭한다.

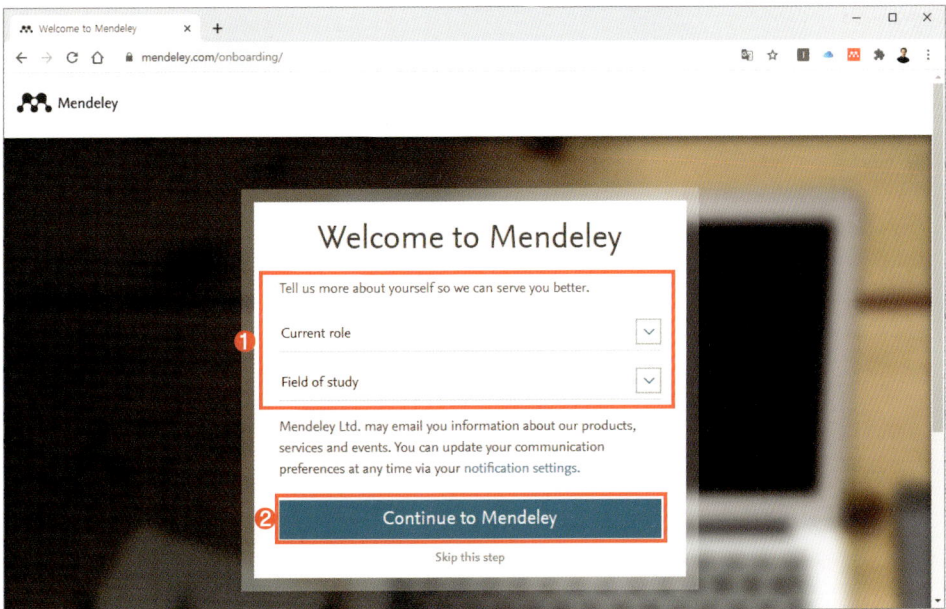

[그림 0-39] 회원 가입 상세 정보 입력하기 2

06 Mendeley 계정에 로그인된 화면으로 이동한다. 이제 참고문헌을 관리하기 위한 프로그램을 다운로드해야 한다. 홈페이지 하단에서 Downloads의 Reference Manager를 클릭한다.

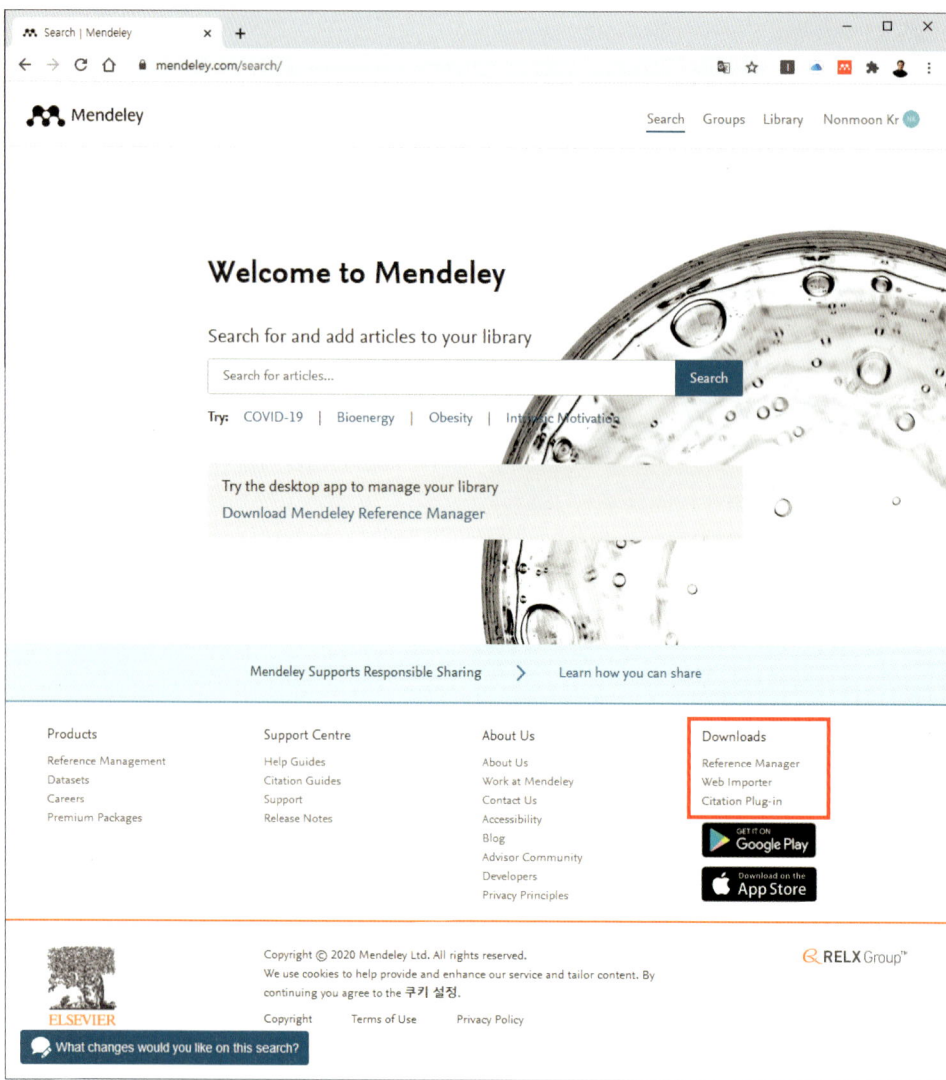

[그림 0-40] Mendeley 로그인 화면

07 `Download Mendeley Desktop for Windows`를 클릭하면 Mendeley 설치 파일이 다운로드된다.

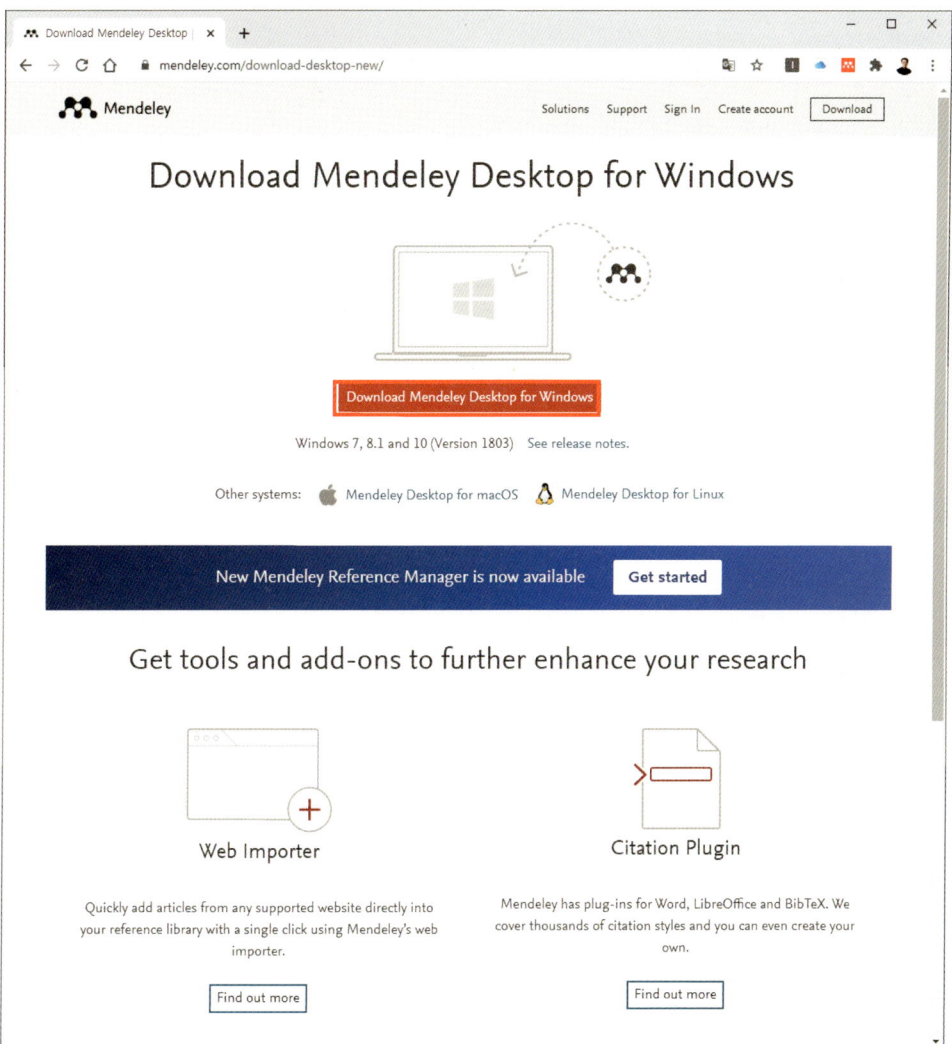

[그림 0-41] Mendeley 관련 프로그램 다운로드하기

08 설치 파일의 시작 화면이 나타난다. Next > 를 클릭하여 다음으로 진행한다.

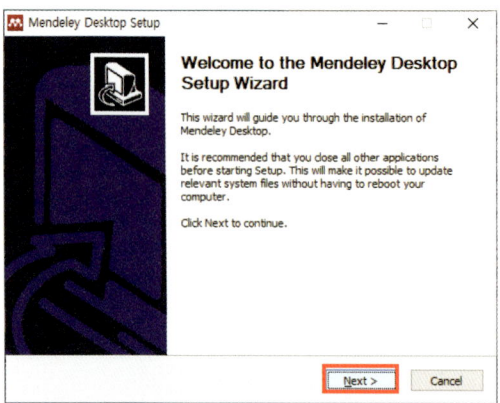

[그림 0-42] Mendeley 설치 시작 화면

09 Mendeley의 이용 약관에 대한 내용이 나타난다. I Agree 를 클릭하여 약관에 동의한다.

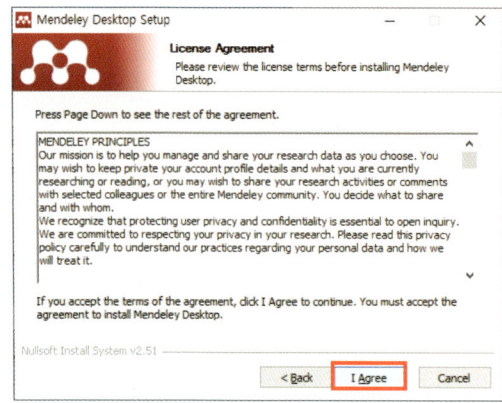

[그림 0-43] Mendeley 설치 이용 약관 동의하기

10 경로 설정 화면이 나타난다. 알맞은 폴더를 선택한 후 Next > 를 클릭한다.

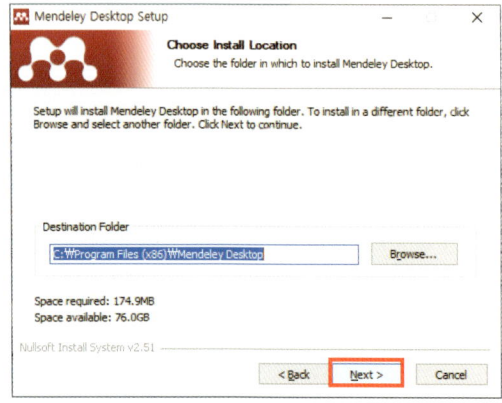

[그림 0-44] Mendeley 설치 경로 설정하기

11 윈도우의 시작 메뉴에서 Mendeley를 바로가기로 할 명칭을 설정하는 화면이 나타난다. ❶ 이름을 설정한 다음 ❷ Install 을 클릭하여 설치를 시작한다.

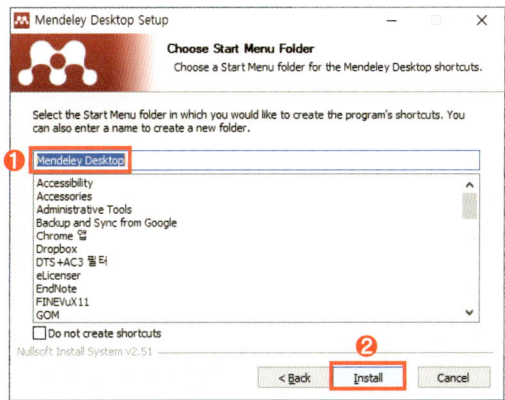

[그림 0-45] Mendeley 설치의 바로가기 이름 설정하기

12 Mendeley Desktop의 설치가 진행된다.

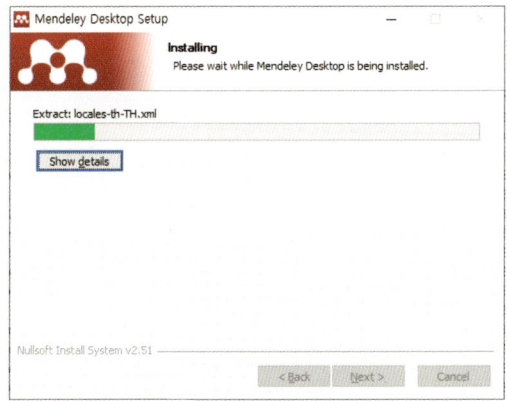

[그림 0-46] Mendeley 설치 진행 상황

13 Finish 를 클릭하여 설치 프로그램을 완료한다.

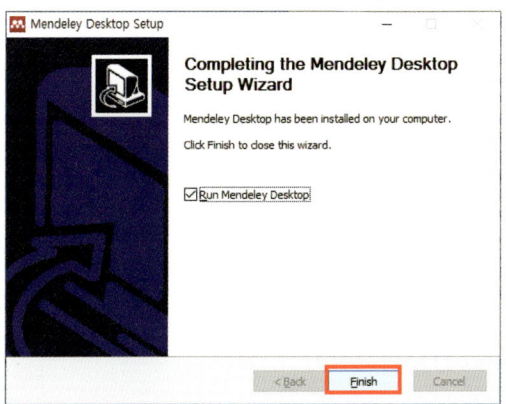

[그림 0-47] Mendeley 설치 완료하기

■ Mendeley Web Importer 설치하기

01 Mendeley Desktop 설치가 완료되었으면, 아래 화면의 좌측 하단에 있는 Web Imperter에서 Find out more 를 클릭한다.

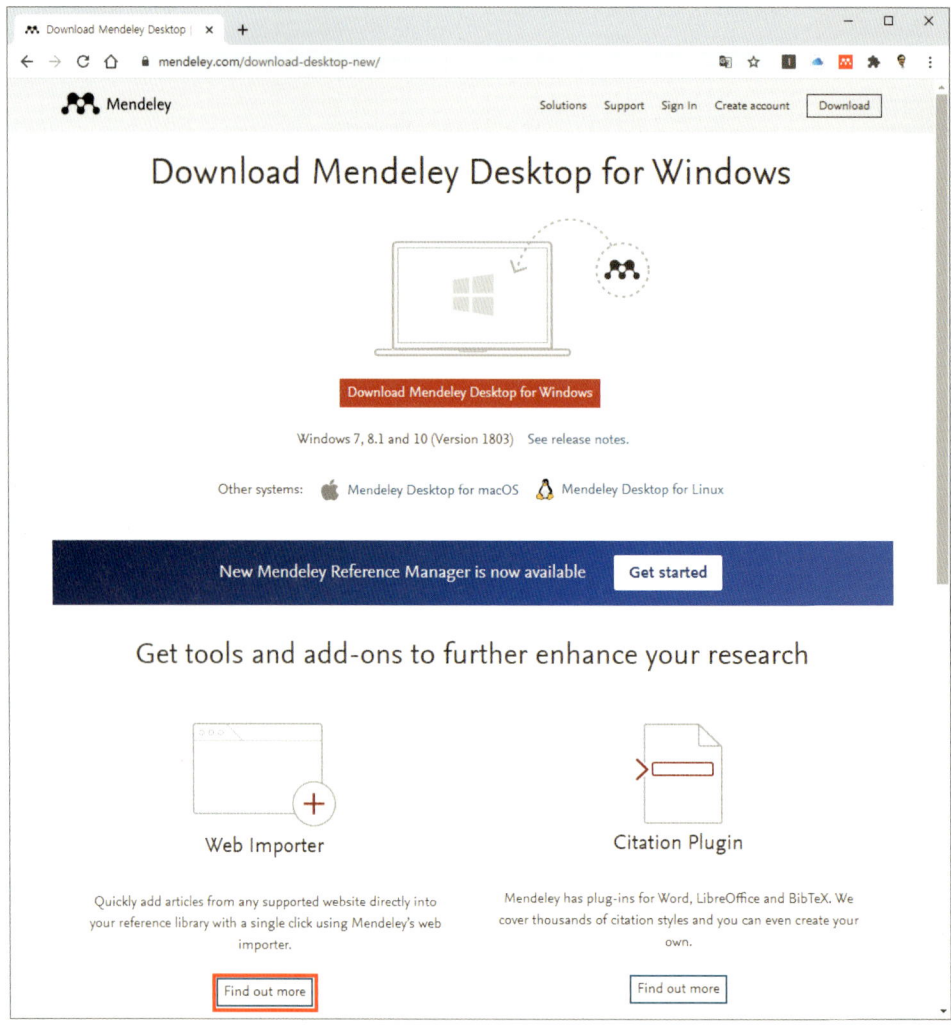

[그림 0-48] Mendeley Web Importer 다운로드하기

02 Web Importer를 다운로드하기 위한 페이지가 나타난다. Get Web Importer for Chrome 을 클릭한다. 현재 화면은 Chrome 브라우저로 접근하였기에 Chrome으로 표시되지만, Firefox나 기타 브라우저로 접근하면 그에 맞는 Web Importer를 다운로드할 수 있다.

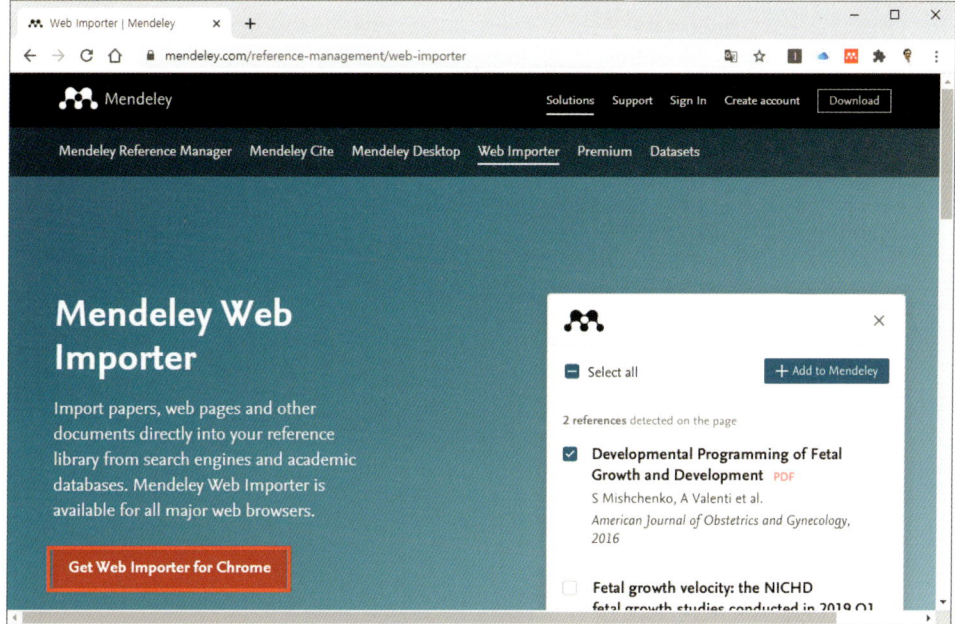

[그림 0-49] Web Importer의 환경 확인하고 다운로드하기

03 Chrome에 추가 를 클릭하여 현재의 브라우저에 설치한다.

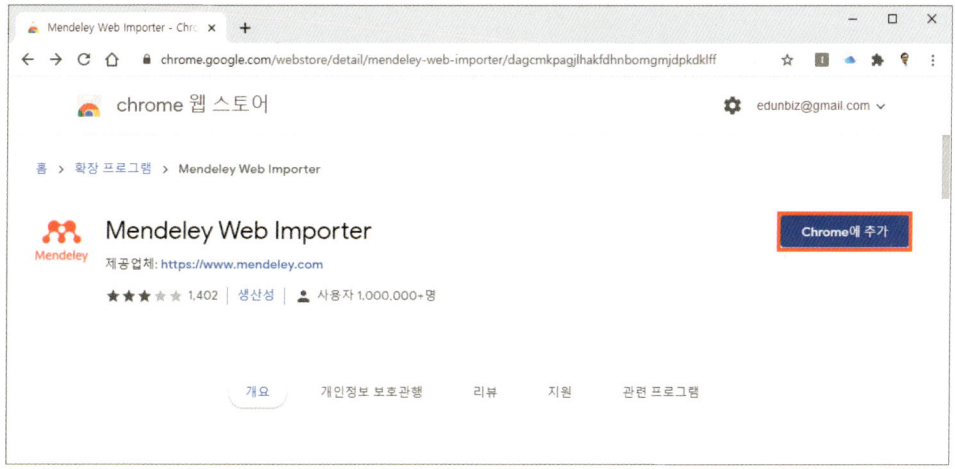

[그림 0-50] Web Importer를 Chrome에 추가하기

아래 그림은 Web Importer를 Firefox 브라우저로 설치하기 위한 화면이다.

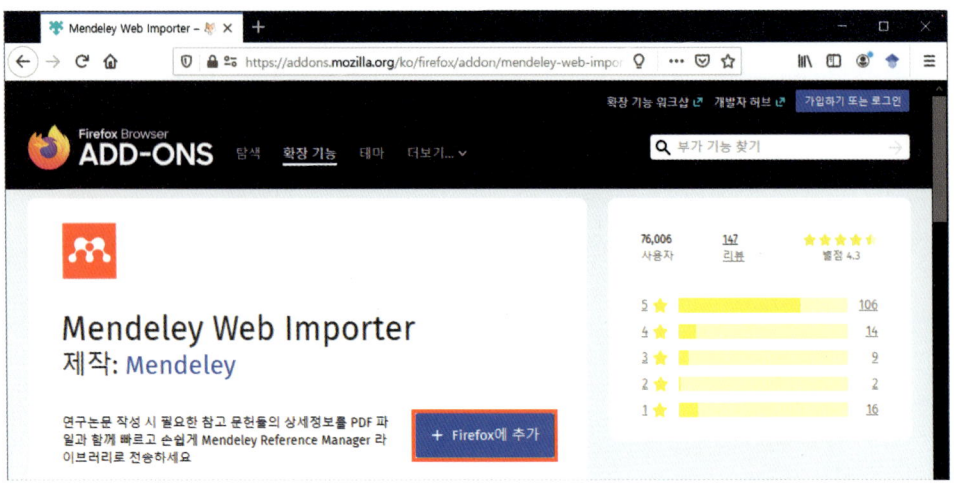

[그림 0-51] Web Importer의 Firefox 환경 확인하기

04 Chrome에서 Mendeley Web Importer의 확장 프로그램을 추가하는 창이 열리면 확장 프로그램 추가 를 클릭한다.

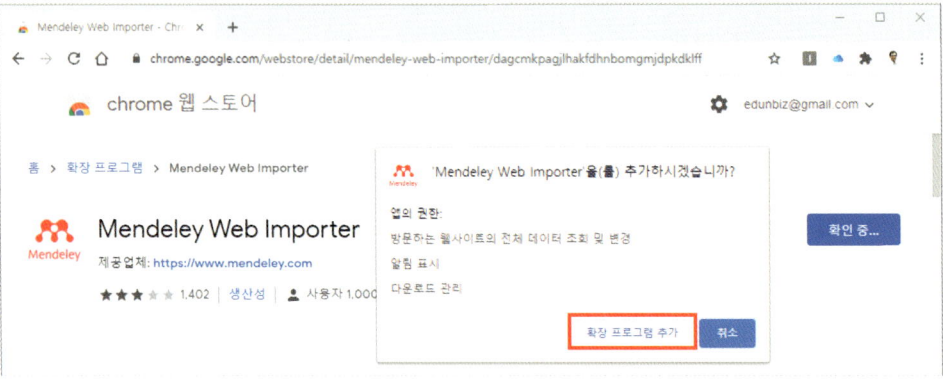

[그림 0-52] Web Importer 확장 프로그램 추가하기

05 Chrome의 우측 상단에 아이콘이 보이면 설치가 완료된 것이다.

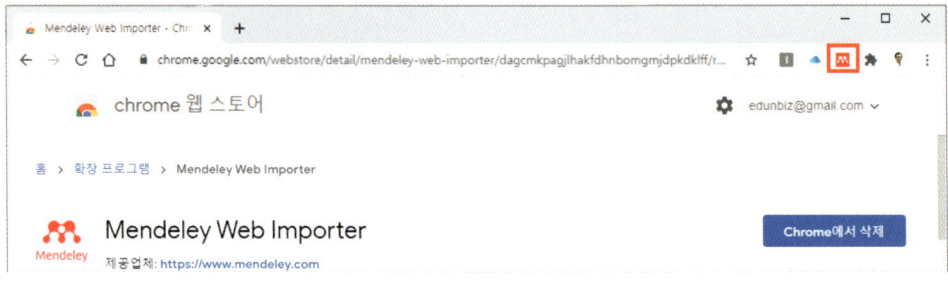

[그림 0-53] Web Importer가 Chrome에 추가된 화면

06 만약 ![m]이 보이지 않는다면 ❶🧩(확장 프로그램) 아이콘을 클릭하여 ❷ Mendeley Web Importer가 고정적으로 보이게 📌(핀 고정) 아이콘을 클릭한다.

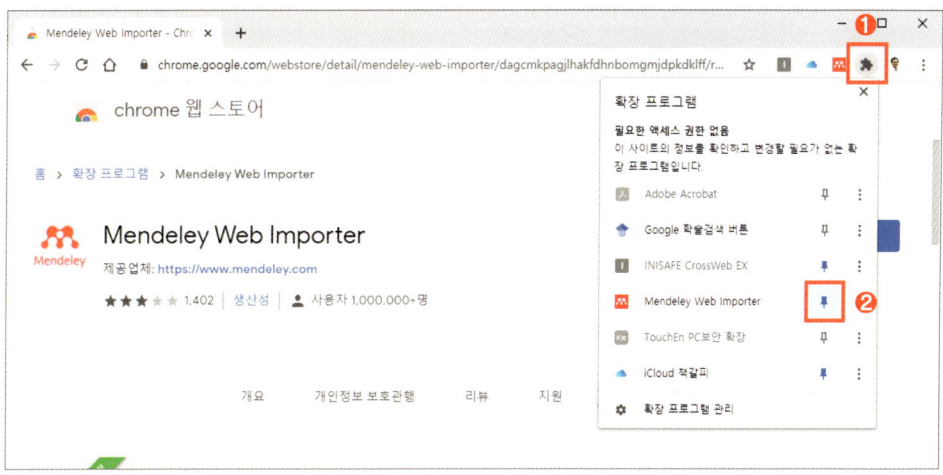

[그림 0-54] Web Importer를 Chrome에 핀 고정하기

■ Citation Plugin 설치하기

01 Web Imperter 설치가 완료되었으면, 아래 화면의 우측 하단에 있는 Citation Plugin 에서 Find out more 를 클릭한다.

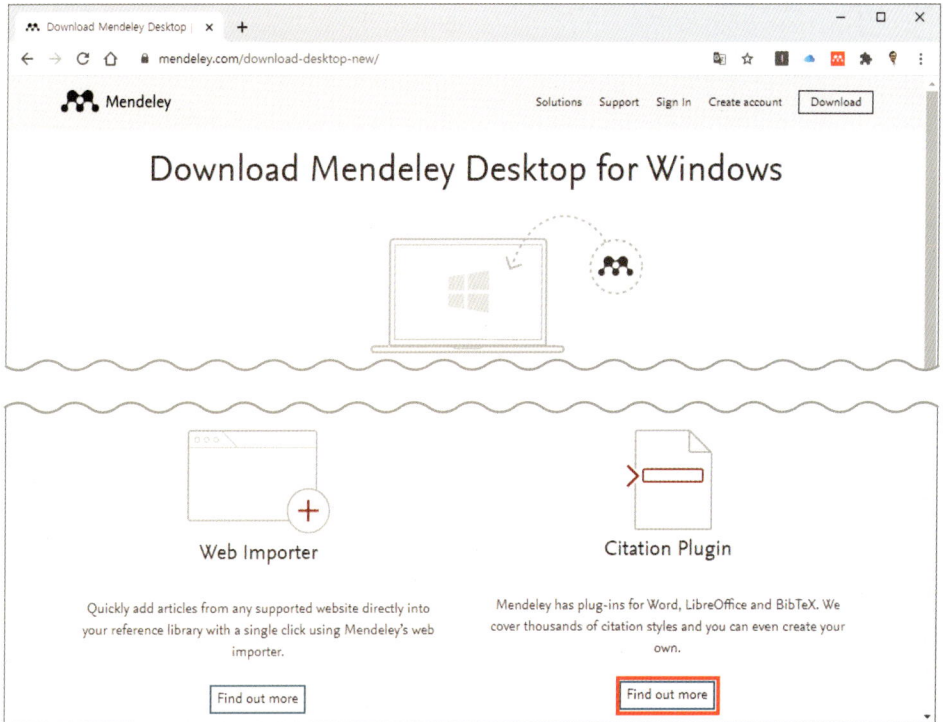

[그림 0-55] Mendeley Citation Plugin 다운로드하기

02 Citation Plugin을 다운로드할 수 있는 페이지가 나타나면 Get Mendeley Cite 을 클릭한다.

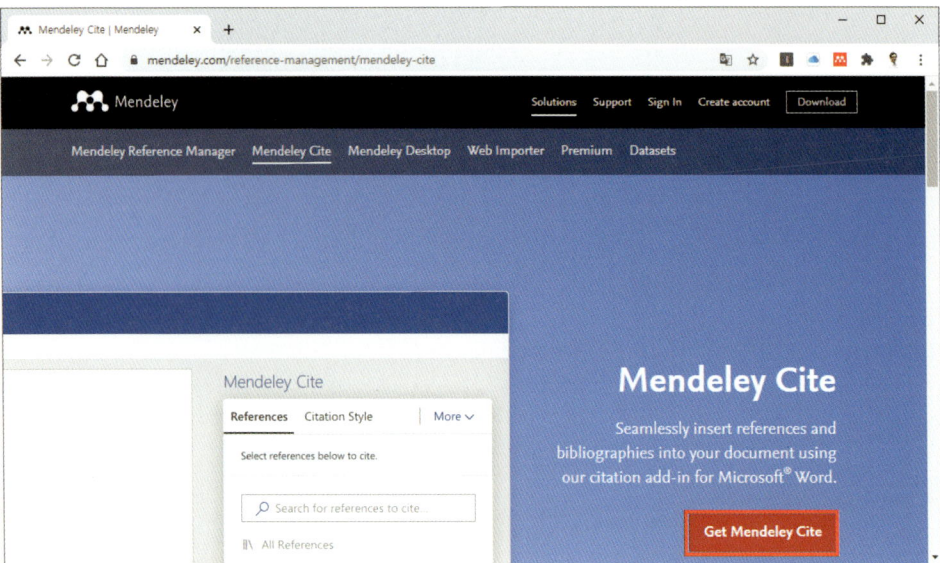

[그림 0-56] Citation Plugin 설치하기

03 MS-Word에 기능을 삽입하기 위해 Get it now 를 클릭한다.

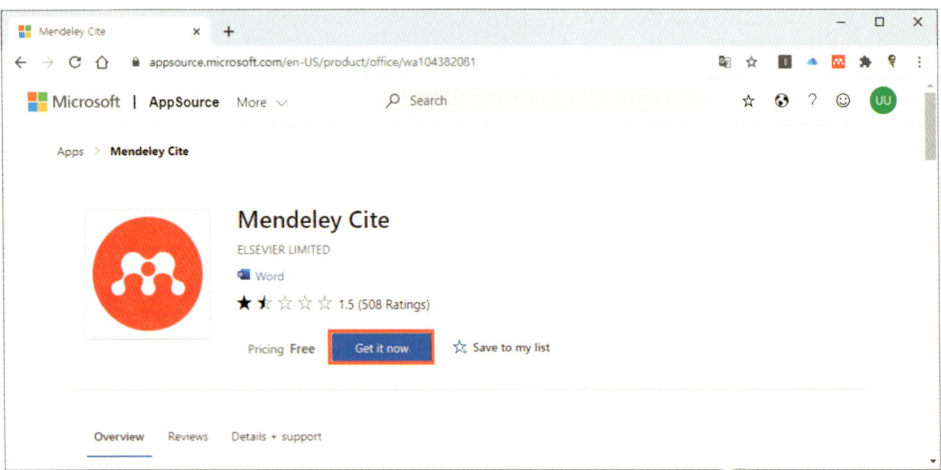

[그림 0-57] Citation Plugin을 MS-Word에 삽입하기

04 [Open in Word] 를 클릭하여 MS-Word를 오픈한다.

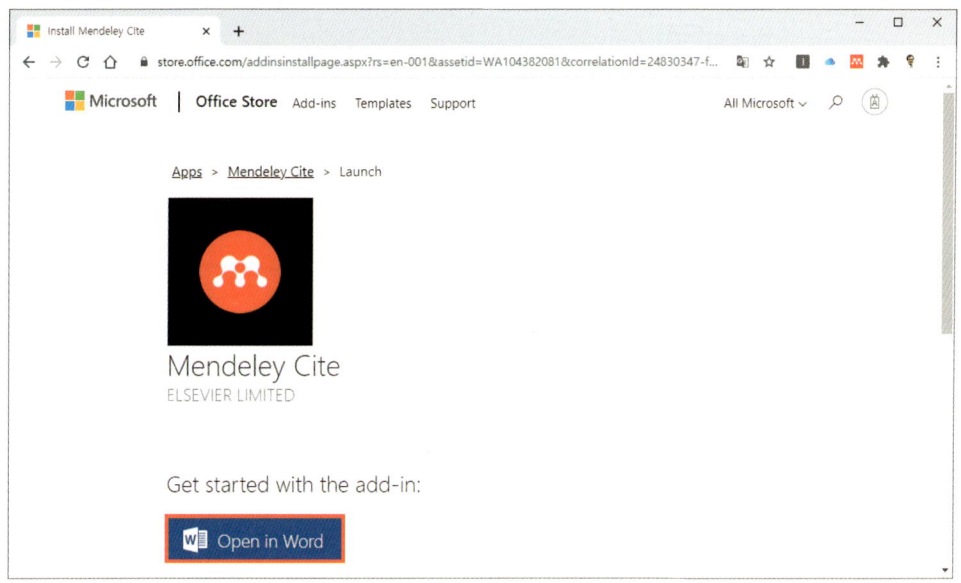

[그림 0-58] Citation Plugin을 MS-Word에서 열기

05 MS-Word의 **참조** 탭으로 이동하면 Mendeley Cite-O-Matic 에 해당하는 메뉴들을 확인할 수 있다.

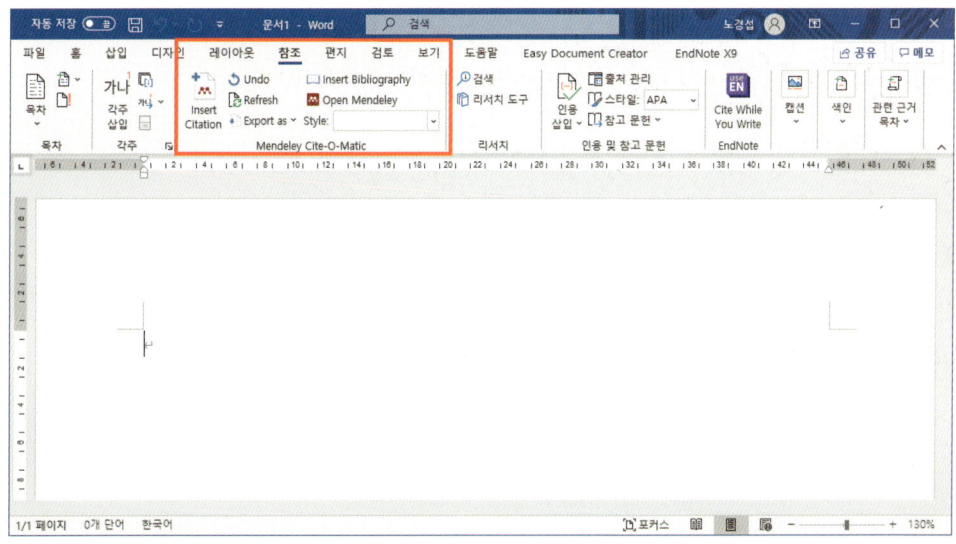

[그림 0-59] MS-Word에 제대로 설치된 Citation Plugin

만약 위와 같이 진행을 했는데, [그림 0-59]와 같이 Mendeley Cite-O-Matic 이 보이지 않는다면 다음과 같은 방법으로 설치할 수 있다.

06 컴퓨터에서 Mendeley Desktop을 실행한 후 메뉴에서 Tools 의 Install MS Word Plugin 를 클릭한다.

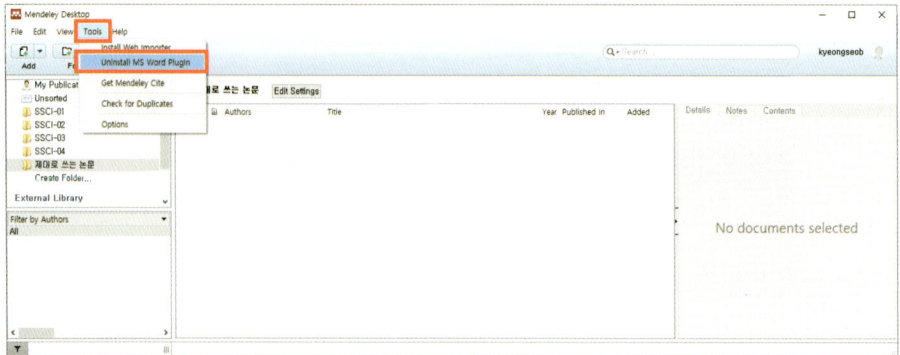

[그림 0-60] Mendeley Desktop에서 Citation Plugin 설치하기

07 Citation Plugin은 MS-Word에 설치되어야 하는 프로그램이므로 설치 과정에서 MS-Word가 열려 있으면 설치가 진행되지 않는다. 따라서 현재에 열려 있는 MS-Word가 있으면 프로그램을 닫아야 한다. 경고창이 뜨면 [YES]를 클릭한다.

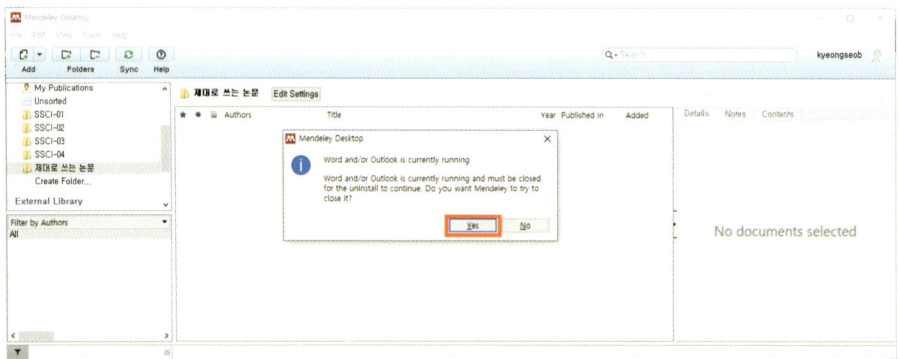

[그림 0-61] 열려 있는 MS-Word 프로그램을 닫으라는 경고 메시지

08 열려 있는 모든 MS-Word의 창이 닫히며, Citation Plugin 설치가 완료된다.

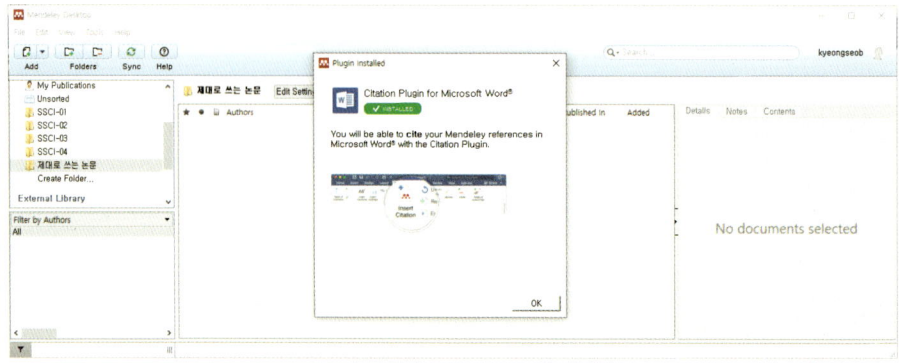

[그림 0-62] Citation Plugin 설치 완료

사용 방법

01 크롬 브라우저에서 『제대로 알고 쓰는 논문 통계분석』의 ISBN을 검색하면 그림과 같이 검색된다. 이때 브라우저의 오른쪽 상단에서 ❶ Mendeley 아이콘인 를 클릭하면 Web Importer가 나타난다. Web Importer 하단의 ❷ 라이브러리 보기를 클릭하면 브라우저에서 Mendeley Reference Manager가 실행된다.

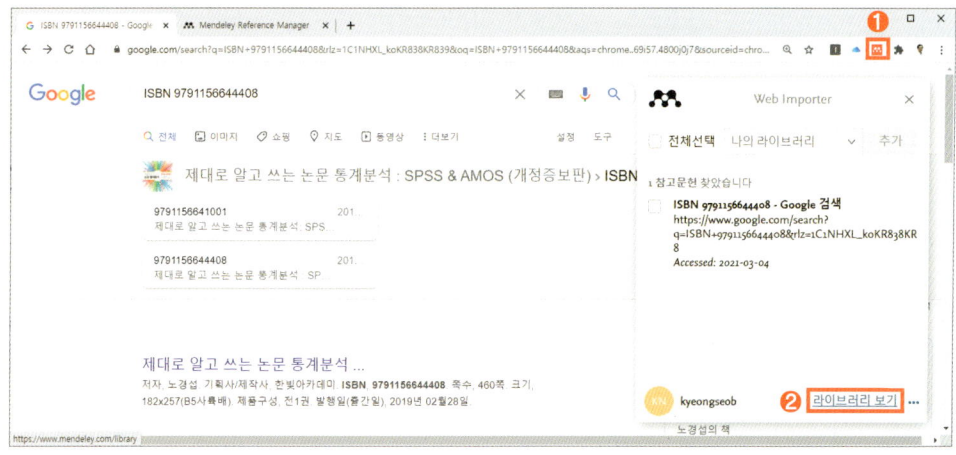

[그림 0-63] 구글학술검색에서 참고문헌 검색 후 Mendeley의 Web Importer 구동하기

02 실행된 Mendeley Reference Manager의 좌측 메뉴에서 New Collection 을 클릭하여 참고문헌을 보관할 폴더의 이름을 입력하고 Enter ↵ 를 클릭해서 생성한다. 여기서는 **제대로 작성하는 논문**으로 만들어 진행하도록 한다.

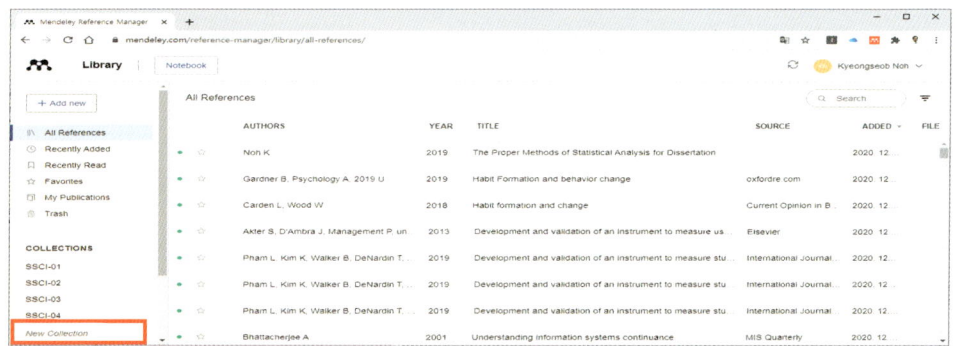

[그림 0-64] Mendeley 라이브러리에서 참고문헌을 저장할 폴더 생성하기

03 해당 폴더로 이동하면 아직 작업한 내용이 없으므로 **No references**라는 메시지가 출력된다.

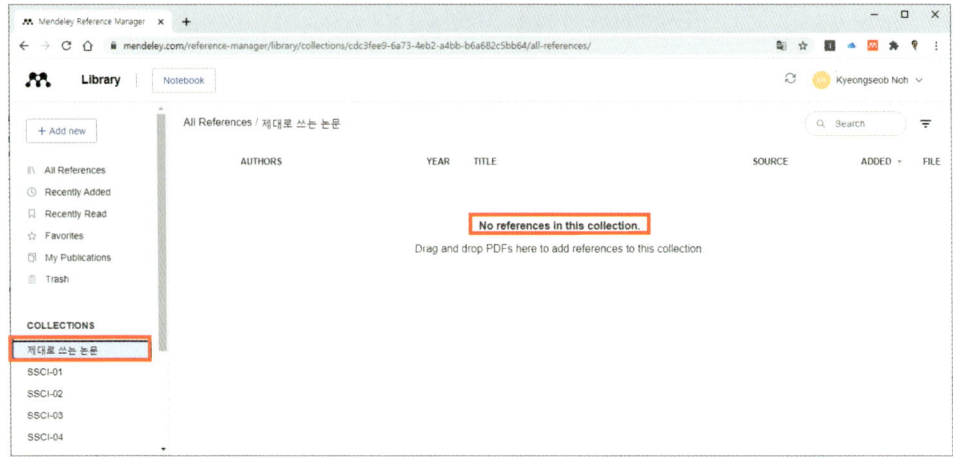

[그림 0-65] Mendeley 라이브러리에서 참고문헌을 저장할 폴더 보기

04 Mendeley Desktop을 실행해보면 브라우저에서 생성한 📁 **제대로 쓰는 논문** 폴더가 Mendeley Reference Manager와 동일하게 생성되어 있다. 역시 해당 폴더에는 참조 문헌이 존재하지 않는다.

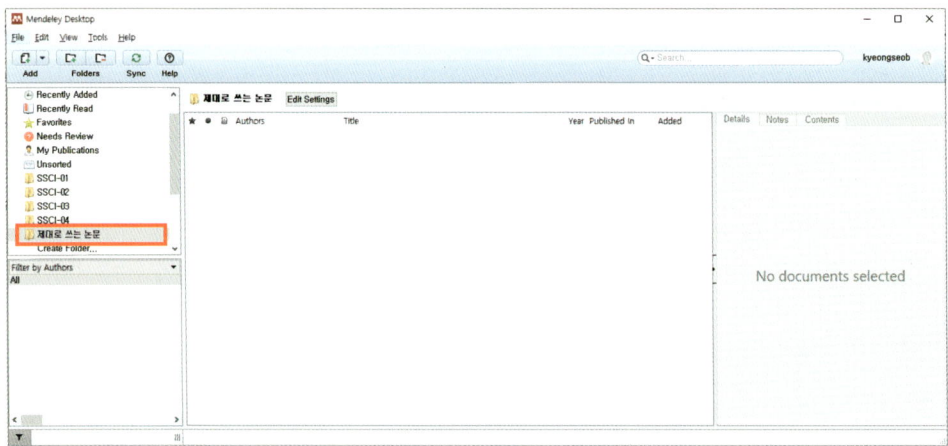

[그림 0-66] Mendeley Desktop에서 참고문헌 폴더 확인하기

05 이제 참조문헌을 가져오기 위해 크롬에서 구글로 들어가 『제대로 알고 쓰는 논문 통계분석』의 ISBN으로 검색한다. ISBN 9791156644408으로 검색하면 해당 도서의 초판(위쪽)과 개정증보판(아래쪽)이 뜬다. 개정증보판을 클릭한다.

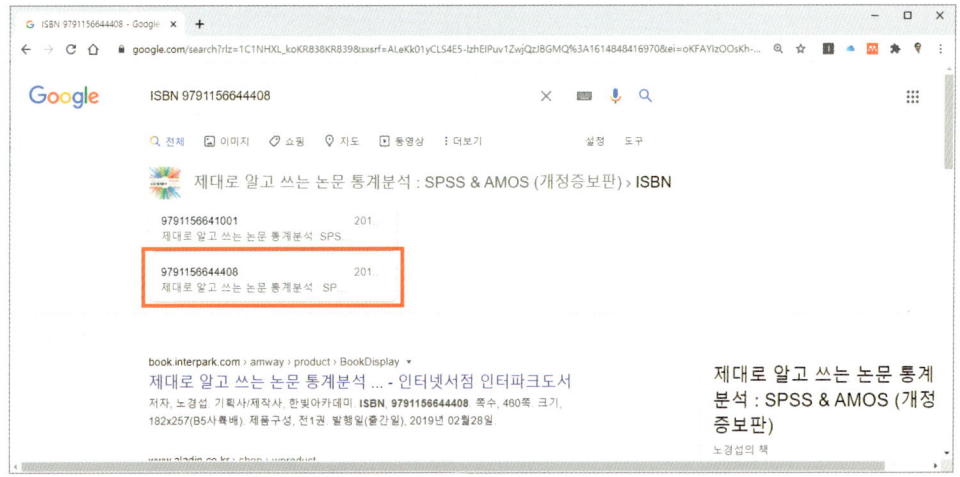

[그림 0-67] 구글학술검색에서 검색한 참고문헌 선택하기

06 ❶ 아이콘을 클릭하여 Mendeley의 Web Importer에서 정보를 확인할 수 있다.
❷ 나의 라이브러리 의 ∨를 클릭하여 ☑ 제대로 쓰는 논문을 선택한다.

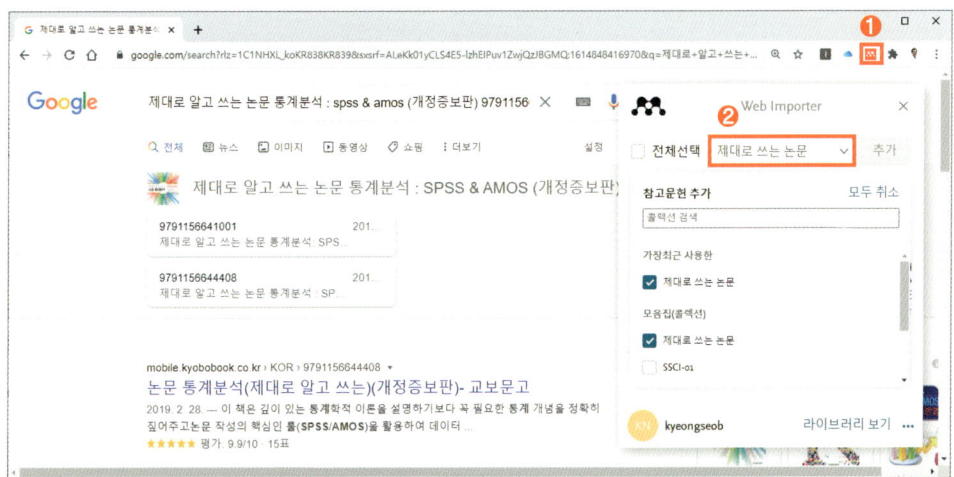

[그림 0-68] Mendeley Web Importer의 정보 확인하기

07 연구자가 정한 주제에 해당하는 참고 논문들은 앞으로 제대로 쓰는 논문 ∨ 폴더로 정리될 것이다. ❶ 목록에 나온 '제대로 알고 쓰는 논문 통계분석: SPSS & amos(개정증보판)' 을 ☑ 표시하고 ❷ 추가를 클릭한다.

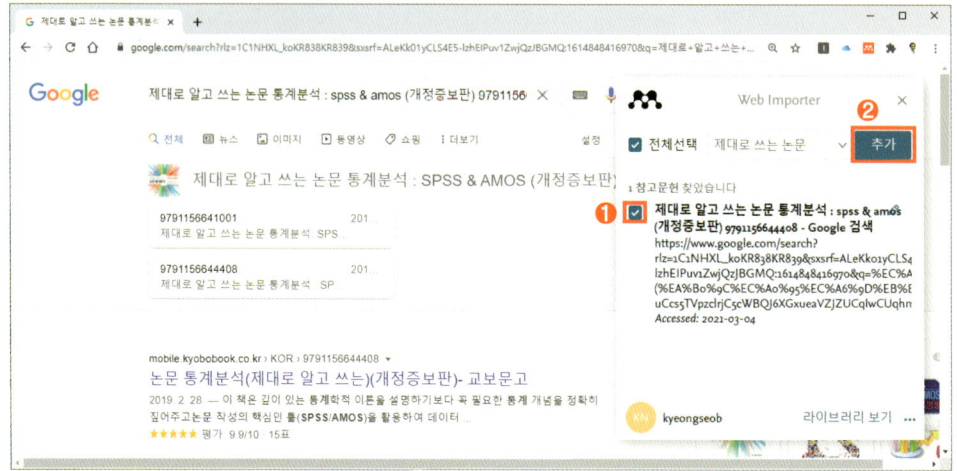

[그림 0-69] Mendeley Web Importer에서 참고문헌 추가하기

08 싱크(Sync)를 나타내는 ↻ 아이콘을 클릭하면 아이콘이 작동하면서 온라인에서 정보가 정리된다. 즉, 브라우저상의 Mendeley Reference Manager와 Mendeley Desktop에 참고문헌이 들어와 있는 것을 확인할 수 있다.

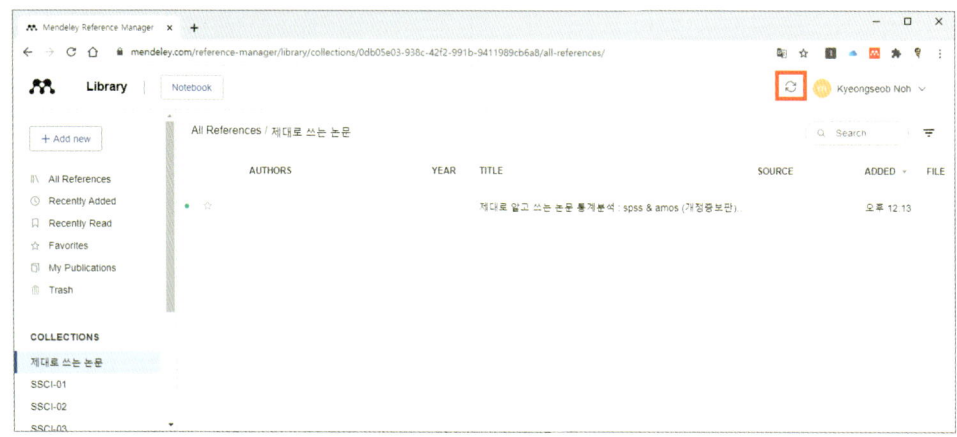

[그림 0-70] Mendeley 라이브러리에 추가된 참고문헌

09 만약 Medeley Desktop에서 참고문헌이 보이지 않는다면 아이콘을 클릭해서 클라우드에 저장된 참고문헌을 Mendeley Desktop으로 가지고 올 수 있다.

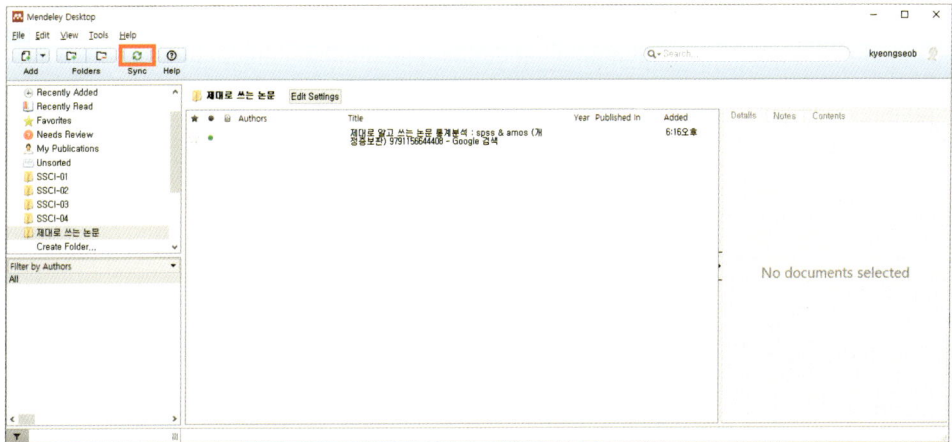

[그림 0-71] Medeley Desktop에서 참고문헌 확인하기

10 출력된 참고문헌에 저자, 출판사, 저널명 등의 기타 정보가 없는 경우에는 Mendeley Reference Manager에서 입력할 수 있다. 우선 제목을 클릭하여 책 제목 맞게 수정한다.

[그림 0-72] Medeley 라이브러리에서 참고문헌 수정하기

11 저자, 출판 연도, 출판사가 제대로 입력되어 있지 있으므로 각 항목을 클릭해서 입력한다. (대부분의 참고문헌은 정확하게 입력되어 있으나, 일반 서적의 경우 판(버전)이 달라지면서 인식이 안 되는 경우가 가끔 있으므로 수정 방법을 알아두는 것이 좋다.)

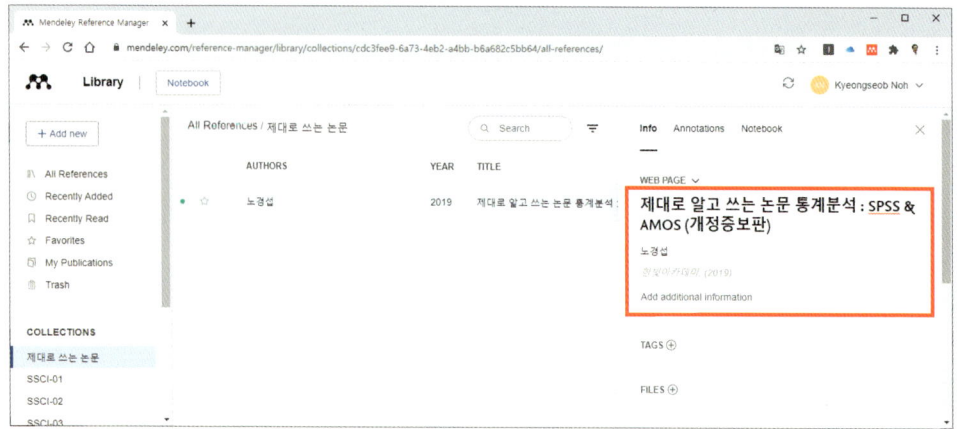

[그림 0-73] Medeley 라이브러리에서 참고문헌의 수정 확인하기

12 필요한 정보들이 제대로 들어간 상태로 출력된다.

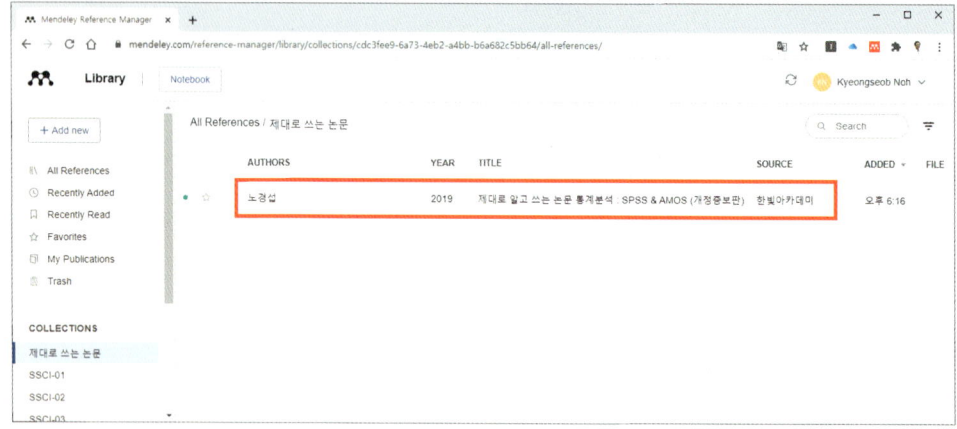

[그림 0-74] Medeley 라이브러리에서 참고문헌 수정이 완료된 상태

13 Medeley Desktop에서 참고문헌에 대한 정보가 업그레이드되지 않다면 아이콘을 클릭하여 새롭게 입력된 정보로 변경한다.

[그림 0-75] Medeley Desktop에서 참고문헌의 수정 결과 확인하기

■ MS-Word로 작성한 논문 본문에 참고문헌 가져오기

01 참고문헌을 표시할 부분에 커서를 둔다.

[그림 0-76] MS-Word에서 참고문헌 가져오기 1

02 MS-Word의 메뉴 중 ❶ 참조 탭에 있는 Mendeley Cite-O-Matic에서 ❷ 을 클릭한다. Search by author, title or year in My Library의 메시지가 뜬다. ❸ 여기에 저자명이나 타이틀, 연도를 입력하면 이에 맞는 문서 목록이 보인다. ❹ 해당 문헌을 선택하고 ❺ OK 를 클릭한다.

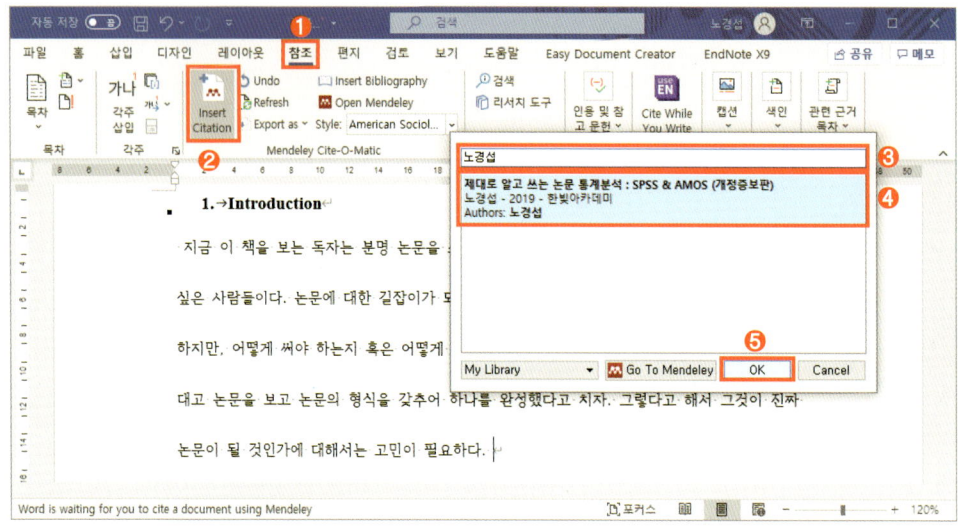

[그림 0-77] MS-Word에서 참고문헌 가져오기 2

03 본문의 커서 위치에 인용이 삽입된다.

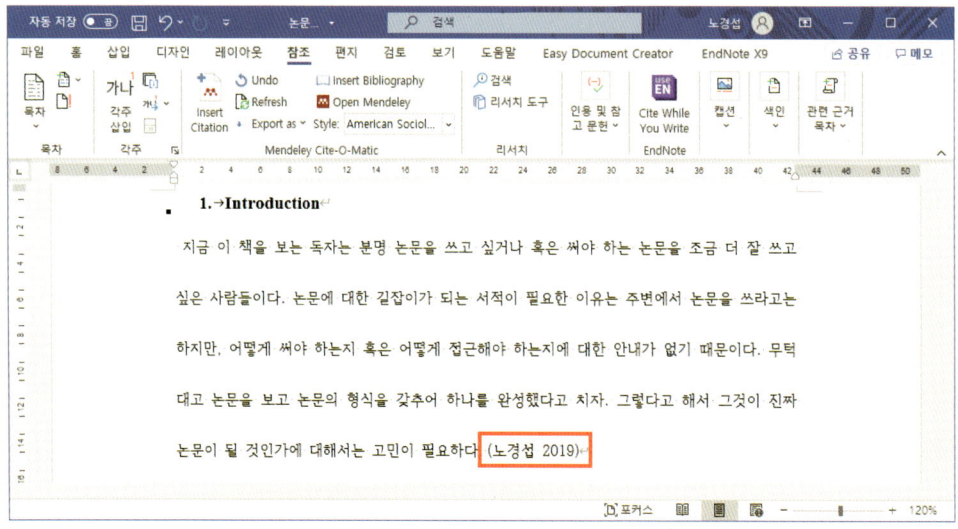

[그림 0-78] MS-Word에서 참고문헌 가져오기 3

04 2개 이상의 문헌을 인용하는 경우에는 각각 인용한 후에 합치면 된다. 그림과 같이 2개의 인용을 드래그하여 블록으로 구성하면 은 으로 변경된다.

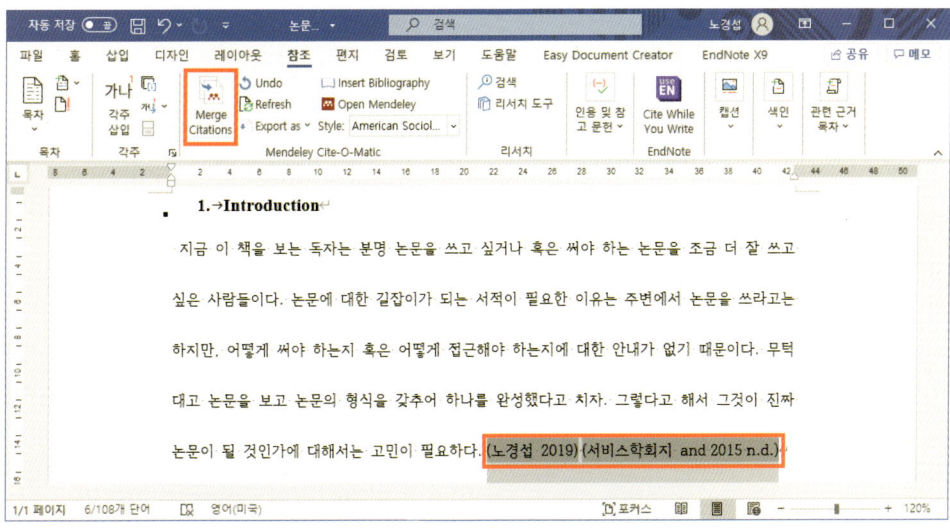

[그림 0-79] MS-Word에서 2개 이상의 참고문헌 가져오기

05 을 클릭하면 인용된 참고문헌과 저자들이 세미콜론(;)으로 구분되는 것을 확인할 수 있다.

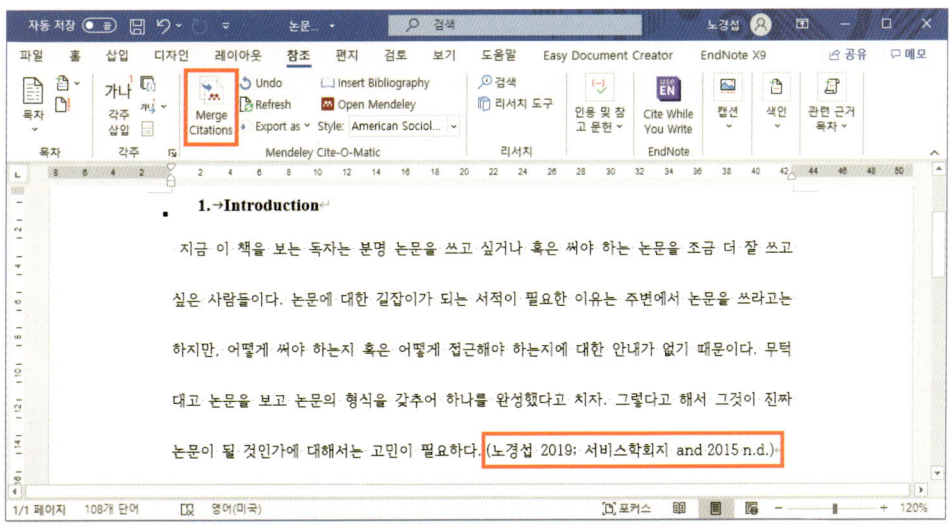

[그림 0-80] MS-Word에서 2개 이상의 참고문헌 가져오기 결과

■ 참고문헌 정리하기

01 Mendeley를 이용해서 참고문헌을 정리하려면 논문의 본문에 앞에서 학습한 방법으로 참고문헌의 인용이 들어가 있어야 한다. 참고문헌 혹은 References에 커서를 두고 MS-Word의 ❶ **참조** 탭에서 ❷ Insert Bibliography를 클릭한다.

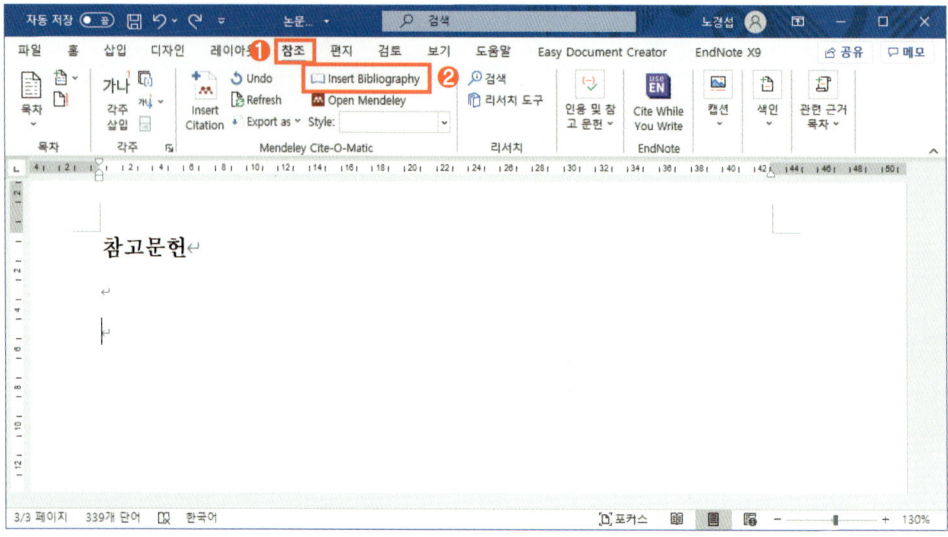

[그림 0-81] Mendeley를 이용해 참고문헌 작성하기

02 클릭 한 번으로 지금까지 본문에서 인용한 참고문헌이 정리되었다.

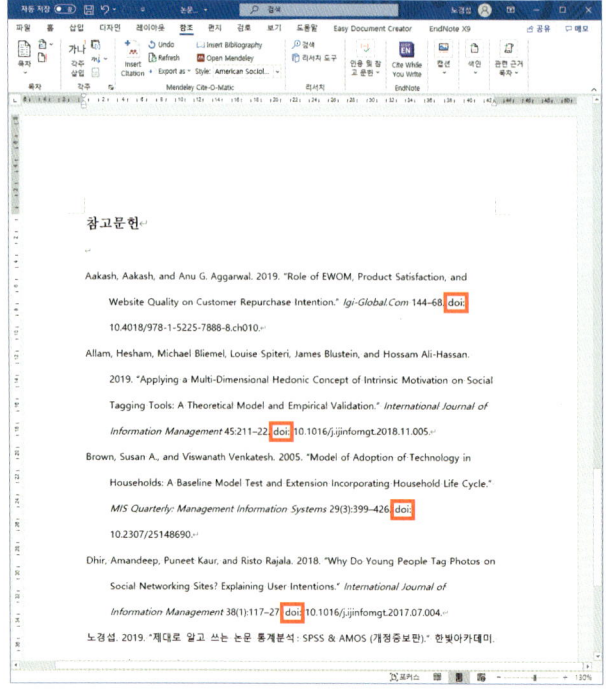

[그림 0-82] 참고문헌이 정리된 상태

Insert Bibliography를 클릭하여 참고문헌을 작성하는 작업은 제일 마지막에 하길 추천한다. Insert Bibliography를 클릭할 때마다 참고문헌이 중복되어 작성되기 때문이다. Mendeley를 통해 참고문헌을 작성하면 각 참고문헌의 제일 마지막에 DOI까지 표시된다. DOI는 Digital Object Identifier의 약자로 책이나 잡지의 국제 표준 도서 번호인 ISBN과 같은 역할을 하며, 이런 고유한 식별 번호로 참고문헌이 다시 구분된다.

꼭 기억합시다!!!

논문을 쓸 때 장비는 상당히 중요하다. 물론 과거에 이런 장비들이 없을 때는 모두 수작업으로 진행했지만, 지금은 그렇게 하면 효율이 떨어진다. 논문 쓰기에 맞는 적절한 프로그램들을 이용하여 시간과 노력을 많이 줄일 수 있다.

SECTION 02 | 논문의 전체 흐름 알기

이 책은 다음과 같이 크게 8개의 주제를 기반으로 하여 논문의 시작부터 완성까지 안내하는 방식으로 구성되어 있다.

1. 연구주제 선택하기

2. 연구주제에 맞는 논문 검색하기

3. 키페이퍼 선택하기 / 연구모델 확정하기

4. 이론적 배경 구성 및 작성하기

5. 연구방법 결정하기 / 설문 작성하기

6. 데이터 수집 및 분석하기

7. 논리 전개하기 / 데이터 정리하기

⬇

8. 프로포절과 논문 심사 대비하기

풀타임 연구자가 이 책의 안내에 따라 논문을 준비한다면 논문을 완성하는 데 약 8주 정도 걸릴 것이다. 참고로, 필자가 논문 작성에 대한 오프라인 강의를 진행하는 과정에서 9주 만에 논문 3편이 KCI 등재지에 게재 확정된 분들도 있었다. 이들 중 한 분은 그해 모 대학교의 부교수로 임용을 받으셨다.

제일 처음 할 일은 연구주제를 선정하는 것이다. 막연히 논문을 쓴다고 생각하면 너무나도 방대한 전공 분야의 범위 때문에 시작하기가 힘들지만 주제만 정해지면 그때부터는 속

도전이라 생각해도 무방하다. 다만 처음에는 모든 주제가 다 중요하다고 느껴지기 때문에 연구주제를 정할 때는 선택과 집중이 필요하다.

주제가 정해졌다면 다음으로 '연구주제에 맞는 논문을 집중적으로 검색하기'에 초점을 맞추어야 한다. 첫 번째 단계에서 논문을 찾는 방법과 크게 다르지 않지만 이제는 초점을 하나에 두고 검색한다는 점이 다르다. 이 시간이 축적될수록 연구주제와 관련된 논문이 내 컴퓨터의 논문 관련 폴더에 차곡차곡 쌓일 것이다.

주제와 관련한 논문이 충분히 쌓이고 그에 대한 절대 독서량이 어느 정도 채워지면 그때부터는 논문 진행에 대한 일종의 감이 생기기 시작한다. 우선 일정한 초점에 맞추어 연구가 진행된다는 느낌이 올 것이다. 그리고 폴더에 쌓인 논문을 읽으면서 관심 분야에 대한 연구 트렌드를 파악하게 되어 새롭게 추가하면 좋을 나만의 연구주제를 생각하기 시작한다.

이런 연구주제에 대한 생각은 구체적인 연구모델로 개념화되고 만들어진다. 그리고 내 연구에서 기준을 잡을 수 있는 키페이퍼(Key-papers)가 몇 개 추려진다. 이처럼 연구모델이 확정된다면 그때부터는 연구를 끝까지 가져갈 수 있다고 생각해도 된다.

결정된 연구모델은 수 개의 변수들로 구성되어 있으며 이 변수들은 이론적 배경에서 설명된다. 현재 시점에서 이론적 배경을 작성하더라도 문제는 없지만 연구모델과 관련한 작업들을 먼저 끝내놓고 이론적 배경을 작성하면 시간이 훨씬 절약될 것이다. 이론적 배경은 서론에서 이어지는 부분이므로 서론에서 충분히 문제 제기를 해야 한다. 이론적 배경은 이처럼 제기된 문제를 해결하기 위한 개념(변수)들을 설명하는 부분이므로, 이를 충분히 고려한 상태에서 연구모델과 관련해 추가해야 할 내용들을 준비해야 할 것이다.

연구모델이 결정되고 이론적 배경이 꾸며졌다면 연구자가 제시하고 싶은 결과를 표현하는 데 가장 알맞은 연구방법(분석 방법)을 선택하여 그에 따른 결과를 제시해야 한다. 그러므로 이 시점에서 연구모델의 결과를 나타낼 수 있는 측정 도구를 구성해야 한다. 다양한 측정 도구가 있지만 대개 설문으로 구성한다. 설문 구성을 이 시점에서 해야 하는 이유는 척도의 구성이 맞아야 원하는 분석 방법을 적용할 수 있기 때문이다.

측정 도구까지 확정되었다면 이제 연구자의 두뇌 활동을 통한 논문 작성은 거의 마쳤다고 생각하면 된다. 이제부터는 연구자의 육체적 노력을 통해 논문을 완성해가는 과정이다. 즉, 표본을 대상으로 하여 측정 도구를 적용해보는 것이다. 다시 말해, 표본에 접근해서 직접 데이터를 수집해야 한다. 당연히 연구모델을 개발하는 과정에서 조사 대상(모집단)을 가늠해야 하고, 이 모집단을 대표할 수 있는 표본을 추출하여 자료를 수집한다.

다음으로 연구자가 결정한 분석 방법을 사용해 수집된 데이터를 분석해서 그 결과를 기술한다. 이 과정은 연구모델에서 설정한 가설을 검증하는 내용이 될 것이다.

가설 검정이 마무리되면 이제 결론을 제시해야 한다. 전체적인 논문의 목차 안에서 구성해야 할 것과 삭제해야 할 내용들을 다듬어 논문을 마무리한다.

> **참고** 논문을 작성하는 순서
>
> 전체 논문이 1. **서론**, 2. **이론적 배경**, 3. **연구모델 및 연구방법**, 4. **분석**, 5. **결론**의 5개 구성으로 되어 있다고 할 때, 어느 부분부터 쓰는 것이 좋을지 생각해보자.
>
> 일련의 흐름을 갖추기 위해 서론부터 쓰는 경우가 있는데, 자고 일어나면 고치는 게 서론이다. 따라서 논문 작성에 시간을 낭비하지 않으려면 논문에서 궁극적으로 밝히고자 하는 핵심, 즉 변경되지 않을 내용을 먼저 작성해야 한다. 연구모델을 완성하기 전까지는 논문의 어떤 내용도 변할 수 있는 불완전한 내용이므로 우선 연구모델부터 확정해야 한다. 즉, 3장부터 시작해야 한다.
>
> 연구모델이 확정되었다는 것은 그동안 많은 참고문헌이 연구자의 폴더에 축적되었다는 뜻이고, 이 자료들은 2장을 구성하는 주요 재료가 된다. 그렇다면 3장을 쓴 다음에는 2장을 써야 한다. 이론적 배경이 완성되는 과정에서 연구자는 자연스럽게 다른 논문들을 참고하게 되고, 그 가운데서 더 좋은 아이디어를 포착해낼 수도 있다. 이런 새로운 아이디어는 연구모델을 더 좋은 방향으로 수정하는 원인으로 작용할 수 있다. 연구모델이 수정된다는 것은 측정 도구의 변화를 의미한다. 이와 같은 무한 반복 프로세스를 통해 최종 연구모델이 확정되고, 이론적 배경에 대한 구성의 소스가 완성된다.
>
> 이제부터는 본격적으로 설문 문항을 개발해야 한다. 설문 문항 개발 자체로도 하나의 논문을 구성할 수 있기에, 연구자는 신뢰도가 높은 선행 연구에서 활용된 측정 도구를 인용해서 연구의 측정 도구를 구성한다. 이때 연구자가 유념해야 할 점이 하나 있다. 측정 도구를 구성하는 과정에서 새로운 논문을 참고할 수 있는데, 이는 연구모델이 변할 수도 있음을 의미한다. 연구모델이 변하면 이론적 배경의 구성이 달라질 수도 있으나 이는 논문이 더 좋은 방향으로 나아가는 것이므로 번거롭게 생각해서는 안 된다. 이렇게 구성된 측정 도구로 데이터를 수집했다면 4장의 분석으로 작업을 옮긴다. 그리고 분석이 마무리되면 분석 결과를 바탕으로 5장의 결론을 마무리한다.
>
> 그런 다음 맨 마지막에 1장을 진행한다. 연구의 배경, 연구의 목적 등을 기반으로 어떤 유의미한 결과를 제시할 수 있는지에 관한 내용, 즉 연구의 당위성을 중심으로 서론을 구성한다.
>
> 결론적으로 말해, 논문을 작성할 때는 3. **연구모델 및 연구방법** → 2. **이론적 배경** → 4. **분석** → 5. **결론** → 1. **서론**의 순서로 진행하는 것이 효율적이다.

CHAPTER
01

연구주제 선택하기
Choosing a Research Topic

Contents

Section 01_ 논문 주제의 성격
Section 02_ 논문 주제를 선택하기 어려운 이유
Section 03_ 연구주제를 빠르게 결정하는 방법
Section 04_ 이론적 고찰을 할 때 국내 논문은 피하자
Section 05_ 나의 첫 연구주제가 정해지지 않았다면?
Section 06_ 일반적으로 주제를 선택하는 방법
Section 07_ 내 학위논문의 주제가 미래의 나를 결정한다

SECTION 01 | 논문 주제의 성격

여기서는 연구자와 연구자가 선택한 논문 주제의 성격에 대한 이야기하려고 한다. 연구자의 특성에 따라 선택한 주제는 향후 연구를 진행할 때 원동력이 될 수도 있고, 안타깝지만 연구 실패로 이어질 수도 있다. 따라서 내 논문의 주제가 아래에 제시하는 내용과 얼마나 일치하는지 미리 생각해보는 것이 좋다.

연구 당위성이 있어야 한다

모든 연구의 중요한 전제 조건은 연구에 대한 당위성이다. 통계학의 가설검정 편을 보면 연구가설(대립가설)을 설정하면서 귀무가설(영가설)을 함께 설정한다. 이때 연구가설을 고민하면 당위성에 대해 대표할 만한 성격이 나온다.[1] 해당 연구나 조사의 당위성, 즉 이 연구나 조사를 왜 해야 하는지, 밝혀야 하는 것이 무엇인지, 연구가설이 유의수준 이내에 들었을 때 어떤 결과를 초래할지를 생각하면서 연구를 진행해야 한다.

연구의 당위성은 학위 과정에서 프로포절(proposal)을 할 때, 가장 강하게 제시해야 하는 성격이기도 하다.[2] 그리고 연구 논문에는 프로포절에서 제시한 연구모델을 통해 나타나는 결과가 어떤 의미를 갖는지, 어떤 기여를 하게 될 것인지를 정확하게 나타내야 한다.

논문에서는 연구의 당위성에 해당하는 내용을 서론에 명확하게 제시해야 한다. 현재 연구자가 진행하는 연구가 필요한 이유 및 환경과 함께 선행 연구가 진행되어 온 과정에 대한 명백한 근거가 되는 내용들을 인용을 통해 제시해야 한다. 간혹 논문의 서론에 연구 목적이 잘 드러나지 않는 논문들이 있다. 이런 문제를 피하기 위해 서론의 마지막 부분에 RQ(research question)를 나열하여 재강조하는 경우도 있다.

연구자의 높은 관여도는 필수다

관여도의 개념은 경제학 및 심리분석학에 해당하는 소비자 행동론에 등장하는 용어인데, 소비자가 특정 재화나 서비스를 구입할 때 개인적 중요성이나 관심에 따라 기울이는 노력

---

[1] 가설에 대한 내용이 이해되지 않는다면 『제대로 알고 쓰는 논문 통계분석(개정증보판)』(2019, 한빛아카데미)의 pp.14~17을 참조하기 바란다.
[2] 프로포절은 학위논문을 작성하기 전 자신의 연구 계획을 학과의 전공생과 교수들 앞에서 제안하는 것이다. 프로포절을 하면 그 연구의 문제점이나 방향성에 대해 코멘트를 듣게 된다.

의 정도를 말한다. 마찬가지로 연구자도 연구주제에 관심이 높고 해당 주제의 중요성을 크게 본다면 스스로 최대한의 노력과 시간을 투입할 것이다. 생필품 같은 흔한 물건을 구입할 때보다 고급 재화를 구입할 때 더 많이 고민하고 탐색할 텐데, 학위논문이나 학술논문은 일종의 고급 생산재라 할 수 있다. 독자 입장에서 보면 고급 소비재의 영역이 된다.

연구 가치가 충분한 연구를 한다 해도 연구자의 흥미를 끄는 주제가 아니라면 열정을 지닌 연구자보다 아웃풋(output)은 약해질 수밖에 없다. 그러므로 이왕 논문을 개발하겠다고 마음먹었다면, 혼신의 노력을 다해 열정을 쏟을 수 있는 주제로 접근하는 것이 유리하다.

선행 연구의 연결선에 있으면 좋다

선행 연구의 연결선에 있으면 좋다는 개념은 크게 두 가지 측면에서 생각해야 한다.

첫 번째는 선행 연구 논문의 결론 부분 있는 '연구의 한계(Limitations)'와 관련이 있다. 연구의 한계는 대개 연구자가 연구를 마쳤으나 더 연구되면 좋았을 사항에 대해 언급한 내용이다. 그러므로 해당 연구주제에 관심이 있는 연구자라면 이런 내용에서 연구의 힌트를 얻어도 좋을 것이다.

두 번째는 연구자가 진행하는 연구주제의 연계성과 관련된 것이다. 현재 진행하는 연구와 앞으로 해야 할 연구가 하나의 주제로 연결되어 있어서 해당 연구를 더 깊고 넓게 확장시킬 수 있다면 최상이라고 할 수 있다. 그런 연구라면 후속 연구에 대한 부담이 없을 뿐 아니라 후속 연구를 할 때 시간이 많이 절약될 수도 있다.

연구는 일회성 시험과 다른 관점으로 접근해야 한다. "한 번 이겼다고 이긴 게 아니라 끝까지 살아남는 사람이 이기는 것이다"라는 말이 있다. 적어도 연구에서만큼은 이 말이 딱 적합하다고 보는데, 단 하나의 논문으로는 박사학위를 얻었다 하더라도 진정한 연구자라고 할 수는 없다. 할 수 있는 연구를 지속적으로 해나가고, 한 분야에서 혹은 학제적인 분야에서 하나씩 더 추가해나가는 연구자가 진정한 연구자라 할 것이다.

연구방법을 미리 결정할 수 있어야 한다

연구방법을 미리 결정할 수 있어야 한다는 말은 연구모델의 설계는 물론 그 연구에 적합한 연구방법을 사전에 결정할 수 있어야 한다는 의미다.

논문을 쓴다고 할 때 연구모델만 있다고 해서 논문이 써지는 것은 아니다. 연구주제로부터 도출해낼 수 있는 결과가 연구모델과 맞아야 하고, 여기에 부합되는 분석 기법을 적용해서 결론까지 도출할 수 있는 전체적인 설계가 가능해야 한다. 이때 분석 방법을 많이 알고 있을수록 유리하다. 『제대로 알고 쓰는 논문 통계분석』에서 제시하는 분석 방법은 연구자들이 알아야 할 기본적인 분석 방법들이므로, 연구문제와 분석 방법 정도는 암기하기를 권한다.

기존 논문들을 살펴보다가 좋은 아이템을 하나 찾았다고 가정해보자. 그렇다면 그 아이템으로 연구되어야 한다는 당위성을 제시하고 연구를 진행하게 될 것이다. 이론적 배경에서 더 깊은 고찰을 통해 연구의 중요성을 부각하게 되는데, 만약 분석 방법을 제대로 모른다면 어떤 결과가 벌어질까? 제아무리 좋은 아이템이 있다 하더라도 그 가치를 제대로 나타낼 수 없을 것이다. 설사 고생고생하며 논문을 마무리 지었다 하더라도 논문의 질을 담보하기 어렵다. 또한 동일한 문헌 고찰을 한다 해도, 기본적인 분석 방법을 숙지하고 있는 연구자가 더 가치 있는 연구주제를 더 많이 파악할 수밖에 없다.

지도 교수님과의 논의는 필수다

지금까지 논문 주제의 성격 네 가지를 살펴보았는데, 가장 중요한 것 하나가 남았다. 무턱대고 혼자 진행할 게 아니라 지도 교수님과 교감을 이루며 논문을 개발해야 한다는 점이다.

지도 교수님과 만나는 것을 힘들어하는 학생들이 많다. 심지어 두렵다는 학생들도 있다. 기억해야 할 것은 지도 교수님과 같이 하는 시간이 많으면 많을수록 논문의 진도가 잘 나간다는 것이다. 그렇다고 아무 때나 지도 교수님의 연구실을 방문하라는 말은 아니다. 반드시 스스로 논문을 진행해나가면서, 논문 개발이 진척되고 있다고 느낄 때 혹은 진도가 잘 나가지 않고 무언가 벽에 막혀 힘들어질 때 지도 교수님을 찾아가면 분명 해결책을 제시해주실 것이다.

논문을 쓸 때 논문에 대한 동력과 방향성이 중요하다. 여기서 동력은 누구에게서 받는 것이 아니라 연구자 스스로 만들어내야 한다. 연구자 스스로 연구를 진행하는 시간이 있다면 논문의 진도가 나갈 수 있지만, 아무것도 하지 않으면 아무 일도 일어나지 않는다. 하지만 방향성은 다르다. 연구자가 연구 방향을 찾을 수도 있으나 그 방향이 맞는지 틀린지 가늠할 수 있는 통찰력이 부족하기 때문에 지도 교수님의 조언은 필수다. 논문을 쓰다가 막혀 있다는 느낌이 들면, 이 상황은 여간해서는 연구자 스스로 헤쳐 나오기 힘들다. 이럴 경우, 지도 교수님께 조언을 구하는 메일을 보내보거나 찾아가는 것이 좋다. 현재까지의 논문 개발 상황을 간략히 설명하고 이러이러한 부분에 대한 의견을 듣고 싶다는 메시지와 함께 진행 중인 논문 파일을 첨부하여 메일을 보낸 다음 간단하게라도 미팅하기를 권한다.

SECTION 02 | 논문 주제를 선택하기 어려운 이유

대학원에 진학해서도 논문을 쓰지 못하는 이들을 많이 볼 수 있다. 본인의 능력이 부족해서가 아니라 방법을 모르기 때문이다. 자신이 모른다는 것 자체를 모르는데 뭔가를 스스로 해나가기는 어려운 노릇이다. 지금부터 논문 작성과 관련해 무엇을 모르고 있는지, 어떻게 행동해야 하는지 알아보기로 한다.

상당수 연구자들이 논문 주제를 정하는 데 많은 시간을 보낸다. 대학원에 들어가면 첫 학기에는 일단 분위기 파악을 먼저 해야겠다고 생각한다. 석사 2년, 박사 3년을 생각하면 논문을 쓰는 데 시간이 충분하다는 착각을 하게 된다. 주위를 둘러보면 좋을 듯하다. 많은 학생들이 과정을 수료했음에도 논문을 쓰지 못하는 경우가 허다하다. 입학해서 첫 학기부터 논문 준비를 시작해도 시간이 부족하다. 당연히 논문에만 치중할 수도 없다. 전공 과목을 학습하면서 동시에 논문 개발, 방법론, 분석 기법 등을 학습해야 한다. 많은 것을 동시에 하려다 보니 논문 주제를 고민할 시간을 내기가 어렵다.

연구조사방법론을 모르기 때문에

대학원에 진학한 이상 연구를 진행해야 한다. 학부 과정의 학습은 연구가 아니라 말 그대로 학습이었기 때문에 전공 지식에 대한 이해를 목적으로 한다. 하지만 대학원부터는 학습은 학습대로 해야 하고 연구도 진행해야 한다. 해보지 않은 연구를 해야 한다면, 그 방법을 알고 시작하는 것이 유리하다. 하지만 연구조사방법론 과정이 개설되지 않는 대학원들이 많다. 연구조사방법론 강의를 세세하게 한다면 1년도 부족하고, 개념 위주로 간다면 한 학기만 하더라도 시간이 남는다. 연구하는 데 필요한 방법을 설명하기 때문에 초 집중 모드로 학습할 필요가 없고, 누구라도 쉽게 읽어서 이해할 수 있는 내용들로 구성되어 있다. 그렇기 때문에 도서관에서 연구조사방법론 책 한 권 정도만 빌려서 관심을 갖고 읽으면 이해할 수 있다. 그런데 이런 정도의 노력을 하는 이들이 많지 않다.

연구를 진행해야 하는 입장에서 연구조사방법론을 모르면 방법이 없다. 사정이 그렇다 보니 시간을 아낀다는 생각으로 남들이 써놓은 논문의 목차를 자신의 논문 제목이나 주제에 맞게 수정해서 그 빈칸을 채우는 것으로 마무리한다. 이런 방식으로 논문을 계속 쓴다면 좋은 논문은 기대할 수 없다.

연구조사방법론을 빠르게 학습할 수 있는 방법을 소개한다. 국내 자격시험 중 사회조사분석사라는 자격증이 있다. 1년에 3회 치러지고 있으며, 민간 자격이 아닌 국가 자격증이다. 이 시험의 1차 시험(필기)에서 연구조사방법론1과 연구조사방법론2가 출제된다. 2차 시험까지 준비한다면 SPSS Statistics까지 학습할 수 있다. 시험 난이도가 그렇게 높지 않아 누구라도 무난히 합격할 수 있다. 아주 단기간에 합격할 수 있는 시험이니, 연구조사방법론을 점검하는 차원에서 준비해보는 것도 좋을 듯하다.

좋은 논문을 읽은 경험이 부족하기 때문에

대부분의 학생들은 대학을 다니면서 논문을 읽을 기회가 거의 없다. 대학원에 들어와서야 '아, 논문이라는 게 이런 거구나'라고 느끼는 사람이 허다하다. 이런 상황에서 논문의 주제를 정한다? 솔직히 쉬운 문제는 아니다. 논문의 형식만 갖춘 나열된 문장으로 논문을 작성했다고 해서 모두 논문으로 볼 수 없다. 좋은 논문을 쓰고 싶다면, 한 편의 논문을 읽더라도 제대로 쓰인 논문을 읽어야 한다.[3]

그런데 논문 한 편을 쓰려면 과연 몇 편의 논문을 봐야 할까? 주제 선정 전이라면 전공 분야에서 다양한 논문을 봐야 하니 어림잡아 100편 이상은 봐야 할 것이다. 물론 이 논문을 과제하듯이 처음부터 끝까지 볼 필요는 없다. 제목, 초록, 결론 등으로 확인해서 내게 필요한 논문을 찾아나가는 것이다.

이렇게 논문을 찾아가는 과정에서도 역시 좋은 논문을 고를 수 있어야 한다. 어떤 논문을 좋은 논문이라고 할까? 좋은 논문에 해당하는 객관적 근거가 있어야 좋은 논문이라 할 수 있다. 객관적인 근거는 두 가지로 확인할 수 있다. 전공 분야에서 소위 탑 저널(Top Journal)이라 불리는 저널에 출판된 논문이라면 좋은 논문이라 할 수 있다.

[그림 1-1] 좋은 논문을 선택해서 읽어야 한다.

또한 어느 연구자가 쓴 논문을 다른 연구자의 연구 논문에서 인용한 건수(Citation)가 많으면 좋은 논문이라 할 수 있다.[4]

---

[3] 제대로 된 논문을 찾는 방법은 2장에서 설명하도록 한다.
[4] 탑 저널과 인용 건수에 대한 자세한 내용은 2장에서 설명하도록 한다.

지도 교수의 전폭적인 방목에 의하여

학위 과정에 들어가면 지도 교수를 신청하게 된다. 지도 교수들 중에는 지도 학생들을 세세하게 챙겨주는 지도 교수가 있는가 하면, 거의 신경 쓰지 않는 지도 교수도 있다.[5] 이 책을 읽고 있는 독자는 어떤 경우에 해당되며, 어떤 지도 교수 스타일이 좋다고 생각하는가? 극도로 상반된 두 스타일은 서로 양날의 검이라 할 수 있다.

아주 작은 것까지 세세하게 챙겨주시는 지도 교수님이라면, 그 밑에서 배우는 학생은 대학원을 다니는 동안 시간이 흐를수록 산출물이 쌓여간다. 자신이 방목되고 있는 상태라면, 수업을 들으러 다니긴 하지만 산출물을 쌓아나가는 주변의 동기를 보면서 상대적인 허탈감을 느낄 수 있다. 당연히 세세하게 챙겨주시는 교수님과 같이 하면 논문 주제를 선택할 때 전혀 문제가 없다. 더 정확히 말하면 주제 선택과 관련해 내가 생각할 게 별로 없다. '어떠한 과정에 의해 나에게 맞는 주제를 제시하게 되었나'에 대한 설명이 단 몇 분만에 끝나기 때문이다. 논문의 첫 번째 단추를 바로 꽂고 시작하는 것이니 속도도 나고, 초·중·고 및 대학교 시절에 숙제를 하듯이 주욱 밀고 나가면 결국 완성된 논문을 만나게 된다.

대학원에 진학해서 스스로 연구를 진행하기까지 학습해야 할 것들이 많다고 했다. 랩에서 프로젝트를 진행하면서 그런 과목들을 동시에 할 수 있지 않을까 싶겠지만, 실상은 그렇지 않다. 논문을 진행하며 랩 연구원들끼리 서로 알려주고 배울 수 있다고 생각할 수 있다. 물론 그런 장점도 있다. 하지만 만약 하나가 잘못 전달되면 모든 사람이 같이 망하는 결과로 이어지기도 한다. 실제로 그런 케이스를 보곤 하는데, 이는 구성원이 되는 모든 연구원이 분석 과정을 루틴(routine)한 작업의 반복이라 생각하고 '왜?'라는 중요한 질문에 전혀 신경을 쓰지 못하기 때문이다.

반면, 방목 상태에 놓은 학생은 모든 경우의 수를 스스로 맞추어 나가야 한다. 시간이 오래 걸리기는 하지만 이런 경우에 본인이 학업에 대한 열정만 있다면 더 많이 배우는 것 같다. 수업 시간을 제외한 모든 시간을 온전히 자신을 위해 사용할 수 있기 때문이다. 수업 시간 이외의 시간을 온전히 연구를 위한 준비 과정으로 이해하고 그에 따른 학습과 연구에 매진한다면 방목이라 하더라도 좋은 결과로 이어질 수 있다.

---

[5] 방목에 대해 많은 이견이 있을 수 있다. 그러나 필자는 다년간 학위논문 및 학회 투고용 논문에 대한 지도 및 검토 등을 해오면서 여러 방목 케이스를 만나보았다. 극히 일부의 경우라 생각하지만, 학위 과정 내내는 물론이고 학위논문 심사 때까지 지도 교수를 거의 만나보지 못한 케이스가 있었다. 필자의 홈페이지(www.nonmoon.kr)를 통해, 박사학위 심사를 앞두고 미리 검토를 받아보고 싶다고 요청하는 경우도 있다.

SECTION 03 연구주제를 빠르게 결정하는 방법

연구자에게 연구주제는 아주 중요한 사안이다. 학위를 빨리 받겠다고 논문 주제를 성급하게 결정해서는 안 된다. 연구자로서 돌탑에 하나의 돌을 얹는 마음으로 진행해야 할 것이다. 여기서 설명하는 방법을 숙지함으로써 막연한 주제 선정이 아닌, 본인에게 도움이 되는 연구주제를 찾을 수 있다.

연구 대상인 연구주제를 빠르게 결정하는 획기적인 방법이나 특별한 기법이 있는 것은 아니다. 누구나 알 수 있는 평범한 방법들이다. 아래에 제시하는 방법들을 환기해서 숙지하고 있으면 최소한 다른 사람의 제안에 의해 연구를 진행하는 비극은 벌어지지 않을 것이다. 굳이 이것을 비극이라고 표현하는 이유가 있다. 연구자의 관심을 끄는 주제가 아니라면 연구 진행 자체가 지지부진할 수 있고, 특히 해당 연구를 마친 뒤 확장하는 데 한계가 있을 수밖에 없기 때문이다.

▍뉴스나 보도에서 전공 분야의 트렌드를 간파한다

연구주제를 빠르게 결정하려면 자신의 전공 분야에 대한 트렌드 파악이 선행되어야 한다. '연구에도 무슨 트렌드가 있나?' 하는 생각이 들 수 있지만, 연구에도 트렌드가 있다. 특히 분석 방법은 이런 트렌드가 더 확연히 느껴지는 부분이기도 하다. 과거에는 기본적인 통계 툴인 SPSS Statistics나 SAS를 주로 썼고 최근에는 Python이나 MATLAB 등을 쓰고 있지만, 최근 논문의 연구모델은 복잡도가 높아지면서 기존 툴을 적용하기가 매우 난감해졌다. 어쩔 수 없이 지금은 구조방정식 모델링(structural equation modeling)이 대세다. 구조방정식 모델링은 최근 약 20년간 논문에 등장하며 유행이 정점에 올라와 있다. 앞으로도 상당 기간 이 추세가 수그러지지 않을 것으로 예상된다.

연구 트렌드를 살피려면 당연히 다년간의 논문 결과물을 훑어보며 어떤 연구들이 있었는지 확인해야 한다. 하지만 전공 분야의 트렌드를 살필 때 논문만 들여다보면 올드한 느낌을 받게 된다. 그 이유는 사회현상이 논문이라는 활자로 굳어지는 과정을 살펴보면 이해된다.

사회과학 분야의 논문은 특정 사회현상이나 문제를 학자들이 연구하여 이끌어낸 결과물이다. 당연히 특이한 사회현상이나 문제는 뉴스나 보도로 가장 먼저 활자화된다. 이런 현상과 문제가 일회성으로 끝난다면 굳이 연구를 할 필요가 없겠으나 이러한 일들이 반복된다면 좀 더 깊이 관심을 기울여야 할 필요성이 생긴다. 이때 두 번째로 활자화되는 매체는 무엇일까? 단행본 등의 서적이다. 어떤 사회현상이 유행이 되면 이와 관련한 책들이 서점에 쏟아져 나온다. 그때부터는 학자들이 정확한 근거에 의해 논리로 접근해서 논문으로 풀어내기 시작한다. 이런 논문들이 반복되어 고인 물 수준에 이르면 마침내 교과서로 집대성되는 것이다.

따라서 트렌드를 살필 때 뉴스나 보도에 주의하면 지금까지 없었던 독창적인 아이디어를 얻을 수도 있고, 이 경우 아무도 연구하지 않은 새로운 분야를 개척하게 될 것이다. 하지만 단점이 있다. 그 분야에 대한 연구가 이루어지지 않았기 때문에 연구자의 주장이 있어도 근거를 마련하기가 쉽지 않다. 논리를 구성하더라도 직접적인 논리 구성이 힘들고 다른 여러 문헌을 망라해야 그나마 논리를 세울 수 있다. 또한 그 새로운 분야가 미래의 일정 시점까지 존속해야 하는데 존속 여부를 담보하기 힘들고, 만약 사라지게 된다면 그 분야의 연구 논문은 반짝 유행을 추적한 논문으로 남게 된다.[6] 따라서 이런 단점을 극복하려면 유행에 민감하지 않을 주제를 파악하는 통찰력이 필요하다. 또한 문헌적 고찰을 위한 자료가 부족한 상황에서 노력이 담보되어야 하므로 꾸준하게 끌고 나가는 인내 역시 필요하다.

해외 저널에서 확인한다

연구주제를 정할 때 해외 저널을 참고해야 하는 이유는 학계의 최신 연구 논문은 모두 영어로 되어 있기 때문이다. 물론 국내 최고의 학회에서 탑 저널의 논문을 참고문헌으로 넣어 출판하는 논문도 있겠지만, 이 역시 영어 논문을 기반으로 작성된다. 따라서 최신 트렌드를 파악하려면 어쩔 수 없이 영어로 된 논문을 볼 수밖에 없다.

그런데 탑 저널의 영어 논문에 대해 생각해볼 지점이 있다. 탑 저널에 실리는 논문은 대개 투고 시점에서 짧게는 6개월, 길게는 3년을 넘겨 게재된 것이다. 연구자가 논문을 투고하기까지도 상당한 시간이 걸렸을

[그림 1-2] **최신 트렌드는 해외 저널에서 확인해야 한다.**

것이다. 주제를 생각해내는 것부터 문헌적 고찰을 통해 자료를 모으고 완성하기까지, 못해도 1년은 필요하다. 그렇다면 우리가 읽고 있는 탑 저널의 최신 논문이라 하더라도 최

---

[6] 좋은 논문이라면 좋은 저널에 출판되거나 많이 인용되어야 한다. 지속성이 없는 사회현상을 다룬 논문이라면 좋은 저널에는 출판될 여지가 있겠지만, 향후 인용은 없다고 봐야 한다.

소 2~3년 전의 것이라는 뜻이 된다. 즉, 최신 트렌드는 해외 저널을 통해 파악해야 하지만 해당 저널에 실린 논문도 사실상 최신 연구가 아니라는 점을 유념해야 한다.

> **참고** 영어를 전혀 못한다면 영어 논문을 보기 힘들까?
>
> 필자가 진행하는 강의에서 나이가 좀 있는 수강생이 다음과 같이 하소연했다. "저는 영어를 하나도 못해요. 영어 논문을 보기 힘들어요." 영어를 못하면 영어 논문을 보거나 쓰지 못할까?
>
> 일본 교수인 마스카와 도시히데를 인터넷에서 검색하면 특이한 이력을 확인할 수 있다. 그는 2008년 노벨물리학상을 수상했음에도 노벨상 시상식에 가기까지 한 번도 여권을 만들어본 적이 없다. 외국에 한 번도 나가지 않았다는 의미다. 게다가 다른 과학자들이 협업을 제안해 와도 영어를 써야 해서 모두 거절했다고 한다. 그런데 그가 한 유명한 말이 있다. "나는 영어는 못하지만 물리학은 좀 한다."
>
> 당연히 노벨상 수여자 선정은 연구 논문을 기준으로 한 것이며, 그 논문은 영어로 쓰였다. 마스카와 도시히데는 해당 연구를 공동 저자와 같이 진행했지만 영어를 못한다고 결코 주눅 들지 않았다. 그가 살아온 시대보다 우리 시대는 훨씬 더 문명의 이기를 잘 누릴 수 있는 시대다. 구글 번역이나 파파고를 이용하면 영어 논문을 거의 실시간으로 번역해준다.
>
> 그래도 영어 논문을 못 보겠다는 사람은 영/한 번역 클릭을 하기 싫다는 말과 같다. 이런 사람이라면 존 스튜어트 밀(John Stuart Mill)이 말한 "배부른 돼지보다 배고픈 소크라테스가 낫다"라고 한 의미를 되새겨보아야 할 것이다.[7]

---

[7] "배부른 돼지보다 배고픈 소크라테스가 낫다(It is better to be a human being than a pig satisfied; better to be Socrates dissatisfied than a fool satisfied.)"는 공리주의를 대표하는 학자인 밀이 한 말이다. 당시 학계의 철학자나 수학자들은 명예(작위)와 부를 겸비하고 있었다. 당연히 학문적 영역은 부를 가진 사람들이 중심을 이뤘다. 당시의 시대적 상황으로 볼 때, 밀의 격언은 부를 의지한 채 노력이 부족하면 발전이 없으며 차라리 욕구나 욕망이 있는 사람들(배고픈 사람들)의 노력에 의해 발전이 이루어진다는 것으로 해석할 수 있겠다. 대학원 재학이나 수료 혹은 학위 취득에 만족해서 더 이상 발전을 추구하지 않고 주어진 것만 취하려는 사람들이 혹 있을 수 있다. 환경이 좋지 않더라도 노력하고 열심을 다하는 연구자가 현재보다 더 나아질 가능성이 크다.

SECTION 04 | 이론적 고찰을 할 때 국내 논문은 피하자

국내 논문을 보지 말라는 말은 한국적인 것이 싫다는 의미가 아니다. 모국어로 된 논문이 당연히 읽기 쉽겠지만 국내 논문들 중에는 참고하기 곤란한 논문들이 꽤 많다. 따라서 이론적 고찰을 할 때 발생할 수 있는 실수를 처음부터 배제하고 진행하자는 의미다. 이번 절을 읽어본 후 국내 논문의 참고 여부는 스스로 선택하면 되니, 객관적인 시각으로 접근하기 바란다.

사실 이번 절의 주제 문장은 최대한 완곡하게 표현한 것이다. 더 정확하게 이야기하면 "국내 논문은 아예 볼 생각 자체를 하지 말아라"이다. 국내 논문을 참고하지 말라고 하니, 학문적 사대주의에 입각한 태도라는 비판과 의심을 받기도 한다. 분명히 짚고 넘어가지만, 사대주의적 관점은 눈곱만큼도 없으며, 한국인으로서 한국을 비평할 수는 있어도 비하하고 싶지는 않다. 당연히 국내 논문들 중에도 제대로 잘 쓴 좋은 논문이 있다. 좋은 논문이 없다는 의미가 아니라, 있다 하더라도 찾기가 힘들다는 의미다. 초심자 입장에서 논문을 찾기도 힘든데 논문의 질까지 판단하고 읽어야 한다면, 처음부터 너무 진이 빠질 수밖에 없다. 연구 자체도 어려운데 부수적인 것들도 어렵게 다가오면 과연 누가 연구를 할 수 있을까? 필자의 의견에 수긍하는 분들도 있고 비판적인 분들도 있을 것이다. 이 주제에 대한 다음 내용들을 읽어보고 독자 여러분도 스스로 판단해보기 바란다.[8]

한국 학계에는 좋은 논문이 귀하다

한국학술지인용색인(www.kci.go.kr) 사이트에 들어가면 국내 학술지 목록과 KCI 등록 기관 및 논문에 대한 내용을 볼 수 있다. 2021년 기준으로 약 6천 개의 학술지가 있음을 알 수 있다. 자세히 보면 등재 학술지는 2천 개 정도다. 2천개 정도의 등재학술지가 등재 학술지의 지위를 유지하려면 매년 출간하는 논문의 편수를 일정하게 유지해야 한다. 학술지마다 연간 출간 횟수가 다르겠지만, 상반기와 하반기 2번 출간을 가정하고 이때 실리는 논문이 평균 10편이라 하면 연간 국내에서 4만 편의 논문이 실려야 한다. 게재 불가 판정을 받는 논문까지 생각하면 4만 편 이상일 수밖에 없다. 이 중 투고가 많이 되는 학술지는

---

[8] 이번 주제와 관련해 주의할 부분이 있다. 국내에서만 나타나거나 해외에서만 연구할 수 있는 특별한 연구주제도 있기 때문이다. 한국의 민요(民謠)나 국문학(國文學) 분야 등을 예로 들 수 있다. 물론 이러한 연구를 해외에서 진행하고 마무리 짓는 것이 불가능하지는 않겠지만, 국내에서 진행된 것에 비해 타당성이나 파급력은 떨어질 수밖에 없다. 그러나 저널 파워도 무시할 수 없다. 따라서 가장 바람직한 것은 국내에서 진행되는 연구 논문을 해외에서도 출간하는 노력을 하는 것이다.

문제없겠으나 그렇지 않은 학술지는 실제로 개인적인 관계에 의해 투고를 독려하는 경우가 적지 않다. 당연히 심사를 통과해야 출판이 결정되겠지만 투고 논문의 숫자가 적은 학술지의 경우 상대적으로 심사가 느슨한 편이다.

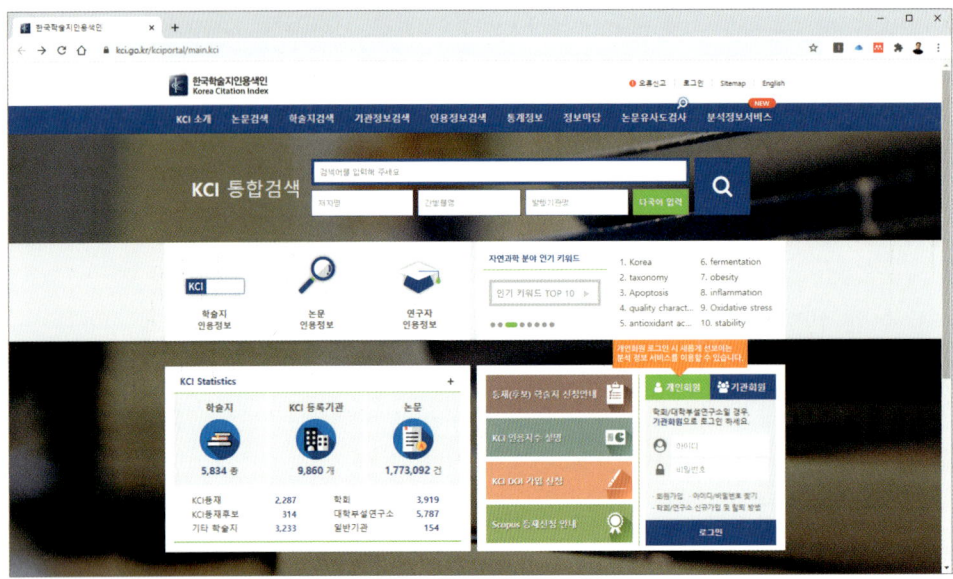

[그림 1-3] 한국학술지인용색인 사이트(www.kci.go.kr)

일정 시즌이 되면 연구자들은 '학술논문 모집(call for paper)' 메일을 받는다. 이런 메일은 회원들에게 안내하는 목적도 있겠지만, 논문이 많이 투고되지 않는 학술지라는 반증이기도 하다. 탑 저널은 특별한 경우가 아니라면 별도로 공지를 내지 않는다.[9] 굳이 모집을 하지 않더라도 전 세계 학자들의 논문이 쏟아져 들어오기 때문이다.

양(量)으로부터 질(質)이 담보될 수 있다. 탑 저널이라 하더라도 처음부터 좋은 논문이 투고되지는 않았을 것이다. 또한 탑 저널로 알려진 몇몇 저널의 모든 논문이 양질이라고 할 수도 없다. 하지만 상대적으로 비교했을 때, 몇 개의 논문들 중에서 선택한 논문을 실은 국내 저널보다는 많은 논문을 놓고 평가한 탑 저널의 논문 질이 높을 것이라 기대하는 게 합리적이다.

석박사 논문은 대체로 질이 낮다

안타까운 이야기지만, 국내의 석사 논문과 박사 논문은 그 수준이나 질은 물론이고 형식적인 측면에서도 완성도가 떨어진다. 이 역시 100% 다 그렇다는 말이 아니다. 석사 논문

---

[9] 탑 저널에서는 특별한 경우에 Special Issue와 같이 저널에 공지하는 경우가 있지만, 별도로 회원들에게 안내를 하지는 않는다.

에도 아주 세심하게 신경을 쓰는 지도 교수님들이 계심을 알고 있다. 다행이라고 생각한다.

국내 석사/박사 논문의 질이 떨어지는 주된 원인은 몇몇 학교에서 비정상적으로 대학원의 사이즈나 학위자의 배출에만 힘을 쓰기 때문이다. 이는 학교만의 문제도 아니다. 학생들 중에도 학위를 일종의 라이선스 정도로 생각하여 연구에 대한 관심 없이 '일단 따고 보자' 라는 생각으로 대학원에 진학한 경우가 상당히 많다.

또 다른 이유는 연구 자체보다 사회화 혹은 사회성을 중요시하는 랩이 활성화됐기 때문이다. 랩에서 연구보다는 연구원 간의 네트워크를 중요시하는 것이 문제인데, 이런 랩에서도 논문은 생산된다. 하지만 이렇게 생산된 논문은 비슷한 주제로 유행에 휩쓸리는 경우가 많고, 변수만 바꿔 논문을 만드는 경우도 있다.[10]

이런 어처구니없는 일이 가능한 이유는 랩 구성원 대부분이 논문 찾는 방법과 보는 방법을 모르기 때문이다. 옆 사람이 보는 논문이 왠지 내가 보고 있는 논문보다 수준이 높아 보인다. 즉, 남의 떡이 더 커 보인다. 누군가 새로운 논문을 가져와서 "여기에 이런 내용도 있다"라고 말하면 금세 귀가 솔깃해진다. 여기서 그치지 않고 해당 논문의 주제가 그 랩에서 유행이 되어버린다. 심지어 서로 직접 의견을 나누지 않았음에도 퍼지고 퍼져 동일한 주제로 같은 연구모델을 이용하는 경우도 생긴다. 누군가 사용하는 연구 아이디어를 똑같이 이용할 수 있는 개연성이 낮은데도, 동일한 연구모델을 활용을 하고 있다면 분명히 문제가 있는 것이다.

그렇기에 논문의 질을 담보할 수 없다. 논문을 작성하기 위한 재료가 별로인데 어떻게 획기적이고 좋은 논문이 나올 수 있겠는가? 논문의 원재료는 참고문헌을 채울 내용들이다. 연구하기로 마음먹었다면, 최소한 그 원재료는 직접 찾도록 하자. 만약 랩의 구성원들이

참고 Ph.D의 의미

'박사'를 영어로 하면 Ph.D, 즉 Doctor of Philosophy이다. Doctor라 써도 박사라는 의미가 되는데 굳이 Philosophy를 붙였다. 여기서 Philosophy를 철학으로 해석하면 안 된다. 그러면 철학박사가 되기 때문이다.

Philosophy는 그리스어의 필로소피아(philosophia)이고, 어원으로 확인하면 필로스(philos, 사랑)와 소피아(sophia, 지혜)의 합성어로 '지혜에 대한 사랑'을 의미한다. 이 단어는 세월이 흐름에 따라 지적인 활동과 교육을 가리키는 의미로 쓰이게 되었다. 그렇다면 Ph.D의 의미는 단순히 박사를 의미한다기보다 훨씬 높은 차원인 '지혜와 지식을 사랑하는 박사'라는 의미로 받아들여야 한다.

---

[10] 필자는 모 대학원의 랩에서 모양이 동일한 연구모델을 두고 하나의 변수를 바꿔가며 논문을 써서 몇 명이 박사 학위를 받는 것을 보았다. 이론적 고찰이 허술했음은 물론이고 논리 전개도 말이 안 되는 경우였다. 정말 경악할 노릇이며, 연구자로서는 분명히 지양해야 할 태도다.

서로 새롭게 찾은 것을 공유하거나 연구 확장에 대해 의견을 나누는 문화를 만들어간다면, 랩의 한계를 극복하는 것은 물론이고 시너지를 통해 좋은 연구를 진행할 수 있는 동력을 얻을 수 있다.

▌연구자가 시간을 들이는 것은 손해라는 잘못된 생각

필자의 학창 시절 이야기다. 타 학과의 전공 과목을 신청해서 들었는데, 강사님이 첫 시간에 이런 말씀을 하셨다. "저는 강의가 처음입니다. 미국에서 석사/박사과정을 3년 만에 모두 마치고 돌아왔습니다." 이 말을 듣고 처음 든 생각은 '아, 미국에서는 그런 것이 가능하구나, 좋다'였다. 이어서 든 생각은 '이 분은 정말 능력이 있고, 대단한 분이구나'였다. 하지만 박사과정을 지나고 여러 명의 박사 논문을 지도한 경험이 쌓인 지금에 와서는 과거의 그 상황이 이해되지 않는다. 박사로서 해야 할 것, 봐야 할 것, 학습해야 할 내용들이 이렇게나 많은데, 3년 만에 석사과정과 박사과정을 모두 마쳤다? 지금은 그 강사님과 연락되지 않으니, 다시 물어볼 수도 없는 노릇이다.

이런 이상치(out-lier)에 해당하는 경험을 들어본 사람이라면 가능한 한 최단 기간에 학위 과정을 마치겠다는 생각을 하게 된다. 그리고 학위 과정에 시간 들이는 것을 스스로 용납하지 않는다. 그런데 더 '웃픈' 현실은 이런 부류의 사람들 중에 스스로 연구에 시간을 들이려 하지 않는 경우가 많다는 것이다.

경험상, 연구는 집중과 몰입이다. 연구에 시간을 집중적으로 배치해서, 그 시간 동안 주제에 온전히 몰입하여 결과를 찾아야 한다. 일주일 집중하고 그다음 일주일 쉬기를 반복한다면 논문의 진도가 나가지 않는다. 차라리 하루 2~3시간을 매일 투자할 때 진척이 더 빠르다.

석사/박사과정을 수료하고 논문이 통과되지 않으면 대부분 풀이 죽는다. 물론 시간을 허투루 보내 논문을 제대로 쓰지 못했다면 이는 비난받을 일이고 당사자는 할 말이 없다. 하지만 노력을 했는데도 통과하지 못한 경우라면 '난 노력을 해도 안되는 건가?', '석사도 힘든데, 박사는 그냥 꿈이야', '대학원은 내게 사치였어' 같은 생각이 들 수 있다. 하지만 다시 생각해보기 바란다. 노력을 했다면 그 노력은 절대 배신하지 않기 때문이다. 성공으로 배우는 것보다 실패로 배우는 것이 더 뼈 속 깊이 찌르고 마음속에 남는다. 부족한 것은 채우면 그만이다. 부족한 것을 알고 넘어가는 것이 행운이라 생각해야 한다. 단, 이 과정에서 중요한 것은 멈추지 말고 계속 배우고 익히는 행동을 해야 한다는 것이다.

연구방법론에 대한 이해가 부족하다

국내에서 출판된 논문을 보면 상당수 논문에서 저자들의 연구방법론에 대한 이해가 부족하다. 이는 결국 논문의 질적인 저하로 나타날 수밖에 없다.

도서관이나 서점에서 연구조사방법론 섹션으로 가 가장 얇은 책 한 권을 선택한 다음 그 자리에서 다 읽어보거나 구입해 읽기를 권한다. 왜 굳이 가장 얇은 책일까? 고등학생 시절을 떠올려보라. 그때 책꽂이에 영문법 책 하나 정도는 꽂혀 있었을 것이다. 아마도 당시 출간된 영문법 책 중 가장 두껍거나 고급 수준의 책이 있었을 것이다. 그런데 고급 영문법 책에서 언급하는 모두 내용을 다 기억하는가? 차라리 가장 얇은 기초 영문법이나 기본 영문법을 자주 보았다면 그 책 내용의 상당한 부분을 기억하는 데 더 도움이 되었을 것이다.

지금 우리는 수험생의 길을 걷는 것이 아니다. 핵심을 빠르게 이해하고 기억해서 연구에 집중해야 한다. 연구방법론을 익힐 방법에 대해서는 69~70쪽에서도 다루었으니 해당 내용을 참고하기 바란다. 연구조사방법론을 익히면 연구방법이나 연구 대상을 포착하고 접근하는 능력을 향상시킬 수 있다.

독보적인 논문을 쓰려다 보니 한쪽에 치우친다

학술 분야가 맞기는 하지만 너무 지엽적인 문제에 치우치는 경우가 있다. 연구자와 논문의 저자 모두 저지르기 쉬운 실수다. 예를 들어, 암호 화폐에 대한 연구를 진행한다고 했을 때 가장 대표성을 띠는 몇 가지 암호 화폐를 대상으로 연구를 진행하면 되는데, 일반인은 들어도 알 수 없는 암호 화폐를 대상으로 하는 경우다. 사람들이 잘 모르는 대상을 연구한다고 다 독창성이 있는 논문으로 간주되지는 않는다. 물론 지엽적인 암호 화폐의 어떤 특성이나 일반인도 알아야 할 무언가를 포착해서 그에 대해 일반적으로 영향을 미칠 만한 결론을 제시하면 문제가 없을 것이다. 그러나 지엽적인 연구 대상으로 논문을 기술하고 결과를 도출해내기란 여간 어려운 것이 아니다.

다시 한 번 말하지만, 논문의 공공재적 성격을 잊지 말아야 한다. 누구나 읽어서 알 수 있어야 하고, 그 자체로 사회적 공헌(contribution)이 될 수 있는 논문이어야 한다.

수준이 검증 안 된 아웃소싱 업체(?)가 많다

최근 들어 직장인의 대학원 진학이 눈에 띄게 늘었다. 직장인 대학원생의 눈높이에 맞춰 야간에 대학원을 운영하는 학교도 많다. 현업에 종사하면서 학업을 진행하는 것이므로 말 그대로 전형적인 주경야독(晝耕夜讀)이라 할 것이다. 필자도 직장에 다니면서 석사과정을 밟긴 했지만, 그분들 한 분 한 분은 참으로 대단하다는 생각이 든다.

그러나 뒤돌아보면 결국 무엇이 남았는지 잘 기억나지 않는다. 수업이 있는 날이면 강의실로 가서 강의를 듣고 그렇게 네 학기를 보내며 학위를 받긴 했지만 개인적인 연구 능력은 사실 함량 미달이었다. 심지어 학위논문에 들어가는 통계 역시 돈을 주고 맡겼기 때문에 통계적 지식도 남는 것이 없었다.

지금 검색엔진에 '논문지도'나 '논문컨설팅'을 입력하면 수많은 업체들이 검색된다. 대학원에서 정규 과정으로 논문 쓰는 방법을 익히지 못했기 때문에 이런 업체들이 있다는 것을 알게 되면 유혹을 받지 않을 수 없다.

검증되지 않은 업체들도 문제지만 이런 업체를 이용하는 연구자도 문제다. 컨설팅 업체에 돈을 냈으니 이제 그들의 도움을 받아 논문을 쉽게 진행할 수 있을 거라 생각하는데, 내 의지와 노력 없이 논문이 저절로 개발되거나 써지지는 않는다. 그런 것을 원한다면 은밀하게 대필해줄 사람들을 알아봐야 한다. 하지만 논문 대필은 범죄행위로 절대로 하지 말아야 할 행위다.[11]

컨설팅 업체에 맡기더라도 핵심 내용을 기술하고 갖가지 상황에 대응하며 관련 학습을 하는 일은 오로지 연구자의 몫이다. 다만 연구와 논문의 방향을 잡기가 막막하니 업체에서 그 방향성만 안내받으며 논문을 진행하는 것이다. 이런 컨설팅을 받는 데만도 1년 혹은 그보다 더 많은 시간이 들어간다. 이 정도 기간이라면 비용도 만만치 않다. 그러니 하루에 한 시간이라도 짬을 내어 스스로 논문 작성 방법을 학습해서 논문을 진행해 심사를 받는 편이 더 낫다.

논문 전반에 대해 컨설팅하는 업체도 있지만 데이터 수집을 대신 해주는 업체도 있다. 모르는 사람에게 설문지를 내밀기는 쉽지 않다. 특히 코로나19와 같은 특수 상황에서 이런 연구용 설문지를 받으면 굉장히 불쾌해할 수도 있다. 이 때문에 코로나19가 대유행한 2020년에 데이터 조사 업체는 유례없는 특수를 맞았다.

데이터 수집 업체를 이용하면 연구자는 아주 편해진다. 일단 모르는 사람을 찾아가 설문에 응답해달라는 아쉬운 소리를 하지 않아도 되고, 비용을 지불했으니 업체에 다양하게 요구할 수 있다. 이런 장점들이 있지만, 업체가 얻은 데이터가 어떤 경로로 어떻게 수집되었는지 알 수 없다는 점이 문제다. 과거에는 설문지 하나하나를 받아 코딩해야 하는 불편함이 있었지만, 지금은 업체 담당자를 직접 만날 필요조차 없다. 이메일로 연구자와 업체 담당자가 서로의 의사를 확인하고, 연구자가 입금하면 업체는 이를 확인한 뒤 일을 진행한다. 그리고 담당자가 이메일에 Excel 파일을 첨부해서 연구자에게 보내면 일이 마무리된다.

---

[11] 논문 대필은 국립대학의 경우 공무집행방해죄에 해당하며, 5년 이하의 징역 또는 1천만 원 이하의 벌금형을 받는다. 사립대학의 경우는 위계에 의한 업무방해죄에 해당하며, 5년 이하의 징역 또는 1천 5백만 원 이하의 벌금형을 받는다.

코로나19와 같은 특수 상황에서는 이러한 데이터 수집 업체를 활용하는 것이 하나의 대안이 될 수도 있다. 그러나 응답자의 의도나 답안 선택에 따른 갈등 등을 알 수 없기 때문에 연구자로서 그만큼 손해를 본다는 점은 분명히 알아야 한다. 또한 이렇게 얻은 데이터는 데이터 분석에서 요인분석을 통과할 가능성이 매우 낮으므로 데이터 클리닝에 필요한 장치와 기준을 미리 마련해놓는 것이 좋다.[12]

> **참고 논문 업체 스스로 변하기를**
>
> 논문 컨설팅 업체 전체를 비판하거나 그들을 폄훼하려는 것은 아니다. 다양한 케이스에서 업체를 통해 논문을 진행하다가 실패했거나 실패 직전에 찾아온 독자의 경험담을 근거로 이야기하는 것이다. 대부분의 업체는 그렇지 않을 것이므로, 오해가 없기를 바란다.
>
> 논문 컨설팅 업체에서 클라이언트를 맡게 되면 클라이언트가 내는 비용은 주제, 내용, 대상에 따라 700만 원 수준에서 1,500만 원 수준까지 다양하다. 기본적으로 업체는 클라이언트에게 자신의 일처럼 끝까지 가이드해주어야 한다. 대필하라는 의미가 아니다. 클라이언트의 상황을 이해하고 향후 어떻게 준비해야 할지 방향성을 설정해주어야 한다.
>
> 컨설턴트가 클라이언트에게서 '왜 이런 방법으로 진행하는가'에 대한 질문을 받았다면, 최소한 다른 논문에서 이렇게 하니 그렇게 해야 한다는 식으로 답변해서는 안 된다. 이런 답변은 너무나 무책임하며 스스로 지식이 얕음을 나타내는 것이다. 'Why'로 질문을 받으면 'That's why'로 대답할 수 있어야 한다.
>
> 클라이언트가 논문 쓰는 방법을 모르기 때문에 업체를 찾아왔다는 사실을 주지하고, 반드시 어떻게 써야 하는지에 대한 안내를 해야 한다. 학위 과정에 있는 연구자가 의지를 가지고 어떻게든 고생해서 자기 힘으로 논문을 써내도 대부분 통과된다. 이런 고생을 줄여주는 것이 논문 업체가 해야 할 일이다. 시기의 문제일 뿐 업체의 도움을 받지 않아도 결국 논문은 통과될 것인데, 업체에 큰 비용을 내면서도 제대로 가이드 받는 것이 없어 고생은 고생대로 다 하고 논문이 통과도 되지 않는다면 해당 업체의 처신은 너무 비겁하고 사기에 가깝다고 볼 수 있다.

---

[12] 데이터 클리닝을 위한 장치와 기준에 대해서는 6장 '데이터 수집 및 분석하기'를 참고하기 바란다.

SECTION 05 | 나의 첫 연구주제가 정해지지 않았다면?

사실 연구주제의 대략적인 방향은 정해져 있다. 본인이 잘 느끼지 못하고 있을 뿐이다. 여기서는 연구주제 설정 범위와 방법을 살펴보기로 하자.

아직 연구주제가 정해지지 않았다면 기본부터 되짚어보자. 그러면 오히려 연구주제를 선택하기가 수월하다. 개인의 의지로 대학원에 진학한다면 일반적으로 어떤 연구 목표가 있다고 봐야겠지만, 사실 연구보다는 학력 향상이나 학력 세탁을 목적으로 진학하는 경우가 많다. 혹은 알고 있는 교수님의 소개나 추천을 받아 대학원에 진학하는 경우도 있다. 이런 경우라면 특별한 연구 계획을 가지고 진학하는 게 아니므로, 입학하더라도 바로 연구를 진행하기는 어려울 것이다.

대략의 방향은 정해져 있다

뚜렷한 연구주제를 정하지 못했다 해도 일단 어떤 전공을 선택해서 대학원에 진학했으니 기본적이 범위는 설정되어 있다. 우선, 학과 홈페이지에서 교수진 명단을 확인하고, 교수의 연구 활동에 대한 논문을 확인해본다. 보통 홈페이지에는 교수 목록이 나오고 해당 교수가 진행한 현재까지의 연구 목록에 해당하는 출간 논문이 표시되어 있다.

목록을 확인하여 논문 제목을 살펴보거나 논문을 찾아서 읽고, 관심이 생기는 분야의 교수를 지도 교수로 신청하면 된다. 물론 일방적으로 학사정보시스템에서 신청을 하는 것이 아니라 해당 교수님과 상담을 통해 정해야 한다. 상담 자리에서 앞으로 어떤 연구를 하고 싶고, 어떻게 진행하고 싶은데 교수님의 지도를 받을 수 있겠는지 의향을 물어보는 것이 우선이다. 만약 관심이 있는 분야의 교수님이 여럿이라면 각각 상담을 신청해야 한다. 물론 여럿 중에 본인이 가장 잘 지도받을 수 있는 교수님이 누구인지 안다면 좋겠지만 아직 판단할 수 없기 때문에 일단 다 만나봐야 한다.

교수님과 상담할 때는 태도를 신중히 하는 것이 좋다. 우선 교수님의 연구 분야에 관심이 있어 상담을 하고 싶다고 청한다. 상담 자리에서는 이야기를 나누며 "아직 무엇을 할 수 있을지 잘 모르겠지만, 제가 이런 연구를 하면 교수님께 혹시 도움을 받을 수 있을까요?"라고 의향을 구하는 선에서 마무리를 해야 한다. 지도 교수를 정했는지에 대한 질문을 받는다면 "아직 연구주제에 대해 전혀 모르는 상태라 도움을 많이 받아야 합니다" 정도로 답변한다. 그래야 추후 지도 교수로 선택되지 않은 교수님과의 관계가 껄끄럽지 않다. 이런 과정을 거쳐 지도 교수를 정했다면 큰 주제와 방향은 정리된 셈이다.

지도 교수님이 계신 랩의 명칭에서 힌트를 얻는다

이미 지도 교수를 선택했고 지도 교수의 랩이 활성화되어 있는 경우라면 그 랩의 명칭이 거의 모든 것을 말해준다. 랩의 명칭을 지도 교수님이 지었거나 랩의 연구원들이 같이 지었을 것이므로 랩 전체가 나아가고자 하는 방향과 목표가 명칭에 거의 나타난다. 따라서 랩 연구원 간에 의견을 교환하거나 프로젝트를 진행하면서 연구주제나 방향을 설정하기 마련이다.

또한 랩 연구원들이 실제로 진행하는 연구와 토의에서 나오는 주제들도 다양하다. 여기서 새로운 연구주제를 얻을 수도 있다. 그러니 항상 열린 마음으로 연구나 토의에 임하는 것이 좋다.

주제 설정 기한을 반드시 정한다

연구주제를 언제까지는 정하겠다는 마음가짐이 중요하다. 연구는 눈에 보이지 않으며 재촉하는 사람도 없다. 100% 본인과의 협상이자 쟁투다. 스스로 하지 않으면 연구는 그 자리에 머물게 되는데, 논문 주제 선택은 논문 개발의 출발점이므로 아직 주제를 선택하지 않았다면 아무것도 한 게 없는 셈이다.

'지금까지도 정하지 못했는데, 기한을 정해서 주제를 정하면 실수를 하지 않을까' 하는 걱정을 할 수도 있다. 하지만 논문 주제를 정하지 못하고 2~3개월을 날리기보다는 실수를 하더라도 진행을 하는 편이 훨씬 낫다. 무슨 일이든 해야 결과가 일어나고, 그 결과가 옳은지 그른지 판단하는 것은 나중의 문제다. 옳다면 계속 진행하면 될 것이고, 잘못된 결정이라고 판단되면 방향을 수정하면 된다.

논문 주제 선택의 기한을 정하는 것은 논문 완성의 기한을 정하는 것과 같다. 주제를 정했다 해도 논문을 완성하기까지 준비해야 할 것들도 많고, 확인하고 고찰해야 할 문헌들도 많기 때문에 논문 완성의 종료 시점을 염두에 두고 있어야 논문이 마무리될 수 있다.

SECTION 06 일반적으로 주제를 선택하는 방법

대학원에 들어가서 논문 주제를 정하는 방법은 크게 두 가지로 구분할 수 있다. 첫째는 연구자 스스로 찾는 방법이고, 둘째는 지도 교수님이 정해주는 방법이다. 각각에 대해 구체적으로 살펴보자.

▎연구자 스스로 찾는 방법

연구주제를 막연하게 검색해서 찾기보다 어떤 실마리에서부터 출발한다면 조금 더 수월하게 찾을 수 있을 것이다. 그 실마리를 다음과 같이 네 가지로 구분할 수 있다.

(1) 학과목에서 자신이 할 수 있는 주제를 찾는다

대학원에 입학하면 코스워크(course work) 과정에서 수강 신청을 통해 자신이 들어야 할 과목을 신청하게 된다. 학교에서는 현대적인 추세에 맞추어 과목을 개설한 것이며, 연구자의 신청 과목은 당연히 전공과 관련된 과목일 것이다. 그 과목을 수강하면서 다양한 내용을 배우게 될 텐데, 배운 내용 중에서 논문 주제를 선택하여 진행할 수 있다. 보통 해당 과목의 학기 중 과제를 통해 논문 주제를 찾아 논문을 개발하는 정도로 진행되는 경우가 많다. 이 경우 논문을 완성하기까지 시간을 상당히 절약할 수 있다.

교과서로 진행되는 과목이 있다면 교과서에서 주제를 찾으면 되는지 질문하기도 하는데, 활자 형태로 나오는 것 중 교재로 선택되는 책이 가장 늦게 정리된 책이라는 점을 기억해야 한다. 즉, 교재를 통해 논문 주제를 참고한다는 것은 고전(古典)을 참고하는 셈이다. 그러므로 교재에서 참고한 문헌을 논문의 주요 참고 자료로 사용한다면 최신성이 결여되었기 때문에 다시 찾아보라는 지적이 나올 수 있다. 교재의 흐름을 이해하는 과정에서 관심 분야를 발견했다면 그와 유사한 내용으로 최근에 발표된 논문이 있는지 다시 찾아봐야 한다.

(2) 가장 관심이 있는 분야를 선택한다

대학원 입학 전부터 관심 분야가 있었다면 주제 선택에 어려움이 없을 것이다. 이런 경우 입학 전부터 해당 분야에서 실무를 하고 있거나 경험이 있는 사람들이 대부분이다. 따라서 현실에서 이루어지는 것들과 학계에서 발전해가는 과정을 비교할 수 있는 눈이 있기 때문에 매우 유리하다 할 것이다.

입학 후에 관심 분야를 발견한 이들은 단순히 해당 분야에 관심을 가지게 되는 경우와 자신의 경험이나 실무 능력에 비추어 새롭게 알게 된 것이어서 연구 흥미는 물론 발전 가능성까지 보게 되는 경우로 나눌 수 있다. 단순히 관심만으로 시작하는 경우라면 이론적 고찰이 아주 정밀하게 이루어져야 한다. 왜냐하면 아직 해당 주제에 대해 이론적 지식이 부족한 단계이기 때문이다. 하지만 새롭게 주제를 발견하고 발전 가능성까지 느낀 경우라면 이론적 고찰을 하기가 오히려 더 쉽다. 정밀한 이론적 고찰을 하더라도 그 과정이 수월하게 지나갈 것이고, 이론적 고찰을 하는 과정에 많은 시간을 들이지 않아도 좋은 논문을 선택할 수 있는 선구안이 쉽게 완성될 것이다.

(3) 장래성 있는 분야에 집중한다

연구해서 논문으로 나오게 될 주제가 장래성이 있다면 누구라도 선호할 상황이다. 혹시 기자나 리포터 등의 매체 관련자들과 친분이 있다면 석사 논문이라 해도 기사화되는 상황이 만들어질 수 있기 때문이다.

누구든 장래성 있는 분야를 예측하기는 쉽지 않다. 학사, 석사, 박사를 쉬지 않고 달려온 사람이라면 학문적인 트렌드는 이해할 수 있겠지만 해당 연구 내용이 실무적으로 어떻게 구현되고 어떻게 적용되는지에 대해서는 이해가 부족할 수 있다. 그러므로 논문을 통한 학습도 중요하지만, 매체를 통해 전공 관련 분야에 어떤 흐름이 나타나고 있는지 파악하는 것도 중요하다.

장래성 있는 분야라는 것 자체가 아직 미개척 분야라는 의미다. 따라서 이 분야에 주력해 시간을 두고 몇 편의 논문을 시리즈로 출간한다면 해당 분야의 전문가로 불릴 수도 있다. 그 과정에서 단행본 책까지 한 권 출간한다면 해당 분야의 전문가로 자리 잡을 수 있다.

(4) 최근 트렌드를 분석한다

과거부터 현재까지 논문을 찾아서 독파하더라도 최근 트렌드를 파악하는 데는 한계가 있다. 앞에서도 설명했지만, 논문이 활자화되어 우리 앞에 놓이기까지 꽤 긴 시간이 걸리기 때문이다. 그렇다면 현재의 트렌드는 논문에 녹아 있지 않을 개연성이 있다.

현 시대는 ICT의 놀라운 발전으로 정보 접근성이 어느 때보다 큰 시대다. 스스로 조금만 노력하면 정보 격차를 현격히 줄일 수 있다. 구글이나 네이버와 같은 검색엔진은 단순히 정보를 검색하는 단계를 훌쩍 뛰어넘어 트렌드 분석을 별도로 제공한다. 따라서 이런 검색 도구들을 효율적으로 활용한다면 최근 트렌드를 파악하는 데 큰 도움을 받을 수 있다.

(a) 구글 트렌드

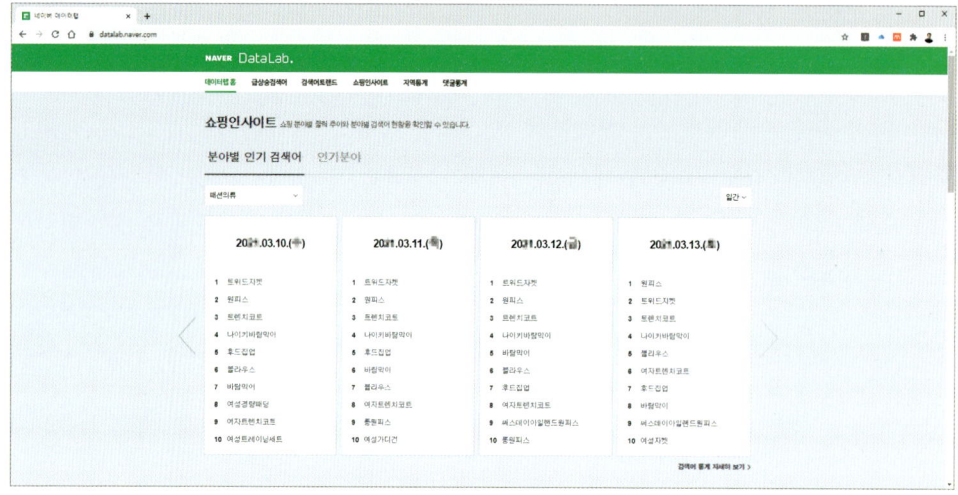

(b) 네이버 데이터랩

[그림 1-4] 트렌드 분석을 제공하는 검색엔진

지도 교수님이 정해주는 방법

대부분의 연구자가 선호하는 방법으로, 논문 개발이 빠르게 진행된다. 연구자가 생각할 시간을 많이 줄여주기 때문에 논문이 진척되어 가는 게 눈에 보인다. 하지만 이 방법이 마냥 좋지는 않다. 진정한 의미의 박사라면 최소한 '스스로 문제의식을 느끼고, 연구주제로 만들어 개발하여 진행할 수 있는 능력'을 의미하는 독자적인 연구 능력을 갖추어야 한다.

이 책을 읽는 독자 중 상당수는 초중고를 거쳐 대학 과정까지 모범적인 학업 생활을 해왔을 것이다. 선생님이나 지도 교수님에게서 문제를 받으면, 일정한 시간 내에 문제를 해결해서 검사를 받는 프로세스에 익숙할 것이다. 이런 습관이 몸에 밴 연구자들은 논문 주제가 주어지면, 그에 대해 임무를 완수하겠노라는 집념 아래 일정 기간 동안 모두 완수해버리고 만다. 하지만 잊지 말아야 할 것은 지도 교수님이 주제를 정해주셨다 하더라도 그와 같은 주제를 스스로 발견하고 연구문제로 접근하여 혼자 해결할 수 있는 능력을 길러야 한다는 점이다.

[그림 1-5] 지도 교수님의 지도를 받더라고 독자적인 연구 능력을 갖추어야 한다.

SECTION 07 내 학위논문의 주제가 미래의 나를 결정한다

어떤 전공 분야든 그 내부로 들어가면 방대하다고 할 만큼 세부 주제가 다양하다. 연구자가 주제 선정의 어려움을 느끼는 것도 이 때문이다. 일단 연구 분야를 정하면 그 방면으로 연구가 고착된다는 생각이 들어서다. 어떤 분야에 대한 연구를 진행해서 논문을 통해 결론을 내렸다는 것은 최소한 해당 분야에 대해서는 수많은 고뇌와 고찰의 시간을 보냈다는 의미다. 그렇다면 적어도 그 분야에서만큼은 전문가가 될 수 있고, 앞으로 내가 나아가야 할 나만의 분야로 생각할 수도 있다.

▌학위만 중요하다면 크게 고민할 필요가 없다

연구를 하지만 후속 연구에 관심이 없고 앞으로도 논문을 쓸 계획이 없다면 딱히 고민할 필요가 없다. 아무 주제나 잡아서 논문을 쓰면 된다. 이런 경우라면 논문의 완성도를 생각할 필요가 없다. 단순히 논문 심사를 통과할 정도로 맞추면 무리 없이 학위를 받을 수 있다. 하지만 이런 경우라 해도 논문은 논문다워야 한다는 대전제는 변하지 않기 때문에 논문을 쓰는 과정에서 며칠씩 밤을 샐 수도 있고, 심사 과정에서 논문의 주된 분석 방법이 변하거나 뒤집어지는 위기가 오기도 한다. 이런 위기는 학위논문 통과에만 집중하다 보니 생기는 문제다. 논문의 근거가 되는 이론적 배경이나 분석 방법을 서술하는 데 빈약함이 드러나기 때문이다. 그러므로 학위 취득에 목적이 있다 하더라도 논문을 완성하기 위한 주변 지식을 쌓고 이를 논문에 녹여내어 심사에서 통과하기를 바란다.

▌후속 연결성이 있는 주제를 선택해야 한다

후속 연결성이 있는 주제란 논문을 하나 완성하더라도 추가 연구가 제공될 수 있거나 후속 연구가 제공될 때 서로 비교해서 더욱 의미 있는 결과가 되는 연구를 말한다. 후속 연구에서는 선행 연구의 이론적 고찰을 활용하게 될 것이므로 이론적 고찰에 필요한 시간을 대폭 줄일 수 있다. 당연히 연구 진행 속도도 빠르다. 또한 이 다음에 어떤 연구를 할지 고민하지 않아도 된다. 연속선상의 연구가 되기 때문에 연구자는 해당 분야에서 전문가로 불릴 수도 있다.

▌내 전공, 내 관심 분야만 보면 고만고만한 논문이 나온다

1990년도 대입학력고사 영어 시험에 나온 주관식 문제의 정답이 'interdisciplinary'였다. 많은 수험생들이 틀린 문제였고, 당시 '학제적'이란 의미도 많이 생소했다. 30년도 더 지난 이야기지만 아마도 그때부터 학제적 연구에 대한 관심이 있었던 것으로 생각된다.

학제적 연구란 하나의 학문 영역에 국한되지 않고 여러 학문 분야가 연관되어 같이 진행되는 연구를 의미한다. 다른 영역을 본인의 학문 분야에 연결시키기 위해서 다른 분야까지 알고 있어야 한다는 것이므로 연구자의 부담은 훨씬 늘어날 수밖에 없다. 전공 분야가 아닌 분야를 연구의 일부로 가져오는 것을 실례나 무례로 생각하는 이들도 있다. 연구라는 것은 콩을 심어서 콩을 내고, 팥을 심어 팥을 내는 것만 목적으로 하지 않는다. 콩을 심는 학문 분야라 하더라도 콩과 함께 도움이 될 만한 컨트리뷰션(contributions)을 가져올 수 있다면 더욱 값진 연구가 되는 것이다.

한 학문 분야만 집중적으로 파헤치는 것도 좋은 방법이다. 그러나 이종교배로 새로운 것을 확인할 수 있다면 독창성은 물론 뛰어난 결과를 가져올 수도 있다. 보통 심리학, 철학, 물리학 등의 분야는 다른 많은 분야에 적용하기가 좋다. 이러한 분야는 집중적으로 파기보다는 평소 여유 시간이나 짬을 이용해서 얕지만 넓게 두루 살펴보길 권한다. 그러다 보면 본인의 연구를 진행할 때 문득 연계할 만한 내용들이 떠올라 도움을 받을 수 있다.

▌역량이 된다면 한 번 쓰면서 2갈래를 구분해 동시에 진행한다

논문 하나를 개발하면서 2개의 갈래로 구분하라고 하면 논문 쪼개기가 아닌가 생각할 수 있다. 논문 쪼개기는 하나의 연구모델을 한 번에 발표하지 않고 변수를 나누어 2개의 연구모델로 만들어서 2개의 저널에 각각 투고하는 것을 의미한다. 이는 연구자가 하나의 연구모델을 만들었지만 실적을 위해 2편의 논문을 게재할 목적으로 인위적으로 쪼개는 것이므로 바람직하지 않다.

두 가지로 구분해서 동시에 추진한다는 것은, 처음 연구모델을 완성했다 하더라도 그 이면에서 새로운 국면을 확인할 수 있는 경우에 그렇게 한다는 의미다. 즉, 전체를 하나의 연구모델로 만들기에는 변수들 간 간섭 때문에 연구가 진행되지 않을 경우 새로운 국면으로 확인하는 것이다. 당연히 초보 연구자들은 그 두 가지를 한꺼번에 처리하기가 쉽지 않고 트레이닝 과정을 거쳐야 한다. 그러나 어차피 연구자의 길을 걷겠다고 다짐했다면, 혹은 연구자의 길을 막연하게라도 염두에 두고 있다면 시도해보길 권한다.

> **꼭 기억합시다!!!**
>
> 논문은 무턱대고 쓰겠다고 해서 써지는 것이 아니다. 자기 전공에 맞는 적절한 주제를 찾아 현실에 맞는 연구를 해야 한다. 하지만 주제를 선택하느라 하염없이 시간만 보내고 정작 학기가 끝나도, 한해가 끝나도, 주제를 잡지 못하고 방황하는 사람들이 많다. 전공 내에서도 트렌드를 맞추어 유망한 주제를 선택하는 방법을 정확하게 알고 주제를 선택한다.

Episode 1
논문 작성 선행 학습의 효과를 톡톡히 본 사례

오프라인 강의를 시작하고 4개월이 지나서 두 과목을 수강 신청한 분이 있었다. 첫날 들은 이야기인데, 부산에서 KTX를 타고 오신다고 했다. 한두 주가 흐른 뒤 이분 하시는 말씀이 아직 박사과정에 입학하지 않으셨다는 것이다. 석사를 마치고 다른 학교 대학원으로 곧 지원을 하신다고 한다. 그러면서 떨어지면 어떡하나 걱정이라고 하셨다. 서울까지 먼 길을 오가면서 수강을 하는데 혹시라도 불합격하게 된다면 강의하는 입장에서도 여간 난감한 게 아니다. 다행히 합격이라는 소식을 전해주셨다. 이분은 전체 수업을 마칠 때까지 단 한 번의 지각도 결석도 없었다.

어떻게 보면 대학원 입학 전에 '제대로 알고 쓰는 논문 통계분석'과 '제대로 작성하는 논문 : 시작부터 마무리까지'의 두 과목을 선행 학습하는 것이 좀 이르지 않나 생각할 수도 있는데, 당시 필자가 이분에게 해드린 말씀은 "정말 탁월한 선택을 하셨습니다"였다. 그리고 약 한 학기 반 정도가 지났을 시점에서 연락을 받았다. 간단한 상담을 해드리고 안부를 묻는 과정에서 선행 학습을 하고 난 뒤 경험한 일에 대해 들을 수 있었다.

일반적으로 위의 두 과목에 대한 선행 학습이 없는 상태에서 입학하더라도 논문을 쓰고 학위를 받는 데 큰 지장이 없다. 다만 선행 학습을 하게 되면 거의 모든 수업을 이해할 수 있고, 스스로 약한 부분에 대해 파악할 수 있다. 또 주어진 과제나 논문을 빠르게 이해할 수 있고 다른 사람들보다 고려해볼 수 있는 범위가 넓어진다.

이러한 이유로 당시 수업을 들을 때도 탁월한 선택을 했다고 한 것인데, 지금 상황은 어떤지 물어보았다. 당연히 수업을 따라가기 수월하다고 한다. 보통 박사과정에 진학하면 분위기 파악한다고 한 학기가 지나고, 논문 주제 잡겠다고 동분서주하면서 한 학기가 가기 때문에 1년 정도는 그냥 허비하기 십상이다. 그런데 이분은 이제 두 번째 학기 초반인데 논문을 쓰고 계신다. 진도가 빠르다. 아마도 학과 내에서 가장 진도가 빠르지 않을까 추측해본다.

Episode 2

잘못된 논문 컨설팅을 받은 사례

어느 해 11월 하순으로 기억한다. 유튜브로 알게 된 한 독자가 연구실로 찾아왔다. 찾아온 목적은 박사 논문의 통계 분석을 의뢰하고자 함이었다. 최종본 제출까지는 약 2주의 시간이 남았으며 통계 지식은 전무하다고 하였다.

이미 데이터 분석을 진행했고, 확인적 요인분석 결과만 보여주며 논문 정리하는 방법을 알려달라고 요청했다. 그런데 확인적 요인분석만으로는 내용을 알 수가 없어서 탐색적 요인분석을 실시하니 분석이 되지 않았다. 지금까지 알고 있는 모든 수단을 총동원해도 분석이 안되는 데이터였다.

이제 데이터를 새로 수집하거나 추가하는 방법 이외에는 할 수 있는 방법이 없었다. 2주일을 남겨놓고 데이터를 수집하겠다고 하니 누가 보더라도 불가능한 일이었다.

하루는 그분이 면담을 하고 싶다는 전화를 한 뒤 연구실로 찾아와서는 나머지 논문을 보여주었다. 논문을 살펴보니, 정확하게 이야기하면 논문이 아니었다. 그래서 "이번에는 힘들겠습니다. 논문이 출간되면 저자가 죽은 뒤에도 인터넷상에서 논문과 함께 저자의 이름이 따라다닙니다. 그러니 다음 학기에 마치시는 것을 권해드립니다"라고 안내했다.

그랬더니 갑자기 펑펑 울면서 "제발 좀 살려주세요"라고 호소하는 것이다. 그러면서 논문 지도 컨설팅 회사에서 1년 동안 지도를 받은 결과라고 한다. 1천만 원에 달하는 금액을 지불하고 1년 간 고생한 결과물이라는데 정말 어이없었고, 그런 어이가 없는 결과물로 프로포절을 하고 논문 심사를 기다리고 있는 상태였다. 당연히 프로포절 단계에서 엄청난 공격을 받으며 믿을 수 없는 맷집으로 버텨냈다.

더욱 가관인 것은 컨설팅을 실시한 담당자의 컨설팅 내용이었다. 담당자가 썼다는 박사 논문을 보여주었는데, 살펴보니 자신의 박사 논문에서 변수 하나를 다른 것으로 변경하여 안내한 거였다. 박사 논문 지도를 하겠다며 금전을 수수했으나 박사 논문의 수준이 나오지 않았다면 명백한 사기 행위다.[13] 프로포절 단계에서도 도움을 요청했으나 담당자는 논문을 지도하겠다고 했는데 왜 프로포절까지 신경을 써야 하느냐며 오히려 반문했다고 한

---

[13] 우리나라 형법 347조는 "사람을 기망하여 재물의 교부를 받거나 재산상의 이익을 취득함으로써 성립하는 범죄"로 사기죄를 설명하고 있다. 재물의 양에 대해서는 언급이 없으므로 문리대로 해석하면 사람을 기망해서 1원이라도 수수했으면 사기죄가 성립된다.

다. 국내에서 논문을 지도한다는 업체들이 모두 그렇지는 않겠지만 해당 업체는 규모도 컸고 언론 플레이까지 해가며 성장한 업체였다.

아무튼 그분에게 우는 이유를 물으니, 박사과정을 밟으면서 집안일도 미루고 고3보다 더 팍팍한 생활을 하다 보니 식구들의 원성이 컸다고 한다. 그래서 1년간 컨설팅을 받으면 될 것으로 기대해서 마지막이라는 조건하에 준비했던 것이라고 한다.

이분이 처음에 통계를 의뢰하며 찾아왔을 때는 2주일이라는 시간이 남았다고 했다. 그런데 심사까지 정확한 날짜를 물어서 따져보니 약 한 달 정도의 기간이 남아 있었다. 기존 논문의 대수술에 들어갔다. 연구모델은 수정할 수 없으니 이론적 배경을 최신 탑 저널에서 찾아 모두 보강하고 시사점과 결론을 모두 현대적 감각에 맞는 내용으로 새롭게 찾아 보강했다. 통계분석에 대한 것은 자세하고 정확하게 제시했으며, 연구모델 내에서 확인할 수 있는 모든 유의미하거나 시사점이 될 수 있는 것은 새롭게 부각시켰다.

논문을 심사받는 날 그분에게 다음과 같이 위로가 되지 않는 말을 했다. "안내를 잘못 받아 고생하셨고, 그나마 한 달 반은 정확한 안내를 받고 박사과정 내내 했던 고생을 몇 곱절로 하셨습니다. 연구모델을 수정하지 못한 한계 때문에 통과를 자신할 수 없지만, 마지막에라도 열심히 하셨으니 처분을 기다려보시죠."

그리고 며칠 뒤 그분에게서 카톡이 왔다. "그동안 몸도 그렇지만 마음이 힘들었습니다. 하지만 덕분에 통과할 수 있었습니다." 그래서 이렇게 답글을 썼다. "다음에 만나면 진짜 맛있는 점심 사세요~"

CHAPTER

02

연구주제에 맞는 논문 검색하기

Searching for Papers that
Fit the Research Topic

Contents

Section 01_ 논문 서칭의 의미

Section 02_ 스스로 논문을 찾아야 하는 이유

Section 03_ 초보 연구자가 많이 하는 실수

Section 04_ 제대로 논문을 찾는 방법

Section 05_ 논문 서칭 후 결과물을 처리하는 방법

SECTION 01 | 논문 서칭의 의미

주제를 결정한 후 논문을 찾는다는 것은 이제 연구주제에 대해 깊숙이 들어가 본격적인 연구를 진행한다는 의미다. 연구에 맞는 논문들을 찾아, 밝히고자 하는 연구 문제를 명확하게 드러내는 단계다. 그러므로 여기서 다루는 논문 서칭 방법을 잘 숙지해서 진행하도록 한다.

논문 주제가 정해졌다면 해당 분야의 연구 동향을 알아야 한다. 그래야 자신의 연구 방향에 맞는 현재까지의 연구 과정을 이해할 수 있고, 어떤 부분에 시간과 노력을 투입해야 좋은 논문을 개발해낼 수 있는지 결정할 수 있다.

"No more Garbage in, Garbage out!!"이 필요하다. 누구나 아는 말이다. 하지만 논문과 관련해서 'Garbage in, Garbage out'은 많은 연구자들이 저지르는 실수다. 좋은 식재료로 만든 음식이 건강에도 좋고 맛도 있듯이 논문도 마찬가지다. 좋은 논문을 찾아 읽어보면서 준비를 해야 진행하게 될 연구의 시작은 물론 과정과 결과까지 좋은 논문이 완성된다.

지금부터 몰두하고 있는 연구의 시작부터 결과까지 'High sources in, High value out'으로 만들어보자. 논문을 쓰는 것도 사람이 하는 일이다. 누구라도 논문을 쓰려면 시간과 노력을 들여야 한다. 그러한 결과로 나온 논문도 수준이 천차만별이다. 그렇기에 단순히 논문 한 편을 작성하여 국내 저널에 게재하거나 학위를 받는 데만 목적이 있다면 이 책을 읽지 않아도 좋다. 이 책은 꾸준한 연구를 통해 학계나 산업계에 최소한의 좋은 영향이라도 주고자 하는 연구자나 그런 연구자의 길을 걷고 싶은 이들에게 도움을 주고자 하는 목적으로 썼기 때문이다.

대표적인 논문 검색 사이트를 활용한다

논문 주제를 결정했다면 주제의 방향에 맞는 논문을 검색해야 한다. 만약 연구하고자 하는 주제나 방향이 결정되지 않았다면, 연구를 위한 논문 검색이 무의미해진다. 전공과 관련된 논문이 너무 많이 검색되고 눈에 보이는 모든 분야가 매력적으로 보이므로 목표를 설정하기 힘들기 때문이다. 논문을 이미 써서 완료해본 사람이라면 새로운 연구를 위한 논문을 찾는 데 무리가 없다. 그렇다 해도 무조건 논문을 찾아서는 새로운 연구를 위한 적절한 논문을 찾기가 쉽지 않다. 그러니 논문을 써보지 않은 사람이라면 두말할 필요도 없다.

이렇게 막막한 순간에 생각나는 것이 있다. 바로 구글링이다. 구글 학술검색을 사용해보지 않은 연구자는 없을 것이다. 그런데 이 기능을 자신의 연구에 제대로 활용하지 못하는 연구자도 많다. 물론 구글 학술검색을 이용하지 않는 연구자라도 자신이 적을 두고 있는 학교의 학술정보원이나 RISS 검색, Microsoft Academic 등으로 논문을 찾을 수 있다.

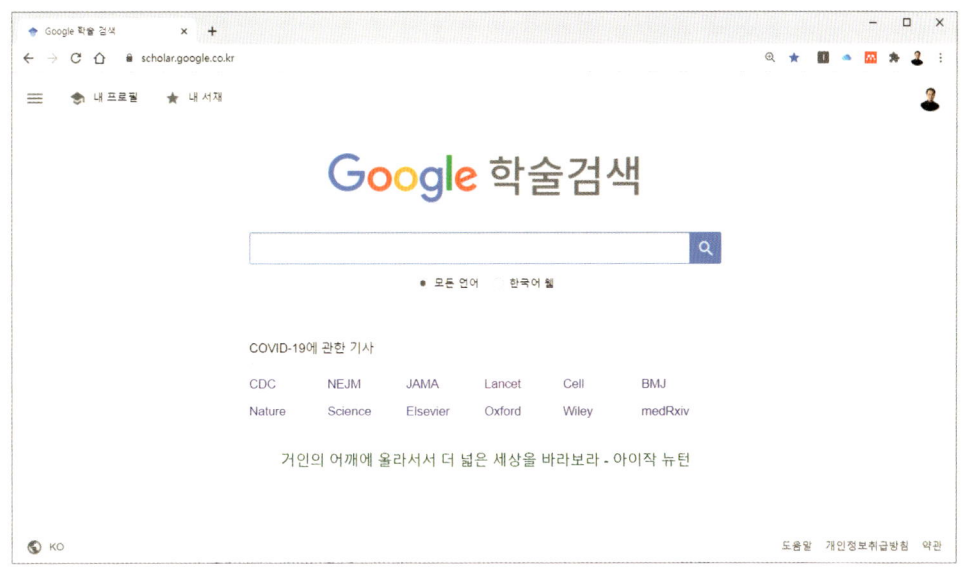

(a) 구글 학술검색(https://scholar.google.co.kr/)

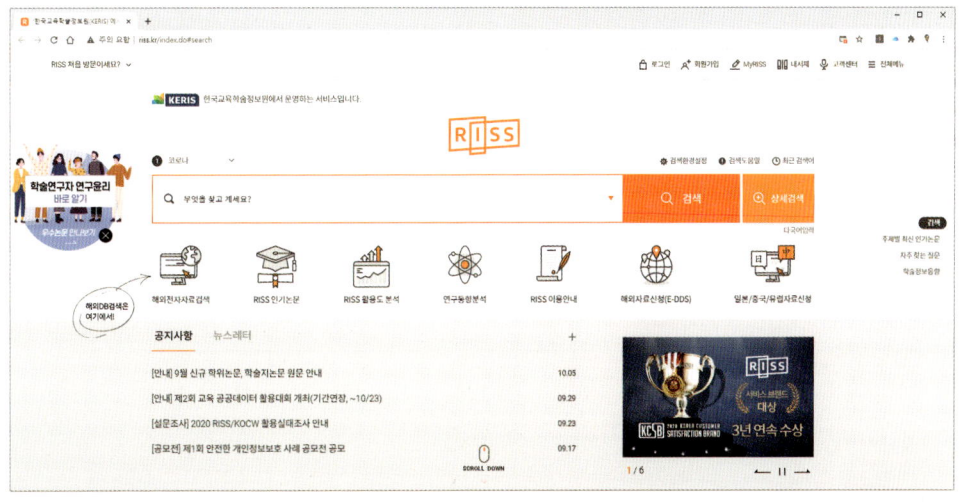

(b) RISS 검색(https://www.riss.or.kr)

[그림 2-1] RISS 논문 검색

이 두 가지 검색을 해보면 알겠지만 확인할 수 있는 정보의 양은 구글 학술검색이 압도적으로 많다. 물론 정보의 양이 많다고 좋은 것만은 아니다. 논문을 많이 볼 수 있다 한들 연구자가 좋은 논문을 찾는 안목이 없다면 의미가 없기 때문이다.

마이크로소프트에서 제공하는 논문 검색 사이트도 있다. https://academic.microsoft.com/ 에 접속해보자. Microsoft Academic은 마이크로소프트에서 제공하는 학술검색이라 생각하면 된다.

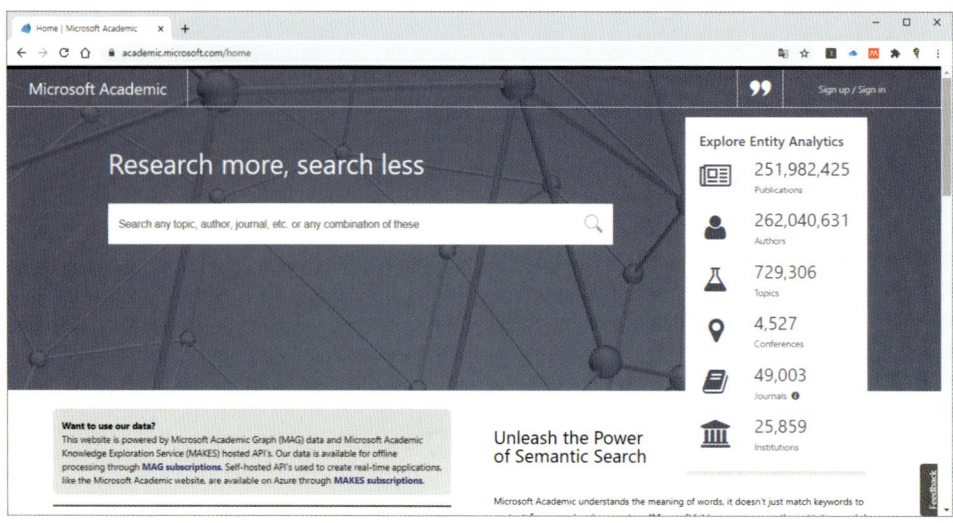

[그림 2-2] Microsoft Academic의 첫 화면

구글 학술검색과 상당히 다른 느낌이다. 검색어를 입력하면 상위 토픽부터 확인할 수도 있고, 저자별 순위, 해당 분야의 탑 저널, 해당 분야의 상위 연구 기관 등에 따른 순위도 확인할 수 있다.

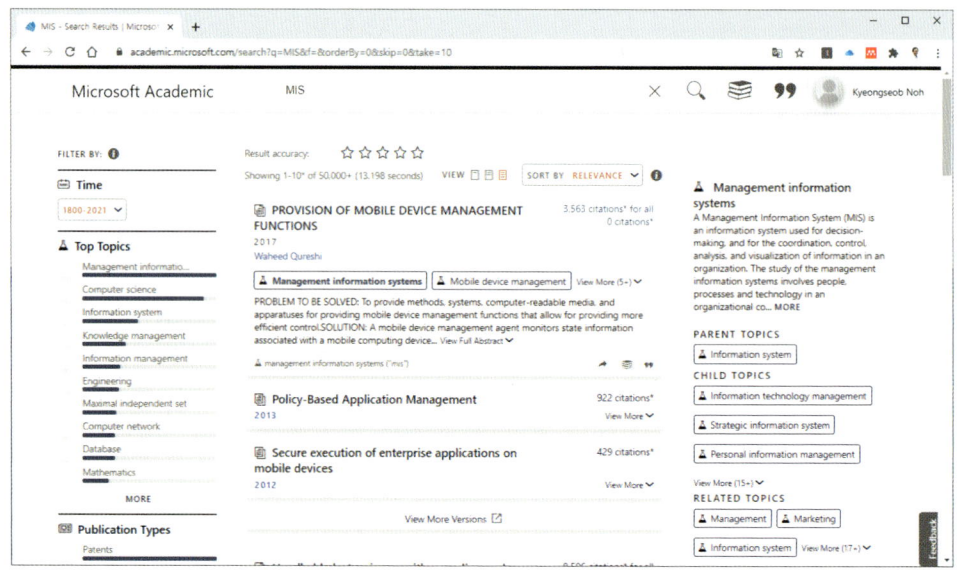

[그림 2-3] Microsoft Academic의 검색 화면

논문을 무료로 보는 방법도 있다

구글 학술검색을 할 때 가장 어려움을 느끼는 부분은 논문을 찾아 클릭했더니 결제하라는 메시지가 뜨는 경우다. 연구할 때 돈을 아끼면 안 된다고 생각할 수도 있으나, 논문 한 편을 완성하려면 참고문헌에 들어가는 목록보다 몇 배 더 많은 논문을 찾아야 한다. 일반적으로 논문 1편을 다운로드할 때 5만 원 정도 들어간다면 100편만 본다 하더라도 500만 원이 들어간다. 학교에서는 많은 논문 DB와 계약을 맺어 학술정보원을 통해 찾아볼 수도 있지만, 실제로 검색해보면 나오지 않는 논문이 꽤나 많다.

그렇다면 구글의 유료 논문들을 무료로 볼 수 있는 SCI-HUB를 이용해보자. SCI-HUB를 이용하려면 먼저 구글 학술검색을 이용해야 한다. 원하는 논문의 doi를 확인해야 하기 때문이다.

SCI-HUB 이용 방법

01 구글 학술검색에서 검색하여 원하는 논문을 찾았는데 유료 다운로드라면 논문 제목과 저자 다음에 나오는 doi를 확인하여 복사한다.

[그림 2-4] doi 주소 복사하기

02 SCI-HUB로 이동한다.[1] ❶ `enter URL, PMID / DOI or search string` 에 복사한 doi를 붙여넣기하고 ❷ 🔑open 을 클릭한다.

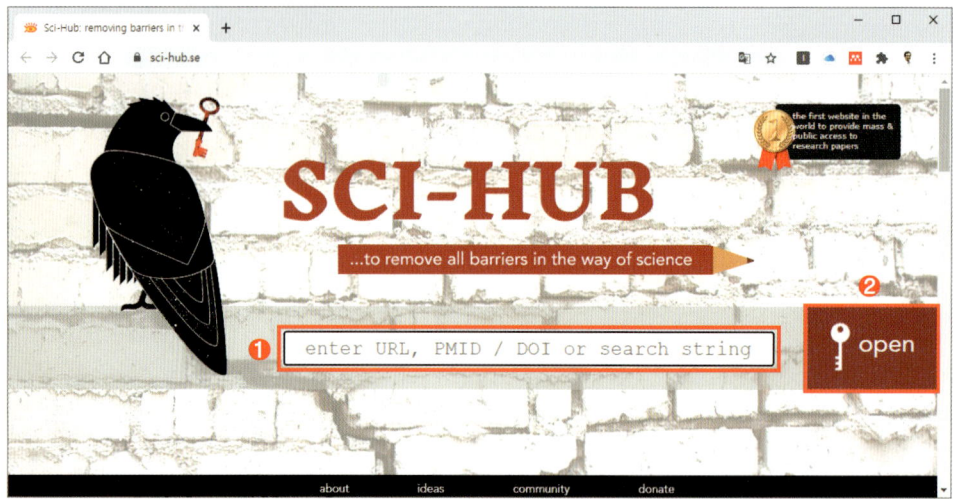

[그림 2-5] SCI-HUB에서 doi 붙여넣기

03 ⬇ 를 클릭하면 PDF 문서로 된 논문을 다운로드할 수 있다.

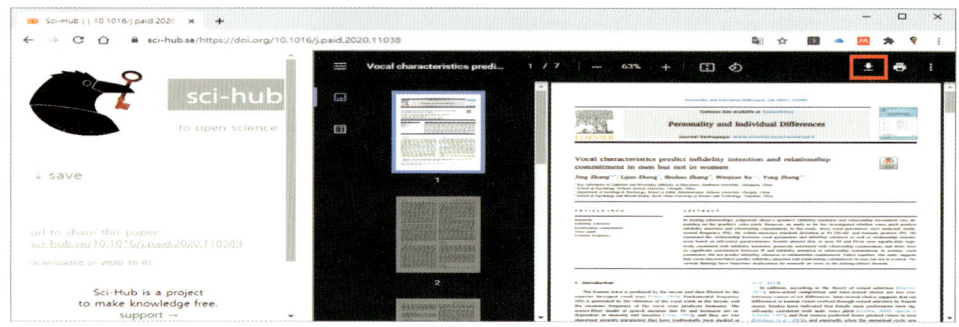

[그림 2-6] 논문 다운로드하기

---

[1] 2021년 4월 23일 현재, SCI-HUB가 운영되는 주소는 https://sci-hub.se/이다. 사정에 따라 도메인 주소를 변경하며 닫혔다 열렸다를 반복하고 있으나 구글링이나 네이버 검색을 통해 변경된 SCI-HUB의 주소를 확인할 수 있다.

> **참고** SCI-HUB의 저작권 침해 논란
>
> SCI-HUB는 글로벌 논문 검색엔진으로 지식 접근에 대한 불평등과 싸우고 있다. 사이트 제작자는 논문이 공공재라는 점에 주목하여 소득, 사회적 지위, 지리적 위치 등에 상관없이 모든 사람이 과학적 지식을 사용할 수 있어야 한다고 주장한다. 또한 저작권법으로 인해 대부분의 온라인 도서관 운영이 불법 상태에 놓이면서 많은 사람이 지식을 향유할 권리를 박탈당하는 동시에 콘텐츠 권리 보유자는 큰 이익의 수혜자가 되어 정보 및 경제적 불평등의 증가를 초래한다고 보았다. 2015년에 엘제비어(Elsevier) 출판사가 저작권 침해 소송을 제기하면서 SCI-HUB는 원래 운영하던 도메인인 sci-hub.org를 더 이상 쓸 수 없게 되었는데, 지금은 도메인을 달리하며 계속 운영하고 있다. 그 후로도 저작권 문제는 지속적으로 논란이 되어 왔고 그 다툼은 지금도 진행 중이다.
>
> SCI-HUB는 구독이나 비용 결제 없이 자료를 무료로 제공하는 서비스를 하고 있다. sci-hub.org를 차단당하고 나서 SCI-HUB의 이용자 수는 더욱 폭발적으로 늘어났다. 운영비는 비트코인을 사용하는 기부자들을 통해 지원된다. SCI-HUB 사이트의 하단을 보면 비트코인 기부를 요청하는 안내 문구가 있다. 
>
> [그림 2-7] SCI-HUB의 비트코인 기부 요청

논문은 직접 찾는다

연구자가 논문을 직접 찾는 건 당연하다 할 것이다. 다수의 연구자가 논문을 직접 찾고 있지만, 생각 외로 많은 연구자들이 논문을 직접 찾지 않고 고민만 하고 있는 것도 사실이다. 성격이 급하신 지도 교수님 혹은 살뜰하게 챙겨주시는 지도 교수님 중에는 자신이 검색하여 다운로드한 파일들을 지도 받는 학생들에게 주고 그 안에서 논문을 써보라고 하는 경우도 있다.

혹시 이런 상황이 부러운가? 하지만 지도 교수가 입에 떠 넣어준 먹잇감으로 작성된 논문은 단 한 편으로 마무리되고 만다는 것이 함정이다. 앞에서도 강조했지만, 박사과정에 있거나 박사학위를 받은 사람이라면 스스로 연구 대상을 찾고 연구를 발전시킬 수 있는 능력이 있어야 한다. 자신의 연구에서 취해야 할 논문과 버려야 할 논문을 선택하는 능력이 있어야 후속 연구로 가는 순항이 보장된다.

논문을 쓰는 과정은 어차피 시간과 노력이 들어가는 과정이다. 이런 시간과 노력이 계속 축적되어야 스스로 연구 대상을 찾고 연구로 발전시키는 실력이 만들어진다. 누군가의 도움이 방향 설정이라는 힌트 정도면 괜찮다. 그러나 연구 대상을 찾고 연구를 진행하는 데 직접적인 도움을 받는다면 자신의 연구 역량은 향상될 수 없다.

취해야 할 논문과 버려야 할 논문

연구자의 길을 가고자 한다면 연구를 하는 과정에서 재료는 무척 중요하다. 물론 처음부터 운 좋게 양질의 논문만 참고하여 결과까지 좋게 나온다면 더 바랄 게 없지만, 이런 요행은 거의 바라기 어려울 만큼 엄청난 양의 저널과 논문이 존재한다. 그러므로 연구자 자신의 능력으로 좋은 논문을 확인할 수 있어야 한다.

구글 학술검색이나 다양한 DB에서 논문을 검색하더라도 검색되는 논문은 감당하기 힘들 정도로 많다. 일일이 모두 다운로드해서 보기에는 물리적인 한계가 있다. 만약 대학원 첫 학기라면 이런 경험을 해보는 것도 괜찮다. 논문을 본 편수가 누적되면 논문의 질을 판단하는 혜안이 열리기 때문이다.

그렇다면 취해야 할 논문과 버려야 할 논문을 어떻게 구분할 수 있을까? 크게 국내 논문과 해외 논문으로 구분하여 살펴보기로 하자.

국내 논문을 참고하는 경우

한국어로 쓴 국내 논문을 주로 참고하여 연구를 진행하려는 연구자라면 자신의 전공 분야에서 영향력 있는 학회와 저널의 리스트를 알아야 한다. 될 수 있으면 영향력 있는 학회에서 발행한 저널의 논문들 중에서 선택하는 것이 안전하다. 그 안에서 관심 분야에 맞는 주제를 중심으로 검색하고, 검색된 논문에 있는 참고문헌 목록을 확인하는 방법으로 시작한다.

대부분의 경우 국내 논문의 참고문헌은 국내문헌목록과 해외문헌목록을 구분해서 나열한다. 여기서 논문들의 출간 연도를 비교해보기를 권한다. 제대로 연구해서 개발된 논문들에는 이 두 부분의 연도가 대부분 최신 연도로 제시된다. 그렇지 않은 논문이라면 국내 문헌은 최신 목록으로 나열된 반면 해외 논문의 출간 연도는 다수가 국내 논문에 비해 훨씬 이전이다. 해당 논문의 연구자가 참고문헌에 있는, 오래 전에 출간된 해외 논문도 모두 찾아서 읽어본 후 자신의 연구를 진행했으리라 믿고 싶지만 찜찜한 마음은 어쩔 수 없다. 이런 경우가 확인된다면 과감하게 버려야 할 논문이다.

> **참고** 참고문헌에서 국내 문헌과 해외 문헌의 출간 연도를 확인하는 이유
>
> 상식적으로 생각해보자. 연구자들이 논문을 참고할 때 오래된 논문을 참고하는 것과 최근 논문을 참고하는 것 중 어느 것이 더 좋을까? 당연히 최근 논문이 최신 트렌드를 따를 것이고 현 시점에서 중요한 가치를 지닌 논문이 될 것이다.
>
> 학문 분야에서 국내 논문이 세계 학계를 리드하는 경우는 극히 드물다. 전혀 없지는 않지만, 대부분 해외의 유명한 학회들이 주류를 형성한다. 더 정확히 말하면, 해외라기보다는 영어로 된 논문이 투고되는 저널에서 해당 분야의 전 세계적 주류를 형성한다. 그렇다면 대부분의 국내 저널에 게재된 논문

들이 한국어로 쓰여 있다는 것을 생각할 때, 가장 최신의 한국어 논문이라도 참고문헌은 해외에서 출간된 과거의 논문을 인용했을 것이다.

연구자들이 논문을 쓰면 뒤쪽에 반드시 참고문헌을 제시한다. 국내 논문을 주로 참고한다면 해당 논문의 참고문헌에서 해외 문헌과 국내 문헌의 출간 연도를 확인해야 한다. 국내 논문과 해외 논문의 출간 연도 평균을 구하는 다음 공식에 넣어보자.

$$\frac{\sum_{i=1}^{n} 논문의\ 출간연도_i}{n}$$

굳이 확인하는 이유는 아주 단순하다. 연구자라면 누구라도 최신 논문을 참고하는 경향이 있겠지만, 대부분의 경우 국내 논문의 평균이 해외 논문의 평균을 훨씬 웃돈다. 이 결과는 무엇을 의미할까? '진짜 이 저자가 참고문헌의 문헌들을 직접 찾아보았을까?'라는 합리적 의심이 들 수밖에 없다. 저자가 다 참고했다고 하면 더 이상 따질 도리가 없다. 하지만 제대로 연구를 준비하고 연구를 진행하고자 한다면 이런 논문을 참고해서는 곤란하다.

과거의 영어 논문을 보든 최근의 영어 논문을 보든 들어가는 시간은 비슷하다. 어차피 똑같은 영어 논문이기 때문이다. 그런데도 과거의 영어 논문을 주로 참고문헌으로 제시했다면 그 논문을 쓴 저자는 영어 논문을 찾아보지 않고 논문을 완성한 것이다. 다른 저자의 논문을 인용하면서 그 사람이 인용한 해외 논문을 단순히 참고문헌에 집어넣었을 뿐이다. 그렇다면 그런 종류의 논문이 가치가 있을지 의심할 만하다.

논문에서 이론적 배경(Theoretical background)이 나타나는 2장을 확인하는 방법도 있다.[2] 3장의 연구방법과 모델에 대한 논리적 기반이 되는 2장에서 논리적 흐름이 분명해야 한다. 즉, 연구자가 3장에서 연구 범위와 가설을 설정한 이유를 논리적으로 기술해야 한다. 단순히 연구자가 설정한 연구모델의 변수들을 교과서 식으로 설명하는 것은 해당 연구의 이론적 배경이라 할 수 없다. 하지만 안타깝게도 국내 논문의 이론적 배경을 살펴보면 해당 변수만 설명하는 내용으로 구성되는 사례가 많이 나타난다.[3] 또한 논리적 비약이 심해서 읽어도 잘 이해되지 않는 부분이 있다. 전공자이고 관심 분야의 논문인데도 잘 이해되지 않는다면 논문에 문제가 있다고 할 수 있다.[4] 이러한 논문을 참고하면 연구자가 아무리 열심히 시간과 노력을 들인다 하더라도 결과물의 질을 담보할 수 없다.

---

[2] 논문의 전형적인 형태는 '제1장 서론, 제2장 이론적 배경, 제3장 연구방법과 연구모델, 제4장 분석 및 결과, 제5장 결론'의 구성이다.
[3] 논문의 이론적 배경을 구성하는 방법은 4장에서 자세하게 다룬다.
[4] 논리적 흐름 차원에서 이해되지 않는 경우를 말한다. 만약 연구자(독자)의 기초 지식이 부족해서 이해를 못하는 부분이라면 연구자(독자)의 책임일 수 있다.

해외 논문을 참고하는 경우

해외 논문을 참고하는 경우도 국내 논문을 참고하는 경우와 크게 다르지 않다. 영어 울렁증에 대한 해결 방법은 뒤에서 소개할 것이므로 이 부분은 걱정하지 말고, 본인 연구의 질을 끌어 올리는 데 초점을 맞추도록 하자.

해외 논문을 참고할 때도 전공 분야의 저널 순위를 참고하는 것이 좋다. 예를 들어, 필자는 경영학을 전공했고, 그중에서도 경영정보시스템(MIS: management information system)을 전공했다. 전 세계 탑 저널 중 하나인 「Communications of ACM」에서는 MIS 분야의 50개 저널에 대한 순위를 제공하고 있다. 만약 자신의 전공 분야에서 탑 저널 순위를 제시하는 저널이 없다면 지도 교수님께 문의해서 알아보는 것도 한 방법이다.

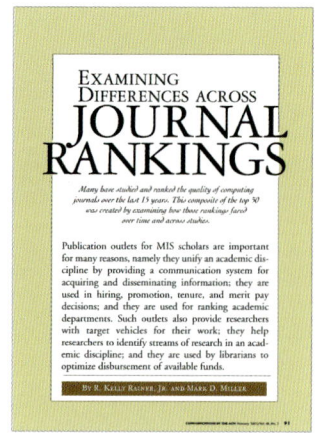

[그림 2-8] CACM의 저널 랭킹 자료

SCIE 혹은 SSCI에 대한 구분이 가능하면 본인이 직접 DB에서 저널 목록을 확인하고 자신에게 맞는 저널을 선택하면 된다. 해당 DB의 내용은 모두 탑 저널이라 생각하면 되므로 고민할 필요도 없다.

해외 논문을 참고하는 경우 탑 저널을 이용하면 안전한 이유가 몇 가지 있다. 첫째, 전 세계에서 논문이 투고되고 있으며 논문 심사와 검증이 국내 저널에 비해 믿을 만하기 때문이다. 또한 현 시점에서 해당 전공 분야의 트렌드를 정확하게 반영할 확률이 높다. 따라서 탑 저널의 최신 논문을 참고문헌으로 정하여 연구를 발전시키면 의미 있는 연구 결과로 나타날 개연성이 크다.

학위 과정을 수료한 지 오래됐거나 학위를 받아도 탑 저널을 확인하기 곤란한 경우라면 [그림 2-9]에 보이는 ELSEVIER 마크를 확인하도록 하자. 이 마크가 있다고 해서 100% 탑 저널이라는 보장은 없으나, 엘

[그림 2-9] ELSEVIER 마크

제비어(ELSEVIER)는 세계에서 가장 큰 학술 출판사이므로 한 번은 필터링되었다고 판단해도 좋다.[5]

---

[5] 엘제비어(ELSEVIER)는 1880년에 설립된 출판사로 네델란드에 본사를 두고 있다. 과학, 기술 및 의료 콘텐츠를 전문으로 하며, 2,500개의 저널에 매년 약 500,000개 이상의 기사를 게시하는 전 세계에서 가장 큰 학술 관련 출판사다. 영업이익률이 약 40%에 달하므로 비판을 받기는 하지만, 콘텐츠의 양이 방대하여 연구자라면 이용하지 않을 수 없는 상황이다. 이외에도 소개할 만한 출판사가 여럿 있으나 여기서는 가장 큰 출판사 한 곳만 예로 들었다.

구글 학술검색으로 찾은 논문을 다운로드하려면 비용이 상당히 많이 들어가는 편이다. 만약 학교에 적을 둔 경우라면 학교의 학술정보원(도서관)을 통해 엘제비어가 제공하는 다양한 저널에서 논문을 다운로드할 수 있다.

일반적으로 위와 같은 방법으로 저널을 확인하면 된다. 더 정확하게 탑 저널 리스트를 통해 확인하고 싶다면 다음 방법들을 활용해보자.

JCR 활용하기

JCR은 Journal Citiation reports의 약자로 클래리베이트(Clarivate)라는 뉴욕 증권거래소에 상장된 회사이며, SCI와 SSCI를 처음 만들어 운영하던 Thomson Reuters를 인수하였다. https://jcr.clarivate.com/을 방문하면 저널별로 IF(Impact Factor)를 확인할 수 있다.[6]

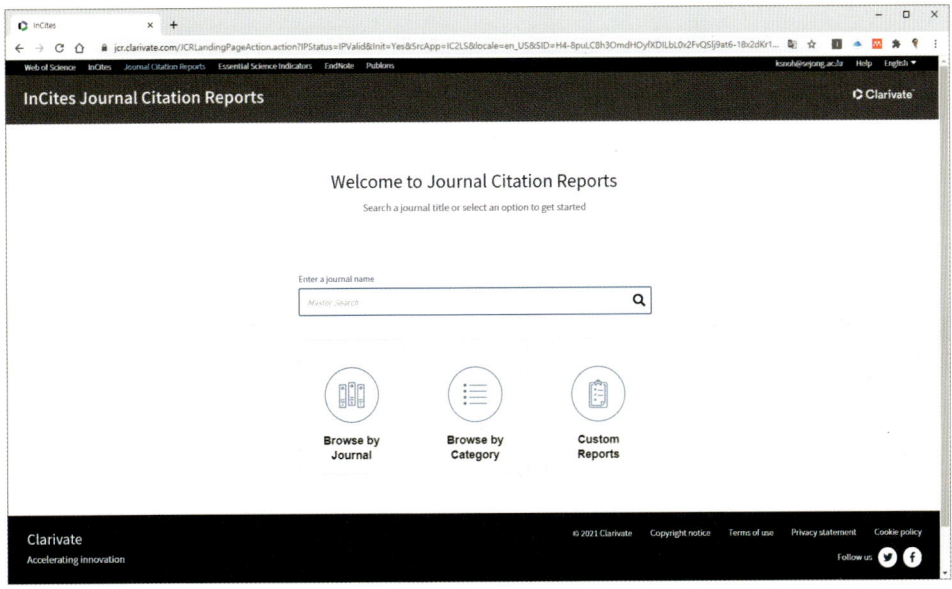

[그림 2-10] JCR 홈페이지 메인 화면

---

6 IF(Impact Factor)는 지난 한 해 동안 해당 저널에서 출간된 논문이 인용된 횟수를 수치로 나타낸 것이다. IF가 높으면 좋은 저널이라 평가되고 있으나 학계나 연구 단체 등에서 연구 성과와 논문을 이 수치로 평가하지 말자는 주장도 있다.

사용 방법

01 알고자 하는 저널명을 입력하고 Enter↵를 누르면 해당 저널의 연도별 IF와 추이를 확인할 수 있다. 아래의 화면은 〈MIS Quarterly〉라는 저널을 검색한 것이다.

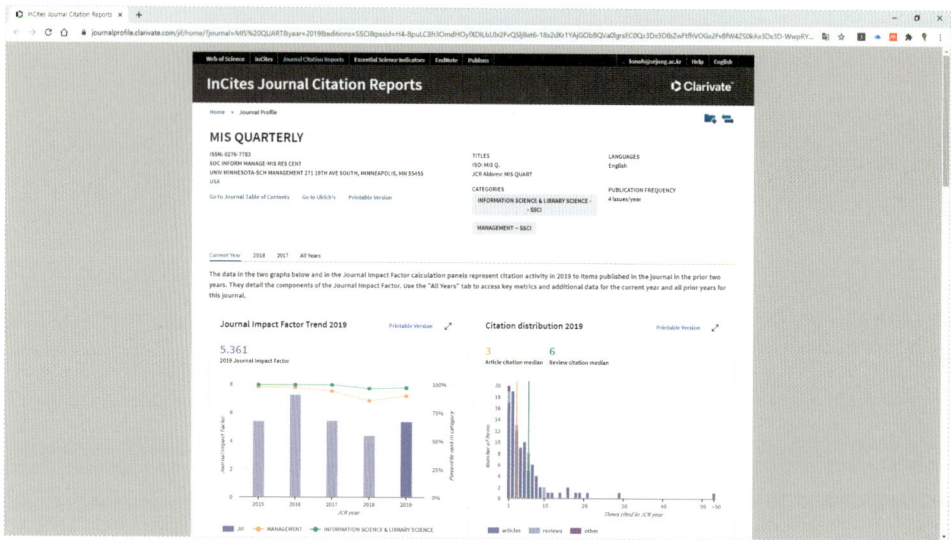

[그림 2-11] 메인 화면에서 저널명을 입력하여 검색한 화면

02 전공에 대한 카테고리로 확인해보기 위해 [Browse by Category]를 클릭한다.

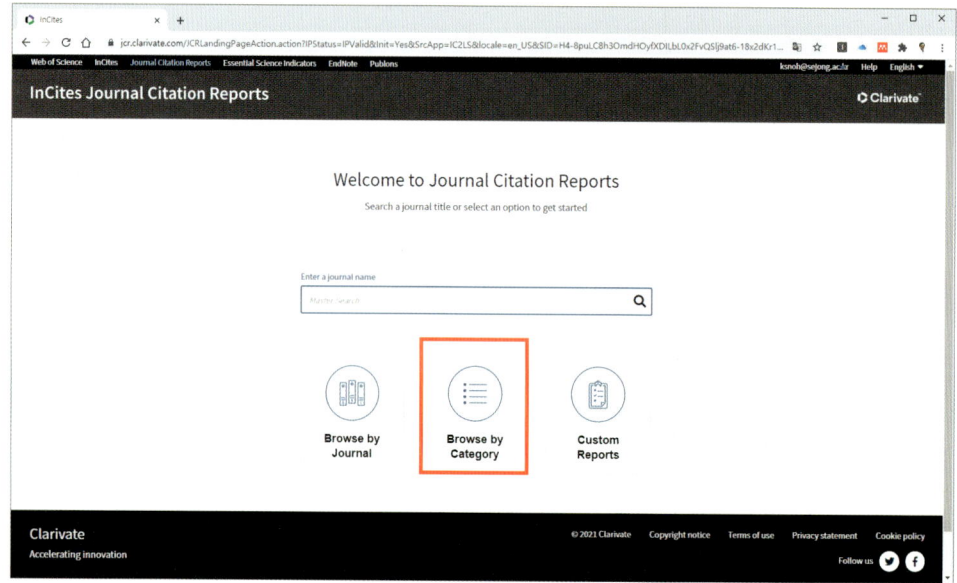

[그림 2-12] 카테고리로 확인하는 방법

03 저널별 순위를 확인하기 위해 ❶ Journals By Rank 를 클릭하고 ❷ Select Categories 에서 BUSINESS와 BUSINESS, FINANCE에 ☑ 표시를 한다. ❸ Submit 을 클릭하면 우측에 순위별 목록이 표시된다. 저널 목록을 받아보고 싶다면 ❹ 우측 상단의 ⬇ 아이콘을 클릭하여 CSV와 XLS 파일로 다운로드할 수 있다.

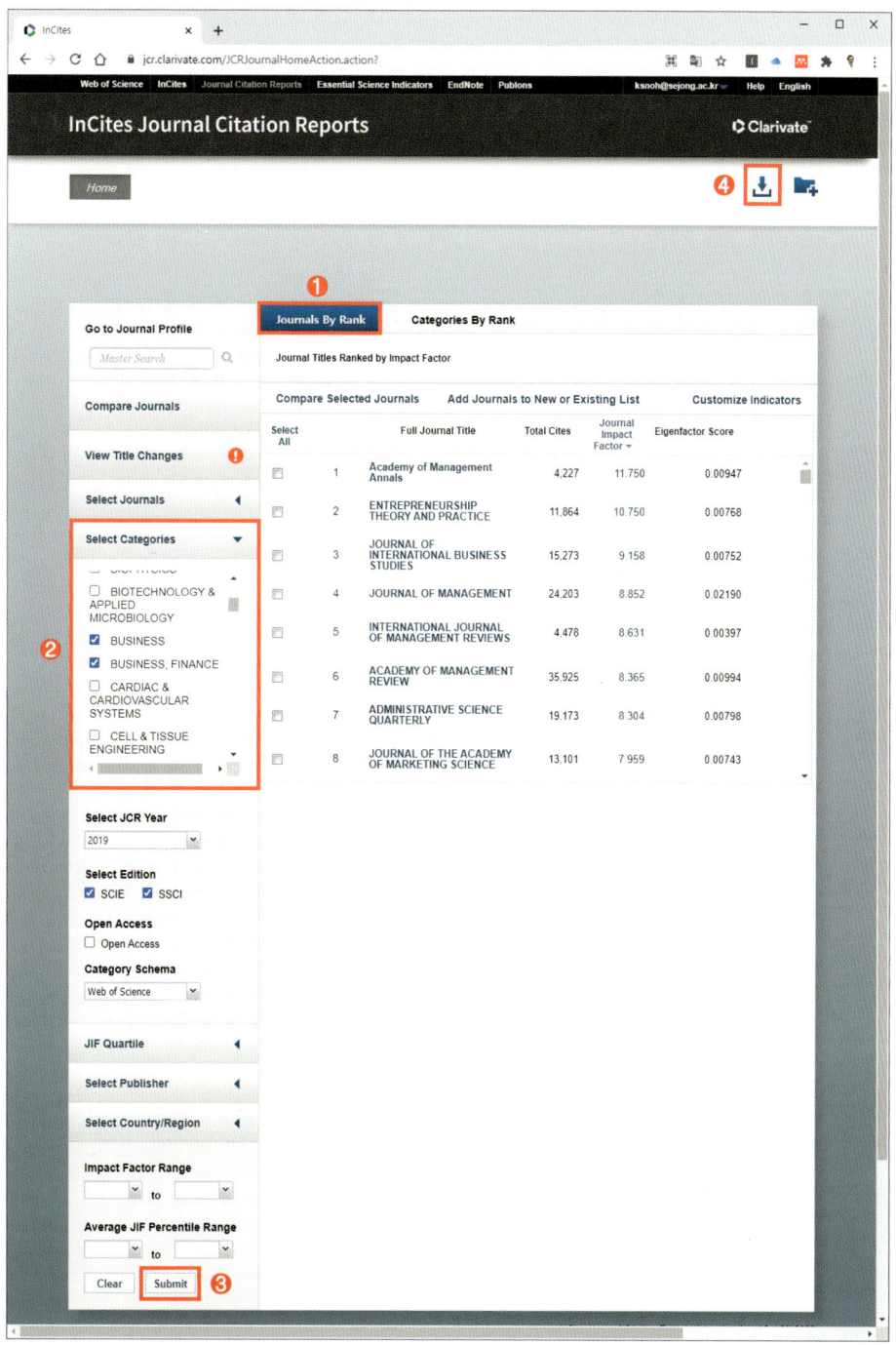

[그림 2-13] 저널별 순위 확인하기

SJR 활용하기

또 다른 저널 순위 확인 방법은 SJR을 이용하는 것이다.[7] www.scimagojr.com에 접속하여 전공 분야의 저널 랭킹 리스트를 확보할 수 있다.

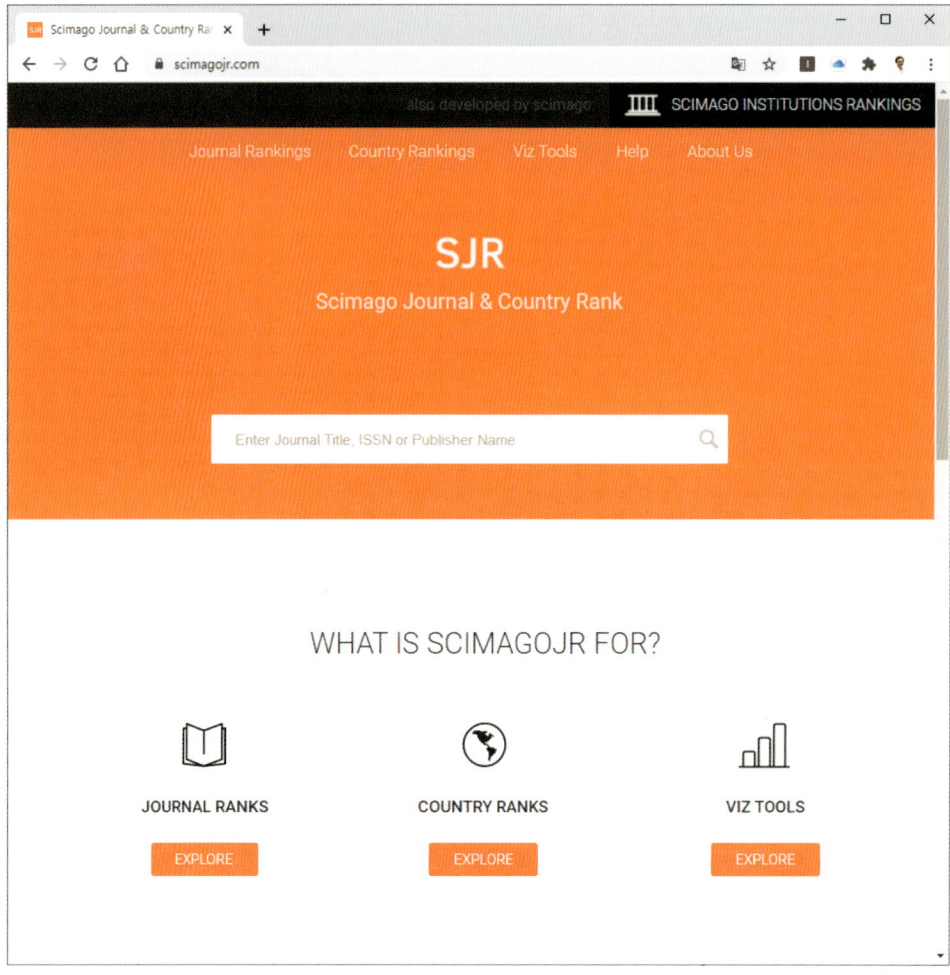

[그림 2-14] scimagojr.com의 메인 화면

[7] SJR은 SCOPUS의 DB에서 목록을 나열한 것이다.

사용 방법

01 메인 화면의 JOURNAL RANKING으로 들어가 아래 그림에서 저널의 랭킹 목록을 직접 다운로드할 수 있다. ❶ 자신의 전공 분야를 세팅하고 ❷ [Download data]를 눌러 랭킹 목록을 다운로드한다.[8]

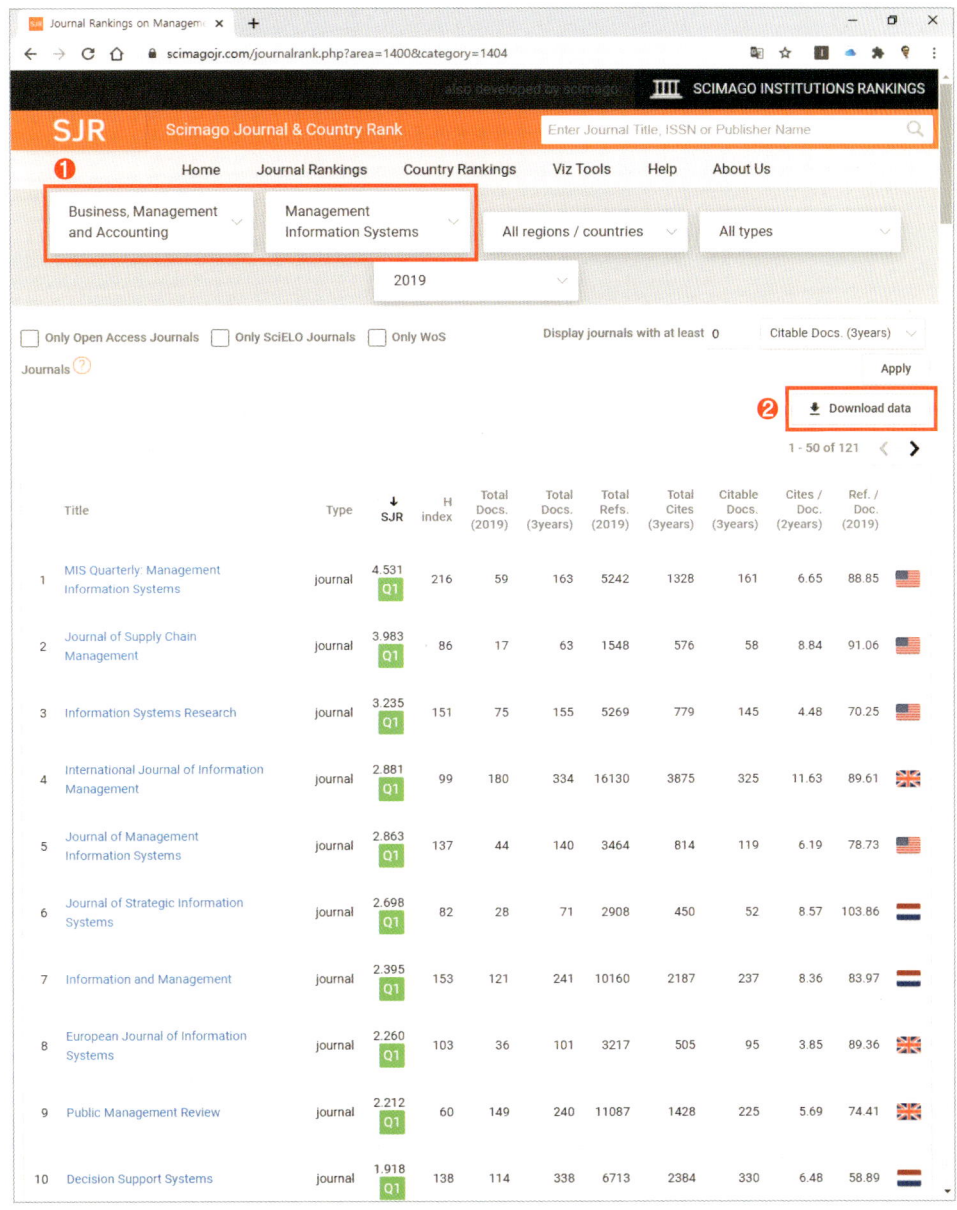

[그림 2-15] 저널 랭킹 목록 확인하기

---

[8] 필자의 전공인 경영학의 MIS 리스트로 출력하였다.

02 리스트를 다운로드하면 목록이 그림과 같이 .cvs 확장자로 다운로드되기 때문에 Excel 에서 목록을 구분해야 한다. ❶ '데이터' 탭으로 이동하여 ❷ A열 전체를 선택하고 ❸ [텍스트 나누기]를 클릭한다.

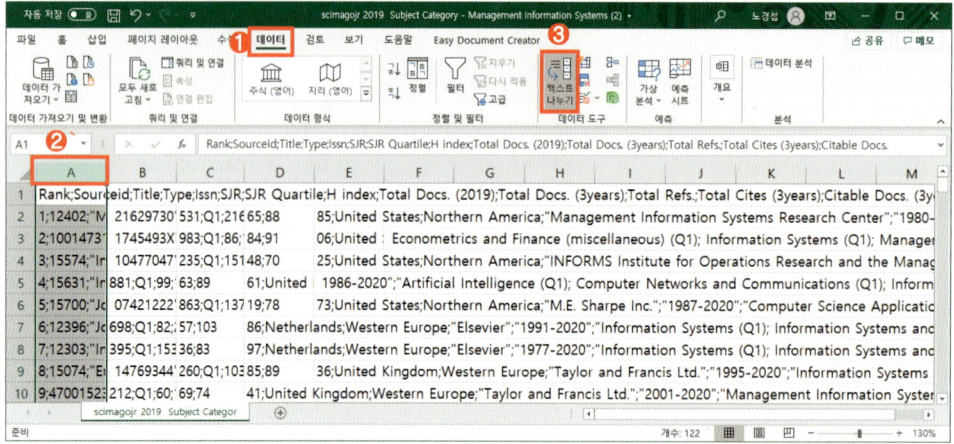

[그림 2-16] .cvs 확장자로 열린 저널 랭킹 리스트

03 텍스트 마법사 창이 열리면 ❶ '구분 기호로 분리됨(D)'을 클릭하고 ❷ [다음(N)]을 클릭한다.

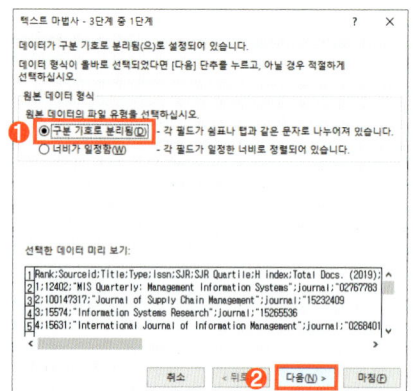

[그림 2-17] 텍스트 마법사 1/3

04 ❶ '탭(T)', '세미콜론(M)'을 선택하고 ❷ [다음(N)]을 클릭한다.

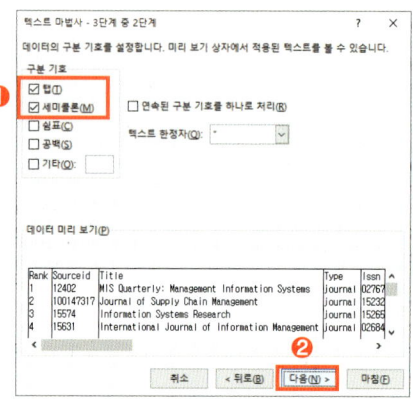

[그림 2-18] 텍스트 마법사 2/3

05 목록이 잘 정렬된 것을 확인하고 [마침(F)]을 클릭하여 완료한다.

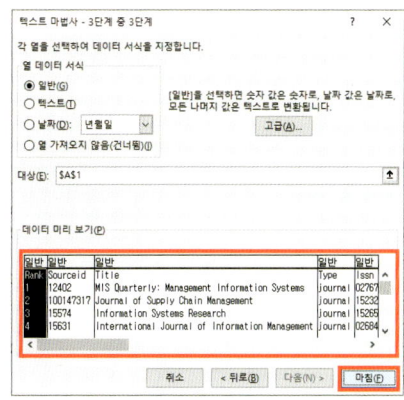

[그림 2-19] 텍스트 마법사 2/3

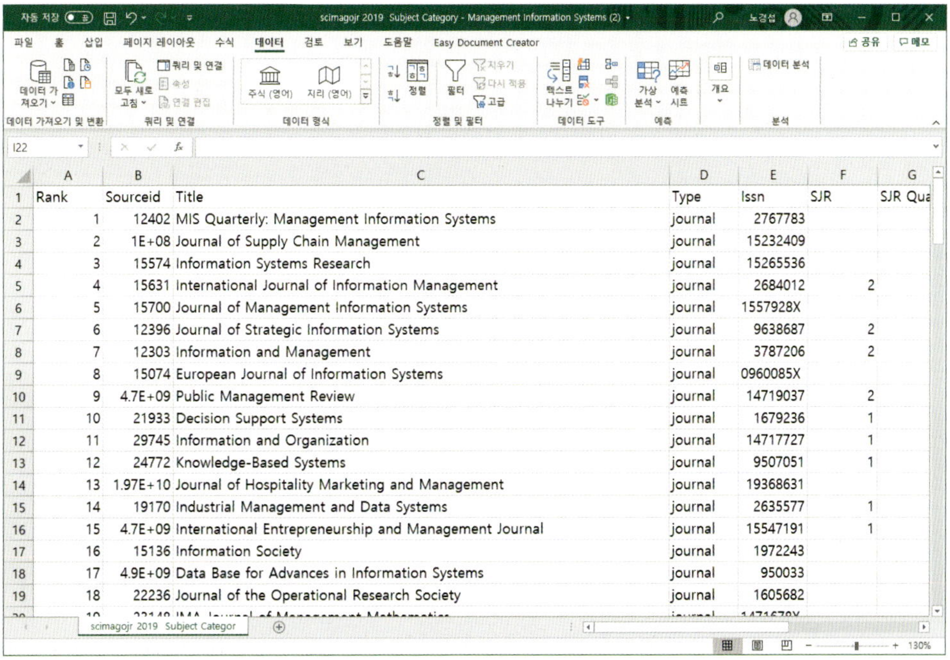

[그림 2-20] 리스트 정렬 완료

이렇게 정렬된 랭킹을 한 장으로 출력한다면 양질의 재료가 준비된 셈이다. 이제 참고문헌을 확인하면서 연구를 진행하면 된다.

> **참고** SCI, SSCI, SCI-E, SCOPUS

저널의 수준을 이야기할 때 SCI나 SSCI를 언급하기도 하는데, 이는 국제학술논문 데이터베이스를 말한다.

SCI(Science Citation Index)는 미국 Clarivate Analytics가 DB를 구축했으며, 전 세계 과학기술 저널의 인용도를 기준으로 저널의 질을 평가하고 있다. 등재 저널은 약 4천 종에 달하며, 책자와 CD-ROM으로 DB를 제공한다.

미국의 ISI(Institute for Scientific Information)에서도 인용 색인 데이터베이스를 다음의 세 가지로 제공하고 있었다.

- SCIE(Science Citation Index Expanded): 과학기술 분야
- SSCI(Social Science Citation Index): 사회과학 분야
- A&HCI(Arts and Humanities Citation Index): 인문 및 예술 분야

SCI와 달리 ISI는 Web으로 DB를 제공하므로 갱신 주기가 매주 신속하게 이루어진다. 등재 저널도 풍부하다.

SCI와 SCI-E는 동일한 주제를 다루므로 동일하다고 보면 되지만, SCI-E가 상대적으로 많은 DB를 구성(약 6천 종)하고 있으므로 상대적으로 낮은 저널이 수록될 수 있다. 그러나 2020년 1월 이후로 SCI와 SCIE가 통합되었으므로 인문과 예술 분야가 아니라면 SCIE와 SSCI로 구분하면 된다.

세계 최대의 학술 출판사인 엘제비어(ELSEVIER)에서 2004년에 SCOPUS라는 인용지수를 만들어 전 세계의 우수 학술논문에 적용하였다. 어떤 인용지수가 더 좋은가에 대해서는 학자들 간에 이견이 있는데, 특히 타임지는 2007년부터 대학 평가 시 SCI 대신 SCOPUS를 쓰기 시작했다. SCOPUS가 미국 이외의 대학이나 기관의 출판물까지 다양하게 포함하고 있기 때문이다. 그러나 비영어권까지 다양하게 포함하다 보니 범위가 너무 넓어 SCIE와 SSCI에 비해 학술지의 수준이 낮다고 평가하는 학자들도 있다. 참고로 국내 교수 모집 요강에서는 SCOPUS를 배제하는 곳도 많다. 그럼에도 일반적으로 SCI급 저널이라 하면 SCOPUS를 포함한다. 2020년 6월 기준으로, 한국의 324개 저널이 SCOPUS에 등록되어 있다.[9]

---

[9] https://www.elsevier.com/ko-kr/promo/scopus-titlelist/scopus-KR
한국학술지인용색인(www.kci.go.kr)의 '홈-정보마당-SCOPUS 저널목록'을 참조하기 바란다. KCI는 한국연구재단이 만든 학술지 인용색인이다.

영어 울렁증을 극복하는 방법

탑 저널에 투고되는 좋은 논문들은 대개 영어로 쓰여 있기 때문에 영어로 된 논문을 찾아 읽어야 한다. 영어를 잘한다면 좋겠지만 영어를 잘 못해도 실망할 필요는 없다. 영어로 논문을 쓰는 것은 어려울 수 있으나 ICT 기술의 발달로 영어 논문을 한국어로 번역하여 보는 건 쉽기 때문이다. 이렇게 번역된 논문은 읽는 데 전혀 무리가 없을 정도다.

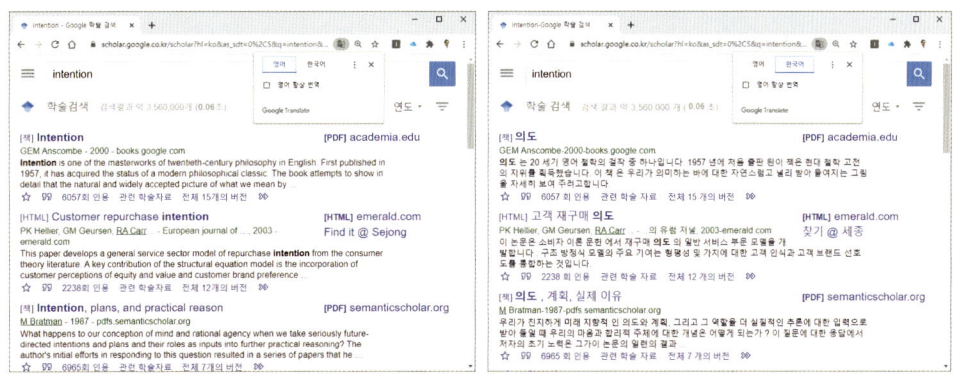

(a) 구글 학술검색(영어)　　　　　　　　(b) 구글 학술검색(한국어 번역)

[그림 2-21] **구글 학술검색의 언어 전환**

[그림 2-21]의 (a)는 영어로 검색한 구글 학술검색 화면이고, (b)는 한국어로 번역한 화면이다. 크롬 브라우저 주소 입력란의 아이콘을 클릭해서 다양한 언어로 번역된 화면을 확인할 수 있다.[10] 그림에서도 알 수 있지만 번역된 한국어를 이해하는 데 전혀 문제가 없다.

번역된 자료로 필요한 논문을 다운로드했다면 이제는 논문을 해석해야 한다. 이때도 구글 번역기나 국내 번역 사이트인 파파고를 이용하면 된다. 번역 프로그램에 AI 기능이 탑재되면서 번역의 질은 날로 높아지고 있다. 타 전공의 번역된 논문을 읽더라도 아주 디테일하게 이해하기는 어려울 수 있지만 전체 내용을 이해하는 데 무리가 없다. 이제 영어를 못해서 좋은 논문을 참고하지 못한다는 말은 논문을 쓰기 싫다는 핑계로 여겨질 수 있다.

---

10 구글은 2016년부터 번역 엔진에 인공지능(AI)를 적용하였다. 그 결과 시간이 흐를수록 번역이 점점 정교해지고 수준이 높아져서 독자가 번역문을 이해하는 데 문제가 없다.

번역기 사용 방법

구글 번역기에는 언어 감지 기능이 있어서 어떤 언어라도 복사해서 붙여넣기를 하면 원하는 언어로 번역할 수 있다. 이때 논문 원문을 HTML로 제공받았다면 크롬 브라우저의 번역 기능을 바로 사용하면 되지만, PDF 문서 형태로 다운로드한 경우라면 몇 가지 사전 작업을 진행해야 번역이 매끄러워진다.

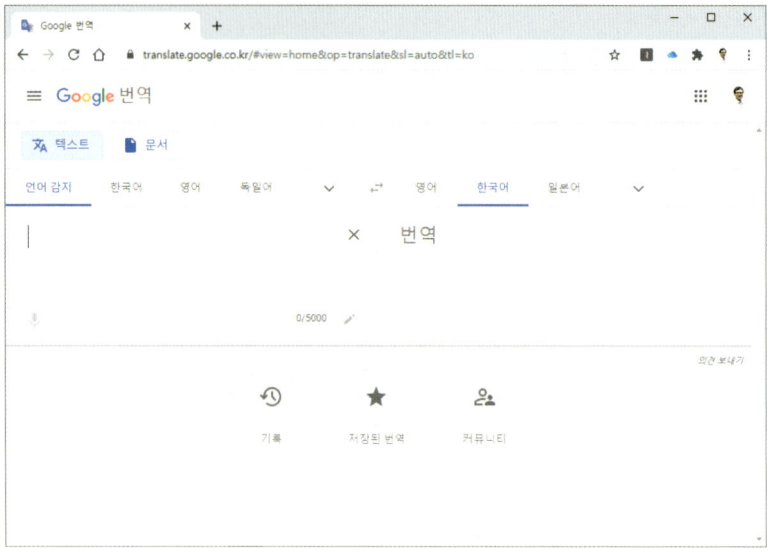

[그림 2-22] 구글 번역기

01 우선 PDF에서 문장을 드래그하여 복사(Ctrl + C)한다.

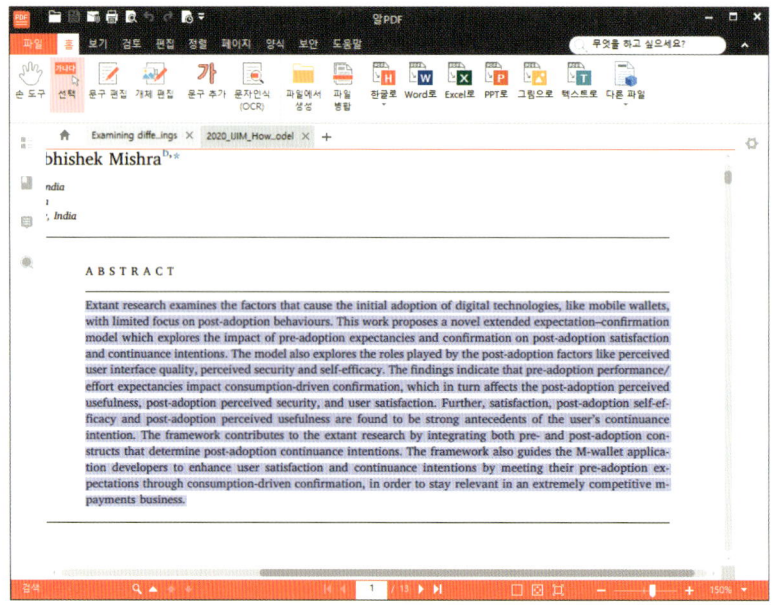

[그림 2-23] PDF 문서 복사하기(Ctrl + C)

02 구글 번역기에 붙여넣기(Ctrl + V)하면 그림과 같이 매끄럽게 번역되지 않는 것을 확인할 수 있다.

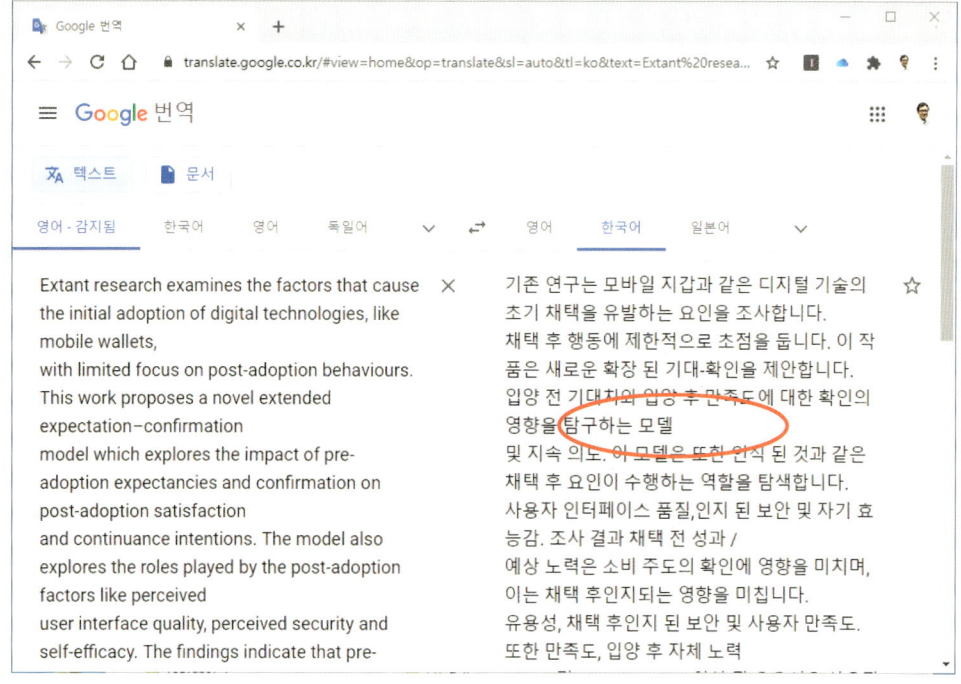

[그림 2-24] 구글 번역기에 붙여넣기(Ctrl + V)

03 이렇게 나타나는 이유는 PDF 문서에서 블록 복사를 한 부분 중 줄이 바뀌는 부분을 엔터(Enter↵)로 인식하기 때문이다. 복사된 부분을 메모장에 붙여넣기(Ctrl + V)한다. 문장이 마침표로 끝나지 않았지만 줄바꿈되어 있는 것을 확인할 수 있다.

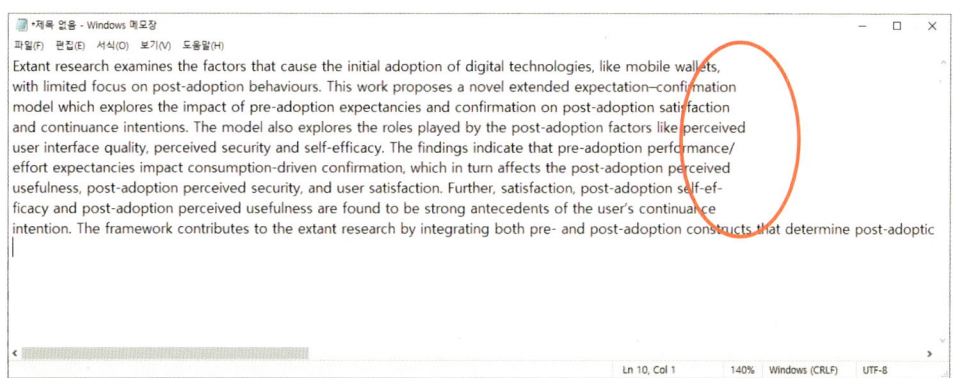

[그림 2-25] PDF 문서에서 블록 복사하여 메모장에 붙여넣기

04 줄바꿈된 곳을 찾아 제대로 된 문장으로 재정렬한다.

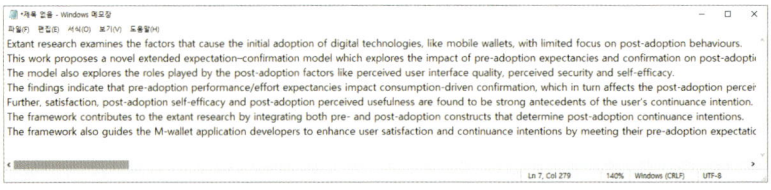

[그림 2-26] 메모장에서 문장 재정렬하기

05 재정렬한 문장을 구글 번역기나 파파고로 복사해서 붙여넣기를 한다.[11]

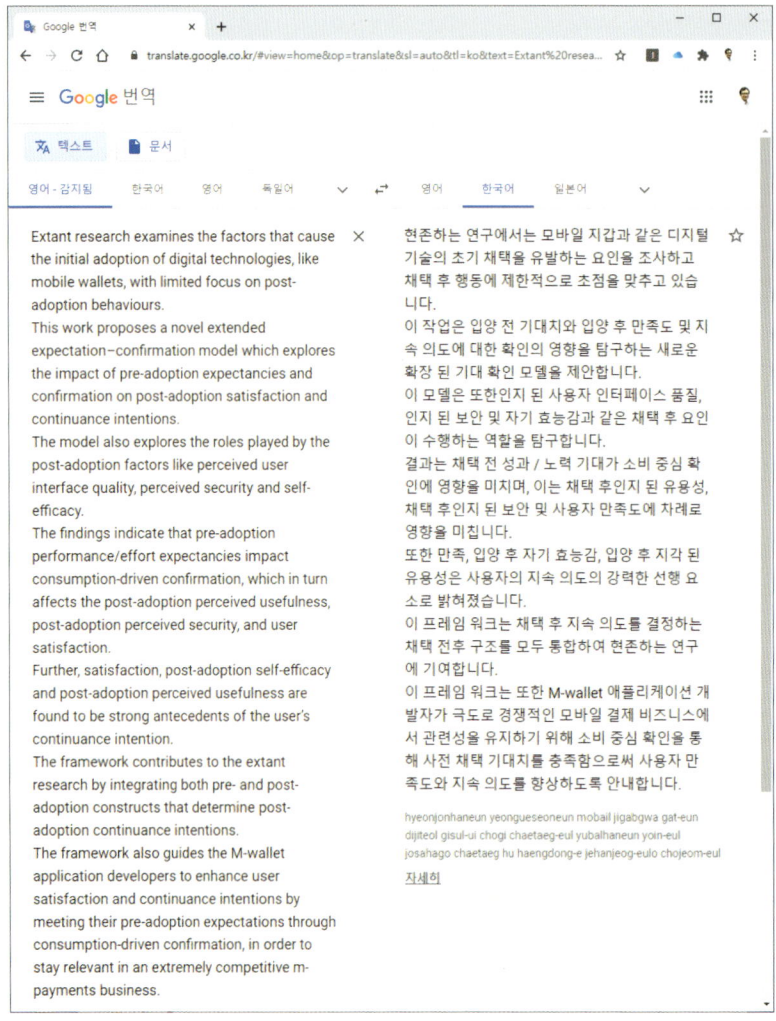

[그림 2-27] 구글 번역기로 붙여넣기한 화면 [12]

---

11 구글 번역기는 인공지능을 토대로 한 기계학습으로 번역을 지원하는 반면, 파파고는 우리말에 맞춤하여 번역하기 위해 미묘한 뉘앙스의 차이를 표현할 수 있도록 인간이 간섭하여 학습을 시킨다고 한다.

12 여기서는 [텍스트]를 기반으로 번역하였다. 그림에서 왼쪽 상단에 있는 [문서]를 클릭하면 파일 전체를 번역할 수 있지만, 이 경우 줄바꿈을 인식하지 못하므로 [문서] 기능 사용은 지양하는 것이 좋다.

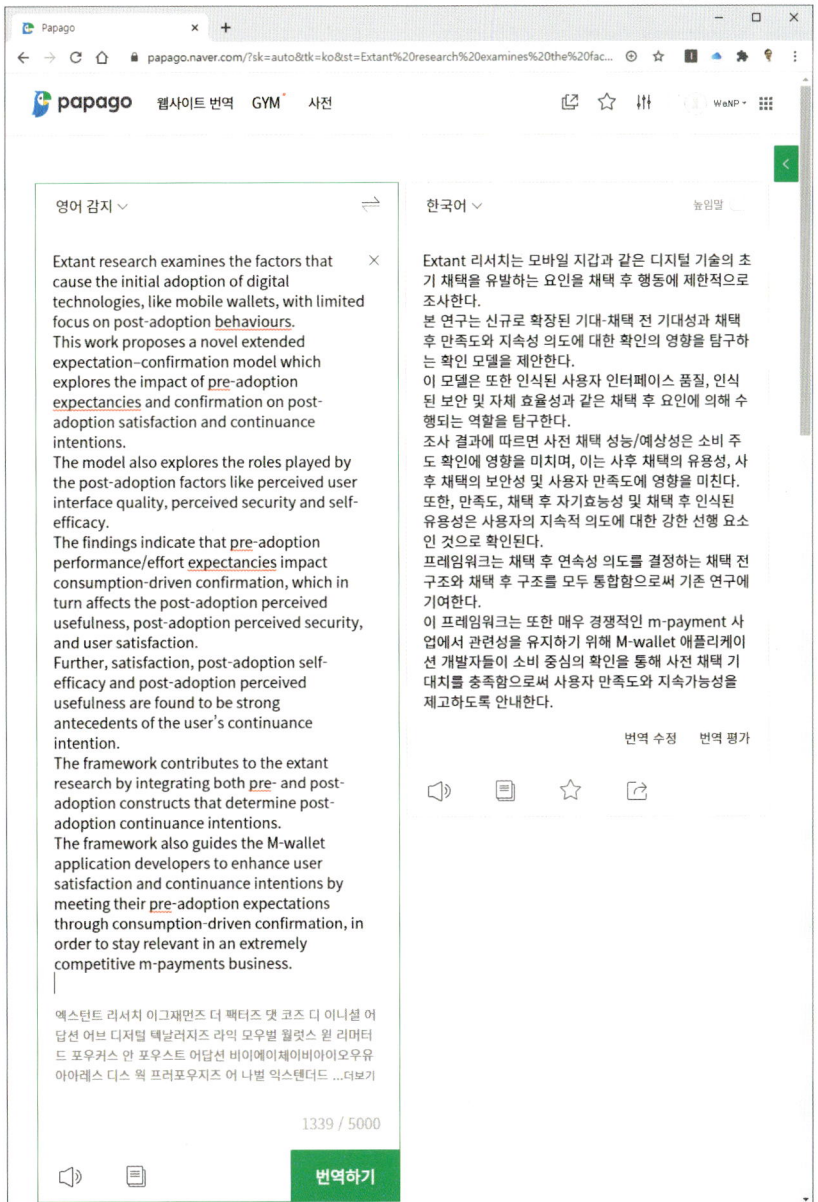

[그림 2-28] 파파고로 붙여넣기한 화면

두 화면의 번역을 비교해보면 어느 정도 차이는 있다. 또한 기계 번역의 한계로 느껴지는 부분도 있다. 따라서 번역기를 사용하여 시간을 절약하고 전체적인 개념을 이해하는 데 도움을 받는 것은 좋지만 맹신은 금물이다. 만약 읽어서 잘 이해되지 않는 부분이 있으면 원문을 읽어서 문장의 의미를 제대로 이해하도록 하자. 그래야 올바른 연구로 나아갈 수 있다.

> **참고** 처음 접하는 논문을 읽는 방법
>
> 논문을 처음 접할 때 가장 먼저 신경 쓸 부분은 제목이다. 제목이 자신의 연구 분야와 잘 맞으면 그 논문을 봐야 할 필요성이 20% 정도 생겼다고 보면 된다. 그다음은 초록이다. 초록은 그 연구의 핵심을 담은 부분으로 어떤 연구를 왜 하였고, 어떻게 하였으며, 어떤 내용을 도출했는가에 대한 과정이 표현되어 있다. 초록에서 본인이 원하는 내용이 있다면 읽어볼 필요성이 좀 더 늘었다고 생각하면 된다. 그다음에는 결론으로 이동하자. 결론은 논문에서 주장하는 바를 요약해서 설명하고 있다. 여기서도 건질 내용이 있다면 연구모델 부분으로 이동한다. 연구모델의 구성이 잘되었거나 본인이 원하는 것을 다루고 있다면 이제 이론적 배경을 확인해가면서 심층적으로 해당 논문을 모두 읽으면 된다. 만약 이와 같은 단계를 거치는 중에 해당 논문에 대한 관심이 떨어진다면 어떤 내용이라는 것만 체크해놓고 과감하게 다른 논문들을 확인해야 한다.

SECTION 02 | 스스로 논문을 찾아야 하는 이유

논문을 처음 쓴다면 일단 새로운 분야의 일을 하는 것이므로 낯선 게 한둘이 아니다. 특히나 참고문헌의 경우 검색 범위를 어느 정도로 해야 할지 감이 잘 잡히지 않는다. 논문에서 참고문헌은 논문의 질을 가늠할 수 있는 아주 중요한 부분이므로 세심한 주의를 요한다. 지금부터 질 높은 논문을 찾는 구체적인 방법을 알아보기로 하자.

▍논문과 따로 노는 참고문헌이 꽤 많다

초보 연구자는 논문의 경중을 구분하는 눈이 없고 해당 분야의 지식이 축적되어 있지 않기 때문에 추천받은 논문의 참고문헌을 찾아보기 마련이다. 참고문헌을 확인하면 해당 논문의 논리가 어떻게 구성되어 있는지 알 수 있다. 단, 추천받은 논문이 잘 쓰였다는 전제가 필요하다. 이런 전제를 두는 이유는, 국내 논문의 경우 본문 내용과 참고문헌이 따로 노는 논문이 상당수에 이르기 때문이다. 물론 저자의 실수이기를 바라지만 생각보다 많은 실수가 확인된다.

그렇다면 초보 연구자로서 잘 쓴 논문을 확인하려면 어떻게 해야 할까? 구글 학술검색을 하면 좋은 논문도 검색되지만 논문의 모양만 갖춘 논문들도 검색되기 때문에 연구자는 기준을 잘 세워 참고해야 한다. 가장 좋은 방법은 연구자의 전공에서 가장 유명한 저널 혹은 탑 저널에서 찾는 것이다.

[그림 2-29]와 같이 제대로 작성된 논문을 확인해서 그 참고문헌들까지 확인했다면, 연구를 위한 첫 번째 단추를 잘 끼워 넣은 셈이다. 물론 이 과정을 처음 해보는 경우라면 많은 시간이 들어간다. 연구자가 바쁘고 시간이 충분치 않다면 이렇게 논문을 찾는 시간과 노력이 아깝다고 생각할 수도 있다. 하지만 제대로 된 연구를 하려면 어차피 한 번은 겪어야 할 과정이다. 제대로 잘 쓴 논문의 참고문헌은 그 논문의 저자를 통해 검증을 거친 논문이기 때문에 자기 연구의 참고문헌으로 참고할 여지가 커진다.

[그림 2-29] 구글 학술검색으로 검색한 논문의 첫 부분(왼쪽)과 참고문헌(오른쪽)

특정 논문의 참고문헌만으로는 전공 분야의 최신 기조를 읽을 수 없다

최신 논문의 참고문헌을 참고하더라도 전공 분야의 최신 기조나 연구 동향을 파악하는 데는 한계가 있다. 연구 동향을 알려면 탑 저널들이나 학회지들의 최신 호를 활용하는 것이 좋다. 최신 호에 실린 논문들에서 날짜의 역순으로 논문 제목을 확인하면, 현재까지의 흐름을 이해할 수 있다.

1장에서 스스로 관심 분야를 설정하고 연구주제를 선택한 것과 같은 방법으로 출간된 논문들을

[그림 2-30] 연구 동향을 파악하려면?

천천히 찾아보는 것도 좋은 방법이다. 그런데 초보 연구자의 경우 여기서도 문제가 발생한다. 논문 제목을 보면 대략적인 내용은 알 수 있지만 구체적인 내용을 확인하기는 어렵고, 논문을 다 읽자니 읽어야 할 논문이 너무 방대하다는 것이다. 이럴 때 논문에서 제시하는 키워드를 확인하는 것도 방법이 된다. 논문 제목을 통해 연상되는 주제와 키워드만으로도 전체적인 인사이트(insight)를 얻게 될 것이다. 당연히 5~10분 정도의 짧은 시간만 들여서는 이런 인사이트를 얻을 수 없고 어느 정도 시간을 들여야 한다. 이때는 자신이 연구할 소재를 찾는 데 목적을 두지 말고, 자신의 전공에서 현재의 연구 기조에 대한 전체적인 시각을 갖는 데 목표를 두어야 한다.

> **참고** 논문에 나타나는 상황의 시간적 특성
>
> COVID19 사태처럼 특수한 상황이 아니라면, 현실 속에서 즉시 표본을 구성하고 학술적으로 곧바로 다루어지는 경우는 드물 수밖에 없다. 일반적으로 보면 새로운 상황이 나타났을 때 그에 대한 표본 확보가 쉽지 않고, 공공재인 논문에 제시할 수 있는 공헌(Contribution)을 찾아내기 힘들기 때문이다. 연구 대상의 특성에 따라 편차는 있지만, 대체로 어떤 현실 상황이 연구의 대상이 되어 논문이란 결과로 정리되기까지는 빨라야 4~5년 정도 걸린다.

키페이퍼의 연식이 중요하다

연구자가 구성한 연구모델의 기준이 된 논문들을 키페이퍼(Key-papers)라고 한다.[13] 연구모델은 충분한 이론적 근거를 바탕으로 어떤 유의미한 결과가 제시될 수 있도록 설계되어야 한다. 그런데 연구자가 10년 전 논문들을 키페이퍼로 선택하여 연구모델을 구성한 것이라면 어떤 느낌이 드는가?

물론 과거의 이론이나 연구 결과가 현재에 의미가 없다는 것은 아니다. 실제로 수학자 존 내시(John Nash)는 20대였던 1950년에 박사학위 논문으로 「비협력 게임(Noncooperative Games)」이라는 논문을 발표했으며, 그로부터 45년이 지난 1994년에 노벨경제학상을 받았다. 이 비협력 게임 이론은 '내시의 균형(Nash equilibrium)'이라 불리며 지금까지도 많이 인용되고 있고 파생 이론들을 생성하고 있다.[14]

하지만 이런 예는 극히 드물다. 과거부터 지속적으로 현재에 영향을 미치는 내용을 연구주제로 삼는 경우가 아닌데도 연구의 키페이퍼가 되는 논문을 10년, 20년 지난 것으로 선택한다면 논문을 위한 논문이 될 수밖에 없다.

[그림 2-31]은 구글 학술검색으로 검색한 화면이다. 이 화면만으로도 연구자는 논문 검색에 대한 힌트를 얻을 수 있다. 모든 날짜로 검색해보니 무려 343만 개의 검색 결과 자료가 검색되었다. 현재를 2021년도라고 하면, 구글에서는 올해, 작년, 4년 전에 각각 해당하는 '2021년부터, 2020년부터, 2017년부터'의 자료만 직접 선택할 수 있게 되어 있다. 왜 이런 메뉴가 최상단에 노출되어 있는지 생각해볼 필요가 있다.

---

[13] 3장에서 중심 논문과 키페이퍼(Key-papers)에 대해 자세히 다룰 것이다.
[14] 2002년에 개봉된 'A Beautiful Mind'라는 영화가 있다. 존 내시의 실화를 바탕으로 제작된 영화다. 연구자의 길을 걷는 동안 의지가 꺾이거나 연구에 대한 확신이 서지 않을 때 동기부여를 위한 촉매제로 이 영화를 추천한다.

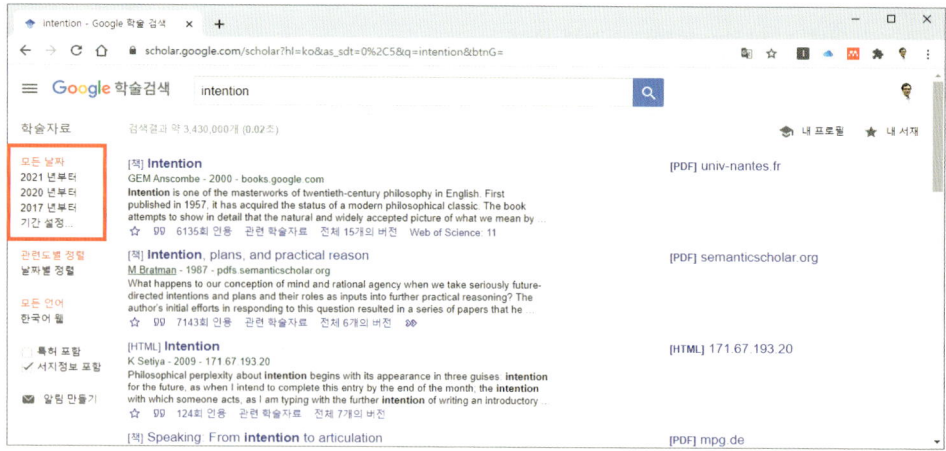

[그림 2-31] 구글 학술검색의 검색 결과

구글에서 제시한 검색 기간은 연구에 필요한 논문을 검색할 때 '2021년부터, 2020년부터'에 해당하는 최신 자료를 우선적으로 참고하라는 의미다. 즉, 현재를 기점으로 가장 최신 자료들을 참고하고, 그 안에서 연구자에게 필요한 논문들이 검색되지 않는다면 최대 '2017년부터'에 해당하는 자료를 참고하라는 것이다. 또한 그 밖에 연구자가 별도로 필요하다고 여기는 자료는 '기간 설정...'을 통해 찾아보라는 의미다. 전 세계 연구자들이 구글 학술검색을 이용한다. 구글은 이들의 편의를 위해 가장 많이 활용해야 하는 최신 자료를 손쉽게 찾아볼 수 있도록 메뉴를 구성하고 있는 것이다.

[그림 2-32]를 보면 구글 학술검색에서 연도를 2021년도로 제한했더니 앞서 343만 개의 자료에서 32,700개로 줄어들었다. 물론 3만 건이 넘는 자료가 적은 숫자는 아니지만, 이러한 과정을 통해 연구자는 연구모델을 구성할 수 있는 최신 자료들을 확인하고 연구에 활용할 키페이퍼를 선택해나갈 수 있다.

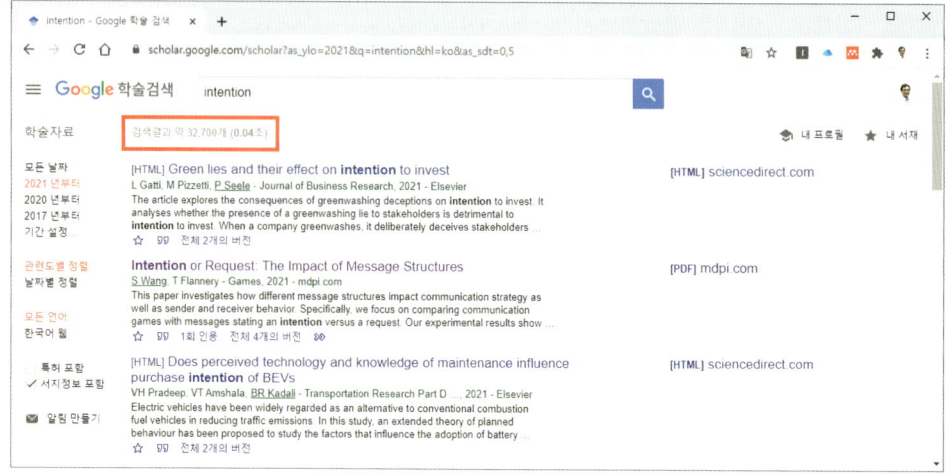

[그림 2-32] 구글 학술검색에서 최신 연도(2021년부터) 설정에 따른 결과

참고 검색한 논문을 어떻게 저장해야 할까?

논문을 읽는 것도 중요하지만 잘 저장하는 것도 중요하다. 저장 방법을 효율적으로 통일해야 다음에 다시 문헌을 참고할 때 헤매는 시간을 줄일 수 있기 때문이다. 지금 연구에 필요한 파일이든 나중에 활용할 파일이든 따로 저장해두어야 한다. 논문 데이터를 저장할 때 일정한 법칙이 있는 건 아니지만 요령은 있다. 다음과 같은 순서를 기억해두기 바란다.

❶ **연도를 가장 먼저 입력한다.**

앞에서 논문의 출판 연도가 중요하다고 설명했다. 논문 파일을 저장하면서 제목을 달 때 연도를 가장 먼저 쓰는 것이 나중에 참고하기에 편리하다.

❷ **저널명을 표기한다.**

다음으로 표기해야 할 것이 저널 이름이다. 탑 저널이나 잘 알려진 저널에 게재된 논문을 인용하는 것이 좋다는 것도 이미 설명했다. [그림 2-1] (a)의 구글 학술검색 첫 화면에도 저널명과 출판사가 표기되었는데 그만큼 중요한 의미가 있다는 뜻이다.[15]

❸ **논문의 제목이나 키워드를 입력한다.**

연도와 저널명만으로는 저장된 논문이 어떤 내용으로 구성되어 있는지 알 수 없다. 그러므로 저널명 뒤에 논문의 제목이나 키워드를 입력한다. 제목을 입력하는 경우, 파일 제목에 넣을 수 없는 특수문자가 있다면 이런 특수문자를 '_'이나 '빈칸' 등으로 변경해야 한다. 이런 불편함 때문에 키워드로 저장하기도 한다. 둘 중 본인에게 맞는 방법을 선택해 저장하면 된다.

```
PDF  2019_AMJ_SocialCapital
PDF  2019_IJIM_SNS
PDF  2019_IJIM_The impact of inertia and user satisfaction on the continuance intentions touse mobile communicatio...
PDF  2019_KISR_SNS
PDF  2020_AMJ_SocialCapital
PDF  2020_AMR_SocialCapital (2)
PDF  2020_AMR_SocialCapital
PDF  2020_CHB_AI as a moral crumple zone_ The effects of AI-mediated communication on attribution and trust
PDF  2020_Emerald_Status-quo satisfaction and
PDF  2020_IJIM_How pre-adoption expectancies shape post-adoption continuance intentions_ An extended expectatio...
PDF  2020_JBR_Determinants ofusers_ continuanceintention toward digital innovations_ Are late adoptersdifferent
PDF  2020_MISQ_SocialCapital
PDF  2020_T&I_Technology acceptance theories and factors influencing artificial Intelligence-based intelligent products
```

[그림 2-33] 다운로드한 논문의 저장 예시: '연도_저널명_키워드' 또는 '연도_저널명_제목'

---

[15] 구글 학술검색의 첫 화면에는 'CDC NEJM JAMA Lancet Cell BMJ Nature Science Elsevier Oxford Wiley medRxiv'와 같이 저널과 출판사를 먼저 표시하고 있다.

내 논문의 출판 연도와 참고문헌의 출판 연도가 비교된다

지금 논문을 쓰고 있는 독자라면 생각해봐야 할 것이 있다. 주위에서 논문을 완성했거나 논문을 쓰고 있는 사람들과 정보를 교환해보자. 비교 상황이 안 된다면 각종 DB에서 검색이 가능한 논문을 선택해도 좋다.

다수의 논문에서 참고문헌에 30~40년이 지난 고전을 표시하고 있음을 발견하게 될 것이다. 당연히 연구의 논리를 정리하는 과정에서 중요한 논문이라면 언급하고 인용하는 것이 맞다. 하지만 읽어서 누구나 아는 이론이라면 굳이 인용까지 하면서 언급하지 않아도 무방하다. 이를 조금 과장한다면 구구단을 적용하고 구구단의 인용과 참고문헌을 나타내는 것이나 마찬가지다.

학위논문인 경우 연구자의 욕심으로 참고했던 논문을 정리하는 차원에서 모두 언급할 수 있지만 투고 논문인 경우 누구나 알고 있는 상식에 해당하는 기술이라면 언급만 하고 넘어가도 될 것이다. 학위논문이든 투고 논문이든 최신 논문의 인용과 참고문헌 표시는 어떤 과정을 통해 연구가 진행되었는지를 나타내는 것이므로 신중하게 정리할 필요가 있다.

연구자가 논문을 직접 찾아서 참고하지 않고 다른 논문을 참고하며 그 논문에 있는 참고문헌을 그대로 가져오는 경우, 출판 연도에 상당한 차이가 생기게 된다. 이런 사태를 막으려면 연구자 스스로 논문을 찾아봐야 한다. 다시 강조하지만, 연구에는 꼼수가 있을 수 없다. 연구자가 생각을 바꾸고 조금만 더 부지런히 찾으면 논문의 질은 확실히 올라간다.

> **참고** 심사위원이 심사 논문을 보는 방법
>
> 심사위원은 논문을 볼 때 연구자가 논문을 검색할 때와 마찬가지로 제목을 먼저 본다. 당연히, 어떤 내용인지 짐작하기 위해서다. 그리고 제목에 대한 판단에 따라 그다음의 확인 방향이 달라진다. 괜찮은 주제라고 생각되면 어떻게 연구를 진행하고 어떤 결과가 나올지 확인하기 위해 초록을 확인한다. 반대로, 유행이 많이 지나 이미 재탕 삼탕한 주제라면 바로 참고문헌 부분을 펼치게 된다. 너무 익숙한 주제는 초록을 보지 않더라도 연구가 어떻게 진행될지 짐작할 수 있기 때문이고, 그 생각은 거의 들어맞는다.
>
> 그러므로 연구자는 논문을 찾을 때 다음 두 가지를 유념해야 한다. 첫째, 참고문헌의 최신성을 최대한 유지해야 한다. 둘째, 연구에서 너무 많이 회자되어 식상하다 느낄 정도의 연구주제는 피하거나 확장해서 유의한 가치를 찾는 데 초점을 맞추어야 한다.

SECTION 03 | 초보 연구자가 많이 하는 실수

논문에서는 논리가 자연스럽게 흘러야 하지만 이를 알면서도 흔하게 범하는 실수들이 있다. 주로 초보 연구자들이 많이 하는 실수이겠지만, 이런 실수들도 인해 논문에는 상당한 흠결이 생기므로 반드시 확인하면서 연구를 진행해야 한다.

연구를 통해 논문을 쓴다는 것은 기존에 알려지지 않은 것을 연구주제로 포착해서 연구 과정을 거쳐 밝히고, 이로부터 도출된 연구 결과를 일정 형식을 통해 객관적으로 나타내는 것이다. 그러므로 연구의 시작은 기존에 알려진 것과 알려지지 않은 것은 무엇인지 논문으로 찾아보는 것에서부터 출발한다. 이 과정에서 일부 연구자들이 하는 실수 중 하나가 단 몇 편의 논문만 보고 연구주제를 찾으려고 한다는 것이다.

중국 송나라의 한림원 학사인 구양수(歐陽脩)는 글쓰기의 핵심 훈련 방법을 다독(多讀), 다작(多作), 다상량(多商量)의 삼다(三多)로 요약하였다. 이는 논문 작성에 딱 들어맞는 이야기다.[16] 천재적인 영감이 있지 않은 한, 논문을 다독하는 연구자보다 연구해야 할 대상에 대해 더 많이 알 수 있는 사람은 없다. 그리고 논문을 다작하는 과정에서 많은 생각을 하게 될 텐데, 이런 사이클이 반복되다 보면 결국 좋은 논문이 나올 수밖에 없다. 뒤집어서 말하면, 단지 논문 몇 편만 참고해서 연구를 진행하는 경우 질 좋은 논문을 담보할 수 없다.

이와 관련하여 초보 연구자가 의식적이든 무의식적이든 하게 되는 실수 네 가지를 제시하고자 한다. 스스로 확인하면서 진행하는 것이 바람직하다.

▎안 찾는다

논문을 쓰면서 가장 많이 하는 실수다. 그런데 웃픈 것은 연구자는 이미 논문이 완료된 상황을 기대하고 있다는 것이다. 논문을 처음 쓰는 연구자들은 참고할 논문을 어떻게 찾아야 하는지 잘 모르고 어떤 것들을 봐야 하는지도 잘 모르기 때문에 막연히 찾아본다는 생

---

[16] 구양수는 중국 송나라의 정치인이자 문인으로 한림원 학사 등의 관직을 거쳤으며 당송 8대가의 한 사람이다.
- 다독(多讀): 많이 읽는 것이 글쓰기의 기초가 된다.
- 다작(多作): 많이 써보는 것이 기초적인 훈련이 되고 결국 좋은 글쓰기로 이어진다.
- 다상량(多商量): 글쓰기를 할 때 많은 생각을 거친 결과를 제시해야 질 좋은 글이 나온다.

각만 가지고 있다. 그래서 단순히 생각에만 머물고 실제로 찾아보는 액션이 따라주지 않는 경우가 많다.

실수로 '안 찾는다'는 것은 연구 과정과 결과를 논리적으로 기술하는 과정에서 초기에 선택한 몇 편의 논문만 참고하고, 참고된 그 논문에서 인용된 논문들로 한정하여 연구를 진행하는 경우를 의미한다. 연구 초기에 심혈을 기울여 선택한 참고문헌이라 하더라도 연구 과정을 논리적으로 기술하는 과정에서 다양한 방법으로 기술할 수 있다. 이처럼 연구 과정과 결과를 설명할 때, 연구자의 생각은 연구의 목적을 해결하는 것에 투영되어야 한다. 즉, 과정 논리를 전개해나갈 때 반드시 문헌적 근거를 밝혀야 한다. 이런 과정이 생략되면 논리 비약이 되고, 독자의 논문 이해도는 떨어질 수밖에 없다.

참고하는 논문에서 그냥 가져온다

연구 초기에 몇몇 문헌을 기준으로 연구모델을 확정한 후 연구를 진행하고 있다고 가정해보자. 연구모델을 확정하기 위해 읽은 논문의 양만도 상당할 것이다. 이때 초보 연구자가 가장 많이 하는 실수가 지금까지 많은 논문을 참조했기에 더 이상 범위를 넓히기를 두려워한다는 것이다. 혹은 연구모델이 확정되었다는 안도감에 논문을 더 볼 필요가 없다고 생각한다.

아니다. 지금까지 연구모델을 만들기 위한 논문을 찾았다면 이제부터는 연구모델의 당위성을 뒷받침할 논리적 설명이 필요하므로 이에 합당한 논문들을 찾아야 한다. 만약 초기에 선택한 몇몇 논문에서 언급된 구절만 인용하여 주장을 펼치면 연구자가 설명할 수 있는 범위는 한정적일 수밖에 없다. 초기에 선택한 논문의 논리 전개에 들어간 인용은 그 저자가 자신의 논문에서 필요에 의해 인용한 논문이며 문장이다. 본인의 연구에 더 필요한 부분이 있다면 당연히 관련 논문을 찾아보아야 하고, 실제로 그로부터 더 발전한 연구 결과가 있는지를 확인해야 한다.

참고문헌을 베껴 쓰지만 '재인용' 표시를 하지 않는다

이런 실수는 사실 연구자가 논문 서칭에 게을러서 나타난 결과다. 결론부터 이야기하면 재인용은 지양해야 한다. 재인용은 다른 연구자가 인용하여 기술한 내용을 그대로 다시 인용하는 것이다. 국내 논문을 보면 인용이 제대로 되지 않은 경우가 많고, 인용했다는 논문을 실제로 찾아보면 해당 논문에서 전혀 다른 이야기를 하고 있거나 아예 그런 내용이 없는 경우가 대부분이다. 그럼에도 불구하고 상당수 연구자가 인용된 내용을 확인하지 않고 차용하여 재인용한다. 재인용이란 말 자체가 연구자가 근거 문헌은 찾지 않고 인용 표시만 하여 편리함을 얻었다는 의미다. 단언컨대, 재인용을 한다는 것은 연구자의 기본적인 자세라 할 수 없다.

타 저자가 인용한 구절을 본인이 다시 인용하는 경우라면 재인용 표시를 하는 것이 맞다. 하지만 재인용이라는 것 자체가 연구자의 게으름을 증명하는 것이다. 해당 논문을 직접 찾아보았을 때 연구에 더 많은 도움이 된다는 것을 알아야 한다. 필자의 경험상, 타 저자가 인용한 문헌을 찾아보면 인용해야 할 구절의 의미보다 상당히 풍성한 내용이 있음을 확인할 수 있다.

참고문헌이 아닌 것들도 참고문헌으로 표시한다

가장 잘못된 논문 작성의 예라 할 수 있다. 논문의 형식을 갖추어야 하니 참고문헌 목록을 채워야 하는데, 실제로 참고한 논문이 많지 않으면 참고문헌 목록이 적을 수밖에 없다. 그렇다 보니 아무 논문이나 참고문헌이라고 넣어서 표시하는 경우가 있다. 이는 연구윤리 위반이므로 절대 일어나서는 안 되는 일이다. 하지만 그런 일이 종종 목격되곤 한다.

[그림 2-34]의 (a)와 (b)는 국내 모 대학의 박사학위 논문 일부를 나타낸 것이다. 참고문헌을 확인해서 본문의 어디에 인용했는지를 찾아보려면 시간이 걸리겠지만, 본문에서 인용한 문헌을 참고문헌 목록에서 찾는 것은 어렵지 않다. (a)를 보면 분석 방법 중에 "~을 할 필요가 없다."라는 내용은 '김중인'의 논문을 인용한 것이다. 그렇다면 (a)에서 인용한 "김중인, 2012"의 문헌이 (b)의 참고문헌 목록에서 ◆ 부분에 리스트되어 있어야 하지만 보다시피 없다. 게다가 위쪽에 리스트된 "김은정. 2105"에서 '2105'는 오타이긴 하지만 박사 논문치고는 너무 성의가 없다는 느낌이 든다.[17]

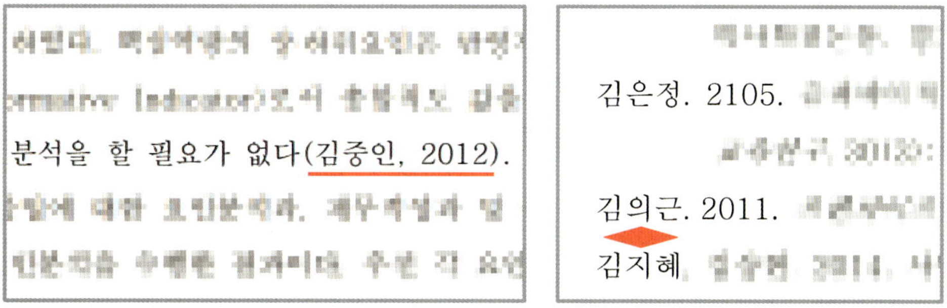

(a) 본문의 인용 오류

(b) 참고문헌 리스트 오류

[그림 2-34] 박사 논문의 인용 관련 오류

---

[17] Mendeley를 활용하면 참고문헌과 관련된 실수는 절대 일어날 수 없다. 따라서, 최종 제출 기간까지 상당한 시간을 아낄 수 있을 것이다.

본문에서 인용을 제대로 하지 않거나 타인의 논문을 재인용하는 과정에서 재인용 표기를 하지 않는 태도는 이해하기 어렵다. 단순 실수라고 변명할 수도 있으나, 논리 전개 과정에서 있지도 않은 문헌을 인용하여 자신의 주장을 펼치는 것은 결과적으로 거짓을 정당화하는 것이나 마찬가지다.[18]

---

[18] [그림 2-34]는 실존하는 국내 박사학위 논문이다. 국내 논문에서 빈번하게 발생하는 문제를 지적하고자 발췌한 것이며, 개인적으로는 이 저자와 아무런 관계가 없다. 개인 정보상의 문제가 있을 수 있어 중요 단어나 학회와 관련한 단어를 모자이크 처리하였다.

SECTION 04 제대로 논문을 찾는 방법

여기까지 꼼꼼하게 읽은 독자라면 내용은 둘째 치더라도 형식 면에서는 논문의 질을 판단할 수 있을 것이다. 앞에서 학습한 내용을 바탕으로 논문 찾는 방법을 정리해보도록 하자.

[Step 1] 주제를 선택한다

주제가 정해지지 않은 상태에서 막연하게 논문을 찾으면 연구에 도움이 되지 않는다. 1장에서 다룬 주제 찾는 방법을 참고하여 주제가 정해졌다면 그에 맞게 논문을 찾아야 하고, 어떤 분야의 어떤 것을 연구 대상으로 할 것인지 고려해야 한다. 주제 선택 시 다른 누군가의 안내를 받을 수도 있고, 최근 크게 이슈가 되는 것을 고려할 수도 있다. 이때 최신 내용을 주제로 선택하고 싶은 것은 모든 연구자의 바람이지만, 연구에서 참고할 문헌이 부족하다는 것도 감안해야 한다.

앞에서 구글 학술검색을 이용해 찾는 방법도 알아보았다. 주제마다 다르겠지만, 새해 초반만 아니라면 당해 연도의 논문들만 주제어로 검색해도 최소 5만 건 넘게 검색될 것이다. 이는 문헌이 모자라서 연구를 못 한다는 말을 무색하게 만든다.

너무 평범하거나 누구라도 추측할 수 있는 내용은 연구주제로 적합하지 않다. 또한 최근 몇 년 동안 전공 분야에서 너무 유행이 되어 비슷한 이론들을 포함하는 연구주제로 진행하는 연구방법 역시 적절하지 않다. 이런 연구주제나 연구방법은 식상한 데다 공공재로서의 기여도가 상쇄되기 때문이다.

[Step 2] 주제에 맞게 구글링한다

주제가 결정되었다면 이제 주제와 관련한 연구 동향, 주요 이슈, 출간된 논문 등을 확인해야 한다. 꼭 구글 학술검색을 사용하지 않아도 된다. 본인에게 편한 검색엔진을 이용해서 찾으면 된다. 어떻게 찾든 좋은 저널에서 출간된 최신 논문을 참고해야 한다는 전제는 변하지 않는다.

[그림 2-35] 좋은 저널에서 출간된 최신 논문을 찾아야 한다.

연구를 이제 막 시작한 경우라면 이렇게 직접 찾는 데 시간이 많이 필요할 수 있으니, 마음의 여유를 갖고 의연하게 진행할 필요가 있다. 모든 것은 시간이 해결해준다. 아직 익숙하지 않아 시간이 조금 더 걸리는 것뿐이다. 이제 막 운전면허증을 받은 사람이 바로 고속도로에 나가는 경우는 드물 것이다. 무엇이든 익숙해지려면 경험치가 쌓여야 한다.

▌[Step 3] 마음에 드는 논문을 최소한 하나 선택한다

처음부터 마음에 드는 논문을 몇 개 찾았다면 그날은 운이 통하는 날이니 나가서 로또를 사도 좋겠다. 처음 연구를 시작하는 경우 심하면 몇 주, 몇 달을 마음에 드는 논문 하나 만나지 못하기도 한다. 앞에서 참고문헌의 출판 연도가 중요하며, 될 수 있으면 최신 논문을 찾으라고 했다. 그러나 지금은 하나도 찾지 못하고 있으니 출판 연도에 상관없이 일단 찾아야 한다.

출판 연도와 무관한 논문을 찾는 연구자 중에는 대략 어떤 연구를 하고 싶지만 그에 대한 명쾌한 이해가 부족해서 연구주제를 규정하기 힘든 이도 있을 것이다. 혹은 연구주제에 대한 이해를 바탕으로 시대별로 변화하는 양상을 정교하게 검토해가기 위함일 수도 있다. 그렇다고 해서 고인 물과 같은 고전만 찾아서 읽으라는 의미는 아니다. 정해진 주제에 대한 연구 진행 방향과 아이디어를 얻기 위해, 비교적 최근이라 할 수 있는 3~4년 혹은 최대 10년 이내에 출판된 논문을 찾으라는 의미다.

▌[Step 4] 해당 논문을 다운로드해서 파헤친다

주제에 맞는 논문이 하나 정해졌다면 그 논문을 자신의 것으로 만들어야 한다. 번역기에 의존하든, 직접 읽어서 해석하든 처음부터 끝까지 모든 내용을 파악하는 과정이 필요하다. 논문을 보는 방법은 앞서 '참고: 처음 접하는 논문을 읽는 방법'에서 설명했으니 적용해보기 바란다.

[그림 2-36] 다운로드한 논문을 철저히 파헤친다.

이렇게 읽어본 결과 연구할 만한 가치가 있다고 판단되거나 연구를 하겠다는 도전의식이 생겼다면 이제부터 '내가 연구할 분야가 이 분야구나'라고 생각하면 맞는다. 당연히 이 논문을 철저히 파헤쳐서 모두 이해해야 한다. 논문 내용을 전부 이해했다면 이제 그 분야에서 연구가 어떻게 진행되어 왔는지를 알아야 한다. 즉, 범위의 확장을 위해 새로운 논문을 찾아야 한다.

만약 그 논문을 다 이해했는데 결론적으로 흥미롭지 못하다는 판단이 든다면, 앞의 '[Step 2] 주제에 맞게 구글링한다'로 돌아가야 한다. 이 같은 반복 프로세스를 통해 자신에게 맞는 논문을 최소한 1개는 찾아야 진도가 나갈 수 있다.

[Step 5] 해당 논문의 저자나 키워드로 새로 검색한다

연구 방향이 설정되어 연구 진척이 느껴지기 시작하는 단계다. 이제 수평으로 범위를 넓혀야 한다. 범위를 넓히려면 주제에 맞게 구글링을 해야 하는데, 다시 [Step 2]에서 시작하면 범위가 너무 넓게 느껴지므로 [Step 4]의 논문에서 열거된 키워드로 검색을 시작해본다. 이제 한두 편의 논문만 파악한 시작 단계이므로 아직 연구 트렌드를 파악하지 못했다는 가정하에 검색 방법을 설명하겠다.

지금부터 검색하는 논문은 출판 연도를 조절해야 한다. 최대 5년 이내로 좁힌다. 일단 저자 검색을 먼저 해보길 권한다.[19] 그 저자가 후속 연구를 진행했는지 먼저 파악해보고, 논문에 나온 키워드를 통해 해당 주제에 맞는 논문이 있는지 검색한다는 의미다. 검색 단어에 따라 검색 양에 차이가 있겠지만 이 단계에서 대부분 걸러진다. 이렇게 검색하다 보면 해당 분야의 연구 트렌드가 보인다.

[Step 6] 트렌드별 카테고리를 만들어, 각각 보관한다

저자와 키워드로 검색 범위를 넓히다 보면 유사한 연구 논문을 다양하게 찾게 될 것이다. 이때 찾은 논문들을 보고 바로 이거다 싶은 논문이 아니면 바로 창을 닫아버리는 이들도 있다. 전혀 필요 없는 논문이라면 상관없지만 어느 정도 관련성 있는 논문이라면 정리해두길 권한다. 키워드로 검색한 경우, 검색되는 논문은 세부적인 내용에서 조금씩 다르겠지만 본질적으로 완전히 다르지 않다는 것을 확인할 수 있다.

[그림 2-37] 찾은 논문은 카테고리별로 보관한다.

논문을 빨리 써야 한다는 중압감에 본인의 연구주제와 약간 다르다 생각되면 그냥 창을 닫고 다른 논문에 엑세스해서 보기 십상이다. 이렇게 속도감 있게 서칭하면 연구 개발도 빨리 이루어질 것 같은 생각이 든다. 물론 시간이 조금 단축되겠지만 따로 정리해서 보관

---

[19] 구글 학술검색에서 논문을 찾고 저자를 클릭하면 그 저자가 연구한 연구 목록이 나열된다. 그 목록 중 본인이 진행하려는 주제와 같거나 가까운, 가장 최근의 논문을 찾아보면 더 발전된 연구 결과를 확인할 수 있다.

하더라도 시간 차이가 그렇게 크게 나지 않는다는 것을 해보면 알게 된다. 이렇게 당장 필요한 논문이 아니어도 별도의 폴더로 만들어 저장하는 이유는 추후의 연구에 도움이 될 수 있기 때문이다. 현재 상황에 매몰되어 기껏 찾은 논문들을 지나쳐버린다면 지금껏 들인 시간이 너무 아깝다. 내가 현재 진행하는 연구와 초점이 조금 다른 논문이나 시각이 다른 논문들도 따로 저장해놓으면 후속 연구에 반드시 도움이 된다.

[Step 7] 카테고리별 모델을 구상해본다

카테고리별로 논문들을 정리했다면, 여유가 있을 때 정리한 키워드별로 모델을 구상해보는 것도 좋은 트레이닝이 된다. 현재는 특정 주제에 대해 논문을 발전시키고 있지만, 다른 모델을 구상해보는 것만으로도 현재 설정한 연구모델에 영향을 미칠 수도 있고 새로운 다른 주제가 선택될 수도 있다. 즉, 모델을 구상하다 보면 다음 주제에 대한 아이디어를 얻을 수도 있고 현재 설정한 모델에서 추가로 보완하거나 연구 범위에서 감안해야 할 사항들을 발견할 수도 있다.

SECTION 05 | 논문 서칭 후 결과물을 처리하는 방법

논문을 서칭하는 과정에서 수많은 논문을 접하게 된다. 어떤 논문들은 단순히 읽고 넘어가기도 하지만 어떤 논문들은 후속 연구에 도움이 되기도 한다. 논문을 쓰는 과정에서 부속물들을 관리하는 방법을 알고 나중을 기약하도록 하자.

▌ 시간이 난다면 TW를 이용해서 폴더를 꾸며 구분한다

이 책의 앞부분에서 씽크와이즈(TW)를 이용하여 맵 그리는 방법을 소개했다. TW는 연구 상황 전체를 조망하는 지도로 보면 된다. 연구하는 내용을 전부 기억할 수 있다면 굳이 TW를 이용할 필요는 없다. 하지만 연구 내용을 100% 기억하기는 어렵고, 모든 사항을 메모지나 엑셀로 정리하기엔 연구가 그렇게 간단하지 않다. TW를 이용하면 조금이라도 더 수월하게 연구를 진행할 수 있고 내 역량을 연구에 쏟아붓는 데 확실히 도움이 된다.

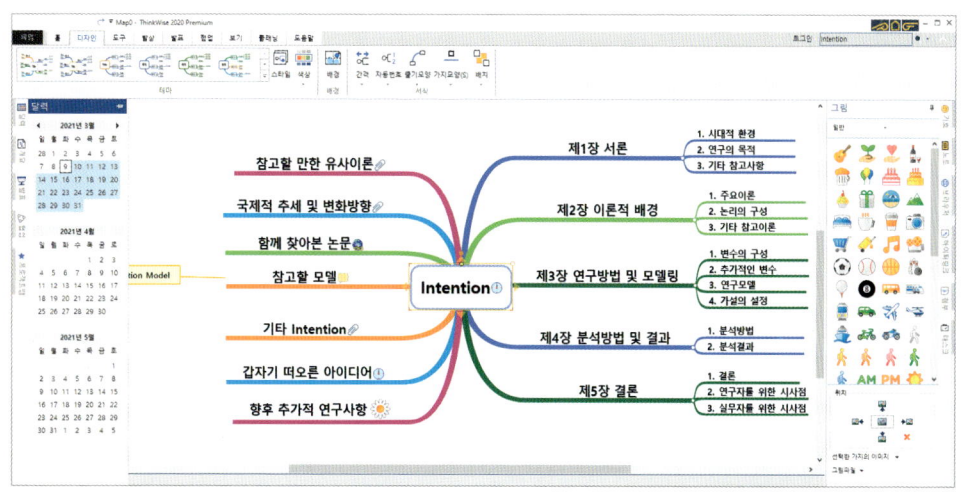

[그림 2-38] TW 정리 예시

현재 집중하고 있는 논문을 중심으로 전체를 조망하는 과정에서 새로 추가하는 논문들이 있다면 [그림 2-38]과 같은 방법으로 정리해보자. 나중에 아주 요긴하게 사용할 수 있다. 작성하는 논문에 관한 것은 목차와 함께 우측에서 관리하고, 파생되는 아이디어나 연관 논문은 좌측에서 관리한다. 좌측 목록에서는 저장한 자료를 직접 첨부하거나 하이퍼링크를 통해 URL, 폴더, 파일을 직접 연결할 수 있다.

참고 여기저기 흩어진 논문 관련 파일을 한 번에 정리해주는 TW

아무리 정리를 잘하는 사람이라도 방대한 양의 정보를 접하면 이를 정리하기가 쉽지 않다. 연구에 필요한 파일을 바로바로 정리하는 과정에서 미처 TW로 정리하지 못한 경우도 있을 것이다. 특히, 논문을 쓰는 경우 아주 짧은 기간에 상당히 많은 논문들을 보며 필요한 논문은 폴더를 만들어 따로 저장하게 되는데, 논문을 본 시간도 짧고 다음을 기약하며 저장해놓은 파일이므로 나중에 다시 들춰볼 때 해당 논문이 떠오르지 않거나 심지어 그런 논문을 본 기억도 나지 않는 경우가 있다.

이때에도 활용하면 좋은 프로그램이 TW다. TW는 논문과 관련한 저장 폴더들을 한 눈에 조망할 수 있도록 모든 폴더를 정리해줄 뿐 아니라 저장된 모든 파일을 하이퍼링크로 자동으로 연결해주어 나중에 활용하게 될 논문들까지 놓치지 않고 활용할 수 있는 가능성을 제시해준다.

01 TW를 실행하고 제목을 입력한 후 도구 의 ![폴더구조생성] 을 클릭한다.

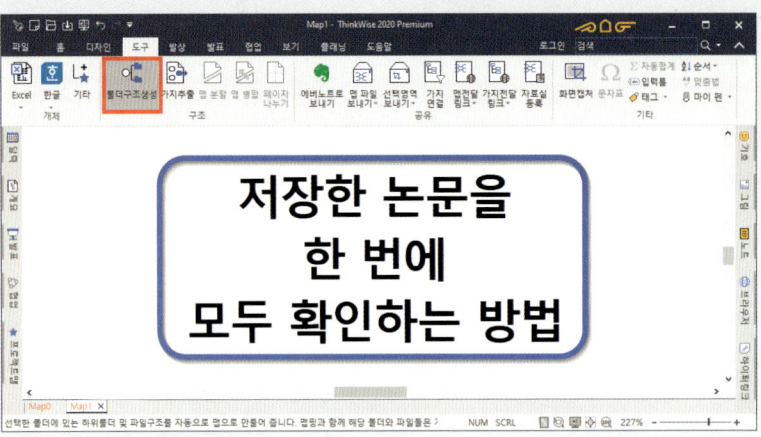

[그림 2-39] 폴더 구조 생성하기

02 '폴더구조생성' 창이 열리면 ❶ 정리하고 싶은 폴더를 찾은 다음 ❷ **확인** 과 ❸ **확인(O)** 을 클릭한다.

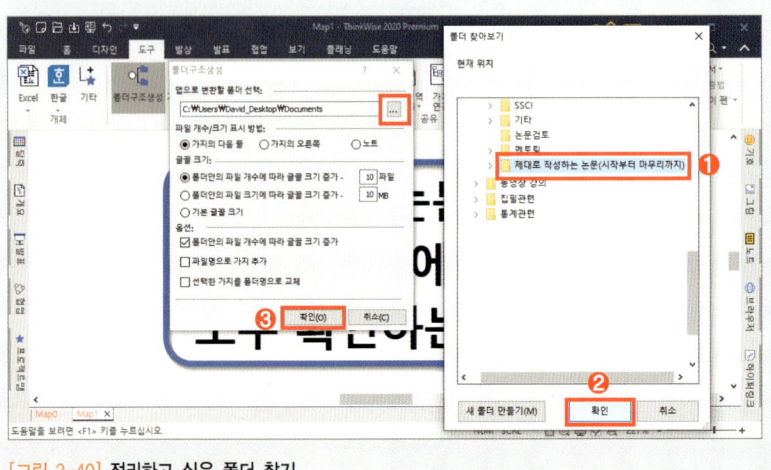

[그림 2-40] 정리하고 싶은 폴더 찾기

03 선택한 폴더가 모두 도형으로 표시된다. 각각의 폴더 수준에 맞게 파일의 개수에 대한 정보를 확인할 수 있다. 아래 그림은 **홈/가지 방향/오른쪽 진행 트리 A**로 정렬한 것이다. 바탕화면을 더블 클릭하여 전체 맵이 한 화면에 들어오게 하였다.

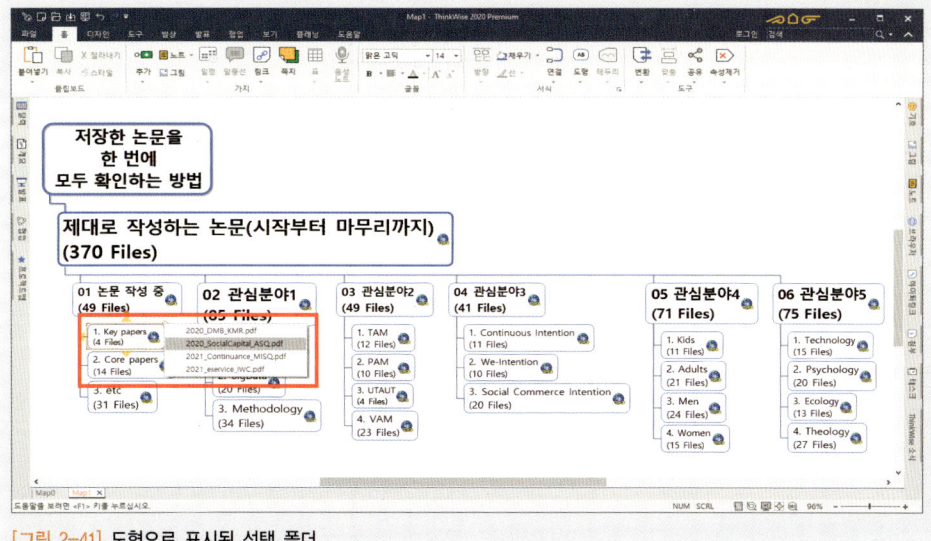

[그림 2-41] 도형으로 표시된 선택 폴더

키페이퍼를 확인하기 위해 해당 폴더의 하이퍼링크인 를 클릭하면 폴더의 파일을 목록으로 보여 준다. 클릭하면 해당 파일을 직접 열어볼 수 있다.

협업자를 찾아도 좋다

혼자서 연구를 하면 하나만 진행해도 온전히 집중해야 하기 때문에 몇 가지 연구를 동시에 진행하기가 쉽지 않다. 현 시점에서 반드시 동시에 연구해야 할 주제라면 안타까운 마음이 들 것이다. 이런 상황에서는 협업자를 찾아도 좋다. 단, 학위 과정에 있는 경우라면 참아야 한다. 학위를 받기도 전에 협업 연구를 진행한다고 하면 지도 교수님의 눈 밖에 날 수 있기 때문이다. 물론 지도 교수님의 허락을 받고 동시에 진행한다면 문제가 없으나 이런 일은 거의 발생하지 않는다. 그렇기에 연구 부속물들을 잘 보관하는 것이 더욱 중요하다.

협업자를 찾지 못한 경우, 새로운 연구주제를 지인에게 제공하는 것도 생각해 봄직하다. 다만, 스스로 판단해볼 때 다음 연구주제를 도저히 못 찾을 것 같다면 연구주제를 다른 이에게 주기는 어려울 것이다. 그러나 논문 쓰는 방법이나 연구방법을 제대로 트레이닝한다면 다음 연구주제를 선택하거나 새로운 연구를 발전시키는 데 부담이 없을 것이다.

> **참고** 학위 과정 중에 협업자를 찾기 힘든 이유
>
> 지도 교수 입장에서 보면 학위 과정에 있다는 것 자체가 아직 미완성 상태다. 그런데 다른 사람을 주도해서 협업을 진행한다고 하면 완성도는 둘째 치고 시간을 낭비하는 것으로 보일 수 있다. 물론 지도 교수님이 주도하거나 지도 교수님이 직접 팀을 구성해서 진행하는 협업이라면 문제가 없다. 그러나 본인이 주도하는 협업이라면 주저자(FA: first author)나 교신저자(CA: corresponding author)와 관련한 문제가 발생하기도 한다. 그렇기에 가능하다면 박사 학위 과정을 마친 후에 협업을 진행하는 것이 좋다.

꼭 기억합시다!!!

주제를 선택했다는 것은 전공 분야의 수많은 연구 대상 중 유망한 분야 혹은 자신이 연구하고자 하는 분야로 축소했다는 의미다. 이제부터는 시간의 문제만 남았을 뿐, 논문을 쓸 수 있는지 여부는 문제되지 않는다.

정해진 주제에 관한 수많은 논문 중에 읽어야 할 논문이 있고 읽지 말아야 할 논문이 있다. 논문을 처음 쓴다면 제대로 된 논문을 골라내는 능력이 부족하므로 시간을 들여 논문 보는 눈을 길러야 한다. 참고 논문은 자신이 진행할 연구를 가능하게 하는 기본 재료가 되는 만큼 참고 논문을 검색하고 선별하는 과정은 매우 중요하다.

Episode 3

논문 개발의 A부터 Z까지 지도한 사례

어느 해 신학기가 시작하고 얼마 지나지 않아 한 분의 연락을 받았다. 모 대기업의 전문직으로 계시다가 사업을 하고 계시는 박사 수료 상태의 대표님이셨다. 박사과정을 수료한 지 10년 가까이 되었고, 그해가 학교에 적을 둘 수 있는 마지막 해였다. 이 대표님은 앞으로 논문 쓸 일이 없지만 박사 학위 수료 과정이 자꾸 마음에 걸리니 학위만 받을 수 있는 정도로 학위논문을 지도해달라고 했다.

논문을 전혀 써보지 않았고 논문의 개념조차 모르고 있는 상태여서 어디서부터 시작할지 난감했다. 다만, 대기업 근무 경력이 있어 해당 기업의 서버에서 DB를 모두 활용할 수 있는 것만은 장점이었다. 이것이 장점인 이유는 외부에서는 전혀 다룰 수 없는 특화된 데이터이고, 따라서 앞으로도 나오지 않을 케이스에 관한 논문이기 때문이다.

그후 매주 만나서 약 2시간 동안 논문 개발을 같이 했다. 논문 개발 과정의 진도를 확인하고 찾아야 할 논문을 안내하고, 그다음 주에는 과제를 점검하면서 논문에 적용하거나 적용 가능한 것들을 구분했다.

약 6개월이 지난 시점에서 연구모델이 확정되고 이론적 배경까지 완성되었다. 분석 대상이 되는 데이터를 받아보니 총 17만 건이었다. 그중에서 연구모델에 필요한 변수를 구분하고 결측치 처리와 삭제해야 하는 불량 데이터를 모두 확인하는 데만 일주일이 걸렸다.

논문 준비는 잘 진행되어 갔다. 10월 하순 경 1차 논문 심사가 있었다. 심사를 받는 동안 대표님은 심사 과정을 모두 녹음해서 속기록으로 변환하여 알려주었다. 나중에 안 사실이지만 논문 심사 과정에서 심사위원들이 지적하는 내용이 무엇인지 이해하지 못할까봐 사전에 녹음 장비 및 속기사까지 준비해놓으셨다.

그런데 심사 과정에서 충격적인 내용 지적이 있었다. 전체적인 분석 방법을 다변량분산분석(MANOVA)로 진행했는데 심사위원 한 분이 로지스틱 회귀분석을 이용해서 분석해야 한다고 하신 것이다. 이 지적이 충격적인 이유는 종속변수의 척도가 연속형인 경우 로지스틱 회귀분석을 사용할 수 없기 때문이다. 억지로 범주형으로 묶어서 진행할 수는 있으나 요인(독립변수)에 해당하는 척도가 범주형이기 때문에 박사 논문 수준의 유의한 결과를 도출하여 서술하기에는 무리가 따른다. 2차와 3차의 심사를 마치고 다행히 심사위원을 이해시켜 최종적으로 다변량분산분석으로 마무리했다.

그런데 또 한 번 충격적인 일이 발생했다. 마지막 심사의 최종본을 보고 지도 교수님께서 "사후분석의 양이 논문에서 차지하는 비중이 너무 많습니다. 삭제하는 것이 어떻겠습니까?"라고 한 것이다. 17만 건의 데이터를 분석했으니 사후분석 자료가 많은 것은 당연했다. 전체 논문 200페이지 중 약 120페이지가 사후분석이었다. 양이 너무 많아 이 부분을 Appendix로 빼서 제출했는데 Appendix로 뺐던 것이라 중요하지 않다고 생각하신 듯하다. 대표님이 이에 대해 상담하러 오셨을 때 필자는 이렇게 답변했다. "이제 심사는 모두 마쳤으니 제가 할 일은 끝났습니다. 다만, 연구자가 빼겠다면 빼는 것이 맞습니다. 하지만 분산분석에서 차이가 있다고 본문에서 이야기했는데 어떤 차이가 있는지를 적시하지 않는다면 논문이 아닐 것입니다."

대표님은 이 문제로 며칠을 고민했고 다시 필자를 찾아왔다. 그때 이렇게 안내해드렸다. "하드카피를 최소로 출력하세요. 주변에 돌리실 것은 그 부분을 빼고 출력하시고 나머지는 제대로 넣어 출력하시기 바랍니다. 특히나 도서관에 제출하실 논문에는 무조건 Appendix가 들어가 있어야 합니다."

결국 지도 교수님께 드린 논문과 도서관에 제출한 논문은 서로 다른 논문이 되었다. 그리고 2년 후 이 대표님의 지도 교수님은 은퇴를 하셨다.

CHAPTER
03

키페이퍼 선택하기 / 연구모델 확정하기
Selecting Key-papers / Confirming Research Models

Contents

- 현재 상황 체크하기

Section 01_ 키페이퍼 선택하기

Section 02_ 연구모델 확정하기

■ 현재 상황 체크하기

이 책의 흐름에 맞추어 논문을 진행하고 있다면 다음 각 사항에 대해 "그렇다"라는 답변이 나와야 한다. 현재 상태를 체크해보자.

☑ 관련 분야와 주제가 정해져 있는가?

진도가 제대로 나가고 있다면 연구 분야에 대한 주제는 정해져 있어야 한다. 그렇지 않으면 앞으로 다루게 될 내용을 아무리 열심히 보아도 개념을 이해하는 정도에서 끝날 뿐 아무런 열매도 얻지 못할 것이다.

풀타임 학위 과정에 있는 사람이라면 이 책의 1개 장(Chapter)을 이해하고 실천하는 데 일주일이면 충분할 것이다. 현업에 종사하면서 논문을 준비하는 사람이라면 주말은 온전히 논문에 집중하고 평일엔 2~3시간 정도 집중한다고 전제했을 때 2주일 정도 소요될 것이다.

☑ 관련 분야에 관한 최소한의 논문 편수를 확보하고 있는가?

관심 분야를 결정하고 주제를 정하는 동안 많은 논문을 보아왔을 것이다. 그중에서도 가장 관심이 가는 논문과 연구에 도움을 받을 수 있는 논문을 확보하고 있어야 한다. 연구모델이 아직 결정되지 않은 상황이므로 찾은 논문이 한두 편뿐이라도 괜찮다. 정확한 논문을 찾았다면 그만이다. 물론, 한 편의 논문으로 연구문제를 만들어 연구모델을 구성하기는 어렵다. 그러므로 정해진 논문 한 편이 있으면 거기서부터 출발해서 범위를 늘려가면 된다.

> **참고** 국내 논문은 가능하면 참고하지 않는 것이 좋다
>
> 국내 논문은 아예 볼 생각도 하지 말라는 말을 하면, 학위 과정에 있는 분들은 대개 충격을 받는다. 논문 쓰는 것도 걱정인데, 눈에 익숙한 국내 논문은 보지도 말라니 어쩌면 거부감이 들 수도 있다.[1] 필자가 지도 교수님을 처음 만난 자리에서 들은 말이 "한국 논문은 보지 마세요"였다. 필자도 같은 충격을 받았으니 독자들의 마음을 충분히 이해한다. 이와 관련된 자세한 이야기는 이번 장 뒤에 붙인 Episode에서 읽어보기 바란다.
>
> 영어로 된 탑 저널에 게재된 논문을 참고하길 권한다. 영어 논문을 쓰기는 힘들지만 읽는 것은 그렇게 어렵지 않다는 것도 앞에서 설명하였다.[2]

---

[1] 만약 국내 저널에만 투고하겠다면 국내 논문을 참고하는 것도 상관없다. 해외 투고의 경우, 심사위원들이 국내의 참고문헌 목록을 확인할 방법이 없기 때문에 문제가 될 수 있으나 국내에서는 문제가 되지 않는다. 일부에서는 국내 논문 참고를 장려하기도 한다.
[2] 실제로 영어로 쓰는 것도 생각보다 어렵지 않다. 영어로 논문을 쓰고 싶다면 이 책의 부록을 참고하길 바란다.

☑ 중심 논문을 완벽하게 이해하고 있는가?

연구에서 중심이 되는 논문들은 완벽하게 이해하는 것이 좋다. 이를 위해 필자가 사용한 방법은 번역을 해서 따로 정리해놓는 것이었다. 물론 영어를 한국어처럼 읽을 수 있다면 굳이 번역할 필요는 없다. 논문을 찾다 보면 연구주제에 딱 들어맞는 논문들을 발견하게 되는데 이런 논문들을 번역해서 준비해놓는다. 모든 논문을 이렇게 준비하기에는 시간이 너무 많이 들어가니 반드시 도움이 될 수 있는 논문만 선별해서 준비하도록 하자.

(저널명) 2019 International Journal of Information Management

(제목) Artificial intelligence for decision making in the era of Big Data – evolution, challenges and research agenda

(제목해석) 빅 데이터 시대의 의사 결정을 위한 인공지능 - 진화, 과제 및 연구 과제

Abstract

Artificial intelligence (AI) has been in existence for over six decades and has experienced AI winters and springs.	인공지능(AI)은 60년 넘게 존재하며 AI 겨울과 봄을 경험했다.
The rise of super computing power and Big Data technologies appear to have empowered AI in recent years.	슈퍼 컴퓨팅 파워와 빅데이터 기술의 상승은 최근 몇 년간 AI에 힘을 실어준 것으로 보인다.
The new generation of AI is rapidly expanding and has again become an attractive topic for research.	신세대 AI가 급속도로 확산되면서 다시 연구 대상의 매력적인 화두가 되고 있다.
This paper aims to identify the challenges associated with the use and impact of revitalised AI based systems for decision making and offer a set of research propositions for information systems (IS) researchers.	본 논문은 의사결정을 위한 AI 기반 시스템의 사용과 영향과 관련된 과제를 파악하고 정보 시스템(IS) 연구자를 위한 일련의 연구 제안을 제공하는 것을 목적으로 한다.
The paper first provides a view of the history of AI through the relevant papers published in the International Journal of Information Management (IJIM). It then discusses AI for decision making in general and the specific issues regarding the interaction and integration of AI to support or replace human decision makers in particular.	이 논문은 우선 국제정보관리학회(IJIM)에 게재된 관련 논문을 통해 AI의 역사를 조망한다. 그런 다음 의사결정 전반에 대한 AI와 특히 인간 의사결정자를 지원하거나 대체하기 위한 AI의 상호 작용과 통합에 관한 구체적 이슈에 대해 논의한다.
To advance research on the use of AI for decision making in the era of Big Data, the paper offers twelve research propositions for IS researchers in terms of conceptual and theoretical development, AI technology-human interaction, and AI implementation.	이 논문은 빅데이터 시대에 의사결정을 위한 AI 활용 연구를 진전시키기 위해 개념적·이론적 발전, AI 기술-인간적 상호작용, AI 구현 측면에서 IS 연구자를 위한 12가지 연구 제안을 제시한다.

페이지 1 / 34

[그림 3-1] 중심 논문 해석과 정리 예

[그림 3-1]은 중심 논문을 해석해서 정리한 예시다. AI를 주제로 논문을 쓰는 과정에서 60년 간 출간된 AI 관련 논문을 정리한 리뷰 논문 중 하나다. AI와 관련한 연구를 준비하고 있다면 이 한 편의 중심 논문만 읽어도 지금까지 AI 연구가 진행된 과정을 모두 이해할 수 있을 것이다. 이런 중요성이 확인되었다면 저널명, 제목, 초록, 본문 내용 등에 대해 원문과 해석을 같이 정리해둔다.

주말을 이용하거나 공휴일을 이용해서 하루 정도의 시간을 투자하면 꽤 많은 양의 논문을 준비해놓을 수 있다. 또한 당장의 연구에 도움이 안 되더라도 이렇게 정리해두면 기억에 오래 남으므로 후속 연구에 도움이 될 수 있다.

참고 논문을 찾으면서 준비해야 할 또 하나의 막강한 무기: 만능 문장 정리하기

논문을 읽다 보면 중요하다고 판단되는 문장들이 있다. 예를 들어, 내 논문에 써도 괜찮을 만한 예나 주장을 확인할 수 있다. 따라서 MS-Word를 하나 더 열어놓고 그런 문장들을 따로 정리해두는 것이 좋다. 인용문이니 Mendeley로 참고문헌도 같이 정리해둔다. 정리하는 데 정해진 규칙이 있는 것은 아니다. Enter 로 줄을 구분하여 정리하면 그만이다. Excel로 정리하는 분들도 있지만 Excel에서는 Mendeley가 지원되지 않기 때문에 발췌한 문장을 논문에서 인용하려면 다시 찾아 Mendeley로 정리해야 하는 부담이 따른다.

이렇게 따로 정리한 문장은 논문을 쓰면서 결정적으로 사용되지는 않지만 서론이나 본론에 사용하기 좋다. 그때그때 정리하지 않고 '나중에 다시 찾으면 되지'라는 생각을 할 수도 있는데, 필자의 경험상 나중에 찾아보면 절대 나오지 않는다. 심지어 어떤 문장을 봤는지 기억도 나지 않는다. 이렇게 정리한 문장이나 문구가 실제로 지금 작성하는 논문에서 사용될지는 확신할 수 없으나 한 파일에 모두 정리해놓으면 활용도가 상당히 높다는 것을 알게 될 것이다. 보통 논문 하나를 쓸 때 A4 기준으로 15~20장 정도의 분량이 나오게 되는데, 논문의 최종 마무리 단계에서 이렇게 정리한 문장들이 아주 요긴하게 사용된다.

SECTION 01 키페이퍼 선택하기

키페이퍼는 연구에서 가장 핵심적인 내용을 구성하는 재료가 된다. 연구의 시작은 아니지만, 어떤 연구를 할지 확정해서 논문으로 문자화하는 시작 단계라 생각해도 좋다. 키페이퍼 선정은 문헌적 고찰을 충분히 진행한 후에 할 수 있다. 또한 연구 문제와 직결되는 사안이므로 신중하게 고민한 다음 선택해야 한다.

키페이퍼와 중심 논문을 구분하자

키페이퍼(Key-Papers)는 연구모델을 만드는 데 직접적인 영향을 주는 논문들을 말한다. 공식적인 용어는 아니지만 이렇게 구분해놓으면 나중에 수정하거나 보강할 때 확실히 구분되어 연구가 편해진다. 연구자의 연구에 쓸 연구모델과 직접적인 연관은 없지만 연구주제를 광범위하게 커버할 수 있는 논문들 역시 키페이퍼라 할 수 있다. 이런 경우 키페이퍼이면서 중심 논문의 역할을 하게 된다. 즉, 연구모델에 직접적인 영향을 끼치는 논문들을 키페이퍼라 하고, 연구모델과 직접적인 관련성은 없지만 연구에 필요한 개념적인 내용을 포함하는 논문을 중심 논문이라 한다. 지금까지 찾아놓은 관심 주제에 관한 논문 중 키페이퍼를 제외한 나머지는 중심 논문이 될 가능성이 아주 크다.

시간이 없어도 키페이퍼는 신중하게 선택한다

연구자는 항상 시간이 없다. 현업에 종사하고 있는 경우라면 더더욱 시간이 없다. 그러므로 현업에 종사하면서 논문을 쓴다는 것이 보통 노력으로는 쉽지 않은 일이다. 이렇게 시간이 없고 쫓기는 상황이더라도 키페이퍼는 신중하게 선택해야 한다.

키페이퍼는 연구모델과 직접적인 관련이 있는 논문이라고 했다. 이 말은 곧 연구자의 연구에 쓸 변수와 관련된 논문이라는 의미다. 키페이퍼는 변수와 관련된 내용을 포함하고 있어야 한다. 더 구체적으로 이야기하면, 모델에서 인과관계를 나타내는 화살표(→)와 관련된 것이 있어야 한다는 말이다. 해당 변수의 인과관계를 찾아야 영향 관계에 관한 가설을 수립할 수 있기 때문이다.

이론적 배경 부분에서는 변수를 각각 설명해도 된다. 그러나 가설 설정 단계로 가면 가설을 수립한 논리가 있어야 하는데, 키페이퍼를 찾지 못하면 가설 수립 자체가 불가능하다. 연구자가 임의로 화살표(→)를 그려서 가설을 수립할 수는 없다. 연구자가 임의로 화살표

(→)를 긋는 순간 연구자가 쓰는 논문은 논문이 아니라 판타지 소설이 된다. 타당한 논리 없이 연구자의 상상으로 구축되기 때문이다. 이 경우, 제대로 된 논문이 되려면 각 변수에 해당하는 근거 문헌을 찾고 그 관계를 설명할 수 있는 문헌으로 간극을 메워줘야 한다. 해외 논문들을 읽다 보면 'In this context, ~' 즉 '이런 맥락에서'와 같은 표현이 등장하는 논문을 볼 수 있는데, 이런 부분이 간극을 메워주는 내용에 해당한다고 볼 수 있다.

> **참고** 국내 논문의 이론적 배경과 가설 설정
>
> 국내 논문을 보면 이론적 배경과 가설 설정 부분을 기술할 때 잘못 기술하는 경우를 종종 보게 된다. 우선 이론적 배경에서 관련 이론들을 모두 설명하고, 각 변수의 관점에서 설명도 한다. 그렇다면 가설을 설정할 때 어느 한 변수가 다른 변수에 영향을 주게 되는 과정을 설명해야 하는데, 그런 설명은 건너뛰고 바로 가설을 설정했다고 표현하는 경우다.
>
> 물론 그 변수가 다른 변수에 영향을 줄 수도 있다. 하지만 영향을 주지 않을 수도 있다. 그렇다면 어떤 한 변수가 다른 변수에 어떻게 영향을 줄 수 있는지 밝혀야 하는데, 대개 영향을 줬다고 결과만 제시한다. 전혀 다른 별개의 사건인데 통계적 수치가 우연히 맞아서 영향 관계가 있다는 결과가 나올 수도 있다. 그러므로 연구자는 이런 오류까지 감안하여 연구를 진행해야 한다.

이 단계에서 필요한 마음가짐과 태도

키페이퍼 선정은 연구의 출발점이자 연구 전체에 이르는 방향을 결정하는 논문의 핵심으로 작용한다. 이 시기에 연구자가 새겨야 할 마음가짐과 태도들을 살펴보기로 하자.

다른 사람의 도움을 받으려 하지 말자

여기까지 제대로 진행해왔다면 여러분의 연구 실력은 주변 동료들에 비해 우위에 있다고 생각해도 좋다. 취해야 할 논문과 버려야 할 논문을 구분하는 눈이 생겼기 때문이다. 그리고 앞으로 어떤 방식으로 연구를 진행하면 좋을지 방향도 정해졌을 것이다.

그런데도 자꾸 주변 사람들의 의견을 듣고 싶고 도움을 받고 싶은 마음이 든다. 아직 자기 자신을 믿지 못하기 때문이다. 주변에 물어봐도 딱히 도움이 될 만한 대답을 해줄 사람들도 없다. 여러분이 관심을 둔 분야에 다른 사람도 똑같이 관심 가지고 있을 확률은 극히 낮다. 자신을 믿고, 이 책의 진행 과정을 따라 성실하게 연구를 진행해나가는 것이 가장 좋은 방법이다.

투입한 시간은 배신하지 않는다

꼭 기억해야 할 말이다. 논문을 쓸 때 연구자가 투입한 시간은 절대 배신하지 않는다는 이야기들을 많이 한다. 여기서 투입한 시간이란 대개 논문을 찾아본 시간을 의미한다. 논문을 찾을 때 가능하다면 집중적으로 시간을 몰아서 사용하는 것이 좋다. 논문을 쓰는 동안 다른 일을 하지 않을 수 있다면 빠른 시간 안에 결과물을 완성할 수 있을 것이다. 물론 현업에 있는 경우라면 일과 연구를 병행할 수밖에 없지만 이런 상황이라도 매일 연구하는 습관을 가져야 한다.

논문을 찾을 때 정리는 필수다. 앞에서도 소개했지만 씽크와이즈의 마인드 프로세서를 이용해 정리하는 습관을 들이면 자투리 시간도 요긴하게 쓸 수 있다. 뿐만 아니라 한동안 연구에 몰입하지 못하더라도 다시 연구로 돌아와 진행하던 연구를 복기하기가 수월해진다.

클라우드(cloud) 환경을 활용하면 시공간의 제약을 피할 수 있다

구글에서는 이메일 사용자에게 15Gb의 저장 공간을 무료로 제공하고, 구글 드라이브에서 이 저장 공간을 같이 쓸 수 있도록 해놓았다. USB 메모리를 더 선호하는 사용자도 있겠지만, 클라우드 스토리지(storage)를 잘만 활용하면 파일 손상이나 분실을 미연에 방지할 수 있을 뿐 아니라 언제 어디서나 편리하게 논문을 살펴볼 수 있다.

[그림 3-2]는 구글 드라이브 논문을 모두 모아놓은 화면이다. PDF 문서이므로 클릭해서 바로 읽으며 연구에 맞는 논문을 찾아볼 수 있다.

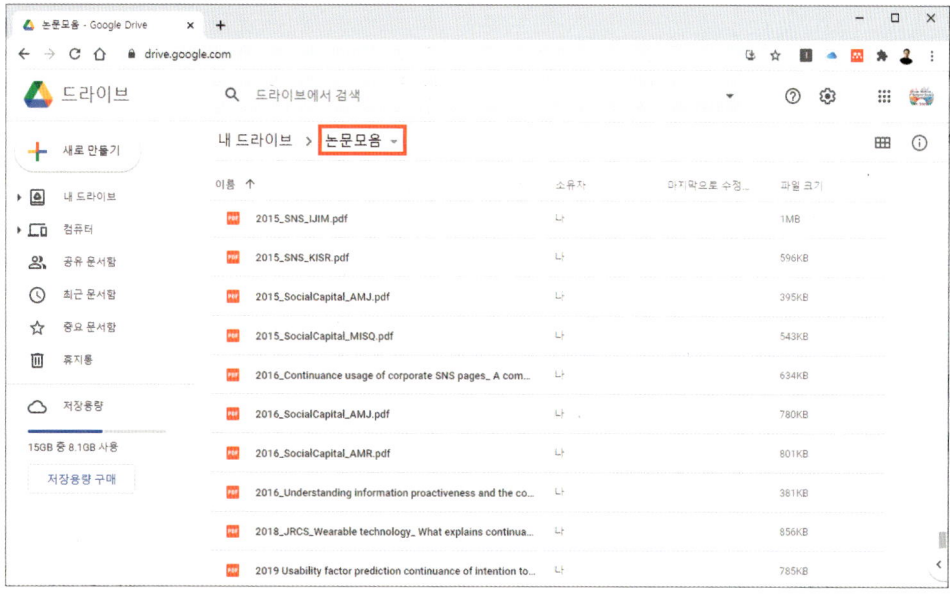

[그림 3-2] 검색된 논문모음

키페이퍼는 [그림 3-3]과 같이 따로 저장해서 활용할 수도 있다. 논문모음의 논문을 보면서 연구모델을 구성한 키페이퍼는 따로 정리해두면 수시로 참고하기 편리하다.

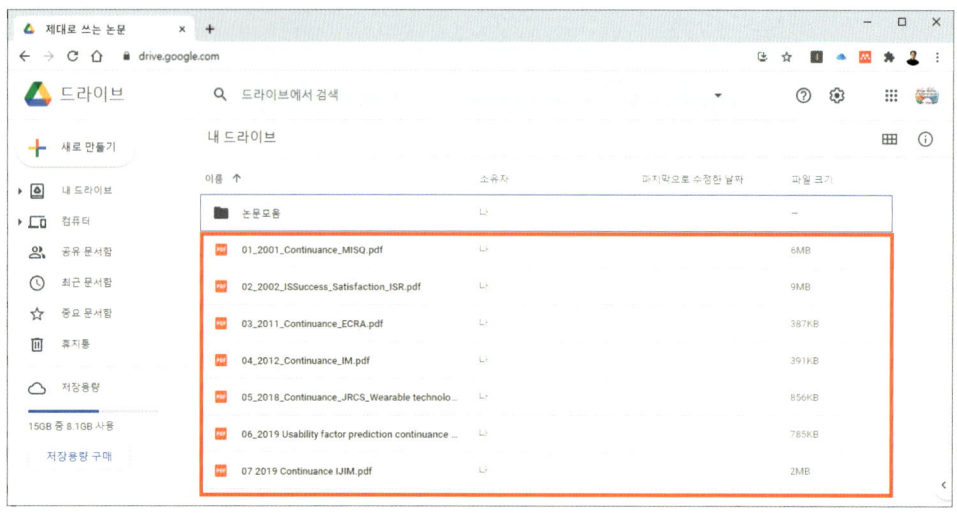

[그림 3-3] 따로 정리한 키페이퍼

참고 논문 진행 팁

· 논문 정리: 스스로에게 질문해서 아이디어 얻기

스스로 주제를 잡고 키페이퍼와 중심 논문을 모아 정리하고 싶지만 단순히 논문을 보기만 해서는 잘 정리되지 않는다. 그러면 알 수 없는 부담감에 쫓겨 진도가 나가지 않는다. 이런 상황을 극복하는 방법은 스스로에게 질문해서 아이디어를 얻는 것이다.

'이 정도의 논문을 찾아보면 될까? 더 보충해서 찾아봐야 할 것은? 내 전공에서 향후 유망할 것으로 판단될 분야는 어떤 것일까? 내 분야나 내 전공의 시각으로 볼 때 현재 뜨거운 이슈는 무엇인가?' 등을 생각하면서 논문을 찾아봐야 한다. 논문을 볼 때 이런 질문을 중심으로 반추(反芻)해 보는 것이다. 그러면 걸러낼 논문과 선택할 논문이 구분되어 보인다.

· 논문 진행 상황 판단: 자주 지도 교수님께 점검 받기

논문을 처음 쓰면 각 단계가 잘 진행되고 있는지 판단하기 어렵고, 분량에만 이끌려 지면을 채워가는 경향이 나타날 수 있다. 연구 진행 상황을 지도 교수님께 자주 점검 받기를 권한다.

이때 주변 동료의 평은 듣지 않는 게 좋다. 동료가 제대로 알고 평을 한다면 상관없겠지만, 그렇지 않은 경우가 더 많다. 연구자가 자기 논문에 대해 동료에게 질문을 하면 그 동료는 예의상으로라도 자기 의견을 이야기할 것이다. 이때 문제는 서로가 논문에 대해 잘 모르니 어떤 이야기를 하더라도 제대로 된 방향을 찾을 확률이 낮다는 점이다. 그도 그럴 것이 단순히 분석 기법에 관한 의견이라면 문제가 없겠으나 연구의 흐름에 따른 집필 과정과 관련한 것은 연구주제와 연구에 관한 통찰력을 바탕으로 전체적으로 조망하며 방향성을 제시해야 하는 고급 스킬(skill)을 요구하기 때문이다.

SECTION 02 연구모델 확정하기

연구모델 확정은 연구 범위를 한정한다는 것이므로 아주 중요한 단계다. 연구모델을 변경하지 않는 한, 이 범위는 변하지 않을 것이고 결론까지 순차적으로 진행된다. 그러므로 연구자는 이러한 중요성을 인식하고 연구에 맞는 정밀한 모델을 제대로 구축할 수 있어야 한다.

연구모델 확정 과정 시뮬레이션하기

지금부터 실제 논문 사례를 바탕으로 연구모델을 어떻게 확정해나가는지 살펴보기로 하자. 여기서 설명하는 연구모델과 그에 대한 시뮬레이션은 연구자의 실제 연구 과정을 포함하고 있다. 실제로 결과물이 나오는 과정에서 준비하는 부속물들을 같이 사용해보면 어떻게 진행하면 될지 파악하기 쉬울 것이다. 이를 바탕으로 더 좋은 방법을 찾을 수도 있다. 사례에 해당하는 연구 문제와 연구 진행 결과는 다음과 같다.

연구 문제	소비자가 새로운 제품을 선택하는 과정에서 느끼게 되는 의식 요소 중 지속적으로 사용할 수 있게 만드는 요인을 찾으려고 함.
연구 진행 결과	구글 드라이브에서 확인할 수 있는 논문들을 정리하고, 그중에서 키페이퍼를 정리함.

위의 연구 진행 결과와 같이, 여기까지 잘 진행해왔다면 키페이퍼를 확인할 수 있다. 그렇다면 이제 키페이퍼에 나와 있는 연구모델들을 확인한다.

연구자의 관심 주제인 지속적인 사용 의도(Continued Usage Intention)를 연구한 논문에서 연구모델을 확인하고 전체적인 연구에 대해 생각해본다. 물론 연구자의 관심 주제와 유사한 것이라면 이론적 배경, 방법론, 분석 결과, 결론을 읽어서 참고할 수 있는 것인지를 판단해야 한다.

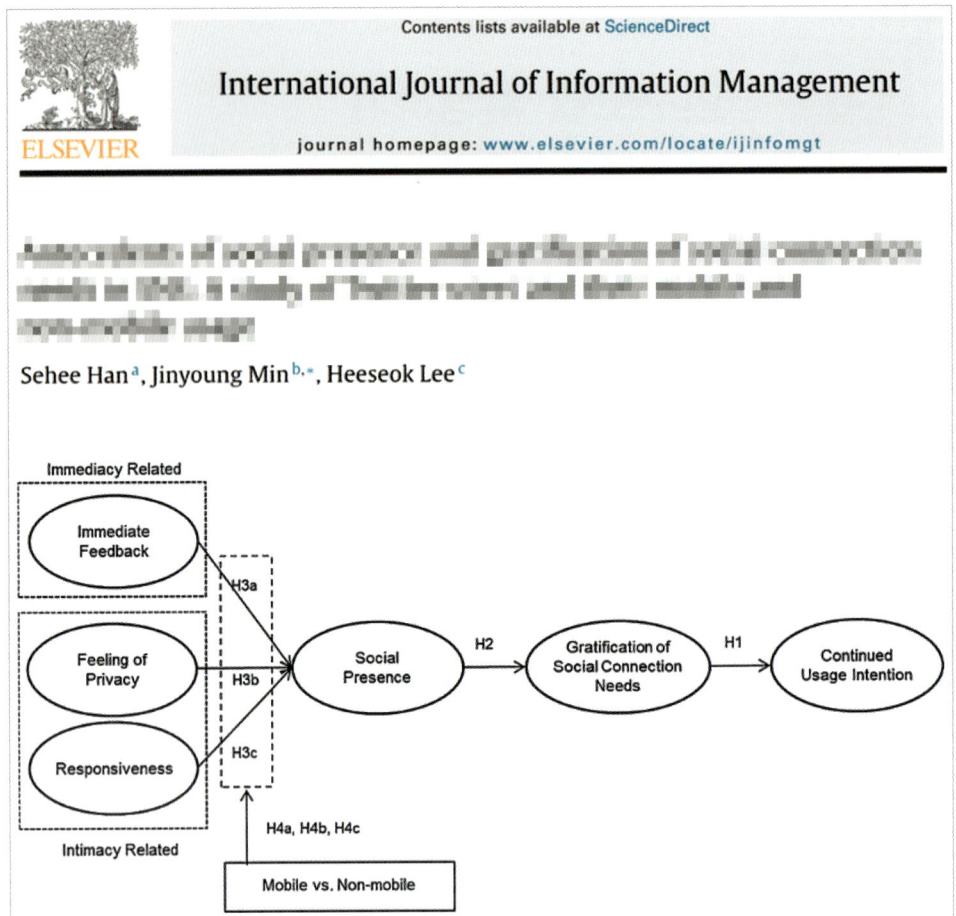

[그림 3-4] 저널에서 선택한 키페이퍼의 연구모델 1

키페이퍼 하나만 있어도 연구모델을 설정할 수 있지만, 그러면 연구의 폭이 아주 좁아진다. 논문을 몇 개 더 찾아 연구 범위를 넓혀야 한다. 여기서는 [그림 3-5]와 같이 하나만 더 제시한다. 지면의 한계로 인해 키페이퍼에 해당하는 논문들과 연구모델들을 다 제시할 수 없으니 이 점에 대해서는 이해하기 바란다.

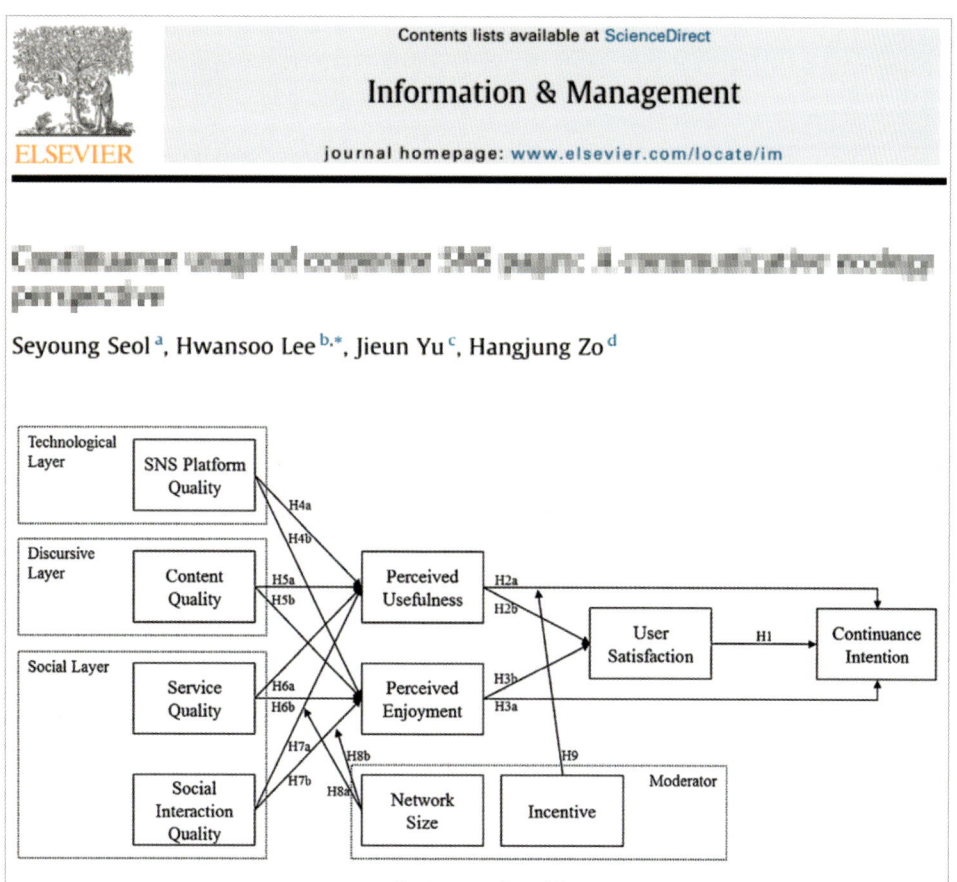

[그림 3-5] 저널에서 선택한 키페이퍼의 연구모델 2

이처럼 연구 문제에 맞는 키페이퍼를 기준으로 논문을 정리하고 이해해서 연구모델을 개발해야 한다. 즉, 자신의 관심 분야에 맞는 이론적 고찰을 통해 여러 연구모델들을 확인하고 선행 연구에서 미처 확인하지 못한 부분이나 추가 연구가 필요하다고 판단되는 부분이 있다면 그 부분을 추가하거나 연관 지어 바로 연구모델로 확정하면 된다.

다음은 키페이퍼를 통해 개발한 연구모델이다.

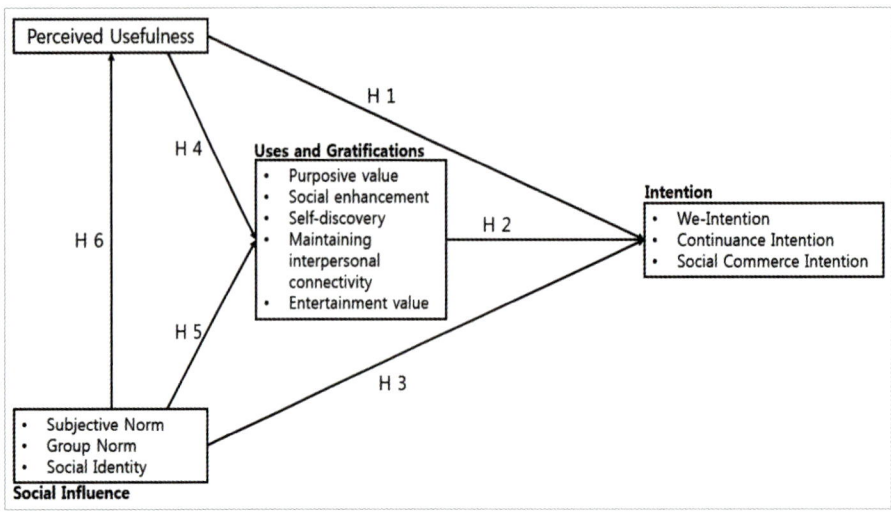

[그림 3-6] 키페이퍼를 통해 개발한 연구모델

원래 이 연구모델은 지속 사용 의도(Continuance Intention)를 종속변수로 해서 원인이 되는 요인을 찾아가는 것이었다. 그러나 이론적 고찰을 하는 동안 국내에 많이 소개되지 않은 우리 의도(We-Intention)라는 개념과 상거래 의도(Social Commerce Intention)가 새롭게 추가되었다. 이 연구모델에 대해서는 다음 장에서 더 자세히 설명하도록 한다.

> **참고** 국내 논문을 읽지 말라는 말의 의미를 오해하지 말자
>
> 바로 위에 제시한 논문의 저자들은 모두 한국인이다. 국내 논문을 읽지 말라는 말은 국내 저널이나 학위논문을 참고하지 말라는 것이지 한국 사람의 연구 논문을 참고하지 말라는 의미가 아니다.
>
> 해외의 탑 저널이나 유명한 저널에는 수없이 많은 연구 논문이 투고되고 아주 까다로운 검증 절차를 거쳐 활자화된다. 그렇기에 국내 저널에 논문을 내는 것보다 SCIE나 SSCI에 게재하는 것이 더 높이 평가된다. 즉, 논문이 게재되기까지 어떤 검증을 거치는지가 중요한 초점이다. 그렇기에 기본으로 돌아와서 생각하면, 연구 논문의 재료가 되는 참고문헌이 양질이어야 좋은 논문이 나올 수 있는 개연성이 생긴다.
>
> 그렇다면 이런 질문이 나올 수 있다. 해외 저널에서만 인용한다면 국내 저널은 의미가 없다는 뜻인가? 안타까운 현실이지만 국내 저널이 자처한 상황이고, 스스로 극복하는 수밖에 없다. 그간 국내 저널들은 KCI 등재 기준인 양적 기준을 맞추기 위해 석사과정이나 박사과정에서 논문 투고를 강조해오곤 했다. 그러다 보니 논문 형식만 갖추었을 뿐 일정 품질을 담보하지 못한 논문들이 많이 게재되었다. 또한 질적 기준을 맞추기 위해 연구자들이 서로 인용해주는 품앗이 현상도 나타나고 있다.[3]

---

[3] 몇몇 대학원의 랩에서 동료의 논문이나 지도 교수의 논문을 서로 인용해주어야 한다는 의리(?)가 있다는 것을 확인하고 너무나 놀란 기억이 있다.

서로 인용을 주고받는다는 생각 자체가 연구윤리 위반이고 연구자로서 문제가 있음을 나타내는 것이다.[4]

다시 한 번 이야기하지만 국내 논문이 100% 좋지 않다는 것은 아니다. 상당수 논문들이 기본을 갖추지 못한 채 투고되고 걸러지지 않고 있음을 표현한 것이다. 자정하여 더 좋은 방향으로 가자는 의미이므로 오해가 없기를 바란다.

연구모델에서 설정된 가설

문헌 고찰을 통해 완성한 연구모델에서는 연구자가 설정한 가설을 도형과 화살표로 표시한다. 이처럼 연구모델에서는 연구 모형과 함께 가설을 제시해야 한다. 가설을 설정하는 것 역시 연구자가 인식한 연구문제를 해결하기 위한 결과를 도출하기 위한 것이므로 이론적 기반이 반드시 제시되어야 한다.

한편, 통계학에서는 가설을 설정할 때 귀무가설을 중심으로 하여 연구자가 포착해낸 연구의 목적이 되는 대립가설을 설정하게 된다. 하지만 논문에서는 귀무가설을 표기하는 경우가 많지 않다. 단순히 연구모델에서 연구자가 확인하고자 하는 대립가설을 가설로 제안하여 그에 대한 채택과 기각 여부를 표시한다. 연구모델에 표현하는 가설이 많을 뿐 아니라, 대립가설만 표기하더라도 어떤 목적에서 가설 검증을 하는지 알 수 있기 때문이다.

다시 한 번 강조하지만, 가설 설정 과정을 논문에 기술할 때는 이론적 배경을 기술하는 것과 맥을 같이 해야 한다. 즉, 연구자는 이론적인 부분을 완벽하게 이해한 상태에서 가설을 설정해야 한다. 이때 TW의 마인드 프로세서를 같이 사용하면 편리하다. 이와 관련된 내용은 다음 장에서 이론적 배경의 구성과 작성을 설명할 때 같이 다루도록 한다.

> **참고** 권하지 않지만, 정말 시간이 없다면 이런 방법도 있다
>
> 본문에서 정석대로 연구모델을 도출하는 과정에 대해 설명했다. 그런데 문제는 이론적 배경에서 출발하여 연구문제를 찾기까지 시간이 많이 걸린다는 것이다. 그래서 절대로 권하지는 않지만 시간이 촉박한 연구자들에게는 도움이 될 수 있는 방법 하나를 소개하려고 한다.
>
> 일단 집이나 사무실의 한 벽면을 모두 비우고 [그림 3-7]과 같이 참고문헌의 연구모델을 나열한다. 큰 화이트보드가 있다면 포스트잇에 변수 이름을 적고 보드마커 펜으로 인과관계를 나타내는 화살표(→)를 연결해줘도 괜찮다.

---

[4] 물론 연구에 필요해서 인용하는 것은 문제가 없다. 여기서 말하는 인용은 사실상 의미가 없는 인위적인 인용이다.

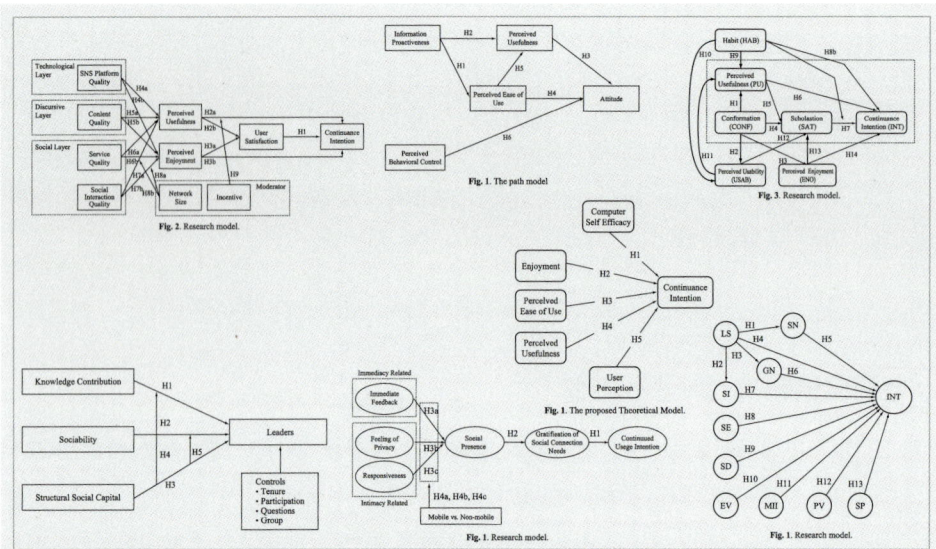

[그림 3-7] 이론적 고찰 없이 비슷한 주제를 모은 연구모델

벽면을 채운 다양한 연구모델 중 변수들을 보면서 공통점을 찾아 연구자의 관심사를 대표할 만한 변수를 선택한다. 그리고 모델들을 조합하여 하나의 연구모델을 구성해본다. 이 과정에서 다른 변수들을 교체해가면서 최적의 조합으로 만들어낸다. 이렇게 만들어낸 연구모델에서 선택된 변수들이 사용된 키페이퍼를 역으로 추적하여, 해당 키페이퍼의 이론적 배경을 본인의 연구 논문에 차용한다.

다시 한 번 말하지만, 이 방법은 권하지 않을 뿐 아니라 원래는 쓰면 안 된다. 하지만 이 방법을 쓰면 논문이라는 구조와 연구방법을 이해할 때 시간도 단축할 수 있고 논문 결과물을 빠르게 손에 쥘 수 있다. 사실 논문 심사자가 해당 연구 과정을 확인할 방법도 없다. 즉, 시간이 촉박한 연구자들에게는 도움이 될 수 있지만, 편법이므로 이런 방법도 있구나 정도로만 이해하고 넘어가길 바란다.

꼭 기억합시다!!!

좋은 논문을 찾아 잘 보관하고 있다면 이제부터는 본격적으로 논문 작성에 들어간다. 논문을 쓸 때 제목부터 시작해서 결론으로 마치는 것으로 생각할 수 있는데, 큰 오산이다. 논문 쓰기는 연구모델이 정해지지 않으면 시작할 수 없다. 연구하고자 하는 모델을 만들기 위해 여러 문헌을 찾아보고 그 안에서 어떤 연구를 진행할지 모델을 설정하는 것이 첫 번째 관문이다. 연구모델을 설정할 때 필요한 논문인 키페이퍼를 잘 보관해두고 최소한 이 정도의 논문들은 독파해내야 한다.

Episode 4
지도 교수님 이야기

필자는 처음 박사과정으로 진학을 했을 때 3년 안에 학위 과정을 마무리하고 나가자는 생각이었다. 입학식 몇 주 전, 학과장님 전화를 받고 학교로 인사를 드리러 갔다. 학과장님은 마침 필자가 지원한 전공의 교수님이었다. 지도 교수를 정했는지 물으셨고, 아는 교수님이 한 분도 없어 어떤 분으로 결정해야 할지 생각 자체를 하지 못했다고 말씀드리니 지도 교수를 맡아주시겠다고 했다. 그 자리에서 바로 RA(research assistance)로 선택해주셔서 수업료 감면 등의 행운(?)도 함께 누리게 되었다.

이때 하신 말씀이 하나 기억난다. "처음 박사과정에 들어온 것이면 좋은 논문을 보는 눈이 없을 테니 한국 논문은 보지 말고 외국 저널 중 탑 저널에서만 논문을 찾아보세요"라고 하셨다. 그러면서 논문 하나를 프린트해주셨는데 전공과 관련된 전 세계 탑 저널 랭킹 50에 관한 논문이었다. 주시니 받기는 했지만, 한국에도 좋은 연구자가 많을 텐데 왜 한국에서 출판된 논문을 보지 말라고 하는지 이해할 수가 없어서 반문했다. 돌아온 답은 이랬다. "이제 곧 학위 과정을 시작하는데 연구를 해서 논문을 쓸 것이라면 해외 저널에 실을 수 있는 정도의 연구를 했으면 좋겠습니다. 한국 논문을 참고문헌으로 표기하면 해외 저널에서는 알아주지도 않을 것이며 심사위원들이 한국 문헌을 확인할 수 있는 방법도 없습니다." 실제로 지도 교수님은 국내 저널에는 논문을 투고하지 않고 모두 SCI와 SSCI에만 투고하신다. 당시에는 이해할 수 없는 말씀이었지만 이해한 척(?)하고 연구실을 나왔다.

나이가 들어 모든 사회생활을 접고 풀타임으로 시작한 박사과정이었는데, 지도 교수님과 두 살밖에 차이가 나지 않았고 거주지도 가까워 많이 소통하고 배울 수 있을 거라 생각했다. 하지만 지나고 보니 혼자 김칫국을 마신 것이었다.

풀타임 박사과정이라 혼자 있는 시간이 많았고 학업에만 몰두할 수 있었다. 지도 교수님께서 RA로 추천해주셨기에 연구에서 무엇을 도와드려야 하는지 여쭸더니 "저는 연구를 혼자서 합니다. 아무것도 도와주지 않아도 되고 열심히 학업에 임하면 됩니다"라고 말씀하셔서 만감이 교차했다. 이후에 알았지만 지도 교수님은 외부 활동을 거의 하지 않으시고 '월화수목금금금'으로 연구실을 지키는 분이셨다. 매년 SCIE와 SSCI에 논문을 여러 편 게재하는 분이기에, 연구를 정말 많이 하시고 잘한다는 평이 교내에 있었다. 특히 2020년에는 SSCI에 논문 8편을 주저자(first author)로 게재하셨다. 지도 교수 랩에 박사과정에 있는 학생이 많다면 논문 8편이 그렇게 놀라울 일은 아니겠지만, 당시 필자가 처음이자 마지막 박사 제자였음을 생각하면 가히 초인적인 수준이었다고 생각한다. 또한 연구실에 출근하면 거의 밖으로 나오지 않으셨기에 조교들 사이에서는 "연구실에 출근하면 토니 스타크가 아이언 맨 수트를 착용하는 것처럼 논문 쓰는 아이언 맨으로 변신해서 논문 쓰는 기계로 상태로 연구를 한다" 같은 뒷담화도 돌았다.

원하든 원치 않았든, 자연스럽게 완전한 방목 상태로 박사과정을 밟게 되었고, 배우기 위해서는 질문을 일부러 만들어 찾아가는 수밖에 없었다. 학위 과정 내내 나름 열심히 연구를 진행했고, 스스로 도저히 안되는 부분이 있거나 탈출구가 필요한 경우 교수님께 SOS를 쳤다. 그러면 모든 것이 자연스럽게 해결되는 과정이 되풀이되었다. 지도 교수님은 말씀을 많이 하진 않으셨다. 하지만 하신 말씀을 한 주 두 주 곱씹으며 어떤 의미였을까 생각하는 과정에서 정말 많이 발전했다는 생각이 든다.

꼼꼼한 지도가 좋은지, 필자가 경험한 것처럼 완전한 방목이 좋은지에 대한 판단은 독자들 몫이다. 완전한 방목의 경우 스스로 길을 찾아야 하기에 박사학위를 받기까지 더 많은 시간이 걸리겠지만 제때 올바른 안내를 받을 수 있다면 알을 깨고 나오는 경험을 하게 될 것이다. 이 책에서는 위와 같은 필자의 경험과 노하우를 빠짐없이 담으려고 신경을 많이 썼다. 잘 활용해서 독자들께서도 양질의 연구를 많이 하시기를 진심으로 바란다.

참고 저자 구분(Authorship)

논문 저자가 1명인 경우도 있지만 다수인 경우도 있다. 다수 저자들은 보통 주저자, 교신저자, 제2저자, 제3저자 등으로 불리는데, 연구에 대한 기여도에 따라 구분한다.

- **주저자(FA: first author)**
  연구에 가장 많은 기여를 한 연구자다. 주저자가 논문 대부분을 집필한다. 논문 설계나 연구 방향을 결정하고 결과에 대한 해석까지 주관해서 진행한다면 주저자라 할 수 있다. 하지만 함께 연구한 연구자들의 동의가 있어야 한다. 공동 연구에서 문제가 발생하는 경우 주저자 대상자에 대한 이슈가 제일 많고, 이 부분은 연구윤리에 대한 문제로 확장될 수 있다. 주저자는 논문의 저자 난에서 제일 먼저 등장한다.

- **교신저자(CA: corresponding author)**
  연구에 관한 질문이나 문제점이 있을 때 이를 해결하기 위해 연락을 담당하는 저자다. 교신저자는 연구 결과와 그에 따르는 증명까지 총괄적인 책임을 져야 한다. 교신저자는 공동 연구자들과 연락을 취하고 연구 진행 과정을 체크하며 방향을 설정한다. 물론 주저자와 가장 활발하게 연락을 취하겠지만, 학술지와 저널의 편집자와 연락하는 일도 교신저자가 맡아서 한다. 교신저자는 논문의 저자 난에서 가장 마지막에 표기한다.

- **공동저자(Co-auther)**
  주저자와 교신저자 이외의 저자를 공동저자라 한다. 논문 작성에 대한 공헌도를 평가하여 가장 공헌이 많은 순서대로 주저자 뒤에 차례로 배치한다.

CHAPTER
04

이론적 배경 구성 및 작성하기
Organizing and Writing Theoretical Backgrounds

Contents

■ 연구모델은 설문이 완성되기 전까지 변한다
Section 01_ 이론적 배경을 작성하기 위한 선결 조건
Section 02_ 이론적 배경의 작성 포인트
Section 03_ 이론적 배경 작성하기
Section 04_ 이론적 배경과 가설 설정을 위한 시뮬레이션

■ 연구모델은 설문이 완성되기 전까지 변한다

연구자가 연구모델을 정했다는 것은 본격적으로 논문을 쓰기 위한 시작점을 찾은 것이다. 그런데 연구모델을 기본으로 이론적 배경을 작성하는 동안 연구자는 이론적인 토대를 보강하기 위해 논문을 더 찾게 된다. 이때 확정된 연구모델에서 이론적인 보강만 한다면 문제되지 않지만, 실제로 연구를 하다 보면 의도하지 않더라도 더 나은 새로운 요소를 발견하게 된다. 그렇다면 더 좋은 연구 방향을 찾았기 때문에 이미 확정한 연구모델이라 해도 변경할 수밖에 없다.

논문을 쓰면서 가장 괴로운 순간은 연구모델이 변하는 순간이다. 연구모델이 변하는 순간 이론적 배경이 달라지고 전체적인 수정이 불가피해진다. 그러므로 연구자는 고민스러울 수밖에 없는데, 이 경우 의연한 마음가짐이 필요하다.

그동안 수많은 이론적 고찰을 통해 결정한 연구모델을 바꾸는 것은 괴로울 수 있지만, 다시 생각해보면 이는 내가 하는 연구가 더 좋은 방향으로 진화하고 있음을 의미한다. 논문을 마무리하기 전까지 연구는 생물이라 생각하면 된다. 처음에 했던 생각이 시간이 지나서 돌아보면 너무 기본만 생각한 것일 수도 있고, 이론적 배경을 작성하며 전에는 생각하지 못한 더 좋은 요소들을 발견할 수도 있다. 그러니 초기에 선택한 연구모델이 변화하는 것은 당연한 흐름으로 받아들이도록 하자.

SECTION 01 | 이론적 배경을 작성하기 위한 선결 조건

이론적 배경이 완성되면 논문은 거의 마무리되었다고 봐도 좋다. 이제 시작하는 것 같지만 실제로 더 할 것도 없고 줄일 것도 없다. 지금까지 준비가 제대로 되었다면 이미 재료를 모두 갖추고 있는 것이 므로 전체적으로 배열을 어떻게 할 것인지를 생각하며 정리하도록 한다.

이론적 배경을 작성하기 위해 연구자가 반드시 갖추어야 할 몇 가지 기본 사항이 있다. 혹 지금 작성하고 있는 논문이 있다면 한번 비교하면서 확인해보기 바란다.

1:1 논문 지도를 하다 보면 간혹 보게 되는데, 이론적 배경부터 쓰라고 안내하는 지도 교수가 있는 것 같다. 그래서 이론적 배경을 먼저 구성한다고 가정해보자. 주제는 정해졌지만 연구문제가 확정되지 않은 상태에서 이론적 배경을 먼저 작성한다면 어떤 부분을 써야 할까? 객관적으로 이 상태를 판단하면, 논문을 쓰겠다고 했지만 정작 아무것도 해놓은 게 없는 상태다. 그렇지만 지도 교수님의 안내가 있었으니 다음 미팅 때는 뭔가 결과물을 가져가야 할 것이다. 그래서 어찌어찌 쓴다 해도, 정해진 연구문제가 없는 상황에서 앞으로 갖게 될 연구문제까지 모두 커버하는 이론적 배경을 다루어야 하기에 지극히 일반적인 내용을 나열하는 수준에 머무를 게 뻔하다. 즉, 논문에서 밝히고자 하는 어떤 내용에 대해 직접적으로 언급할 수 없으므로 지루한 칸 메우기가 될 것이다.

논문은 일정한 형식에 맞추는 글쓰기이기 때문에 연구 내용을 전체적으로 통찰할 수 있는 연구자라면 어느 부분을 먼저 쓰더라도 논리의 흐름이나 밝히고자 하는 연구주제를 다루는 데 아무런 문제가 없다. 하지만 연구 내용에 대한 전체적인 통찰이 없다면 이야기는 달라진다. 연구문제를 확정하지 않았고 연구모델도 없는 상황에서 이론적인 배경부터 먼저 쓸 수는 없다. 설사 먼저 써두었다 하더라도 연구모델을 설정하는 순간 이론적인 배경은 상당 부분 들어내야 하거나 반대로 많은 추가를 해야 할 수도 있다.

해당 연구 분야의 기본적인 내용을 먼저 써넣는 것이니 상관없다고 말하는 분들이 있는데, 미안하지만 애초에 연구하는 방법과 논문 쓰는 방법을 제대로 익히지 못한 분들이라고 생각한다. 논문은 해당 분야의 지식을 고도로 활용하고 과학적인 방법을 통해 귀납적 혹은 연역적인 방법으로 미지의 세계를 밝히는 고차원적인 두뇌 활동의 결과를 글로 나타낸 것이다. 그런 논문을 대하는 독자들은 최소한 그 분야에 관심이 있는 사람들이거나 그 분야를 전공하는 사람들이 대부분일 것이다. 일반 대중을 대상으로 하는 내용이 아니라는 말이다. 기초적인 내용을 설명하는 것으로 논문의 이론적 배경을 시작해야 한다면 연구할 때 교과서를 무조건 참고해야 할 것이다. 그리고 모든 논문에 교과서의 역할인 기초 이론을 학습하는 공간을 따로 만들어야 한다.

조금만 생각해보아도 어떤 것을 넣고 빼야 할지 알 수 있다. 연구자는 논문에서 불필요한 부분을 넣는 고생도 하지 말아야 하고, 독자에게 쓸데없는 것을 읽어야 하는 불편함도 주지 말아야 한다.

분야, 주제, 연구모델, 키페이퍼가 준비되어야 한다

3장을 기반으로 연구모델을 확정했다면 연구자 컴퓨터의 한 폴더에는 연구모델을 설정할 때 참고한 기본 논문들이 들어 있을 것이다. 그리고 이 논문들은 연구를 진행하는 데 핵심이 되는 키페이퍼와 중심 논문으로 구분되어 있을 것이다.[1]

키페이퍼는 오직 연구모델을 구성할 때 사용된 논문을 의미한다. 연구모델로 직접 활용하지는 않지만 연구의 전체적인 흐름을 나타내거나 연구의 목적을 나타내는 개념적인 논문들을 중심 논문이라 한다. 예를 들어, 3장 앞부분에서 소개한 AI에 관한 리뷰 논문이라면 전체적인 기조를 이해할 수 있게 하는 논문이므로, 연구모델을 구성하는 결정적인 키페이퍼가 되지는 않겠지만 연구에 중요한 역할을 할 수 있는 논문이 된다.

사전 준비의 핵심은 연구모델이다. 이론적 배경을 구성하는 재료들은 기본적으로 연구모델을 따라야 한다. 논문의 구성상, 연구문제를 제기하고 그 문제를 해결하려는 연구 목적을 제시한 후 이론적 배경을 설명하여 연구모델을 증명한다. 이를 통해 연구 결과를 밝히고 설명하는 것이 목적이므로 이론적인 구성이 탄탄하다면 독자들은 연구모델을 설정한 이유를 알 수 있다.

실제로 논문을 쓴다고 할 때 가장 먼저 확정해야 할 것이 연구모델이다. 연구자가 구체적으로 어떤 것을 알아내겠다는 노력이 연구모델에 집중되어 있기 때문이다. 그 연구모델을 만들기까지 읽어서 확인한 논문들로 이론적 배경을 작성할 수 있다. 앞 장에서 연구모델을 완성하기 위해 참고한 논문을 번역까지 해가며 핵심

[그림 4-1] 핵심은 연구모델이다.

을 파악한 이유가 연구문제를 찾고 그 문제를 해결하기 위한 연구 목적을 정확하게 이해하기 위한 것이었다.

---

[1] 키페이퍼(Key-papers)와 중심 논문이란 용어가 공식 용어는 아니지만, 이렇게 구분해놓으면 설명하거나 발표할 때 구분 지어 활용하기 편하다.

모델에서 사용한 변수에 대해 다각도로 생각할 수 있어야 한다

문학작품에서는 저자의 생각을 다른 장치 없이 직접적으로 표현할 수 있다. 그러나 논문에서는 저자의 생각이라도 반드시 생각의 근거가 나타내야 하고, 활용한 근거를 인용으로 표시하면서 연구자의 주장을 이끌어가야 한다. 달리 말하면 논문에서는 연구자의 주관적인 생각이 필요 없다.

이 말은 연구자가 연구모델에서 설정한 변수들에 대해 사용 근거를 모두 밝혀주어야 한다는 의미다. 여러 문헌적 고찰을 통해 찾아낸 변수들은 인용을 통해 사용하면 된다. 따라서 연구자의 창작이 필요 없기에 어떤 면에서는 문학작품보다 쉽다고 생각할 수 있다. 실제로 논문의 문장을 표현하는 형식에 맞추어 연구자의 목적대로 연구를 진행하다 보면 논문의 문장을 풀어나가는 것이 상대적으로 쉽다는 생각을 하게 된다.

연구를 진행하다 보면 단순히 유사한 주제로부터 찾은 변수들을 이용해서 연구모델만 구성하면 결론까지 기계적인 흐름으로 이어질 수 있겠다고 생각하기 쉽다. 하지만 이런 식으로 연구를 진행하면 고만고만한 수준의 연구 논문으로 완성되고 만다. 그렇기에 연구자는 기존 연구들과 차별화된, 독창적이고 새로운 연구모델을 도출하기 위해 노력한다. 이런 가치가 있는 논문은 일시적인 노력으로 완성되지 않는다. 삼다(三多: 다독, 다작, 다상량)를 통해 정말 꾸준히 노력하지 않으면 새로운 것을 찾아내기는 힘들다.

연구모델에 참조하지 않은 변수도 완전히 배제하지 않는다

독창적이고 새로운 연구모델을 구성하기 위해서는 지금까지 사용하지 않은 변수를 사용하여 연구모델을 구성하면 된다. 자신이 속한 전공 안에서만 사회현상을 이해하고 연구문제를 개발한다 해도 연구하고 논문을 발표하는 데에 문제가 없다. 하지만 이는 모든 것을 전공이라는 렌즈를 통해 보는 관견(管見)으로 스펙트럼이 좁아진다. 따라서 다양한 시각으로 현상을 파악하고 문제를 제기해야 하는데, 이는 다양한 차원에서 문제를 해결하기 위해 노력했다는 것이고, 이때 전공 범위를 뛰어넘은 새로운 아이디어와 독창성이 추가될 수 있다. 이를 위해서는 학제적(interdisciplinary)인 학습이 필요하다. 지금 속해 있는 내 전공도 소화하지 못하고 있는데 다양한 분야의 타 전공까지 이해해야 한다고 하니 갑갑한 마음이 들 수도 있겠다. 하지만 모든 전공에 대해 이해하라는 말이 아니라 관심 주제를 다루거나 포함할 수 있는 영역에 대한 접근법을 차용하라는 의미다. 철학이나 심리학, 과학, 의학 등의 다양한 분야에서 유사한 주제에 대해 평소 꾸준히 접해서 읽는 습관을 들여야 한다.

'반드시 학제적이어야 하는가?'라고 질문한다면 연구자의 선택이라고 말하고 싶다. 전공 내의 재료만으로도 충분히 연구해서 논문을 쓸 수 있으므로 그 범위를 넓히는 것은 오로지 연구자의 몫이다.

탑 저널의 논문을 읽으며 그 논문을 이해하는 것도 중요하지만, 그 논문의 저자가 연구를 진행할 때 어떤 부분에서 인사이트(insight)를 가지고 접근했는지 이해하려고 노력하면 같은 논문을 보면서도 더욱 입체적으로 이해할 수 있다. 이 과정에서 현재 진행하는 논문에 직접 사용하지 않은 변수지만 나중에 활용할 수 있거나 추가로 활용할 만한 다른 요인적 측면을 찾을 수도 있다.

논문을 하나만 쓰고 후속 연구를 하지 않을 예정이라면 지금 활용하지 않은 변수에 대해 신경 쓸 필요가 없다. 그러나 향후 더 확장된 후속 연구를 진행하고 싶은 연구자라면 활용한 변수가 아닌 다른 변수들에 대해서도 관심을 가지고 있어야 한다.

국내 연구자들의 연구 패턴을 보면 매우 다양한 주제로 논문을 쓰는 경우가 많다. 반면, 외국 학자들의 연구 패턴을 보면 하나의 주제를 선택해서 그 주제만으로 수십 년 동안 지속적인 연구를 진행하며 그 결과물들을 내놓는 것을 볼 수 있다. 연구의 양과 질 중에서 어디에 더 우선순위를 두느냐에 따른 문화적 차이가 있겠지만, 확실한 것은 가치 있는 주제를 찾아서 지속적으로 깊지만 주변까지 볼 수 있는 연구를 하는 것이 더 수월하다.

연구모델이 확정되었어도 유연하게 접근한다

키페이퍼를 찾아 연구모델을 확정했다는 것만으로도 많은 문헌을 확인했다는 증거가 된다. 그렇다 하더라도 연구모델을 더 이상 수정하지 않겠다는 생각은 하지는 말아야 한다. 데이터 수집 도구인 설문지를 완성하기 전까지는 싫으나 좋으나 연구자는 계속 문헌적 고찰을 할 수밖에 없다. 부족한 부분을 계속 채워나가는 과정이기 때문이다.

이론적 배경을 연구모델을 중심으로 구성한다고 해서 키페이퍼 이외의 논문을 보지 않는 것은 아니다. 키페이퍼만으로 이론적 배경을 구성하면 연구모델까지 설명하는 과정이 불충분하고 엉성하기 쉽다. 따라서 다른 관련 논문을 찾아 연구모델까지 완성되는 과정을 이론적으로 보충해야 한다. 이 과정에서 연구자는 다양한 논문을 보게 될 것이며 현재보다 더 발전한 모델로 변경할 수 있는 여지를 발견하기도 한다. 그러므로 연구모델을 확정하고 그 안에서 이론적 배경을 구성하겠다는 생각보다는 연구모델이 더 진화할 수 있다는 열린 생각으로 이론적 배경을 구성해야 한다.

이때 주의할 점은 유연하게 접근한다고 해서 여러 가지를 포괄적으로 남는다고 생각해서는 안 된다는 점이다. 결이 다르다면 후속 연구로 미루어야 한다. 즉, 다른 논문으로 새롭게 구성해야 한다. 논문 쪼개기를 해서 연구 실적을 늘리라는 말이 아니다. 당연히 현재 진행하는 연구에 적용할 수 있는 경우라면, 변수를 추가하거나 교체할 수도 있다. 상황 판단은 연구자의 몫이다. 이때 지도 교수님과 잘 상의해서 결정하면 진행 과정이 훨씬 수월해진다.

SECTION 02 | 이론적 배경의 작성 포인트

이론적 배경을 작성할 때는 논문의 연구모델이 변할 수 있다는 가능성을 열어놓고 연구문제를 풀어 나가기 위한 핵심을 중심으로 작성해야 한다. 몇 가지 중요한 작성 포인트를 살펴보기로 하자.

아직 연구모델이 변경될 수 있음을 감안하자

앞서 연구모델을 확정했지만 그것으로 끝이 아니다. 연구모델 확정-이론적 배경 작성-설문 작성의 세 과정은 엄밀히 말해 순서가 없다고 봐도 무방하다. 그 이유는 다음과 같다. 연구모델을 확정했다고 가정하면 연구모델을 기준으로 이론적 배경을 꾸미게 되는데, 실제로 이론적 배경을 작성하다 보면 더 좋은 내용을 발견하여 연구모델에 추가하는 과정을 거치게 되기 때문이다. 이는 곧 연구모델의 수정을 의미한다. 그러면 당연히 이론적 배경도 수정하게 된다. 또한 연구모델의 수정에 따라 연구자가 필요로 하는 데이터 수집 내용이 달라지므로 설문 문항에 변화가 따를 수밖에 없다. 설문 문항이 완성되었다 하더라도 수정의 여지가 있다면 위의 세 과정에 대한 반복 프로세스가 다시 가동되며, 설문 문항의 최종 완성 단계에 이르러서야 비로소 마치게 된다.

이때 유의할 점은 어느 정도 연구 범위는 정해야 한다는 것이다. 그래야 연구 범위가 무작정 넓어지는 것을 막을 수 있고 연구자가 지치지 않는다. 연구 범위가 계속 넓어지면 연구 초기에 생각했던 연구문제가 변하는 경우도 발생한다. 연구 범위를 넓혀 많은 시사점을 제시해도 좋겠지만, 초기에 착안한 연구문제에 이상이 없다면 가능한 그에 맞춘 연구 범위로 제한하여 그 안에서 확장하는 것이 좋다.

책을 쓰는 게 아니다. 오버하지 말자

마치 책 한 권을 낼 것처럼 논문을 쓰는 태도는 초보 연구자 혹은 학위논문을 처음 쓰는 사람들이 많이 하는 실수다. 앞에서도 말했듯이, 연구의 범위가 한정되어야 연구 진도가 나간다. 그런데 논문에 무조건 내용을 많이 담으려고 하면 연구 진도가 나갈 수 없다.

논문은 페이지 숫자가 그 질을 대변하지 않는다. 내용을 보지 않고는 그 논문에 대해 어떤 판단도 할 수 없다. "박사 논문은 150페이지는 넘어야 하는 것 아니야?"라고 말하는 분들이 있는데, 대체 무슨 근거로 박사 논문은 150페이지를 넘어야 한다고 말하는 건지 도무지 이해할 수가 없다. 이 말을 듣고 "어, 맞아~"라고 맞장구치는 사람들을 보면 더더욱 어이가 없다.

논문의 이론적 배경에 '○○의 역사적인 의미 변화'를 설명하거나, 다 알 만한 내용에 대해 '최초의 언급'부터 시작해서 '시대적 주창자'를 열거하거나, 출처에 대한 근거가 약한 인터넷 정보 등을 언급하는 경우를 보곤 한다. 솔직히 이야기하자면 대체 왜 그런 것들을 나열하고 있는지 이해되지 않는다. '나는 이런 것도 찾아보았다'라고 어필하기 위한 것일까?

학술논문과 달리 학위논문에는 분량의 제한이 없다. 그렇다 해도 이론적 근거로 삼을 수 있는 내용을 활용해야 한다. 특히, 컨퍼런스에서 사용한 프로시딩을 참고문헌으로 쓰는 경우가 있는데, 프로시딩은 보고서에 해당하므로 논문의 참고문헌으로는 적당하지 않다. 프로시딩은 연구 실적으로 인정되기는 하지만 정식으로 심사를 통과한 논문보다는 낮은 평가를 받기 때문이다.

꿈을 크게 꾸고 이상을 높게 가져가고자 하는 분들을 응원한다. 하지만 논문 한 편에 인생을 걸 것처럼 이런저런 내용을 다 끌어모아 담으려 해서는 곤란하다.

▎현재의 추세는 심플이다

앞에서 다룬 '책을 쓰는 게 아니다. 오버하지 말자'와 맥을 같이 한다. 과거의 연구, 특히 고전으로 불릴 정도로 옛날에 쓴 논문을 보면 양도 많고 설명도 많은 것이 보통이다. 하지만 최근 연구를 보면, 지면의 제한도 있지만 아주 심플하게 작성되는 추세다. 이론적 배경에 대한 설명도 없이 연구모델에서 가설을 수립하는 과정에 이론적 배경을 삽입하여 논리를 전개해나가는 논문들도 있다. 그렇다고 하여 논문 양을 무조건 줄이라는 말은 아니다. 전체적으로 해당 연구가 왜 시작되었고 어떤 의미를 나타내는 연구인지 알 수 없다면 논문이 아니기 때문이다.

이론적 배경을 쓴다는 것은 좁은 의미에서 보면 연구모델에 사용된 변수를 설명할 수 있는 이론적 근거를 확인하는 과정이다. 넓은 의미로 보더라도 연구 목적을 달성하기 위한 내용과 변수들을 사용하는 환경이나 배경 등을 설명하는 것에 국한된다. 그런데도 이외의 다른 여러 가지 내용을 추가하여 논문을 작성하는 경우가 있다. 논문의 문장과 내용은 화려함과는 거리가 멀다. 아주 건조한 문장을 사용해서 연구 과정과 결과를 기술한다. 특별한 느낌을 줄 수 있는 형용사나 부사를 사용하는 것은 적절하지 않다. 연구자는 직유법이나 은유법을 대상으로 연구할 수 있지만, 직유법과 은유법을 사용하는 연구는 불가능하다.

국내 문헌을 보다 보면 '왜 이런 내용을 넣었을까?' 하고 의문이 들 때가 있다.[2] 특히나 이런 실수는 이론적 배경 부분에서 자주 목격되며, 결론 부분에서 시사점을 표현할 때 보이기도 한다. 데이터 분석 부분에서 연구자가 얻은 데이터를 표현하는 목차임에도 불구하고 타 문헌에서 2차 자료를 가져와 표현하는 박사 논문도 보았다. 해외 저널 중 탑 저널에서는 이런 경우를 절대 찾아볼 수 없다. 따라서 이런 탑 저널의 논문들을 확인하다 보면 논문을 어떻게 써야 할지 감을 잡을 수 있다.

능동태 문장을 주로 쓰되, 수동태 문장을 적절히 섞자

의미만 통하면 되지, 문장 형태(voice)에 대해서도 주의를 기울여야 하는지 의아해하는 분들도 있다. 과거에는 논문에 사용하는 문장을 수동문으로 해야 주관적인 생각이 빠지고 객관성을 띨 수 있다고 생각해서 수동문 형태를 권장했다. 하지만 지금은 수동태 문장보다 능동태 문장을 선호하는 추세다.

실제로 CNS와 같은 탑 저널의 에디터는 능동태 문장을 사용하라고 가이드하며, 투고된 논문의 리비전(revision, 수정 사항)에 능동태 문장으로 수정하라는 의견을 내고 있다. 조금 과장된 말이라 생각되지만, "모든 문장을 능동태로 고치는 것을 조건으로 게재할 수 있습니다"라는 리비전 의견을 들었다는 모 교수님의 경험담을 전해 듣기도 했다.

논문에서 사용되는 한국어는 능동태보다 수동태가 편한 경우가 많다. 그 이유는 문장에 주어가 생략되는 경우가 많기 때문이다. 연구를 추적하고 테스트를 실시한 경우, '내가 이런 연구를 했고 어떤 결과를 냈다.'라고 표현하는 경우보다 '연구를 진행한 결과 어떤 결과가 **도출되었고**, 그 결과는 이러이러한 방법으로 **해석되니** 다음과 같이 판단할 수 있다.'와 같이 수동태 문장으로 표현하는 것이 훨씬 편하다. 하지만 영어의 경우 반드시 주어가 필요하고, 능동태로 표현했을 때 의미가 더 직접적이고 간결한 문장으로 표현된다. 서론과 토론을 능동태 문장으로 쓰고 방법론은 수동태 문장으로 쓰라고 조언하는 경우도 있는데, 사실 딱 정해진 것은 아니다.

문장 형태에 관한 가장 적절한 조언은 다음과 같다. 문맥으로 보았을 때 능동태로 표현하기 어려운 경우에만 수동태로 표현하되, 독자 입장에서 능동태보다 수동태 문장이 연구 내용을 더 쉽게 이해할 수 있다면 수동태 표현이 가능하다.

예를 들어 행위자를 모르는 경우라면 능동태로 표현할 수 없고, 연구에서 주어진 조건이라면 그 조건은 수동태로 표현하여 '어떠한 방법으로 진행되었다.'라는 정도로 기술하면

---

[2] 직접 검색해보라. 몇 번만 검색해도 이런 논문들을 무수히 찾을 수 있다. 필자는 직접 예를 들 수 있는 논문들을 보관하고 있지만, 불측의 논란이 벌어질 수 있어 설명에 그치니 이 점 이해해주기 바란다.

될 것이다. 특히 서론에서 능동태 문장을 사용하라고 하지만, 현재 연구 분야에 관한 동향을 언급할 때는 연구 목적을 강조하여 표현하기 위해 수동태로 표현해도 좋다.

어떤 태(voice)가 중요하다기보다는 현재의 추세가 능동태를 선호하는 경향이라고 보는 것이 좋다. 그러니 능동태를 주로 사용하되 상황에 따라 수동태 표현이 필요한 경우라면 능동태와 수동태를 적절히 섞어서 사용하도록 하자. 다만 수동태를 많이 사용하면 연구자의 주장에 자신이 없다는 느낌을 줄 수도 있으니 주장은 확실하게 해야 한다.

▍연구모델을 확정하는 데 쓴 참고문헌을 활용하자

연구모델을 확정할 때까지 찾아본 논문만으로도 이론적 배경을 작성하는 데 전혀 문제가 없다. 그런데 참고한 논문들에서 필요한 내용을 인용할 때 이 논문과 저 논문의 내용을 가져오다 보니 문장 연결이 매끄럽지 않은 경우가 있다. 이럴 때 그 간극을 메워 자연스럽게 연결할 수 있는 새로운 문헌이 필요하다. 매끄럽지 않다는 말은 논리가 서로

[그림 4-2] 정리해둔 참고문헌을 최대한 활용한다.

연결되지 않아 연구자가 주장하고자 하는 바를 제대로 표현할 수 없다는 의미다. 이런 경우를 제외한다면 기존에 찾은 논문으로도 충분히 이론적 배경을 작성할 수 있다.

변수 간 인과관계를 확인하는 연구를 할 때는 찾은 논문에 기술된 가설을 활용하면 논문을 작성하기가 훨씬 쉽다. 하지만 이 경우에도 주의할 점이 있다. 참고 논문의 저자가 가설을 수립할 때는 여러 가지 문헌적 근거를 제시하며 가설을 세운다. 그렇다면 연구자는 어떻게 인용을 해야 할까? 될 수 있으면 '재인용'이라는 표기를 하지 않아야 한다. 그러려면 참고한 논문에서 레퍼런스를 확인하고 해당 논문을 찾아봐야 한다. 그리고 그와 같은 가설을 세우는 데 문제가 없는지 다시 확인해야 한다.

하지만 가장 추천할 만한 방법은 새로운 문헌을 찾아가며 직접 가설을 수립하는 과정을 거치는 것이다. 참고한 논문의 레퍼런스를 찾아보는 것이 문제가 될 여지는 없지만, 필자의 경험상 새로운 논문을 찾는 시간과 레퍼런스를 뒤지는 시간에는 큰 차이가 없다. 그래서 새로운 논문을 찾으라고 권하는 것이다. 그러면 최신 논문을 찾게 될 것이고 내 논문의 근거는 더욱 탄탄해진다.

SECTION 03 이론적 배경 작성하기

이론적 배경을 작성하는 과정은 본격적으로 논문을 꾸며가는 과정이라고 생각하자. 논문을 꾸민다는 말은 지금까지 참고한 논문들을 연구문제에 맞게 재구성한다는 의미다.

▌연구모델로 한정하여 쓴다

이론적 배경을 작성할 때 한계를 두지 않으면 책 한 권을 쓰고도 남을 정도로 확장할 수 있다. 광범위한 주제를 선택해서 논문을 쓰는 게 아니다. 물론 전 세계 혹은 인류의 발전에 이바지할 수 있는 연구문제를 발견하고 진행하는 연구도 있겠지만, 이런 영역이 일반적인 연구자가 할 수 있는 영역은 아니다.

아주 넓게 적용되는 이론을 만들어내는 연구도 있지만, 어느 한 분야에 관해 깊이 있게 진행하는 연구도 있다. 대부분의 연구는 박사학위 논문이라 할지라도 좁은 한 분야의 연구에 치중할 수밖에 없다.

많은 양의 문장으로 도배하기보다는 필요한 문장으로 핵심을 언급하는 논문이 되어야 한다. 당연히 많은 문헌을 찾아보는 노력이 있어야 핵심도 찾아낼 수 있다. 그 핵심으로 연구모델이 구성되었다면 이론적 배경은 연구모델에 한정해서 구성해보는 것이 좋다. 지도교수님께서 더 보강하라고 말씀하시면 그때 추가하더라도 늦지 않기 때문이다.

연구모델에서 확인할 수 있는 변수들 가운데 연구의 초점이 종속변수에 있을 수도 있고 독립변수에 있을 수도 있다. 초점이 맞춰진 곳에서 해당 연구의 핵심 가치가 나오게 될 것이다. 그렇다면 그 핵심 가치에 강조점을 두어야 한다. 만약 조절변수나 매개변수의 영향력을 알아보는 경우라면 기본적인 프레임을 먼저 설명해야 한다. 그리고 나머지 변수의 역할은 나중에 설명해야 독자의 입장에서 이해하기가 편하다.

논문을 쓸 때 가장 먼저 해야 할 일이 연구모델 설정이라면, 가장 주의해야 할 부분은 이론적인 배경이다. 이론적인 배경이 제대로 갖추어지지 않으면 연구모델의 기반이 없어지기 때문이다. 그렇다면 연구를 할 때 연구자에게 주어진 과제는 연구모델을 설정하는 것이 되겠지만, 사실 연구모델을 구성할 때 어떤 재료로 구성했는지가 중요하다 할 수 있다. 이런 관점에서 보면, 연구 결과를 나타내는 논문에서 가장 중요한 부분은 연구의 목적과 당위성을 제시하는 이론적 배경이라 할 수 있다. 그래서 이 책에서 처음부터 강조한 것이

'제대로 된 논문을 찾아야 한다'는 것이었다. 연구주제 선택, 연구주제에 맞는 논문 검색, 키페이퍼 선택 과정에서도, 이번 장에서 다루는 이론적 배경을 구성하면서도 논문을 찾으라는 주문을 하고 있다. 논문 찾기는 연구방법을 결정하고 설문을 작성할 때까지 이어진다. 결국 논문 쓰기의 50% 이상은 연구자가 제대로 된 논문을 직접 찾아 읽는 일에 할애된다고 볼 수 있다.

핵심 개념이 아니면 과감하게 정리한다

국내 논문을 보다 보면 용어 정리가 들어간 경우를 볼 수 있다. 용어 정리를 논문의 필수 요소로 생각해서 이 부분이 꼭 필요하다고 보는 교수님도 있다. 논문은 해설서나 사용자 매뉴얼과 차원을 달리한다. 고도의 지적 활동과 노력이 들어가야 하고 깊은 사고를 통해 결과가 만들어진다. 아인슈타인이 상대성이론을 주장할 때도 수학적 풀이를 위한 정의를 제외하면 개념 정리나 해설을 넣지 않았다.

연구에서 핵심 개념은 이론적 배경을 쓸 때 한 문장이면 해결된다. 혹시 연구문제를 해결하기 위해 어떠한 정리나 선언이 필요하다면 본문에 적시해야 하겠지만, 누구라도 알 만한 내용이라면 굳이 언급하지 않아도 좋다. 연구자 자신이 하지 않은 것은 무조건 인용해야 한다고 주장할 수 있지만, 누구라도 알 수 있는 것에 인용 표시를 하는 것은 말이 되지 않는다. 조금 비약하자면 구구단을 썼는데, 연구자가 만든 구구단이 아니므로 구구단도 인용해야 한다는 말과 같기 때문이다.

전공과 관련한 논문을 좀 찾아본 사람이라면 해당 분야에서 60년대 혹은 70년대나 80년대에 나온 유명한 이론들을 보았을 것이다. 그런 유명한 이론에 관한 내용을 본문에 쓴 논문도 보았을 것이다. 최근 논문에 그러한 내용이 있다면 이 논문을 보고 어떤 생각이 들지 생각해보라. 그러면 답이 나온다. 그런 논문은 이미 유명한 이론들을 본문에서 필요 이상으로 서술할 뿐만 아니라 착실하게 참고문헌에도 올려놓았다.

논문을 작성할 때 중요한 내용이라면 당연히 참고문헌으로 인용하는 것이 맞다. 그렇지만 논문의 핵심을 구성하는 데 필요 없는 내용이라면 과감하게 삭제해야 한다. 이유는 간단하다. 식상하다는 생각이 먼저 들기 때문이다. 특히 누구나 아는 식상한 주제라고 판단되면 본문에서 삭제할 게 아니라 연구주제를 정할 때부터 제외하는 것이 더 현명하다. 여기서 '식상하다'는 의미는 너무나 많이 다룬 내용이라 '또 이거야?'라는 생각이 드는 경우를 말한다. 이런 식상한 주제의 논문이라면 저널에 투고하더라도 채택될 확률이 극히 떨어진다.

목차 구성에 연구 범위가 나타나야 한다

연구 범위가 나타나야 한다는 말은 이론적인 배경을 작성할 때 연구모델에 그 범위를 맞추라는 말과 같다. 서론에서는 연구문제를 제기하고 연구 목적과 연구의 당위성을 제시하지만, 이론적 배경에서는 구체적으로 이론적 설명을 해야 한다. 서론에서 연구문제를 제기하는 과정에서 연구의 윤곽이 어느 정도 드러나지만 구체적인 내용은 이론적 배경이 담당한다.

이론적 배경을 작성할 때 주의해야 할 점은 목차의 구성이다. 목차의 구성을 어떻게 하느냐에 따라 독자가 느끼는 논문의 완성도가 달라지기 때문이다. 목차를 구성하는 특화된 법칙이 있는 것은 아니다. 다만 목차를 구성할 때도 논리적 흐름에 따라 설명해야 하고 독자가 읽었을 때 그 흐름이 막히지 않아야 한다.

서론에서 적시한 연구문제와 연구 목적을 해결하는 방법은 목차 구성만 보아도 이해될 수 있어야 한다. 연구문제를 해결하는 방법이 연구모델인데, 이론적 배경을 구성하는 목차는 연구모델을 설명하는 기본 이론이 되기 때문이다. 결국 '서론-이론적 배경-연구모델'의 흐름은 모두 유기적으로 연결되어 있음을 알 수 있다. 데이터 분석에서 결론에 이르는 과정 역시 서론-이론적 배경-연구모델의 흐름에서 도출되는 것이므로 논문의 처음부터 결론에 이르는 과정 중 연결되지 않는 부분이 없다.

그렇다면 이론적 배경의 목차는 연구모델을 구성하는 변수 위주로 구성되어야 한다는 결론이 나온다. 서론에서 언급한 연구문제를 해결하기 위한 연구의 흐름에 따라 차례대로 구성되어야 한다.

가설이 구성되는 근거를 나타내야 한다

이론적 배경은 연구모델이 설정된 과정을 문헌적인 내용으로 뒷받침하는 것이며, 가설은 연구모델로 연구자가 증명하고 싶은 사항을 열거한 것이다. 논문에서 이론적 배경과 가설은 장을 달리하나, 여기서 같이 설명하는 이유는 가설 역시 이론적 배경을 기반으로 수립되기 때문이다.

이론적 배경에서는 이론적 근거 아래 각 변수에 대해 자세히 설명한다. 가설 설정에서는 변수를 설명할 필요가 없지만 서로 다른 두 변수 간의 관계를 확인하겠다는 연구자의 의지가 나타나야 한다. 이때 서로 다른 두 변수를 비교하고 상태의 차이(평균비교의 경우)나 영향관계(인과관계의 경우)를 확인하는 근거가 필요하다. 다시 말해, 어떤 결과를 판단하기까지 그 결과에 이르는 과정에 대한 설명이 이론적으로 근거가 있어야 가설로 설정할 수 있다는 의미다. 예를 들어, A라는 변수가 B라는 변수에 정(+)의 영향을 미친다는 가설을 설정한다고 할 때, 그 영향관계를 볼 수밖에 없는 이론적인 근거를 제시해야 한다. 만약 A와 B에 대해 이론적 배경에서 각각 설명한 뒤, 가설 설정에서 서로 영향관계를 본다고만 하면 소설이 된다.

근거를 제시할 때 이론적 배경에서 사용한 문헌들은 당연히 재활용될 수 있다. 특히, 이론적 배경에 인용한 논문에서 A와 B의 관계를 규명한 것이 있다면 선행 연구에서 사용한 관계를 차용하면 된다. 문제는 A와 B의 관계가 사용된 선행 연구가 없을 때다.

이론적 배경에 인용한 문헌에서 A와 B의 관계를 규명한 내용이 없다면 연구자는 A와 B의 관계가 사용된 문헌을 찾아야 한다. 그런데 아무리 찾아봐도 해당 문헌을 찾을 수 없을 때는 어떻게 해야 할까? 연구자는 A와 B의 관계를 확인하는 것이 중요하다는 판단을 내렸기 때문에 그 관계를 확인하는 것이 연구에 필요하다는 점을 논리적으로 설명하면 된다. 주로 이럴 때 A, B에 대한 설명이 필요할 것이다. 물론, 이론적 배경에서 이미 언급한 사항들이라 중복되는 내용이 되겠지만, 이론적 배경에서 한 설명과 똑같이 하지 말고 다른 표현으로 언급한 후 A와 B를 연결할 수 있는 문헌을 찾아야 한다. 이런 경우 논문에서는 'In this context(이런 맥락에서)'라는 표현이 주로 사용된다. 논문을 몇 편만 찾아봐도 이 같은 방식으로 기술한 예는 쉽게 확인할 수 있다.

다시 한 번 강조한다. 이론적 배경에서 각 변수를 따로 설명했다고 해서, 가설을 수립할 때 한 변수가 다른 변수에 영향을 미친다는 가설을 단순히 수립할 수는 없다. '반드시 가설에 대한 근거가 있어야 한다.' 이 점을 명심해서 논문을 써야 하는데 소설을 쓰는 우를 범하지 않도록 하자.

SECTION 04 이론적 배경과 가설 설정을 위한 시뮬레이션

이론적 배경과 가설을 수립한 기반이 되는 문헌은 따로 정리해두는 것이 좋다. 연구모델이 복잡할수록 정리할 문헌도 점점 많아지는데 이때 제대로 갖춘 장비가 특효의 퍼포먼스를 나타낼 수 있다.

이론적 배경과 관련하여 각 변수에 대한 설명이 있는 문헌들을 정리할 때는 각각 따로 정리하길 권장한다.

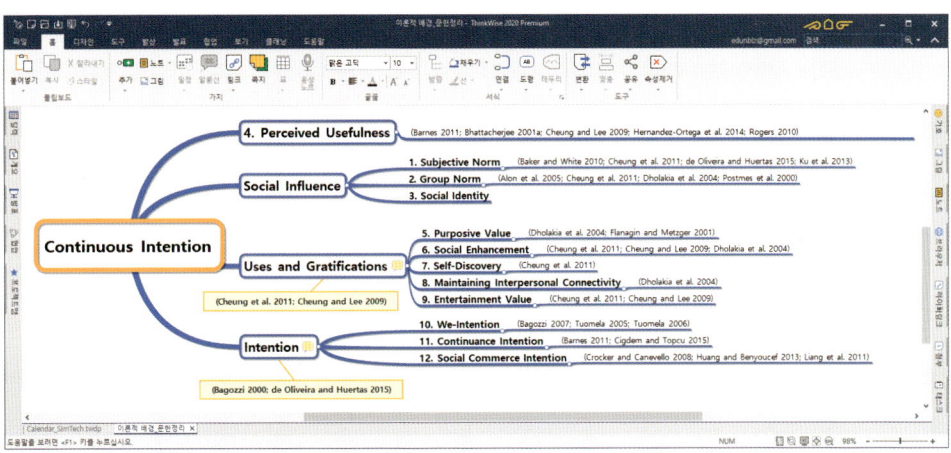

[그림 4-3] TW에서 변수를 설명하는 논문 설정하기

변수별 이론적 근거가 되는 논문을 모두 찾아서 [그림 4-3]과 같이 정리하면 이론적 배경을 구성하는 데 문제가 없다. 하지만 이렇게 이론적 배경을 구성했다 하더라도 그것으로 끝난 게 아니다. 국내의 다수 논문에서 개별 변수를 설명하는 이론적 근거만 찾아 설명하고, 연구모델의 가설에서는 보고 싶은 것만 확인하는 가설을 수립하는 것을 볼 수 있는데, 그것은 잘못된 방법이라고 설명했다.

완성한 연구모델을 따로 그려서 각 변수에 번호를 붙여 번호만으로 변수를 구분할 수 있도록 준비한다. [그림 4-4]의 연구모델은 3장에서 시뮬레이션을 통해 도출한 연구모델이다. 연구모델에서 해당 변수에 대한 설명과 가설을 수립할 때 필요한 참고문헌을 정리해야 하는데, 변수명을 사용하면 너무 복잡해진다. 따라서 번호 대 번호로 연결하여 가설을 수립할 수 있는 문헌을 찾으면 작업이 훨씬 수월하다.

예를 들어, 1의 Subjective Norm이 11의 Continuous Intention에 영향을 미치고 있다는 논문이 있으면 '1-11'과 같이 표기하여 그 옆에 해당 논문을 인용하면 된다.

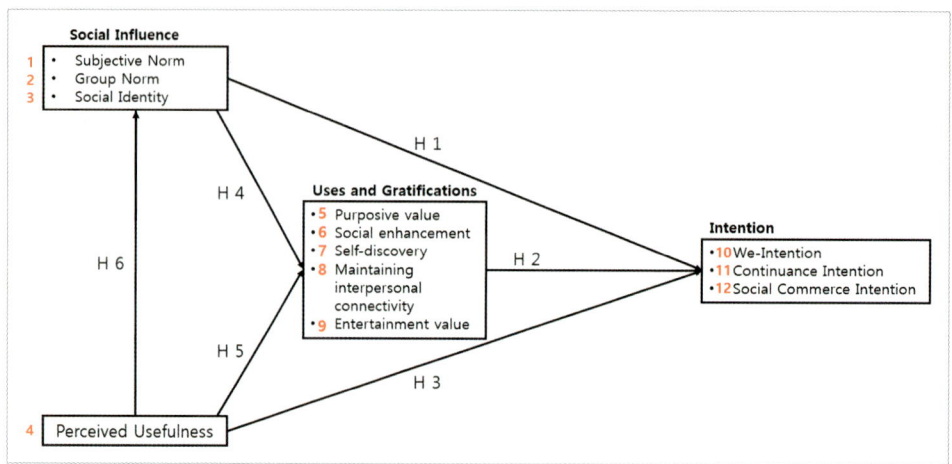

[그림 4-4] 문헌을 기반으로 한 연구모델

각 변수에 대해 인과관계를 나타내는 번호를 서로 짝지어, 영향관계를 언급하는 문헌을 TW 마인드 프로세서로 따로 정리하는 것이 좋다. 별도로 이와 같이 정리하라고 권하는 이유는 MS-Word나 Excel로 문헌을 정리하는 것보다 훨씬 가독성이 좋고, 채워야 할 것을 쉽게 찾을 수 있기 때문이다.

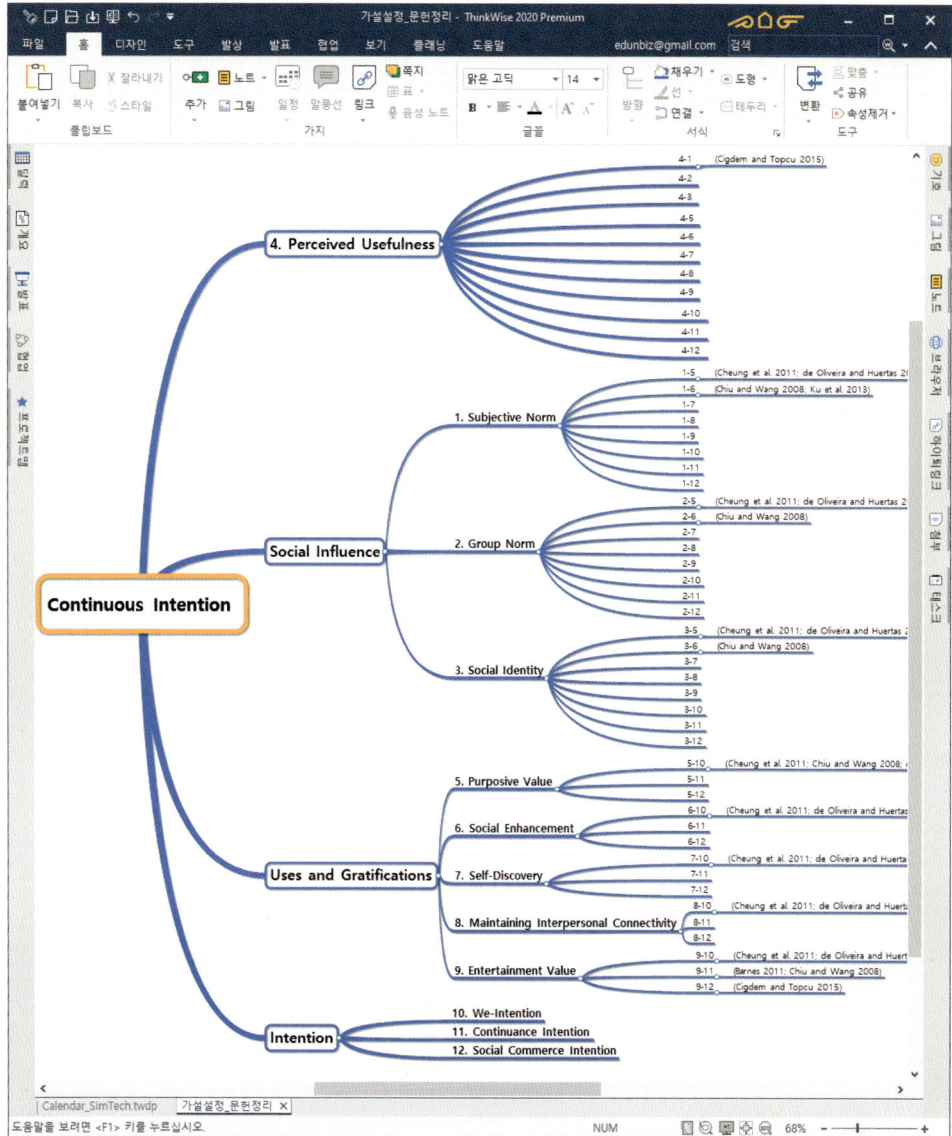

[그림 4-5] 가설을 위한 문헌 정리

이론적 배경을 구성하는 각 변수에 대한 이론적 근거는 모두 찾았지만, 실제로 변수 간의 영향 관계를 나타내는 이론적 근거는 [그림 4-5]에서도 볼 수 있듯이 찾지 못한 것이 많다. 찾지 못한 근거 문헌이 이처럼 많다면 연구를 진행하는 것에 문제가 있으므로 다시 생각해야 할 수도 있다. 그러므로 최대한 찾은 후 혹시라도 찾지 못한 것이 있다면 변수와 변수 사이의 연결점이 될 수 있는 논문을 찾아서 논리로 연결하여 가설을 수립해야 한다.

해당 문헌들은 Mendeley를 이용해 따로 정리해놓으면 다시 찾아볼 때 편리하다.

Reference

Alon, A., Brunel, F., Siegal, W. S., Haugvedt, C., Machleit, K., and Yalch, R. 2005. "Ritual Behavior and Community Life-Cycle: Exploring the Social Psychological Roles of Net Rituals in the Development of Online Consumption Communities," *Online consumer psychology: Understanding how to interact with consumers in the virtual world*).

Bagozzi, R. P. 2000. "On the Concept of Intentional Social Action in Consumer Behavior," *Journal of Consumer Research* (27:3), pp. 388-396.

Bagozzi, R. P. 2007. "The Legacy of the Technology Acceptance Model and a Proposal for a Paradigm Shift," *Journal of the association for information systems* (8:4), p. 3.

Baker, R. K., and White, K. M. 2010. "Predicting Adolescents' Use of Social Networking Sites from an Extended Theory of Planned Behaviour Perspective," *Computers in Human Behavior* (26:6), pp. 1591-1597.

Barnes, S. J. 2011. "Understanding Use Continuance in Virtual Worlds: Empirical Test of a Research Model," *Information & Management* (48:8), pp. 313-319.

Bhattacherjee, A. 2001a. "An Empirical Analysis of the Antecedents of Electronic Commerce Service Continuance," *Decision support systems* (32:2), pp. 201-214.

Bhattacherjee, A. 2001b. "Understanding Information Systems Continuance: An Expectation-Confirmation Model," *MIS quarterly*), pp. 351-370.

Cheung, C. M., Chiu, P.-Y., and Lee, M. K. 2011. "Online Social Networks: Why Do Students Use Facebook?," *Computers in Human Behavior* (27:4), pp. 1337-1343.

Cheung, C. M., and Lee, M. K. 2009. "Understanding the Sustainability of a Virtual Community: Model Development and Empirical Test," *Journal of Information Science*).

Chiu, C.-M., and Wang, E. T. 2008. "Understanding Web-Based Learning Continuance Intention: The Role of Subjective Task Value," *Information & Management* (45:3), pp. 194-201.

Cigdem, H., and Topcu, A. 2015. "Predictors of Instructors' Behavioral Intention to Use Learning Management System: A Turkish Vocational College Example," *Computers in Human Behavior* (52), pp. 22-28.

[그림 4-6] Mendeley를 활용하여 가설에 관한 참고문헌 정리하기

꼭 기억합시다!!!

연구모델을 설정했다는 것은 연구자가 파악한 연구문제를 풀어나갈 길을 찾은 것이다. 이제 그 길을 찾아준 이론적 배경을 준비해야 한다. 이론적 배경이 단순히 이론적인 내용들을 열거하는 것이라면 그것은 논문이 될 수 없다. 지금도 논문을 처음 쓰거나 정확한 논문 작성 방법을 모르고 쓰는 수많은 사람들이 이론적 배경에서 헛발질을 하곤 한다. 탄탄한 이론적 기초 위에서 연구모델이 성립되는 것이므로 이론적 배경이 사실상 논문에서 가장 중요한 부분이라 할 수 있다.

Episode 5
논문의 완성도를 높이고 싶어 다시 쓴 사례

오프라인 수업을 처음 했을 때 있었던 일이다. 2월 중순에 마무리 수업을 진행했는데, 수강자 한 분이 상담을 요청하셨다. 지금 논문을 거의 다 쓴 상태인데 수업을 들으면서 논문을 더 완성도 있게 만들고 싶다는 생각이 들었다는 것이다. 수업을 들으면 들을수록 지금까지 쓴 논문으로 박사학위를 받으면 안 될 것 같다는 생각이 들었기에 상담을 요청한 것이라 했다.

그분 말이 "논문 저자로 내 이름이 활자화되어 세상에 나오면 돌이킬 수 없는 사실이 됩니다. 혹시라도 그 논문에 치명적인 단점이 있다면 내가 죽어서도 끝까지 나의 오점이 되는데, 그건 참을 수가 없습니다"였다. 그 말을 듣고 멋있다고 생각했던 기억이 난다. 그래서 논문을 좀 보자고 했다. 전형적으로 이론적인 부분은 교과서를 쓰셨고, 연구모델로 가는 흐름이 끊겨 있었다. 분석 방법 역시 정확하지 않았다. 그 자리에서, 보여준 논문에 Ctrl+A(전체 선택)한 후 Delete를 눌러 모두 삭제해버렸다.

이분은 직장생활을 하고 있어 토요일과 일요일만 시간을 내어 논문에 집중할 수 있다고 했다. 솔직히 3개월 내에 논문을 모두 마무리할 수 있을까 하는 의구심도 들었다. 하지만 오프라인 수업을 모두 들었기에 논문에 접근하는 방법은 이미 숙지한 상태였고 정리 방법까지 알고 있었다.

우선 연구모델에 집중해야 하기 때문에 연구모델을 완성하기 위한 이론적인 고찰부터 시작했다. 주제는 이미 정해져 있고 지난 두 달 간의 수업을 통해 이미 찾아놓은 논문도 있었다. 그 안에서 주로 다루고 싶은 변수들을 생각해두었기 때문에 연구모델을 설정하거나 이론적인 배경을 꾸미는 것은 문제가 없었다. 다만, 한 주에 이틀만 논문에 집중할 수 있다는 게 핸디캡이었다. 그래서 한 번 미팅으로 다음 번에 채워야 할 것을 과제로 제시하고, 채워서 만나면 다시 채워야 할 것을 과제로 내면서, 1주나 2주에 한 번씩 미팅을 가졌다. 이런 방식으로 이론적 배경이 거의 완성되고 설문이 최종적으로 완성된 후 약 2주에 걸쳐 설문 조사를 진행했고, 설문에서 얻은 결과로 분석을 실시했다.

그런데 최종적인 연구모델은 SPSS Statistics로 해결할 수 없는 연구모델이었다. 그래서 이분이 구조방정식모델로 진행하겠다고 지도 교수님께 말씀드렸으나 "그 방법은 어려우니 그냥 SPSS Statistics로 진행해도 됩니다"라는 답이 돌아왔다고 한다. 필자는 "지금 연구모델은 매개효과가 있는 부분에서 SPSS Statistics로 해결이 안 되기 때문에 구조방정식모델을 쓰지 않으면 많은 결점이 나타나게 됩니다"라고 설명했다. 결국 연구자가 지도 교수님을 설득하여 구조방정식모델로 분석하는 것을 허락받았다.

온라인을 통해 얻은 데이터는 생각보다 나쁘지 않았다. 요인분석을 어렵게 완료했으나 나머지 분석에서는 Estimates가 생각보다 적게 나오거나 유의하지 않은 것들이 있었다. 이런 문제를 해결하는 방법 중 하나는 고차요인을 이용하여 다시 모델을 구성하는 것이다. 결국 고차요인으로 문제를 해결했고, 논문 심사 전에 모든 분석을 마쳐 결론까지 내릴 수 있었다.

문제는 1차 심사에서 발생했는데, 심사위원들 중 고차요인을 잘 모르는 분이 계셨던 것 같다. 독립변수에서는 화살표 방향을 외생잠재변수로 설정해야 하는데, 고차요인으로 인해 화살표 방향이 내생으로 향한 것을 지적하셨다. 고차요인에 대한 분석 방법을 설명하는 것으로 방어가 이루어졌고, 이분은 무사히 학위를 받을 수 있었다.

연구자는 평일을 거의 사용할 수 없는 상황에서도 작성된 논문을 모두 삭제하는 높은 배수진을 치고 논문을 다시 썼다. 정말 쉽지 않은 결정이다. 논문을 재작성하는 과정에서 긴 연휴가 있었던 게 큰 도움이 되었을 것이다. 이런 경우를 운이 있다고 하지 않는가 싶다. 하지만 이런 운은 운이라고 하기보다는 기회라고 하고 싶다. 준비하지 않았다면 결코 활용할 수 없는 기회였을 것이기 때문이다.

CHAPTER 05

연구방법 결정하기 /
설문 작성하기

Determining Research Methods /
Creating a Questionnaire

Contents

■ 연구방법은 스스로 찾아 적절한 방법을 적용해야 한다

Section 01_ 연구방법을 결정하기 위한 선결 조건

Section 02_ 설문 작성 방법과 주요 요소

Section 03_ 설문 작성하기

Section 04_ 기관에서 발표한 자료 이용하기

Section 05_ 설문 개발하기

■ 연구방법은 스스로 찾아 적절한 방법을 적용해야 한다

연구방법을 크게 구분하면 양적 연구방법과 질적 연구방법으로 나눌 수 있다. 양자를 다 사용하는 혼합 연구방법도 있지만, 연구조사방법론에서는 크게 두 가지로 구분한다. 이 책에서는 연구의 상당한 부분을 차지하는 양적 연구방법을 중심으로 논문 쓰는 방법을 설명하고 있다. 양적 연구방법 내에서 연구자가 선택해야 하는 연구방법이란 분석 방법을 의미한다고 할 수 있다.

지금까지 연구주제 선택부터 시작해 이론적 배경 작성 방법과 가설 수립 방법까지 설명했다. 이제는 문헌에서 조금 벗어나 실질적으로 연구자가 과학적 방법을 적용하는 과정에 대해 설명하고자 한다. 사회과학 연구에서 과학적 방법이란 사회현상을 수치로 표현하고, 이 수치를 비교하여 어떤 현상이 나타나고 있는지를 설명하는 것이다.

사회현상을 수치화하는 방법은 기준에 따라 다양하다. 기존 방법 외에 연구의 특수성에 맞게 연구자가 연구방법을 개발해서 적용할 수도 있다. 기존 방법을 사용하든, 연구자가 따로 개발해서 적용하든, 연구자는 선행 학습을 통해 기본적인 연구방법을 알고 있어야 한다. 그래야 연구문제를 해결하기 위한 적절한 방법을 판단할 수 있기 때문이다.

과학적 연구방법은 논문에서 분석 방법으로 표현된다. 크게 보면, 평균을 기준으로 분석하는 방법과 원인과 결과를 분석하는 방법의 두 가지로 구분할 수 있다. 물론 통계적인 접근에 의할 때 그렇다는 것이다. 이외에 데이터 마이닝, 의사결정나무, 인공신경망, 메타분석 등의 다양한 방법이 있다. 연구방법을 적용할 때는 연구자가 연구문제를 잘 설명할 수 있거나 해결하기에 적절한 것으로 해야 한다.

SECTION 01 | 연구방법을 결정하기 위한 선결 조건

> 연구방법은 연구문제 해결을 위한 가장 중요한 열쇠라 할 수 있다. 다른 논문에서 사용한 연구방법을 따라 하기보다는 주도적으로 연구방법을 찾아나가길 바란다. 그래야 연구문제를 효율적으로 해결할 수 있다.

▌ 현재 많이 사용하는 방법을 알고 있어야 한다

논문에서 사용되는 분석 방법은 시간을 두고 관찰해보면 하나의 유행을 따른다. 분석 방법도 유행을 따르지만 분석 결과를 표기하는 방식에도 시기마다 유행이 있다.

대학원 진학 초기를 떠올려보자. 학부 수업과 달리 대학원 수업이 어려운 이유는 무엇이었나? 관심 분야로 진학한 것이므로 기본적으로 수업 내용 때문에 어렵다고 생각하지는 않았을 것이다. 그런데 수업 시간에 교재보다는 논문을 활용하는 경우가 많다. 이렇게 접하는 논문의 상당 부분이 다양한 분석 방법과 수치가 제시된 표로 보고되고 있다. 이때 분석 방법을 모르면 수업 내용을 파악하기도 어렵고, 수업을 마치고 나서 정신이 하나도 없었다는 기억만 남기 십상이다.

분석 방법의 시대별 트렌드를 알기 위해 굳이 오래된 논문부터 볼 필요는 없다. 예나 지금이나 사용하는 분석 방법은 큰 틀에서 볼 때 차이가 없다. 하지만 시대에 따라 분석방법도 유행을 탄다. 그리고 종류가 많다 보니 배워도 배워도 끝이 없는 것처럼 느껴진다. 종류가 많기는 해도 어느 정도 유사한 성격끼리 묶을 수 있으므로 연구자는 별도로 시간을 내어 학습하는 과정을 거쳐야 한다. 이렇게 분석 방법을 학습한 후 논문을 보면 현재 유행하는 분석 방법을 쉽게 확인할 수 있을 것이며, 연구모델을 그에 맞추어 설계할 수 있다.

> **참고** 통계적 분석 방법을 정복하는 방법
>
> 논문 통계 방법을 알아가는 데 쉬운 방법은 있을 수 없다. 어차피 스스로가 익혀나가는 방법을 찾아야 하기 때문이다. 하지만 덜 괴롭게 익힐 수 있는 방법은 있다. 방학을 이용하는 것이다. 학기 중에는 시간이 모자라기 때문에 코스워크를 따라가는 것만도 벅찰 수 있다. 상황이 그렇다면 방학을 이용해 시간을 짜임새 있게 보내야 할 것이다.
>
> 이때 의지력이 충분하다면 혼자 공부해도 괜찮겠지만 그렇지 않다면 그룹 스터디를 구성하거나 강의를 찾아 수강해보는 것도 권장할 만하다. 방학 기간이 두 달이 넘으니 일주일에 1회만 스터디를 진행해도 큰 효과를 볼 수 있다.

척도는 무조건 알고 있어야 한다

논문 통계를 잘 모르더라도 설문을 완성하기 전에 연구자가 반드시 알아야 할 것이 있다. 바로 '어떤 성격의 데이터를 수집할 것인가'이다. 데이터의 성격은 척도에 따라 달라진다. 연구자가 척도에 대해 알고 있어야 하는 이유는 척도에 따라 적용할 수 있는 분석 방법이 달라지기 때문이다. 물론 분석 방법까지 알고 있다면 더할 나위 없이 좋다. 연구문제를 해결하는 데 필요한 분석 방법을 결정할 수 있고 그에 맞추어 데이터를 수집하면 그만이기 때문이다.

통계를 잘 모르는 사람도 다음 네 가지 척도에 대해서는 많이 들어보았을 것이다. 각 개념과 구체적인 활용 예를 숙지하도록 하자.

척도의 구분

척도는 크게 범주형 척도와 연속형 척도로 나뉜다.

■ 범주형 척도

명목척도: 명목이란 말 그대로 선택한 숫자와 그 대상이 전혀 무관하여 숫자를 바꿔도 상관없는 척도를 말한다. 즉, 숫자는 단순히 구분하기 위한 구분점이다. 예를 들어, '① 남자, ② 여자'의 선택 안 중에서 ①은 여자와 구분하기 위한 번호일 뿐이다. ① + ① = ②이니까 남자와 남자를 더해 여자가 되는 것이 아니다.

서열척도: ①, ②, ③, ④ 등의 선택한 숫자가 크기나 양의 차이를 나타내지는 않지만 순서는 판단할 수 있는 경우를 말한다. 예를 들어, 마라톤의 금메달, 은메달, 동메달은 1등, 2등, 3등의 순서를 나타내기는 하지만 1등과 2등의 차이가 10초라고 해서 2등과 3등의 차이가 10초가 나는 것은 아니다.

■ 연속형 척도

등간척도: 숫자와의 연관성이 밀접하며 동일한 간격으로 구분한 척도를 말한다. 다만, 절대 0, 즉 '없음'의 개념은 들어 있지 않다. 예를 들어, 온도 중 0도는 온도가 없는 게 아니라 영상과 영하를 구분하는 구분점의 온도다.

비율척도: 길이, 무게, 부피와 같이 절대 0의 개념이 포함된 척도를 의미한다. 즉, '없음'을 의미하는 개념까지 포함된다.

> **참고** 연속형 척도는 구분할 필요가 없다
>
> 연속형 척도를 애써 등간척도와 비율척도로 구분하려는 사람들이 있다. 하지만 연속형 척도를 구분하는 실익은 전혀 없다. 왜냐하면 보통 우리가 다루는 통계 프로그램은 연속형 척도를 구분하지 않고 계산하도록 설계되어 있기 때문이다.

사전에 지도 교수님과 분석법에 대한 교감이 있어야 한다

지도 교수님의 성향에 따라, 연구주제를 정해주시는 분이 있고 직접 정해서 가져오라고 하시는 분도 있다. 직접 정해주시는 경우 연구 진척 상황을 일일이 검토하시기 때문에 큰 문제가 없지만, 스스로 정해 오라는 경우 주제를 설정하는 과정이 만만치 않고 시간도 많이 걸린다. 여러 케이스에 대한 경험으로 비추어 볼 때, 스스로 준비하는 경우가 주어진 주제를 연구하는 경우보다 실질적으로 연구방법이나 논문 작성에 관한 이해도가 높은 편이었다. 주로 방목에 내몰린(?) 경우가 많았지만 학업에 대한 열정이 있어 가능했을 것으로 생각한다.

학위를 취득해서 학교라는 울타리 밖으로 나오지 않는 한 지도 교수님의 영향력에서 벗어나지 못한다. 갑과 을의 관계를 떠나서, 학위를 받지 않았다는 것이 연구 경험이 거의 없다는 것을 의미하고 이는 미성숙함을 나타내기 때문이다.

이론적 배경을 잘 구성했고 이로부터 연구모델을 도출해냈다면 연구문제를 해결하기 위한 분석 방법을 결정해야 한다. 아무리 분석 방법에 익숙하다 해도 지도 교수님과 상의하지 않고 독자적으로 결정할 수는 없다. 본인이 생각한 분석 방법이 설사 지도 교수님이 안내하는 방법과 같다 하더라도 상의하는 과정은 필수다.

지도 교수님은 분석 방법에 대해 잘 알지만 나는 잘 모르기 때문에 상의하라는 의미가 아니니 오해가 없기를 바란다. 초보 연구자가 혼자서 진행하면 연구주제에 매몰되는 경우가 많기에 다른 환경이나 분석 방법에 대해 유연하지 못하다. 또한 자신이 알고 있는 분석 방법이 있는 경우 새로운 분석 방법을 확인해보거나 고민하기보다는 알고 있는 한도 내에서 앞만 보고 나아가기 십상이다.

초보 연구자가 스스로 모든 것을 해결하며 결과를 도출해간다면 지도 교수님에게 기특하다거나 대단하다는 말을 들으며 동기부여를 받을 수도 있다. 그러나 다른 측면에서 보면, 지도 교수님은 '나와 전혀 상의 없이 혼자 다 할 거라면 뭐 하러 지도 교수로 택했는가?'라는 생각을 하실 수도 있다. 연구 자체만으로도 힘들고 어려운 과정이다. 그런데 더 힘들고 복잡한 것이 사람과의 관계이므로 잘 판단하기 바란다.

연구 가능한 것을 선택한다

연구가 불가능하다는 것을 알고도 연구하는 사람은 없을 것이다. 그런데도 불가능한 연구를 하는 케이스가 발생한다. 왜 이런 케이스가 발생하는지 살펴보면, 학위 과정을 마치기 위해 논문을 준비하는 과정에서 다른 사람이 다루지 않은 독특한 연구 가치를 찾기 위해 너무 지엽적인 부분에 치우치기 때문이다. 이런 연구를 하는 사람들의 이야기를 들어보면 진짜로 남들이 연구하지 않은 것을 다루고 있고 주제와 연구 목적도 대체로 호감이 간다. 그런데 주제까지는 정했어도 더 이상의 진도가 나가지 않는다는 게 문제다.

이와 관련된 두 가지 사례를 들어보겠다. 타산지석으로 삼아 연구 방향을 정하는 데 도움이 되길 바란다.

[그림 5-1] 연구 가능한 주제를 선택해야 한다.

■ 사례 1

어느 해 겨울, 한 연구자가 필자를 찾아왔다. 그가 잡은 연구주제는 '성범죄자들을 대상으로 개인적 특성에 따라 재범률이 어떻게 되는지 밝혀내는 것'인데, 연구주제로 가치가 있는지 자문을 구하였다. 들어보니 현재 사회적 이슈가 되는 사항이고, 개인적 특성에 따라 재범률을 미리 가늠하는 방법을 찾을 수 있다면 사회적으로도 도움이 되는 연구가 될 수 있을 것이란 느낌이 들었다.

그렇게 짧게 대답하고 한 주가 흘렀는데 문제가 생겼다. 성범죄자를 대상으로 데이터를 수집해야 한다는 것이 문제였다. 성범죄자가 얼굴에 성범죄자라고 써놓고 돌아다니는 것도 아니고, 설문조사를 하기 위해 아무나 붙잡아 전자발찌를 찼는지 일일이 확인할 수도 없는 노릇이기 때문이다. 그래서 연구자에게 이러이러한 문제가 있을 텐데 데이터 수집이 가능한지를 물었다. 다행히 자신이 교도관이어서 재소자들의 정보를 어느 정도 알고 있다고 했다. 또한 동기 교도관들이 전국의 교도소에 포진하고 있어서 학위논문과 관련해 도움을 요청하면 다 도와줄 분위기라고 했다. 이런 경우라면 가능하지 싶었다.

그런데 문제가 또 하나 발생했다. 얻을 수 있는 데이터의 신뢰성에 대한 문제였다. 재소자들은 자유가 심하게 박탈된 상태로 시간을 보내게 된다. 그런 상황에서 아무리 교도관이 수집하는 데이터라 해도 재소자들이 설문에 성실하게 응답할 거라고 예측하기 어려웠다. 일반인도 설문을 귀찮아하는데, 재소자들은 더욱 불성실한 응답을 할 개연성이 충분했다.

결국 연구자는 원래의 접근 방법을 포기하고 말았다. 그리고 한 주가 더 흐른 후 연구자는 "객관적인 데이터를 얻을 수 있으면 그것으로 해도 괜찮을까요?"라고 질문해왔다. 객관성을 띠는 데이터라면 당사자가 스스로 바꾸거나 오염시킬 수 없는 데이터를 말한다. 그래서 그런 객관적 데이터를 얻는 게 가능한지를 물었다. 연구자는 남성호르몬인 '테스토스테론'과 여성호르몬인 '에스트로겐' 수치를 활용해서 연구를 진행하겠다고 했다. 알다시피 남성이든 여성이든 누구에게나 남성호르몬과 여성호르몬이 둘 다 존재하다. 그러므로 성범죄자가 교도소에 입소하기 전 신체검사에서 확인할 수 있는 수치라면, 그리고 재소자에게서 개인 정보 활용에 동의를 받는다면 충분히 가능한 연구다. 이 연구자는 그렇게 연구 방법을 바꿔 학위를 받은 것으로 알고 있다. 교도관이라는 특수한 신분에 있었기 때문에 가능한 연구였지, 일반적인 경우라면 거의 불가능한 조사연구라 할 수 있다.

■ 사례 2

연구자는 '스타트업 기업을 대상으로 기업가의 마인드에 따라 투자를 유치했을 때 어느 정도 도움이 되는지와 그에 따른 성공률'에 대해 연구한다고 했다. 초기 창업 기업의 대표 마인드에 따라 사업 결과가 달라진다는 것은 기업가가 지녀야 할 중요한 포인트로서 밝힐 수 있는 것이기 때문에 괜찮은 접근이라고 생각했다.

그런데 연구자는 1년 동안 휴직을 하고 이 연구에 매달렸는데도 진행이 되지 않는다고 했다. 데이터 수집이 너무나도 어렵다는 것이다. 잘 생각해보면 그도 그럴 것이 초기 창업 기업의 경우 외부에 자기 회사의 정보가 노출된다는 것에 많은 두려움을 느낄 수 있다. 정부로부터 투자를 받았다면 회사 운영에 관한 정보를 투명하게 공유해야 하겠지만, 민간으로부터 받은 투자를 투자자가 아닌 외부에 공유하는 것을 꺼리는 것은 당연하다 할 수 있다. 이런 종류의 데이터를 전문 업체로부터 얻는 것 역시 쉽지 않다. 연구가 이루어진다면 가치를 지닐 수 있으나, 일반적으로 보면 연구를 진행하기 매우 어려운 주제이기 때문에 연구자가 자승자박하는 결과로 나타날 수밖에 없다.

무조건 데이터를 쉽게 얻을 수 있는 연구를 진행하는 것이 바람직한 방법은 아니겠지만, 데이터 수집이 불가능하거나 너무 어려운 경우도 역시 피해야 한다. 따라서 연구 계획의 수립 단계에서 어떻게 연구를 진행할지에 대해 제대로 판단해야 할 것이다.

연구자가 다양한 분석 기법을 알고 있어야 한다

논문을 쓰는 연구자가 다양한 분석 기법을 알고 있다는 것은 그만큼 연구문제를 해결하기 위한 지식을 갖추었다는 의미다. 분석 기법을 알기 위해 논문을 참고할 수는 없다. 분석 기법을 익히려면 반드시 기본서가 필요하고, 더 확실히 익히려면 분석 실습을 하기 위한 데이터가 필요하다.

다양한 분석 기법을 알고 있다면, 논문을 보거나 과제를 하거나 수업을 들으면서 다양한 연구문제를 스스로 찾을 수 있다. 분석을 진행해서 얻는 결과를 어떻게 활용할 것인지 전체적인 그림을 그릴 수 있기 때문이다. 연구문제를 찾을 때 다른 누군가의 도움을 받겠다는 생각은 하지 않는 편이 좋다. 가능성 있는 연구문제를 접해보고 어떤 의미를 찾을 수 있는지 스스로 가늠해서 연구에 돌입하는 것이 누군가의 도움을 받는 것보다 훨씬 바람직하다.

그렇다고 해서 모든 연구방법을 알고 있어야 한다는 말은 아니다. 대표적인 분석 기법만 알고 있으면 추후 알아야 할 분석 방법에 대해 접근이 쉬워진다. 이론으로부터 출발해서 사실을 연구하는 연역적 방법을 알고 있다면 나중에 귀납적 방법에 접근하기가 쉬워진다는 의미다.

연구방법을 익히는 과정은 연구자로서 무조건 한 번은 거치는 과정이라 할 수 있다. 연구자가 연구방법을 아는 상태로 진행한 연구 결과와 연구방법을 모르는 상태로 진행한 연구 결과는 각각 김치와 파오차이[1]에 비유할 만큼 큰 차이다. 따라서 연구방법에 대한 지식은 연구자에게 정말 중요한 요소라 할 수 있다. 필자가 집필한 『제대로 알고 쓰는 논문 통계분석』(2019, 한빛아카데미)과 유튜브에 올려놓은 통계분석 관련 강의에서 빠른 기간 안에 분석 기법의 기본을 익힐 수 있도록 안내하고 있다.[2]

> **참고 연구방법을 결정했다면 밀고 나간다**
>
> 연구를 시작하면 분석 방법에 능통하든 능통하지 않든 시간이 흐르면 어느 순간 연구방법을 결정하고 그에 맞는 설문을 완성하는 때가 온다. 설문이 완성되었다는 것은 연구방법이 이미 결정되었다는 것을 의미한다. 그러므로 설문을 진행하는 기간에 더 좋은 연구방법이 있다고 해서 설문을 고치는 일은 거의 없다. 연구방법을 변경하면 대개 설문 문항도 변경해야 하기 때문이다.
>
> 연구 결과가 크게 달라지는 경우가 아니라면 심각하게 고민하지 말고 그대로 진행해야 한다. 필자의 경험상, 그렇게 해도 대개의 경우 문제가 발생하지 않았다. 지금까지 노력한 자기 자신을 믿어야 한다.

---

1 파오차이(泡菜): 중국 음식의 한 종류로 오랫동안 두고 먹기 위해 소금으로 절여놓은 채소류 따위를 일컫는다. 중국에서 파오차이를 김치의 원조라고 우겨 논란이 일기도 했다.
2 유튜브에서 '노경섭'으로 검색하면 필자의 채널에서 다양한 강의 영상을 확인할 수 있다.

> **참고** **익혀두면 좋은 분석방법론**
>
> 논문에서 어떤 연구방법을 사용해야 한다는 원칙은 없다. 이는 순전히 연구자의 주관적인 판단으로 결정해야 한다. 단, 그 결정이 누가 보더라도 타당해야 하며, 도출한 결과가 일반적으로 받아들여지는 데 문제가 없어야 한다.
>
> 통계적 방법론으로 보자면 우선 평균에 대한 차이를 확인하는 방법이 있다. 가장 기본적인 방법이며, 상황이 벌어진 상태를 수치화하여 서로 비교하여 유의한 결과를 도출하는 것이다.
>
> 인과관계를 통한 영향력에 대해 확인하는 방법도 있다. 인과관계를 확인하는 연구에는 크게 두 가지 방법론이 있다. 가장 먼저 생각할 수 있는 것이 회귀분석이다. 이 분석 방법은 통계적 가정하에 결과를 도출하는 것이기 때문에 오차는 0이라는 기본 가정을 따른다. 다음으로 구조방정식모델 혹은 공분산구조모형이 있다. 이 방법은 오차까지 모두 염두에 둔 분석 방법이며 현재 시점에서 연구에 가장 많이 활용되고 있다.
>
> 이외에 익혀두면 좋은 분석 방법으로 데이터 마이닝, 의사결정나무, 인공신경망 등이 있다. 이러한 방법들을 알고 있다면 연구를 하는 데 있어 아주 좋은 화력으로 작용할 것이다.

SECTION 02 설문 작성 방법과 주요 요소

설문을 작성한다는 것은 연구모델을 활용하여 객관적인 데이터를 얻기 위한 도구를 만드는 과정이다. 데이터의 질에 따라 지금까지 진행한 모든 과정이 수포로 돌아갈 수도 있는 중요한 문제이므로 충분한 주의를 기울여 작성해야 한다.

어떤 방법으로 설문을 작성해야 할까?

이제 연구문제를 해결하기 위한 설문 작성 방법에 대해 알아보자. 연구방법론에 대한 아무런 지식이 없다는 가정하에, 다음의 네 가지 방법이 있다면 어떤 방법으로 설문을 작성하면 될까?

1. 연구주제와 모델에 맞도록 연구자가 만들어본다.
2. 내 주변에서 관심 있는 패널을 구성하여 의견을 모아 작성한다.
3. 타 논문에서 그대로 차용한다.
4. 개발 방법에 맞게 스스로 개발한다.

첫 번째 방법은 연구문제를 연구자가 만들었으니 문제를 해결하기 위한 설문도 스스로 만들어내는 것이다. 연구자의 경험이나 다양한 상상을 통해 설문을 만든다. 두 번째 방법은 연구자의 주관을 배제하기 위해 주변 지인들에게 연구문제를 인식시킨 후 연구문제 해결을 위한 의견을 듣고, 그로부터 설문 문항을 도출하는 방법이다. 세 번째 방법은 주변에 물어보거나 스스로 생각하지 않고 다른 논문에서 가져와 사용하는 것이다. 네 번째 방법은 설문 개발 방법을 숙지하고 시간과 비용을 들여 하나씩 개발해내는 것이다.

여러분이라면 어떤 방법을 선택하겠는가?

정답은 3번과 4번이다. 연구자들이 가장 많이 활용하는 방법은 3번이다. 다른 논문에서 그대로 가져오는 것이라 문제가 있을 것같이 느껴지지만 실제로 연구에서 가장 효율적인 방법이다. 4번은 시간과 비용의 압박이 따를 수 있고, 초보 연구자의 경우 익숙해지기 전까지는 많은 혼란을 겪을 수 있다.

1번은 설문 작성 방법으로 적절하지 않다. 연구자가 100% 소설을 쓰는 것과 같기 때문이다. 물론 연구자는 해당 연구문제에 대해 이 세상에서 가장 많은 고민을 하고 시간도 들였을 것이다. 하지만 1번 방식으로 설문을 작성하면 아무리 깔끔하게 정리한 설문이라 해도 연구 타당성의 출발점이 되는 내용 타당성에서부터 문제가 발생한다.

2번을 선택한다면 연구자의 주관을 배제하고 최대한 객관성을 얻기 위해 주변으로부터 도움을 받아 작성한다 해도 알고자 하는 변수의 기준 타당성에 대한 문제가 제기될 수 있다. 의견을 준 지인들이 해당 분야에 대한 지식이 없을 수 있고, 설사 해당 지식이 있는 지인들의 의견을 받아 문항을 작성했더라도 그 문항들이 연구문제를 해결할 수 있다는 검증을 거치지 않았기 때문에 데이터 수집 도구로 활용할 수 없다.

설문 작성의 주요 요소

설문 작성의 주요 요소인 척도, 인용, 대상에 대해 구체적으로 살펴보자.

척도

척도는 분석에 사용되는 데이터의 특성이기에 척도에 따라 분석 방법을 결정하게 된다. 실제로 양적 연구를 진행한다면 분석 방법에서 척도가 가장 중요한 기본 요소라 해도 전혀 이상하지 않다.

설문을 작성할 때 일반적으로 연속형 척도인 등간척도 혹은 비율척도로 구성하는 것이 특수한 상황에서도 유연하게 대처할 수는 여지가 있다. 회귀분석을 예로 들어보자. 회귀분석은 요인들 간의 영향을 나타내는 인과관계를 연구하는 것이므로 독립변수와 종속변수의 영향을 계산해야 한다. 탐색적 요인분석으로 시작해서 회귀분석까지 모두 깔끔한 결과로 연결되면 좋겠으나 그렇지 않은 경우가 있다. 그러면 연구자는 조작의 유혹을 받게 된다.[3] 어떤 경우라도 조작은 안 된다. 이럴 때는 독립변수나 종속변수를 범주형으로 변경해서 다시 진행하면 해결되는 경우가 있으니 그렇게 시도해보도록 하자.

---

[3] 조작이라는 직접적인 표현을 썼지만, 상당수 연구자가 조작인지 아닌지 구분하지 못하고 조작하는 경우를 많이 봐왔다. 이는 연구조사방법론과 분석 방법에 대한 무지에서 나오는 것이다. 논문 작성이 중요하긴 하지만 기본적인 연구자 마인드를 갖추고 시작해야 한다. 시간이 부족하다면 설문 문항을 점검해줄 수 있는 사람과 같이 진행하는 것도 좋은 방법이다.

> **참고** 독립변수나 종속변수가 범주형으로 변경된다면?
>
> 원칙적으로 회귀분석은 모든 변수가 연속형 척도인 경우에 인과관계를 밝히는 분석 방법이다. 그러나 범주형 척도에도 회귀분석을 적용할 수 있다. 범주형 변수가 회귀분석에서 사용된다면 더미(dummy) 변수 회귀분석이나 로지스틱(logistic) 회귀분석을 적용해야 한다.
>
> 『제대로 알고 쓰는 논문 통계분석』을 읽은 독자라면 알고 있겠지만, 가능하면 이 방법은 쓰지 않도록 안내하고 있다. 특히 더미변수로 변경하여 진행한 분석 결과는 너무나 단순하게 표시되므로 연구로서의 의미가 거의 나타나지 않는다. 한편, 로지스틱 회귀분석은 괜찮다고 말하는 사람들이 있다. 그러나 로지스틱 회귀분석을 통해 얻는 분석 결과를 찬찬히 들여다보고 그것이 의미하는 바를 생각해 보라. 연구자와 실무자에게 시사점을 제시하기에는 너무 옹졸한 결과가 만들어지는 것이 일반적이다.
>
> 일단 일반선형회귀분석으로 진행하되 데이터에 문제가 있어서 해결되지 않을 때 범주형으로 재구성해서 분석하면 된다. 하지만 처음부터 범주형 변수를 활용하는 방법은 피하는 것이 논문의 결론을 맺기에 유리하다.

인용

설문 문항을 직접 개발하는 학위 과정 연구자들을 그동안 많이 보아왔다. 또 필자가 1:1로 개발 과정을 안내해보기도 했다. 그런데 이 과정이 생각보다 많은 시간과 노력을 필요로 한다. 이 때문에 대부분의 연구에서는 설문 문항을 차용하는 경우가 많다. 잘 개발된 설문이 있는 문헌을 찾을 수 있다면 인용해서 연구하는 것도 하나의 방법이다.

이때 주의해야 할 점이 있다. 이어지는 '설문 작성하기'에서 자세히 소개하겠지만, 인용을 제대로 된 방법으로 정확하게 하지 않으면 탐색적 요인분석에서부터 망치게 된다. 설문을 개발하는 과정에서 얻고자 하는 데이터와 전혀 다른 설문으로 데이터를 얻게 되기 때문이다.

대상

정확한 문항을 인용하여 설문을 작성하면서 응답 대상자에 대해서도 미리 생각해야 한다. 일반인을 대상으로 할지, 단체나 기업을 대상으로 할지 등에 따라 질문이 달라져야 한다.

여행이나 지역 체험에 대한 설문을 진행하는 경우를 본 적이 있다. 이 경우 신청자, 지역 담당자, 이벤트 개최자의 세 가지로 응답자를 구분해볼 수 있다. 실제로 연구주제도 '해당 이벤트를 진행하면서 각각의 주체가 변수들에서 느끼는 것들과 그에 대한 영향이 다르게 나타나는지에 대한 연구'였다. 예를 들어, 일반 신청자를 대상으로 한 '이번 체험이 본업으로 돌아갔을 때 활력이 된다.'라는 문항에 리커트 5점 척도로 구성된 답안이 '전혀 그렇지 않다. 그렇지 않다. 보통이다. 그럴 것이다. 아주 그럴 것이다.'라고 할 때, 이벤트 개최자에게 하는 질문이라면 '이번 체험 행사를 통해 참가자들에게 활력이 될 것이다.'와 같이 수정해주어야 한다. 즉, 응답자가 자신의 입장에서 답할 수 있도록 문항을 수정해야 한다.

이때 주의해야 할 점은 원문에 담긴 의미가 달라져서는 안 된다는 것이다. 즉, 연구자의 입맛에 맞게 문항을 변형해서는 안 되며 응답의 주체만 바뀔 수 있도록 해야 한다. 실수하지 않으려면 설문을 확정하기 전에 주변 사람들에게 물어서 의미가 맞는지 확인해보는 것도 좋다.

SECTION 03 설문 작성하기

설문으로 사회현상을 수치화할 수 있으므로 객관성과 타당성이 충분한 설문을 만들어야 한다. 많은 연구자들이 설문 작성 방법을 고민하지만 실제로 해보면 아주 루틴(routine)한 과정이므로 아래에 제시하는 방법을 충분히 숙지하여 설문을 만들도록 한다.

참고문헌을 활용한다

많이 인용된 문헌은 그만큼 검증이 잘되었다는 의미다. 검증이 잘된 설문이라면 인용하여 사용하더라도 설문 구성에 문제가 없다.

개념의 조작적 정의에서 인용하기

논문을 보다 보면 친절하게도 개념의 조작적 정의와 같은 표를 제시하는 논문을 발견하곤 한다. 어떤 문항으로 데이터를 수집했는지 설문 문항을 제시해주는 논문도 보았을 것이다. 이런 논문을 만난다면 시간이 급한 연구자의 입장에서는 설문 문항을 바로 가져올 수 있는 여지가 생기니 여간 고마운 일이 아닐 수 없다.

이렇게 차용하여 설문을 작성할 때 많이 실수하는 포인트가 있다. 이런 실수는 주로 국내 문헌을 인용하는 경우에 많이 나타난다. 일반적으로 국내 문헌에서는 측정 도구에 대한 개발이 활발하게 이루어지고 있지 않다. 대부분 '개념의 조작적 정의'라는 제목으로 설문의 원문을 인용하는데, 연구자 입장에서 진짜 해당 논문을 찾아보도록 해야 한다.

해외 문헌을 한국의 연구자가 인용했다면 원래 그 문항은 영어로 작성된 것이고, 이를 국문으로 번역한 후 데이터를 수집한 것이다. 그런데 그 결과를 다른 한국의 연구자가 인용했다면 번역된 한국어 문항을 자신의 주제에 맞게 또 변형한 것이다. 이런 과정을 2~3회 거치다 보면 나중에는 전혀 새로운 문항이 되어버린다. '말 전달하기' 게임을 해보거나 TV 오락 프로그램 등에서 본 적이 있을 것이다. 5명 정도가 한 팀이 되고, 맨 앞사람이 바로 뒷사람에게만 들리게 어떤 개념에 대해 설명하여 가장 마지막에 있는 사람이 어떤 개념인지 알아맞히는 게임이다. 그런데 전혀 엉뚱한 개념을 답으로 말하여 폭소가 일어나곤 한다. 이렇게 엉뚱한 답이 나온 이유는 중간 과정을 거치면서 설명이 달라졌기 때문이다. 이런 현상이 연구에서도 똑같이 나타난다.

[그림 5-2] 설문 문항의 변형 과정

이런 실수를 하지 않으려면 원문을 충실히 찾아야 한다. 최초에 척도를 개발한 연구자의 문헌을 확인해야 하고, 이후에 인용한 연구자가 어떻게 설문을 변형했는지 함께 확인해보는 것이 좋다. 최초 개발자의 논문부터 이후에 인용한 논문까지 확인하며 변형된 과정을 확인하는 것이 시간 낭비라 생각할 수 있겠지만, 한 번 확인해보면 어떻게 변형해야 하는지에 대한 실마리를 발견할 수 있다. 연구자마다 살아온 시대가 다르고 환경이 다르겠지만, 설문 문항이 변형된 흐름을 보면 연구문제를 해결할 수 있는 중요한 명사가 변형되고 있는 것을 확인하게 될 것이다.

한국어는 형용사와 부사가 발달한 언어이므로 한국어로 번역된 문항을 연구에 맞게 다시 변형하다 보면 최초에 해당 설문이 얻고자 하는 데이터와는 결이 다른 데이터를 얻게 된다. 원칙은 명사만 변형하는 것으로 해야 한다. 조금 더 연구에 맞게 변형하고자 할 때는 최소한의 변형만 가하여 데이터를 모을 수 있는 도구로 확정해야 한다.

설문 문항 척도 결정하기

명(명목척도)/서(서열척도)/등(등간척도)/비(비율척도)의 척도 중 어떤 척도를 사용할지는 연구의 특성에 따라 연구자가 결정해야 한다. 원문에 사용한 척도는 범주형 척도인데 자신의 연구에서는 연속형 척도로 해도 되는지 질문받는 경우가 있다. 원문을 최대한 살리면 좋겠지만, 의미 있는 연구 결과를 도출하기 위해 적용해야 하는 분석 방법이 연속형 척도로 구성되어 있어야 한다면 설문 문항을 살리되 척도를 연속형 척도로 구성하면 된다. 물론 이 경우 응답자가 응답할 때 연속형 척도에 대해 스스로 생각해서 답을 표시할 수 있는 문장으로 만들어야 한다.

데이터가 함의할 수 있는 정도는 범주형보다는 연속형이 풍부하다는 점을 생각해야 한다. 분석 방법을 적용할 때도 그렇겠지만 분석된 결과를 보더라도 연속형 척도 간의 결과가 더 정확하고 많은 시사점을 제공할 수 있다.

참고문헌에 설문 문항이 없다면?

앞에서는 참고문헌 본문에 제시된 설문 문항을 인용하는 방법에 대해 설명하였다. 그런데 상당수 독자들에게서 "제 연구의 참고문헌에는 설문 문항이 없습니다. 어떻게 찾아야 하나요?'라는 질문을 받곤 한다. 논문의 본문에서는 설문을 인용했다고 참고문헌을 표시하고 있는데, 아무리 찾아봐도 설문 문항이 없는 경우가 상당히 많다. 이럴 때는 다음과 같은 방법으로 찾아서 활용하도록 한다.

역추적한다

참고문헌 본문에 설문 문항이 없으면 연구자는 난감한 상황에 빠진다. 이런 경우라면 가장 먼저 할 일은 본문에서 인용하는 문헌을 따라가보는 것이다. [그림 5-3]에 제시한 눈문[4]을 보면 본문에 인용 정보는 있지만 실제로 측정 도구는 제시되지 않고 있다.

> **4.2 Instrument**
>
> A questionnaire survey was used to examine the students' continued use of m-learning systems. The first part of the survey comprises the demographic information of the respondents. The second part was dedicated to measure the constructs of the conceptual model such as expectation confirmation, perceived ease of use, perceived usefulness, satisfaction, attitude, perceived behavioral control, subjective norms, continuous intention, and actual use. These constructs were measured using a "5-point Likert scale". Items to measure expectation confirmation, satisfaction, and continuous intention were adopted from the previously validated and reliable instruments (Bhattacherjee 2001; Liaw and Huang 2013). To measure perceived usefulness, perceived ease of use, and attitude, this study adopted the items used by Cheon et al. (2012) and Davis (1989). Perceived behavioral control and subjective norms were measured using the items

[그림 5-3] 설문에 대한 인용을 문장으로만 보고하는 논문 예시

본문을 보면 여러 가지 변수가 연구에 사용되고 있는데, 그중 가장 먼저 제시된 변수는 Expectation confirmation, Satisfaction, Continuous intention이며, 이를 측정하는 항목은 Battacherjee, Liaw와 Huang으로부터 인용하고 있다고 설명한다. 해당 논문에서 설문 문항을 제시하지 않았다면 참고문헌으로 역추적해서 자세히 살펴보아야 한다.

---

4 Al-Emran, M., Arpaci, I., & Salloum, S. A. (2020). An empirical examination of continuous intention to use m-learning: An integrated model. *Education and Information Technologies*, 25(4), 2899-2918. https://doi.org/10.1007/s10639-019-10094-2

> **References**
>
> Ajzen, I. (1991). The theory of planned behavior. *Organizational Behavior and Human Decision Processes*, 50(2), 179–211.
>
> Al-Adwan, A. S., Al-Adwan, A., & Berger, H. (2018). Solving the mystery of mobile learning adoption in higher education. *International Journal of Mobile Communications*, 16(1), 24–49.
>
> Al-Emran, M., Elsherif, H. M., & Shaalan, K. (2016). Investigating attitudes towards the use of mobile learning in higher education. *Computers in Human Behavior*, 56, 93–102.
>
> Al-Emran, M., Mezhuyev, V., & Kamaludin, A. (2018). PLS-SEM in information system research: A comprehensive methodological reference. In *4th International Conference on Advanced Intelligent Systems and Informatics (AISI 2018)* (pp. 644–653). Springer.
>
> **Bhattacherjee, A. (2001). Understanding information systems continuance: An expectation-confirmation model.** ***MIS Quarterly***, **351–370.**
>
> [faded references]
>
> **Liaw, S. S., & Huang, H. M. (2013). Perceived satisfaction, perceived usefulness and interactive learning environments as predictors to self-regulation in e-learning environments.** ***Computers & Education***. **https://doi.org/10.1016/j.compedu.2012.07.015.**

[그림 5-4] 참고문헌에서 인용된 설문의 출처 확인

[그림 5-4]를 보면, 2개의 문헌을 인용해서 Expectation confirmation, Satisfaction, Continuous intention을 측정했음을 알 수 있다.

두 문헌 중 최신 문헌인 Liaw와 Huang의 논문을 찾아 확인해보면 [그림 5-5]와 같다.

> **4.2. Measurement**
>
> The questionnaire includes six factors. The factors of perceived self-efficacy, interactive learning environments, perceived satisfaction, and perceived usefulness were revised from Liaw's (2008) research (α = 0.97). The factor of perceived anxiety was revised based on Sun's et al. (2008) research (α = 0.87). Regarding to the factor of self-regulation, the questionnaire items were referred and revised the research of Liaw, Hatala, and Huang's (2010) (α = 0.96), Chen (2009) and Vighnarajah et al. (2009). Based on these studies, questionnaire items are focused on investigating learners' self-regulation toward e-learning tools and learning contents. Therefore, the six-factor questionnaire were covered 30 items and each item was a 7-point Likert scale (1 = "strongly disagree" to 7 = "strongly agree"). Appendix A contains the questionnaire items.

[그림 5-5] 설문 문항을 Appendix에서 보고하는 논문

[그림 5-5]의 본문을 보면 해당하는 문항이 나와 있지 않고 출처만 제시했다. 그러다가 문단 제일 마지막에서 Appendix A에 설문 문항을 제시하고 있음을 나타내고 있다. 그렇다면 해당 문헌을 다운로드하여 찾아보면 되겠지만, 문제는 Expectation confirmation, Satisfaction, Continuous intention의 모든 변수에 해당하는 문항을 포함하고 있지 않다는 점이다. 일부를 해당 문헌에서 차용하였으나 나머지는 Battacherjee의 논문에서 차용하여 합쳐놓은 것이다. 그러므로 Battacherjee의 설문 문항까지 모두 함께 찾아봐야 한다.

Battacherjee의 논문을 찾아보면 [그림 5-6]과 같이 Appendix에서 설문 문항을 모두 제시하고 있음을 알 수 있다.

Bhattacherjee/Information Systems Continuance

Appendix

Scale Items and Exploratory Factor Analysis

		Factor Loadings[a]			
	Scale Item	1	2	3	4
IS continuance intention:					
CI1	I intend to continue using OBD rather than discontinue its use.	.117	.027	-.030	**.699**
CI2	My intentions are to continue using OBD than use any alternative means (traditional banking).	.040	-.016	.020	**.790**
CI3	If I could, I would like to discontinue my use of OBD (*reverse coded*).	-.044	.055	.063	**.764**
Satisfaction:					
S1	How do you feel about your overall experience of OBD use: Very dissatisfied/Very satisfied.	**.759**	.071	.032	-.033
S2	Very displeased/Very pleased.	**.626**	-.046	.076	.159
S3	Very frustrated/Very contented.	**.829**	-.007	-.034	.023
S4	Absolutely terrible/Absolutely delighted.	**.735**	.019	.044	.010

[그림 5-6] Appendix에 제시된 설문 문항

참고 일반적인 참고문헌의 설문 문항 표현 예시

논문에서 연구모델과 변수의 조작적 정의는 [그림 5-7]과 같이 제시되는 것이 일반적이다. 이렇게만 제시되면 누구라도 설문 문항을 쉽게 찾을 수 있다. 이처럼 본문에서 직접적인 인용과 변수의 조작적 정의가 제시되지 않으면 역추적해야 하기 때문에 연구자들이 많이 혼란스러워하는 것 같다. 아래 예시는 설문 문항을 차용하는 가장 쉬운 경우이니, 문헌에서 설문 문항 찾는 방법을 직접 익혀보도록 하자.

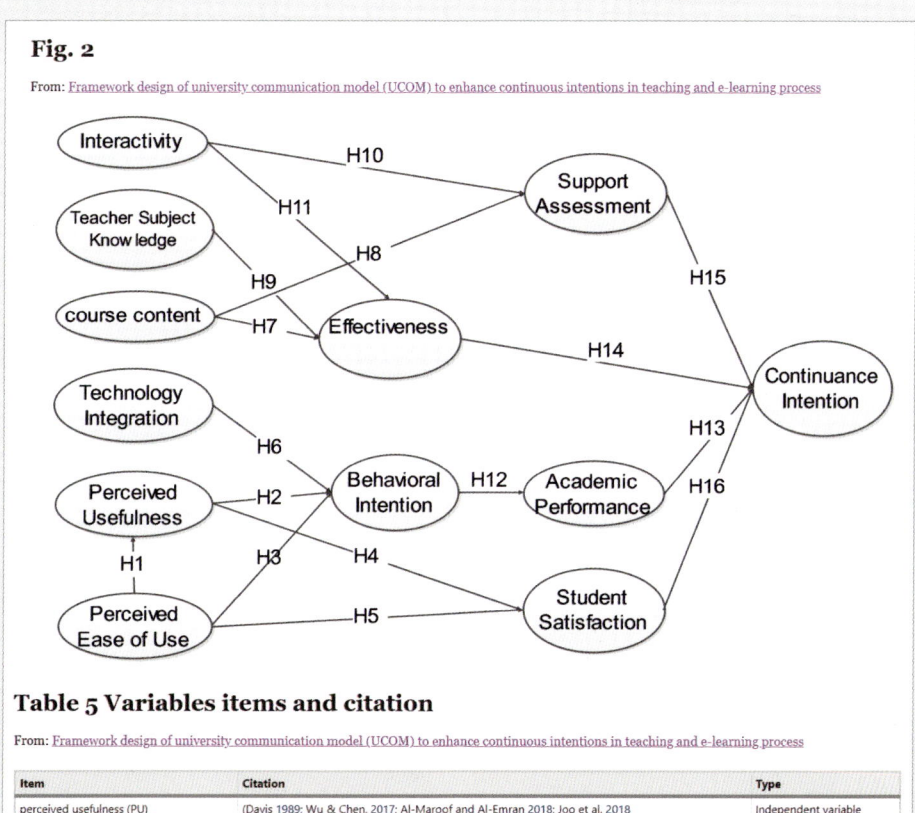

[그림 5-7] 설문 문항에 대한 조작적 정의 예시

학위논문을 뒤진다

참고문헌을 찾아보는 선에서 설문 문항을 모두 찾을 수 있다면 다행이지만 그렇게 해도 찾을 수 없는 경우가 있다. 이때가 연구자로서 가장 곤혹스러운 순간일 것이다. 사실, 참고문헌의 내용을 잘 살피면 설문 문항을 찾을 수 있는데 논문 안에서 내용 보는 방법을 잘 몰라 찾지 못하는 경우가 대부분이다. 이는 시간이 누적되어 자연스럽게 체득되어야 하는 것이라 별도로 안내할 만한 게 없다. 다만 팁을 하나 주자면, 원하는 설문 문항을 찾을 수 없을 때는 학위논문까지 찾아보기를 추천한다. 학위논문은 분량의 제한이 없고 연구자가 연구 과정에서 다룬 거의 모든 연구 결과를 싣는 경우가 많기 때문이다.

[그림 5-8]은 실제로 1989년도에 발표된 기술수용모델에 관한 논문의 워킹페이퍼(working paper)이며 1987년에 작성된 것이다. 인터넷에서 논문을 찾다 보면 정식 발표 논문이 아닌, 타자기로 작업한 워킹 페이퍼까지도 검색할 수 있다.[5] 없어서 찾지 못하는 것이 아니라 찾지 못해서 없는 것이 맞을 것이다.

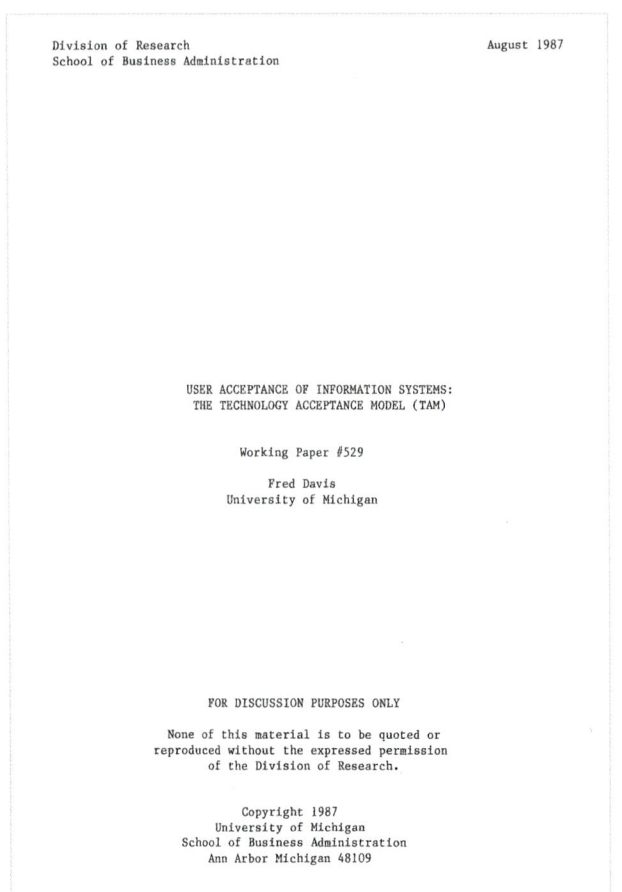

[그림 5-8] 논문에서 설문을 못 찾는다면 학위논문이나 워킹 페이퍼까지 찾아본다.

---

[5] 워킹 페이퍼(working paper)는 아직 논문으로서 완성도를 갖추지는 못했지만, 논문으로 만들어가는 과정에서 연구자의 연구를 정리해놓은 보고서 형식으로 자세하게 기록한 결과를 말한다.

그래도 찾을 수 없다면… 두 가지 길이 있다

열심히 찾아보았지만, 설문 문항이 진짜로 없는 경우도 있을 수 있다. 그렇다면 연구자에게는 두 가지의 선택 안이 있다. 첫 번째는 연구모델을 수정하는 것이고, 두 번째는 측정 도구를 직접 만드는 것이다.

연구모델 수정은 시간이 부족할 때 취할 수 있는 방법이다. 원래 연구하고 싶은 대상이 변경되기에 아쉬움도 따르겠지만 시간이나 비용 등의 여건을 고려해서 어느 정도 타협하는 것이라 할 수 있다. 그렇다 해도 이런 선택이 무조건 나쁘다고만은 할 수 없다. 설문 문항이 없다는 것은 해당 연구가 진행된 적이 없다는 뜻인데, 연구가 진행되지 않았던 데에는 그럴 만한 이유가 있었을 것이다. 또한 연구모델을 수정하는 과정에서 더 나은 가치를 찾는 연구모델을 개발할 수도 있다. 이런 경우 정답이 없으므로 지도 교수님과 상담을 통해 해결 방법을 찾아야 할 것이다.

측정 도구를 직접 개발하는 것은 상당한 시간과 비용이 요구된다. 연구자가 판단하건대, 정말 중요한 가치를 찾을 수 있는 연구라 포기하기 싫고, 반드시 풀어야 할 연구문제라면 비용과 상관없이 도전해보아도 좋을 것이다. 다만 학위논문을 쓰는 연구자라면 혼자 이런 방식으로 진행하는 것은 말리고 싶다.

> **참고** 연구 지원 기관(프로그램) 활용하기
>
> 측정 도구를 직접 개발하여 연구를 계속 진행한다면 연구비 지원이 가능한 연구인지 한국연구재단에서 제공하는 정보를 확인하는 것도 한 방법이 된다. 한국연구재단에서는 2021년 기준 19가지 프로그램에 7조 이상의 예산을 투입하여 과제의 형태로 연구를 지원하고 있다. 시기마다 지원해주는 분야가 다르니 연초에 당해년도 지원사업계획을 확인하여 참고해보는 것이 좋겠다. 한국연구재단이 가장 대표적인 지원 기관이나 이외에도 다양한 정부 산하 기관과 학교 및 기업 등에서 지원하는 프로그램이 있으니 조금만 부지런하게 정보를 확인하면 도움이 될 것이다. 사실 이러한 지원이 조심스러운 면도 있다. 금전적 여유로움과 관심 분야에 대한 선택을 두고 갈등이 생길 수 있다. 따라서 이 같은 지원 프로젝트가 실제로 자신의 연구에 도움이 될지 깊이 생각해봐야 한다.
>
> [그림 5-9]는 정보통신부가 추진하는 단일 과제에 대한 공모 내용이다. 기간이 거의 10년에 달하며 총 연구비도 100억 단위다. 이런 공모 과제에 관심이 있다면 연구자의 미래를 계획하는 입장에서 과제를 추진하는 게 과연 좋을지 많은 고민을 통해 결정해야 한다.

[그림 5-9] 한국연구재단의 과제 공모

참고문헌의 설문을 인용하는 방법

참고문헌의 설문을 논문에서 인용하여 실제로 데이터를 얻는 작업은 연구의 핵심을 밝히기 위한 중요한 과정이다. 그런데 앞에서 설명했듯이 '영어 → 번역된 설문 → 번역된 설문을 인용 → 다시 재인용'의 과정을 거치면 최초로 개발된 도구와 아주 다른 의미로 변질되기 십상이다. 따라서 설문을 차용할 때도 일정한 원칙이 있어야 한다.

가장 중요한 것이 원문의 설문 문항에서 사용된 결정적 단어인 명사만 변경해야 한다는 것이다. [그림 5-10]은 참고문헌의 설문 문항(a)과 연구자가 활용해야 할 문항(b)을 서로 비교한 것이다. (a)에 있는 mobile Internet과 Web site를 (b)에서는 wearable AI device로 수정해서 사용하고 있다. 이처럼 명사만 바꾸는 이유는 무엇일까? 최초로 측정 도구를 개발한 연구자는 다양한 문헌을 바탕으로 기본적인 문항을 완성하고, 시간과 비용을 들여 여러 가지 방법으로 해당 문항의 타당성을 검증했을 것이다. 따라서 명사만 변경하고 다른 환경이 변하지 않는다면 연구자가 알고자 하는 사항을 직접적으로 측정해낼 수 있다.

Habit
1. The use of mobile Internet has become a habit for me.
2. I am addicted to using mobile Internet.
3. I must use mobile Internet.
4. Using mobile Internet has become natural to me.

Inertia
1. Unless I became very dissatisfied with this Web site, changing to a new one would be a bother.
2. I would find it difficult to stop using this Web site.
3. For me the cost in time, money, and effort to change Websites is high.

Habit
1. The use of wearable AI device has become a habit for me.
2. I am addicted to using wearable AI device.
3. I must use wearable AI device.
4. Using wearable AI device has become natural to me.

Inertia
1. Unless I became very dissatisfied with this wearable AI device, changing to a new one would be a bother.
2. I would find it difficult to stop using this wearable AI device.
3. For me the cost in time, money, and effort to change wearable AI device is high.

(a) 참고문헌의 문항   (b) 명사만 수정한 새로운 문항

[그림 5-10] **설문 문항 비교**

국내 연구 자료를 보면 자신의 연구에 맞게 다양하게 수정해서 설문을 진행하고 있는 것을 알 수 있다. 다시 한 번 강조하지만 설문 문항을 다양하게 수정해서는 안 된다. 그렇게 하는 순간, 해당 도구에 대한 타당성 검증이 이루어지지 않았기 때문에 잘못된 연구로 그 결과가 나타나게 된다. 또한 연구자가 이를 알고도 진행한다면 명백한 연구윤리 위반이 된다.

SECTION 04 기관에서 발표한 자료 이용하기

논문 작성 시 기관에서 게시하는 데이터나 설문 문항을 가져오는 경우, 연구자는 상당한 시간과 노력을 줄일 수 있다. 다만 이런 편리한 수단을 이용하기 전에 연구자가 미리 주의할 사항이 있다.

기관에서 발표한 자료는 두 가지 측면에서 이용할 수 있다. 하나는 데이터 이용이고, 다른 하나는 설문 문항 이용이다.

데이터 이용하기

[그림 5-11]은 조사된 데이터를 다운로드할 수 있는 사이트를 보여준다. 관련 분야의 데이터를 직접 다운로드할 수 있는 곳은 이외에도 상당히 많다.

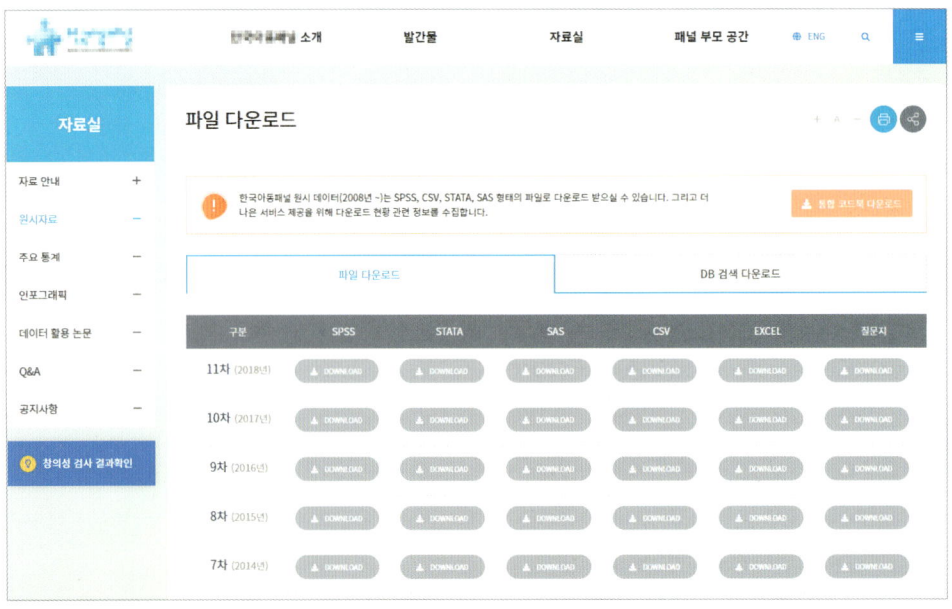

[그림 5-11] 기관에서 연구자들을 위해 제공하는 데이터

기관에서는 자체적으로 연구를 진행하기 어려운 경우 공공의 이익을 증대할 목적으로 연구자들에게 데이터 파일들을 제공한다. 연구자가 기관 데이터를 이용하여 연구할 때는 연역적 연구방법을 취할지, 귀납적 연구방법을 취할지 중심을 잘 잡아야 한다. 이미 어딘가

에 이론은 다 있으니 찾아서 넣으면 된다고 생각하는 연구자들도 있는데, 이는 대단히 연구 편의주의적인 생각이다.

> **참고** **연구 편의주의**
>
> 연구모델을 스스로 구상해서 만들지 않고, 주어진 데이터에서 연구 결과를 도출하기 위한 이론을 찾아 그에 대한 결과물을 출판하는 것은 좀 생각해볼 필요가 있다. 데이터에서 어떤 의미를 찾아 제시하는 것은 당연히 격려하고 칭찬해야 할 일이다. 그런 결과물이 많다면 한편으로는 축하할 일이기도 하다.
>
> 그런데 한번 생각해보자. 우리나라에는 정말 많은 연구 결과물들이 있지만 그동안 노벨상 수상자는 나오지 않았다. 우리나라에 왜 테슬라나 아마존과 같은 회사가 나오지 않는지 생각해볼 필요가 있다. 테슬라의 CEO인 일론 머스크는 어릴 때부터 판타지와 공상과학소설에 심취했다고 한다. 그는 현재 민간 우주 탐사 기업 스페이스X를 설립하고 민간인을 우주로 보내겠다는 야심찬 계획을 실천하고 있다.
>
> 짜여진 틀에서 무언가를 이루어나가는 것도 나름대로 의미가 있다고 생각한다. 그러나 그 견고한 틀을 깨는 것 역시 연구자의 역할이 되어야 하지 않겠는가 하는 생각이 든다.

설문 문항 이용하기

기관이나 단체로부터 설문 도구를 얻으면 그만큼 시간이 절약된다고 생각할 수 있다. 하지만 결론부터 말하면 그런 자료를 사용하면 안 된다. 기관이나 단체를 불신해서가 아니라 어떻게 만들어진 도구인지 알 방법이 없기 때문이다. 간혹 외국 기관의 자료를 사용하면 괜찮은지에 대한 질문을 받곤 하는데, 그 역시 사용하지 말라는 입장이다. 만약 설문 도구를 완성하는 과정에 대한 근거가 제시된 경우라면 그건 사용할 만하다. 하지만 이 경우에도 문제가 있을 수밖에 없는데, 언제 만들어진 문항인지가 관건이다. 10년 혹은 20년이 지난 도구를 사용하겠다는 연구자들이 있는데, 이는 논문과 보고서를 구분하지 못하는 학부 이하의 수준에서 할 수 있는 말이다.

새 술은 새 부대에 담으라는 말이 있다. 새로운 진리에 대해 옛 관습과 전통을 적용하지 말고, 새로운 발상으로 관습과 전통을 깨서 발전시키라는 의미가 아닌가 생각한다. 연구에 맞는 설문을 만들거나 인용해서 연구문제를 해결하는 것이 당연하고도 바람직한 방향이다. 그럼에도 실제로 연구 현장을 보면 기관에서 제공하는 설문으로 논문을 개발하는 경우가 있다.

지도 교수님의 OK를 받았다면 걱정 말고 쓰자

학위 과정에 있는 동안 지도 교수님의 영향력은 아주 크다. 이런 경우는 거의 없겠지만 지도 교수님이 기관의 측정 도구를 활용하자고 하면, 가져와 쓰면 된다. 연구자 입장에서는 시간을 절약할 수 있다는 생각에 훨씬 마음이 가벼워진다.

연구자의 기본 소양으로 그저 그런 연구와 가치 있는 연구를 구분해낼 수 있는 지혜의 눈을 가질 수 있길 바란다. 모든 기관의 측정 도구가 좋지 않으니 사용하지 말자는 의미가 아니다. 연구의 공헌(contributions) 관점에서 논문의 질을 스스로 판단할 수 있어야 한다는 의미다. 조금이라도 더 연구의 의미를 확장시킬 수 있는 것이 있다면 직접 찾아보자는 능동적인 생각으로 접근할 때 더 넓은 연구 시각을 확보하게 될 것이다.

그래도 지도 교수님의 안내를 거스를 수 없어 기관의 측정 도구를 가져와 진행하는 경우라면 스트레스 받지 말고 그냥 진행하자. 학위를 받기 전까지 수련한다는 생각으로 여러 경험을 하는 것도 나쁘지 않다는 생각이다.

기관에서 가져다 쓰는 도구라도 요인분석은 필수다

아무리 좋은 기관에서 다운로드한 측정 도구를 이용한다 해도 데이터를 수집한 후에 기술통계분석과 요인분석부터 시작해야 한다. 기술통계분석은 표본을 설명하는 것으로 연구모델에서 확인할 수 있는 직접적인 영향 관계를 확인할 수 없으니, 진정한 분석은 탐색적 요인분석에서 시작된다고 볼 수 한다.[6]

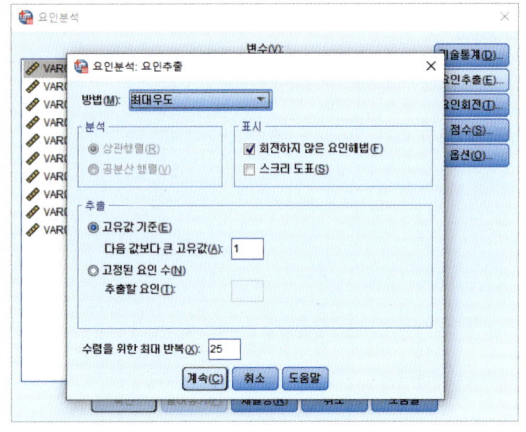

[그림 5-12] 요인분석

탐색적 요인분석은 선행 연구가 없을 때 각 문항에 대한 요인을 찾아가는 것이다. 기관에서 측정 도구를 공개하기 전에 선행 연구를 찾아 그에 맞추어 도구를 공개했다고 생각할 수 있지만, 실제로 공개되는 측정 도구의 출처가 표기되는 경우는 거의 없다고 봐도 된다. 그렇다면 연구자는 기관에서 받은 측정 도구를 사용할 때 선행 연구를 기반으로 하지 않았을 수 있다는 합리적 의심을 할 수 있다. 따라서 탐색적 요인분석을 통해 변수로 활용하는 것에 문제가 없음을 확인해줄 필요가 있다.

---

[6] 이 내용이 이해되지 않는다면 『제대로 알고 쓰는 논문 통계분석』(2019, 한빛아카데미)를 참조하기 바란다.

오래된 자료라면 심각하게 고민해야 한다

아무리 기관을 신뢰한다 해도 세월의 힘을 거스르지는 못한다. 특히나 학문의 영역에서는 세월의 영향이 더욱 크게 나타난다. 정해진 것은 아니지만 논문에도 나름대로 유효 기간이 있다. 교수나 연구자의 모집 공고를 보면 최대 5년 이내의 연구 실적을 조건으로 거는 경우가 많다. 이는 연구 논문의 유효 기간을 의미한다고 볼 수 있다. 연구하는 업무를 떠나 5년이 지나면 논문 작성에 대한 감이 떨어지기 마련이고, 다시 논문을 쓰는 게 불가능하지는 않겠지만 의욕이 약할 것이기 때문이다.

이런 상황에서 아무리 신뢰할 만한 기관의 자료라 하더라도 너무 오래된 자료는 피해야 할 것이다. 특별히 정해진 유효 기간은 없으나 대략 10년이 넘은 자료라면 사용하는 데 신중을 기해야 한다.

유효 기간의 개념은 일반적으로 그렇다는 것이지 절대적인 기준으로 사용하기에는 무리가 있다. 특히 한 분야의 근본 개념에 해당하는 것이라면 5년, 10년 같은 유효 기간 기준을 적용할 필요가 없다.

> **참고** 제공되는 설문이 있더라도 다시 문헌을 찾아야 하는 이유
>
> 신뢰받는 유명한 기관에서 제공하는 측정 도구를 이용한 연구 결과를 제시하는 경우가 있다. 그 연구 결과를 해당 기관에서 제시하는 것이라면 괜찮겠지만 다른 연구자가 측정 도구만 이용해서 결과를 제시하는 것은 문제가 있다. 측정 도구가 탄생하기까지의 과정을 전혀 모르고 사용했기 때문이다.
>
> 측정 도구의 신뢰성은 특정 기관이라는 간판에서 나오는 것이 아니라 근거가 있는 연구 결과로부터 시작하여 반복 측정하더라도 같은 결과가 나오는 것에서 획득된다. 연구모델을 만드는 과정 없이 연구모델을 형성하고, 측정 도구를 확정하는 과정을 전혀 모르면서 연구를 한다는 것, 그 자체가 모순이다. 이는 곧 연구가 제대로 이루어질 수 없다는 의미다. 이런 연구 과정의 절단에서 오는 간극을 메우기 위해서 이론적 고찰이 필요하다.
>
> 제공받는 측정 도구가 연구자의 시간적 부담을 줄이는 것처럼 보일 수 있다. 그러나 논문의 이론적 배경은 연구자의 연구가 갖는 의미를 부여하는 기초가 되는 부분이므로 결국 시간을 들여 문헌 고찰을 할 수밖에 없다.

SECTION 05 설문 개발하기

측정 도구를 도저히 찾을 수 없고, 연구의 중요성을 판단해볼 때 그대로 진행해야 한다면 연구자가 측정 도구를 직접 개발하는 수밖에 없다. 그런데 측정 도구를 새로 개발하려면 많은 시간과 비용을 들여야 한다. 또한 연구자의 연구에 대한 이해가 상당한 수준에 올라 있어야 적절한 방향을 찾아 측정 도구를 완성할 수 있다. 즉, 연구자는 깊은 이론적 고찰을 통해 해당 분야를 완벽하게 이해해야 한다. 그 후 전문가들의 의견을 수렴함으로써 측정 도구를 만들어낼 수 있다.

표적집단면접법(FGI: focus group interview)

초점집단면접법이라고도 한다. 6~12명 정도 되는 소수의 전문가들 혹은 조사 대상자를 선정해서 연구자가 사회를 맡아 좌담 형식으로 해당 주제에 대해 의견을 모아가는 방법이다. 어떤 집단을 대상으로 할지에 대한 기준은 없지만, 연구에 사용할 측정 도구를 만들어가는 과정이므로 전문가 집단과 일반인 집단에 대해 각각 진행해본 후 차이를 확인

[그림 5-13] 표적집단면접법: 소수의 패널을 통한 질적 조사

해보는 것도 좋을 것이다. 이 방법에서는 사회자의 역할이 중요하다. 자유로운 토론 분위기를 만들어야 하고, 초점이 흐트러지지 않도록 중심을 잡아 진행해야 한다.

그런데 FGI만으로 측정 도구를 만들기는 쉽지 않다. 6~12명의 패널이 모집단을 대표하기에는 대표성 결여의 문제와 질적 조사의 한계에 부딪히기 때문이다. 이 방법을 쓰려면 연구자의 이론적 고찰의 수준이 높아야 한다. 그래야 표적집단이 갖는 의견을 모아가는 데 문제가 생기지 않고, 관련 없는 사항까지 연결되는 결과를 방지할 수 있을 것이다.

델파이법(delphi method)

델파이법은 다수의 전문가 집단으로부터 의견을 수렴하고 종합해서 예측하는 방법이다. 내부 혹은 외부의 다수 전문가나 스태프를 통해 의견을 수렴한다는 것이 핵심이며, 전체 과정은 우편을 통해 진행된다.

이론적 고찰을 마친 상황에서 FGI를 통해 수렴된 사항이나 이론적 고찰을 통해 추출해낸 중요한 내용을 대상으로 델파이법을 적용할 수 있다. 전문가들의 의견을 수렴하는 경우, 보통 종합적인 결과를 재송부하고 다시 수령하는 반복적인 과정을 통해 전체적인 결론에 이르게 된다. 우편을 수령한 전문가들

[그림 5-14] 델파이법: 우편을 통한 다수 전문가의 의견 수렴

은 전달받은 내용에 대해 확인하고 자신의 의견을 제시해야 한다. 전문가 집단의 구성원은 서로 면대면으로 만나지 않기 때문에 익명이 보장되고, 자유롭게 자신의 견해를 제시할 수 있다.[7] 제시한 의견이 수렴된 것을 다시 송부받아 또 다시 의견을 제시하는 과정을 거친다. 보통 4~5회 정도의 전송과 수령을 통해 최종적인 측정 도구를 확인할 수 있다.

같은 분야의 전문가들을 대상으로 의견을 수렴하는 방법이므로 편의(bias) 발생에 대한 우려가 있을 수 있다. 그렇다면 명목집단법(NGT: nominal group technique)을 먼저 시행할 수 있다. NGT는 서로 다른 분야에서 활동하는 사람들이 명목상 집단이 되고 이들에게서 아이디어를 포착하는 방법이다. 보통 4~5회에 걸쳐 의견을 종합하고 수렴하는 과정에서 변수에 대한 중요한 포인트를 찾아갈 수 있다.

이 두 가지 방법을 통해, 사전적인 대표 설문 문항을 나열하는 과정까지 진행해야 한다.

> **참고** 측정 도구 개발 참여자에 대한 사례 문제
>
> 전문가들을 모시고 의견을 청취하거나 메일 등의 방법으로 의견을 취합할 때 사례는 어느 정도 해야 할까?
>
> 지금은 '부정 청탁 및 금품 등 수수의 금지에 관한 법률(김영란법)'에 의해 그 기준이 정해져 있다. 이 법은 크게 금품 수수 금지, 부정 청탁 금지, 외부 강의 수수료 제한의 세 가지 카테고리로 구성되어 있다. 2015년에 국회 본회의를 통과했고 2017년 국민권익위원회에 의해 공직자나 언론인, 사립학교 교직원 등에 대해 농수축산물은 10만 원, 경조사비는 5만 원 등의 기준을 마련했다.
>
> 측정 도구 개발에 관한 용역이 아닌 의견을 듣는 것이므로 외부 강의 수수료와 관련한 내용은 적용되지 않을 것이다. 그동안의 통례를 보면, 쿨하게 현금으로 주시는 분들도 있고, 상품권을 증정하는 경우도 많이 보았다. 지도 교수가 아닌데도 측정 도구 개발에 참여해주시고, 식사 대접 한 번 정도로 몇 달을 피드백해주시는 경우도 보았다. 사례를 거의 하지 않는다면 연구자의 주머니 사정에는 도움이 되겠지만, 기본적인 인사 정도는 하는 것이 어떨까 싶다.

---

[7] ICT(information communication technology)가 발달하기 전에는 우편을 보낼 때 반송 봉투와 우표를 포함해서 보내고 수령했으나, 지금은 메일이나 기타의 통신 방법으로 진행하는 경우가 많다.

예비조사

예비조사는 전문가의 의견을 청취해서 측정 도구를 수정하는 과정을 통해 최종적으로 만들어진 도구를 이용하여 소량의 데이터를 수집한 후 이 데이터로 정확한 데이터를 수집할 수 있는지를 최초로 확인해보는 방법이다. 예비조사 이전에 20~30명 정도의 표본 조사인 사전조사를 하는 경우가 있는데, 이 정도의 표본으로는 어떤 유의한 결과를 판단할 수 없다. 가끔 측정 도구 개발 혹은 설문 개발이라는 제목을 단 논문을 보면, 예비조사 전에 사전조사를 실시했는데 의미 있는 결과를 제시하는 경우를 보지 못했다. 예비조사만 충실히 해도 문제가 없을 것으로 판단된다.

연구자가 예비조사를 통해 확인하는 것은 측정 도구의 내용타당성이다. 내용타당성은 측정하고자 하는 내용이 조사 대상으로부터 나타나는 여러 측면의 내용을 제대로 포함하고 있는지를 확인하는 것이다. 정확한 내용을 확인할 수 있는지 판단해서 수정할 것은 수정하고 삭제할 것은 삭제한다.

예비조사를 하기 위한 적절한 표본 개수는 정해진 것이 없다. 대략 100~150개(물론 이보다 더 적게 하는 경우도 있다) 정도면 요인분석과 신뢰도분석을 할 수 있으니 이 정도로 하는 것이 어떨까 싶다. 또한 상관분석을 통해 개념타당성(construct validity)에 해당하는 판별타당성과 집중타당성을 가늠해볼 수 있다.

본조사

예비조사를 통해 타당성과 신뢰성을 확인했다면, 연구에 활용할 수 있는 최종적인 측정 도구를 완성한 것이다. 이제부터는 연구에 치중해야 한다. 몇 개의 표본을 구성할지 사전에 가늠하겠지만, 통계학의 조건에 맞는 충분성을 생각하고 있다면 표본의 개수를 더 늘려나가야 할 것이다.

본조사에 해당하는 자세한 내용은 다음 장인 '데이터 수집 및 분석하기'를 참고하기 바란다.

꼭 기억합시다!!!

이론적 배경으로 연구모델을 잘 설명했다면, 이제 연구문제 해결을 위한 연구방법을 결정해야 한다. 연구방법을 올바르게 결정하기 위해서는 연구자가 다양한 분석 기법을 알고 있어야 하며 현재 어떤 방법을 가장 많이 사용하는지 파악해야 한다. 또한 설문을 작성할 때는 검증이 잘된 참고문헌의 설문을 인용하여 객관성과 타당성이 충분한 설문을 만들도록 한다.

Episode 6
열정적으로 논문 작성 수업을 듣고 논문에 활용한 사례

어느 해 오프라인 수업에 나이가 지긋하신 분이 수강을 하셨다. 열정적으로 수업에 참여하고 거의 모든 쉬는 시간마다 질문을 하셨던 분이다. 나중에 서로 이야기를 나누던 중 현직 교수로 계신다는 것을 알았다.

교수가 논문 수업을 듣는다고 하니 이상한가? 참고로, 필자도 평소에 잘 모르는 분야에 대해 공부해야겠다는 판단이 들면 수업을 찾아서 듣는다. 연간 3~4회 정도는 수업을 찾아 듣는 것 같다. 올해(2021년)도 4월까지 총 4회의 외부 강의를 신청해서 들었다.

교수님은 총 8주간의 주말 수업 시간에 매번 일찍 와서 기다리셨고, 늘 질문을 많이 하셨다. 수업 내용에 대한 질문도 있었지만 연구 중인 논문에 어떻게 적용해야 하는지도 질문하셨다.

8주간의 수업을 마치고 교수님의 제안에 따라 함께 식사를 하게 되었다. 이때도 다양한 이야기를 나누었는데 갑자기 감사 인사를 하셔서 깜짝 놀랐다. 알고 보니 수업을 받은 8주간 총 3편의 논문에 대해 KCI에 게재 확정을 받았다는 것이다. 그제서야 그동안 질문하셨던 내용이 투고 논문에 대한 것임을 깨달았다. 게다가 3편이나 된다니 너무 놀라워서 "제가 오히려 감사드려야겠습니다"라고 말씀드렸다.

그해 말에 교수님에게서 다른 대학교의 부교수로 영전(榮轉)하게 되었다는 연락을 받았다. 이런 전화를 받으니 내 일처럼 기뻤고, 연락을 주신 것이 고마웠다.

> Episode 7
논문 작성 수업을 듣고 동기부여가 된 사례

영전 소식을 전해주신 교수님이 참여한 수업을 종강하고 새롭게 시작하는 시간이 되었다. 첫 시간에 "지난 클래스에 교수님 한 분이 수업을 들으셨고, 8주간 3편의 논문에 대해 게재 확정을 받으셨습니다"라고 안내해드렸다.

수업이 진행되는 동안 지난 수업 때의 교수님과 동일한 양상으로 매시간 질문하시는 분이 계셨다. 꾸준히 논문을 투고한다고 말씀하셨기에 '혹시 이분도 교수님이신가?' 하는 생각이 들었지만 물어보지는 않았다. 이분은 오전과 오후 강의를 같이 들으셨기에 거의 매주 점심식사를 같이 했다.

그런데 마지막 시간에 역시 놀라운 이야기를 들었다. 8주 동안 논문 3편을 투고하셨다고 한다. 그러면서 "첫 시간에 교수님 한 분이 수업을 들으면서 논문 3편을 게재하셨다는 말을 듣고 동기부여가 됐습니다"라고 말씀하셨다.

한 번은 이분에게서 카카오톡으로 연락이 왔는데, "논문을 투고하고 게재 불가 판정을 받았는데 기뻤다"라는 말씀을 하셨다. 게재 불가 판정을 받았는데 기쁘다니 이게 무슨 말일까?!

요인분석을 하는 방법에 대해 맞는 방법과 틀린 방법 중 많이 사용하는 틀린 방법으로 투고했다가 심사위원에게서 맞는 방법을 안내받은 경우였다. 투고 전부터 어떻게 해야 할지 고민

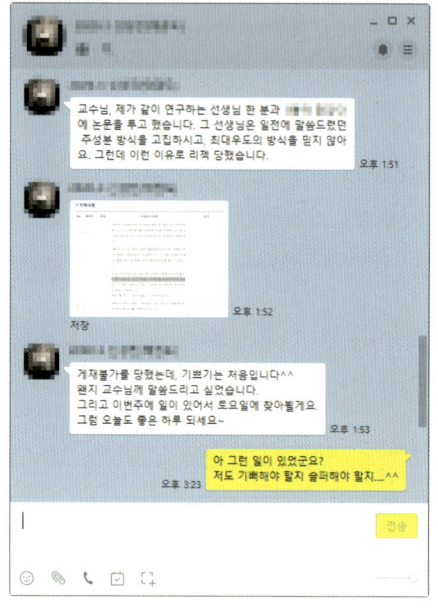

이었는데, 동료 연구자가 뜻을 굽히지 않아 틀린 방법으로 투고했고 결국 본인이 주장하는 맞는 방법으로 고쳐야 한다는 수정 요구 사항을 받았다는 것이다.

당장은 게재 불가 판정을 받았지만 꾸준히 연구하시며 결과물을 내고 계시니 좋은 결과가 있을 것이라고 생각한다. 이분은 가끔 세종대학교의 필자 연구실로 찾아와 연구실 한 켠에서 논문을 쓰신다. 동기부여가 되지 않는다면 가끔은 이렇게 시간과 여건을 활용하는 것도 좋은 방법이라 생각한다.

CHAPTER
06

데이터 수집 및 분석하기
Collecting and Analyzing Data

Contents

■ 먼저 알아둬야 할 것들

Section 01_ 최우선 해결 사항

Section 02_ 데이터 수집 방법과 데이터 클리닝 장치

Section 03_ 데이터 수집 시 마음가짐과 준비 사항

Section 04_ 데이터 분석 시 주의할 점

■ 먼저 알아둬야 할 것들

연구자가 어떤 문제의식을 느껴 그것을 논문의 주제로 삼아 연구모델을 설계하고, 연구모델에 맞는 가설을 세운 후 그에 대한 검증을 위해 데이터를 수집·분석한 결과로부터 결론을 내는 과정이 연구다. 그리고 이 연구 결과를 글로 나타낸 것이 논문이다. 그렇다면 이 과정에서 데이터 수집이 어느 단계에서 이루어져야 하는지 누구라도 알 수 있다.

데이터를 먼저 모으고 그에 맞는 이론적 고찰을 통해 모델을 설계해서 결론으로 연결한 논문은 연구의 진행 과정에서 확장이나 축소가 불가능하고 딱 그 데이터에 맞는 연구로 한정될 수밖에 없다. 이미 언급했지만 이렇게 하더라도 논문이라는 결과물만 보고는 올바른 과정을 거친 논문인지, 연구자의 편안함을 좇은 논문인지 알아낼 방법이 없다.

이 두 종류의 논문에서 확연하게 나타나는 차이는 연구 기간이다. 한정된 범위에서 이론을 찾아 끼워 맞추는 과정보다는 연구자가 연구 범위를 확대하거나 축소하면서 해당 연구가 기여할 바를 찾아가는 과정이 훨씬 더 오래 걸린다. 하지만 어떤 과정이 옳은 방식인지는 두말할 필요도 없다.

자료의 수집 vs. 분석 방법, 어떤 것부터 해야 할까?

논문을 쓴다고 하면 주변 사람들에게서 "데이터는 많이 구했어?"라는 말을 많이 듣게 된다. 더 나아가 "논문을 쓰려면 우선 데이터부터 구해놔~", "데이터만 구해놔도 논문은 다 쓴 거야~"라는 말도 듣기도 한다. 그런데 정작 어떤 분석 방법을 사용할 것인지에 대해서는 별로 묻지 않는다.

데이터의 양도 중요하지만 데이터와 관련하여 가장 중요한 것은 척도다. 앞에서도 척도의 중요성에 대해 강조한 바 있다. 명/서/등/비 척도를 계속 강조한 이유는 데이터를 수집할 때 연구자는 이 네 가지 척도 중 하나의 척도로 데이터를 수집해야 하기 때문이다. 표면적으로 보면 연구자가 정한 척도로 데이터가 수집되지만, 결국 연구자는 수집이 완료된 데이터의 척도를 기준으로 하여 분석 방법을 적용한다. 그런데 데이터 분석 방법에 따라 쓸 수 있는 척도가 있고 쓸 수 없는 척도가 있다. 다행히 척도가 맞아 분석이 가능하다면 좋겠지만 그렇지 않은 경우 데이터 수집을 처음부터 다시 해야 할 수도 있다.

데이터 분석 과정까지가 논문에서 거의 50% 이상을 차지하므로 데이터를 먼저 얻은 다음 논문을 쓰는 것은 엄밀히 말하면 틀린 방법이다. 어떤 주제에 대해 논문을 쓸지 결정도 하지 않은 상태에서 오로지 데이터만 가지고 이론을 구성해 현실을 탐구하는 방법으로 논문을 쓴다는 것 자체가 말이 되지 않는다. 결국 데이터가 가장 중요하니 논문 초반부터 데이터 수집을 시작하라는 말은 연구방법과 연구의 흐름을 모르거나 결과물 도출에만 목적을 두었을 때 발생하는 현상이다.

> **참고** 데이터 수집 vs. 이론적 고찰, 어떤 것부터 해야 할까?
>
> 학위논문이나 학술논문을 쓸 때 데이터를 기반으로 논문을 쓰는 방법과 이론적 고찰을 마치고 연구 모델을 만들어 데이터를 수집하는 방법의 두 가지가 있을 수 있다. 이 두 방법은 완전히 상반된 접근 방법을 취한다. 첫 번째 방법은 현상으로 나타나는 사실에 대한 데이터를 기반으로 이론을 구성하거나 찾아야 하는 귀납적 방법이다. 두 번째 방법은 이론에서 출발해 현상으로 나타나는 사실에 비추어 이론적 근거가 있음을 나타내는 연역적 방법이다.
>
> 귀납법은 경험을 토대로 어떤 원리를 찾아가는 것이기 때문에, 경험적으로 얻은 데이터를 확인하여 결론에서 기존의 어떤 진리에 대해 진리가 아니라는 것을 추론할 수도 있다. 엄밀히 말하면, 추론된 결론은 기존의 진리에 반하는 게 아니라 현재까지 모르던 새로운 진리를 찾은 것이라 판단하는 것이 맞을 것이다. 그러므로 논문의 구성 역시 데이터로부터 출발해서 어떤 의미를 찾았는지를 설명하는 것이 맞다. 수많은 데이터 속에서 어떤 의미를 찾으려면 데이터 마이닝(data mining)이라는 분석 방법을 사용하면 된다.[1]
>
> 혹자는 거의 모든 분야에 해당 분야의 이론이 다 나와 있는 시대이기 때문에 이론을 찾는 것은 문제가 없다고 한다. 많은 연구자나 교수들이 이와 같은 귀납적 방법을 사용하고 있는 것으로 알기에 이에 대한 반론을 제기하지는 않는다. 다만, 이론적인 고찰에서 출발하여 연구자가 주장하고자 하는 바를 연구모델로 구성한 후에 모델에 맞는 데이터로부터 결론을 도출하는 방법이 더 적절하다고 할 것이므로 최소한 어떤 방법이 맞는지는 알고 있어야 한다. 물론 제대로 된 연구방법을 따른다면, 도출된 결론에 맞게 이론을 찾아서 맞추는 연구방법에 비해 상대적으로 많은 시간이 필요하다. 어떤 방법을 선택할지는 학자적 양심에 따르는 연구자의 몫이다.

분석 방법은 이미 결정되어 있어야 한다

분석 방법이 먼저 결정되어야 이에 맞는 데이터를 수집할 수 있다고 했다. 엄밀히 말하면, 연구자가 연구모델을 확정하는 과정에서 유의한 결과를 도출하기 위해 어떤 방법을 이용해야 효율적인지에 대한 전체적인 통찰력을 가지고 있어야 한다. 즉, 연구자는 연구모델의 결과를 가장 잘 표현할 수 있는 연구방법을 결정해야 한다. 평균 비교에 해당하는 척도는 범주형과 연속형으로 구성되어 있어야 하고, 인과관계 분석에 해당하는 척도는 주로 연속형으로 구성된 도구가 적당하다.

논문에 적합한 분석 방법이란?

평균 비교의 기본적인 분석 방법은 t검정이고, 고급 분석 방법은 분산분석이라 할 수 있

---

[1] 사실에 기반한 데이터로 연구한 논문은 귀납적 방법에 의한 것이며 실제로는 데이터 마이닝을 이용한 방법을 적용해야 한다. 그런데 연구자가 데이터 마이닝을 하지 않고 이론을 끼워 맞춘 뒤 연역적 방법론에 의한 결과를 보고하더라도 연구자가 연역적 방법을 사용하여 이론부터 고찰하고 데이터를 얻어서 보고하는 논문이라고 주장한다면, 심사자나 편집자는 이론적 근거에서 출발하지 않았다는 것을 찾을 수 있는 방법이 없다.

다. 측정 횟수나 표본의 개수에 따라 분석 방법을 달리한다. 또한 인과관계 분석인 회귀분석에서는 독립변수의 개수, 독립변수와 종속변수의 범주형 여부 혹은 매개변수와 조절변수의 존재 여부에 따라 분석 방법의 명칭이 달라진다.

이러한 분석 방법들 중 어떤 방법이 논문에 더 적합할까? 그 답은 "모든 논문에 일률적으로 적합하거나 더 좋은 방법은 없다"이다. 연구자가 결론으로 도출하는 내용에 새로운 의미를 나타내는 데 더 효과적인 방법이라면 그게 바로 좋은 방법이다.

예를 들어, t검정이 단순히 평균 차이를 검정하니 너무 쉽다고 느껴 논문에는 적당하지 않다고 생각할 수도 있다. 그러나 대표적인 CNS[2]에서 COVID19와 관련된 논문들을 보면 대응표본 t검정으로 약효를 확인하는 비교 실험의 결과를 발표하고 있다. 그리고 박사 논문에 평균분석(예를 들면, ANOVA)을 사용하면 좀 부족한 감이 있지 않나 생각하는 사람들이 있는데, 분석 방법이 아니라 연구주제나 연구 결과에 부족함이 있는 게 아닌지 생각해봐야 한다. 논문의 완성도는 주제의 적합성, 논리의 흐름, 분석의 정확성, 공헌도에 의해 결정된다.

평균 비교와 인과관계 비교의 진행 과정

평균 비교든 인과관계 비교든, 표본을 이용한 모든 분석에서는 인구통계학적 분석 내용을 이루는 기술통계량 항목이 필수로 들어가야 한다. 기술통계량 항목은 연구자가 구성한 표본으로부터 얻은 결과를 객관적으로 일반화해도 괜찮다는 것, 즉 표본에 모집단을 대표할 수 있는 대표성이 있다는 점을 설명해주기 때문이다.

평균 비교의 경우, 대표성을 확보했다면 그다음에는 어떻게 요인 구분을 했는지에 대한 내용이 있어야 하고, 그 요인에 따라 평균 차이가 어떻게 확인되고 있는지에 대한 설명이 나와야 한다. 그리고 이에 대한 통계량이 유의수준과 어떤 관계에 있는지 제시함으로써 연구자가 설정한 가설을 검정하여 마무리한다.

인과관계를 살피는 연구라면 어떤 변수들을 활용할 수 있는지에 대한 탐색적 요인분석을 통해 요인을 구분하고, 반복 측정하더라도 요인분석의 결과가 동일하게 나타난다는 신뢰도분석이 진행되어야 한다. 반복 측정하더라도 구분된 요인을 구성하는 데 무리가 없다면, 요인들 간의 연관성을 파악하는 상관분석을 실시한 후에 독립변수로 설정된 변수가 종속변수에 어떤 영향을 미치는지 확인하는 회귀분석을 실시하여 분석을 마무리한다. 구조방정식모델이라면 신뢰도 분석 이후에 확인적 요인분석이 진행되는데 이 과정에서 타당성을 확인하기 위해 상관분석이 같이 진행되므로 이후에 경로분석으로 마무리하면 된다.

---

[2] 많이 알려진 대표적인 과학 저널을 일반적으로 CNS라고 부른다. 여기서 C는 Cell, N은 Nature, S는 Science를 의미한다.

SECTION 01 최우선 해결 사항

데이터 수집이 중요하긴 하지만 충분성에 입각해서 무조건 많이 모은다고 좋은 것만은 아니다. 누가 보더라도 과학적 접근 방식에 따라 체계적이고 정확한 계산하에 데이터 수집을 진행해야 한다.

양적 연구방법에서 가장 중요한 것은 '표본을 어떻게 결정할 것인가'이다. 표본이 어떻게 결정되는가에 따라 연구 결과가 확연히 달라질 수 있기 때문이다. 표본이 중요한 이유는 또 있다. 심사 과정에서 표본에 대한 문제가 해결되지 않으면 해당 연구가 어떤 결과를 도출하더라도 일반화가 불가능하므로 연구 자체의 의미가 없어질 수도 있기 때문이다. 그러므로 연구자는 연구모델을 결정하는 과정에서 어떻게 데이터를 수집할 것인지 전체적으로 조감(鳥瞰)하고 있어야 한다.

표본 결정하기

표본 결정 방법은 크게 확률적 표본추출 방법과 비확률적 표본추출 방법으로 구분할 수 있다. 표본으로 선택될 확률이 동일하다면 확률적 표본추출 방법이고 그렇지 않다면 비확률적 표본추출 방법이다.

[표 6-1]의 표본추출 방법은 논문 작성 방법을 안내하는 책들에서 흔히 볼 수 있다. 또한 많은 연구자들이 표본추출 방법을 학습했고, 상당히 많은 연구 결과도 생산해냈다. 그런데도 선택한 표본 결정 방법이 어떤 방법이며 왜 그러한 방법을 선택했는지, 표본추출은 타당한 것인지를 질문하면 상당수 연구자들이 선뜻 대답하기 힘들어한다. 알고 있기는 하지만 적용 방법을 제대로 보여주는 사례가 없었기 때문이다.

[표 6-1] 표본추출 방법

추출 방법	표본추출 방법	내 용
확률적 표본 추출	단순무작위 표본추출	가장 기초적인 표본추출 방법으로, 모집단에서 각 사례의 수를 일정한 규칙에 따라 균등하게 기계적으로 뽑아낸다. 컴퓨터나 난수표 등을 이용하여 추출하는데 표본의 크기가 작다면 표본 특성을 왜곡할 우려가 있다.
	체계적 표본추출	전체 모집단을 기준으로 번호를 부여하여 순서대로 n개의 일정한 간격에 따라 표본을 추출하는 방법으로, 표본 선정이 쉬우며 정확하다. 예 선거일에 하는 출구조사를 예로 들 수 있다.
	비례층화 표본추출	모집단이 여러 개의 이질적 집단으로 나뉘어 있는 경우 이질적인 집단의 수에 비례하여 추출하는 방법이다. 예 대학교의 1, 2, 3, 4학년의 비율이 4:3:2:1인 10,000명의 집단인 경우 1,000명을 추출할 때, 각각 400, 300, 200, 100명씩 추출하는 것이다.
	다단계 층화 표본추출	상위 표본 단위를 설정한 다음 하위 표본 단위를 설정하여 그에 맞게 다시 추출하는 방법이다. 예 대학교로 표본추출하고 이를 다시 단과대학별로 추출한 다음 다시 학과별로 추출하는 방법이다.
	군집 표본추출	내부 이질적, 외부 동질적으로 구성된 군집들이 있는 모집단에서 전체를 조사하지 않고 몇 개의 군집을 선택하여 조사하는 방법이다. 예 서울에서 자전거 구매 의사를 조사한다고 할 때, 서울시 25개 전체를 조사하는 것이 아니라 표본으로 선정된 몇 개의 구만 조사하는 방법이다.
비확률적 표본 추출	편의 표본추출	조사자의 편의에 따라 장소와 시간 등에 구애받지 않고 중요하다고 생각되는 임의적 표본을 추출하는 방법이다. 조사하기 쉽고 비용이 적게 드는 장점이 있으나 표본의 대표성에 대해서는 의심의 여지가 높다.
	판단 표본추출	조사자의 판단에 따라 적합하다고 판단된 구성원들에 대하여 표본으로 추출하는 방법이다.
	할당 표본추출	내부 이질적, 외부 동질적인 기준인 연령, 학력, 직업 등 표본의 특성에 따라 적합하다고 판단되는 기준으로 표본을 추출하는 방법이다. 예 지역별 대학생의 의식 조사를 실시하는 경우 지역별 대학생 숫자에 따라 대학생의 표본을 추출하는 방법이다.
	자발적 표본추출	자발적으로 조사에 응하는 사람들을 표본으로 선택하는 방법이다. 관심도(관여도)가 높은 사람들이 응할 것이므로 표본의 특성으로 인하여 결과의 왜곡이 발생할 가능성이 크다.

일반적으로 비확률적 표본추출 방법은 표본 내에서 각각 표본으로 선택될 확률이 서로 다를 수 있고 연구자의 주관으로부터 출발하기 때문에 이로부터 도출된 결과는 편의가 발생할 확률이 상당히 높다. 그렇다면 연구 결과의 일반화는 물 건너간 것이나 다름없다. 결국 연구자는 확률적 표본추출 방법을 적용해야 이런 위험에서 벗어나기 쉽다.

이제 확률적 표본추출 방법에 대해 생각해보자.

연구자가 단순무작위 표본추출 방법을 선택했다면 공정하고 일반화할 수 있는, 대표성 있는 표본을 선택한 것일까? 전체 모집단을 통제할 수 없는 상황이라면 컴퓨터나 난수표 등의 방법을 적용할 수 없기 때문에 이 방법을 사용하는 것은 하나의 이상에 불과하다. 체계적 표본추출은 어떨까? 선거 출구조사의 경우 투표자들을 투표소의 출입구에서 모두 관찰하며 순서를 확인할 수 있으므로 이 역시 투표자인 모집단을 통제하에 두고 있다고 할 수 있다. 하지만 일반적인 연구에서는 이런 일이 발생하지 않는다. 그러므로 이 방법 역시 적용하는 데 한계가 따른다.

층화 표본추출과 비례층화 표본추출은 어떨까? 연구에 적용했을 때 가장 유리한 방법이라 할 수 있다. 모집단 내부의 특정 비율을 가늠하고 그에 맞추어 표본을 추출하므로 그나마 확률적 표본추출에 가장 가깝게 갈 수 있다. 그러나 이 역시 직접 표본들과 상대하는 과정에서 연구자의 주관이 들어갈 수 있다. 이때 발생하는 연구자의 주관은 연구자의 개인적 특성에 기인한다. 예를 들어, 연구자가 올빼미형 생활 습관을 가지고 있어서 밤에만 조사한다거나 오전에만 시간이 나서 오전에만 조사를 한다면 역시 표본으로 추출된 개인은 확률적이라 기대할 수 없다. 이러한 문제점을 극복하려면 연구자는 시간대를 구분하여 조사 시간과 표본추출 방법을 혼합한 기준에 맞추어 표본 추출 조사를 실시하면 된다. 이렇게 조사한다면 과학적 조사로서 문제가 없을 것이다.

기간 결정하기

연구모델을 기반으로 설문이 완성되었다면 이제 데이터를 수집해야 한다. 데이터를 수집할 때도 연구자가 세워놓은 일정한 원칙이 있어야 하는데 그중 하나가 언제부터 언제까지 데이터를 수집할 것인지 기한을 정하는 일이다. 많이 모으면 좋다고 하니 시간을 보내면서 한없이 데이터만 모을 수는 없기 때문이다. 또한 기한을 정하면 목표의식이 생겨 그 기간에 맞추어 데이터 수집을 완료할 수 있다는 장점이 있다.

직접 인터뷰를 하여 자료를 수집하겠다고 결정했다면, 자료를 수집하는 기간에는 워드프로세서상의 논문 진행은 거의 멈춘다고 생각해야 한다. 직접 몸으로 뛰는 기간이기 때문이다. 그래서 설문 하나하나가 소중하고, 양질의 데이터를 얻지 못하면 그 시간이 아깝게 느껴진다.

기간을 결정했으면, 기간으로 목표 표본 개수를 나눈다. 그리고 하루에 얻을 데이터의 숫자를 맞춰나가는 방법으로 표본의 수를 맞추어야 한다.

수집 시간 결정하기

단순히 기간만 정해서 표본을 수집한다면 이 또한 편의를 벗어날 수 없다. 확률적 표본추출을 한다는 점을 기억하고 하루를 시간대로 구분하여 해당 시간에 맞추어 표본을 구성해야 한다. 그래야 연구자의 특성에 따라 나타나게 될 편의(bias)를 제거할 수 있다.

보통 시간을 오전/오후/야간의 세 가지 정도로 구분한다. 그리고 10:00~12:00, 13:00~15:00, 16:00~18:00, 19:00~21:00 정도로 설정하여 시간대마다 4개 정도의 설문을 수집한다고 생각하면 3주 정도의 기간에 표본 개수 300개 이상의 데이터셋을 확보할 수 있다. 물론 표본이 더 필요하다면 시간을 늘리거나 1일 목표 개수를 늘리면 된다.

COVID19의 유행 등으로 사람을 대면하기 어려운 상황에서는 어떻게 해야 할까? 이런 경우에는 인맥을 통하거나 사회조사를 담당하는 전문 업체를 활용하는 방법을 쓸 수 있다. 이에 대해서는 다음 절의 '데이터 수집 방법'에서 좀 더 자세하게 다루도록 한다.

참고 직접 인터뷰를 고집하는 이유

직접 인터뷰는 연구자가 자신이 만든 설문으로 설정한 표본추출 방법에 따라 응답자를 직접 찾아가서 데이터를 수집하는 경우를 말한다. 직접 인터뷰를 하라고 하면 "어떻게 직접 찾아가서 인터뷰를 해요? 그건 너무 힘들어요"라고 반문할 수도 있다. 또는 "이미 공개된 데이터를 활용하거나 온라인상에 퍼져 있는 데이터를 활용하는 방법은 어떤가요?"라고 질문할 수도 있다. 물론 온라인상에 퍼져 있는 데이터를 특정 방법에 의해 수집한다면 그 자체로도 의미가 있으며 수집 방법을 논문에서 기술해주면 된다. 온라인상에서 혹은 기계적인 방법으로 데이터 수집이 불가능한 경우에 한정하여 직접 인터뷰를 제안하는 것이다.

직접 인터뷰를 하면 솔직하게 힘이 많이 든다. 그렇지만 한 번 하고 나면 다음번에도 직접 인터뷰를 하게 될 것이라 확신한다. 직접 인터뷰를 진행한 뒤 요인분석 결과를 보면 왜 직접 인터뷰를 하라고 하는지 그 이유를 알 수 있다. 뒤에서 설명하겠지만, 데이터 클리닝을 할 때 많은 자유도를 가질 수 있다는 장점이 있기 때문이다.

투고용 소논문이나 학위논문을 준비하는 분들 중 상당수가 SPSS Statistics로 인구통계학적 분석(기술 통계분석)까지는 하지만 요인분석에서 난감해하는 경우가 있다. 인과관계분석의 첫 단추는 요인분석이다. 이 분석에서 제대로 된 결과가 나오지 않는다면 나머지 분석은 해볼 필요도 없다. 개인적인 경험으로 볼 때, 데이터클리닝을 하며 약 1,000번 이상의 요인분석을 실시해보면 결국 결과가 도출되기는 한다. 하지만 목표로 했던 표본 개수를 맞추기 쉽지 않거나 표본이 가져야 할 모집단에 대한 대표성을 갖추기가 쉽지 않다. 하지만 직접 인터뷰를 실시한 데이터셋으로 요인분석을 진행하면 기가 막힐 정도로 요인분석 결과가 예쁘게 나오는 것을 확인할 수 있다.

필자가 쓴 『제대로 알고 쓰는 논문 통계분석』에 제시한 데이터에 대해 "교과서를 만들기 위해 인위적으로 맞추어낸 것이 아닌가요?"라고 질문하는 분들이 있다.[3] 교재에서 사용된 데이터의 분석 결과가 모두 좋게 나타나기에 이런 질문을 하는 것이 이해가 된다. 하지만 여기에서 사용된 데이터는 실제 논문에서 활용된 데이터이며, 단 1회의 요인분석으로도 좋은 결과가 도출되었기에 그것을 교재에서 사용한 것이다. 325개의 데이터는 당연히 직접 인터뷰를 활용하여 얻은 데이터들이다.

---

[3] 교재에 딱 맞아떨어지는 데이터셋을 만들려고 일주일간 시도했지만 무에서 유를 창조하는 것과 같은 데이터 조작은 역시 힘들다는 것을 깨달았으며 결국 포기하고 말았다.

정보원 결정하기

데이터 수집에 대한 부담이 있을 수 있고, 직접 인터뷰를 한다면 인터뷰 거부가 두려울 수도 있다. 또 시간이 부족하여 데이터 수집을 직접 진행하기 어려운 상황일 수도 있다. 이럴 때 가까운 지인에게 데이터 수집을 부탁하는 경우도 있다. 사실, 품앗이 형태로 연구원들끼리 서로 도움을 주고받는 경우가 비일비재하다.

요즘은 설문지를 프린트해서 나누어주었다가 회수하는 방식의 데이터 수집은 하지 않고, 대개 구글이나 네이버의 설문 양식을 만들어 메일로 URL을 살포하거나 QR 코드를 보내서 데이터를 모으는 것이 일반적인 추세로 보인다. 이런 경우라면 정보원의 역할이 배제되기 때문에 여기에서 논할 대상은 아니다. 그러나 누군가에게 설문을 부탁하는 경우라면 정보원의 역할은 아주 중요하다. 만약 정보원이 설문지를 뿌리는 것에만 목적을 둔다면 데이터 수집은 실패할 확률이 높다. 전체 데이터를 버려야 할 상황까지 올 수 있다.

정보원을 활용할 때는 최대한 객관적으로 판단해서 자신의 연구처럼 설문을 실시해줄 수 있는 지인에게만 부탁하도록 하자. 왜냐하면 응답자들의 반응을 세심히 살펴볼 수 있어야 하기 때문이다. 데이터 클리닝은 데이터 수집 단계에서부터 시작된다고 봐야 한다. 이에 대해서는 4절 '데이터 분석 시 주의할 점'에서 보다 자세히 설명하기로 한다.

SECTION 02 데이터 수집 방법과 데이터 클리닝 장치

데이터 수집 시 중요한 문제가 '양질의 데이터를 수집하였는가'이다. 설문 응답자들의 마음이 다 내 마음 같다면 좋겠지만 그렇지만은 않다. 그러므로 연구자는 데이터 클리닝에 대한 장치를 미리 만들어두어야 한다.

▌ 데이터 수집 방법

데이터 수집 방법은 아주 다양하다. 크게 보면 직접 수집하는 방법과 대행 업체를 이용하여 구하는 방법이 있다.

직접 인터뷰

설문조사 전화를 받거나 길거리에서 설문하는 사람을 만나본 적이 있을 것이다. 가장 양질의 데이터를 얻는 방법은 직접 인터뷰, 즉 연구자 자신이 직접 필드로 나가서 수집하는 것이다. 그렇지만 사실 상대방(응답자)은 자기 자신의 일인 양 적극적으로 설문에 응하지 않는다. 내가 설문을 받았을 때를 떠올려보자. 일면식도 없고 관계도 없는 사람이 실시하는 설문에 내일인 것처럼 응답해본 적이 있는가? 이런 상황에서 연

[그림 6-1] 직접 인터뷰는 양질의 데이터를 수집하는 가장 좋은 방법이다.

구자 본인을 대신해 누군가 설문을 진행해주기로 했다면 연구자의 마음과 똑같이 애착을 갖고 설문을 진행할 수 있을까? 결단코 연구자 본인이 직접 데이터를 수집하는 것보다 좋거나 동등한 질의 데이터를 수집할 수 없다.

온라인 데이터 이용

연구에 따라 다르겠지만, 온라인상에 퍼져 있는 다양한 데이터를 직접 찾아서 다운로드하여 분석할 수도 있고, Python 같은 프로그램을 이용해서 연구자가 직접 짠 프로그램으로 가져오는 방법도 있다. 이처럼 온라인에 분산되어 있는 데이터를 검색해서 필요한 정보를

찾는 크롤링(crawling)으로 데이터를 구할 수 있다면 연구자 입장에서 큰 부담을 없앨 수 있다. 하지만 이런 수집 방법은 모든 연구에 적용할 수 있는 일반적인 방법이 아니다. 다만 많이 활용하지 않는 방법이므로, 미리 알아두면 특정 연구에서 하나의 무기가 될 수 있다.

대행 업체 이용

대부분의 연구자는 직접 데이터를 구하거나 업체를 이용하거나 둘 중 하나를 선택해야 할 것이다. 2020년과 2021년은 COVID19의 유행으로 정부 차원의 사회적 거리두기가 일상화된 해다. 이런 상황이라면 직접 인터뷰가 불가능하다. 그렇다면 어쩔 수 없이 업체를 통하거나 인맥을 활용해 조사해야 한다.

그렇다면 업체를 통해 데이터를 수집하는 방법은 괜찮을까? 검색엔진에서 '사회조사'나 '설문'으로 검색하면 수많은 업체들이 검색된다. 가격 또한 천차만별이다. 데이터 수집 방법이 이뿐이라면 연구를 진행하기 위해 부득이하게 업체를 찾아야 한다. 하지만 이때도 설문에 데이터 클리닝을 위한 장치를 해두어야 응답지가 성실한 응답인지 아닌지를 판단하여 데이터를 정제해낼 수 있다.

> **참고** 데이터 클리닝에 유리한 직접 인터뷰
>
> 직접 인터뷰의 강점이 크게 보이는 때가 데이터 클리닝을 할 때다. 직접 인터뷰를 할 때 설문지를 나눠주고 신경을 쓰지 않는 경우가 있는데, 어차피 흘러가는 시간이므로 응답하는 동안 관심을 가져주는 것이 좋다. 그래야 응답자가 조금이라도 더 집중해서 성실한 답을 제공할 개연성이 있기 때문이다. 실제로 직접 인터뷰를 진행하는 동안 연구자가 관심 있게 지켜본다면 데이터 클리닝을 위한 장치를 하지 않거나 한다 해도 1~2개 정도만 해두면 큰 문제가 없다.
>
> 직접 인터뷰가 데이터 클리닝에 유리한 이유는 또 있다. 직접 인터뷰를 하면 연구자는 응답자의 응답 태도를 심정적을 파악할 수 있다는 점이다. 응답자가 설문에 대한 응답을 마치면 연구자는 응답자의 응답 태도를 A^+~F의 점수로 매겨 응답지 상단에 표시해둔다. 이렇게 성적을 매겨두면, 최종적으로 요인분석이 제대로 되지 않는 경우 삭제해나가는 기준으로 삼을 수 있다.

데이터 클리닝 장치

설문지를 통한 데이터 수집을 진행한 후, 최종적인 데이터로 분석을 실시하면 원하는 결과가 나오지 않는 경우가 발생한다. 이런 상황에 대비해 데이터 클리닝 장치를 해둔다. 데이터 클리닝 장치는 불성실한 응답을 확인하여 제거하는 기준을 마련하는 것이다.

중복 질문 넣기

설문의 양과 응답자의 짜증은 비례해서 나타난다. 그래서 설문 문항이 많을수록 양질의 데이터를 얻기가 힘들다. 동일한 문항을 간격을 충분히 두고 반복해서 넣었을 때 응답자가 해당 문항에 동일한 답을 표시한다면 응답자의 데이터는 양질의 것이라 판단할 수 있다. 이때 주의할 점이 있다. 중복 문항이 너무 많이 들어가면 응답자가 알아차리고 더 성의 없이 응답할 수도 있다. 따라서 연구자는 요령껏 중복 문항의 양을 조절해야 한다.

> 예시 5. 산에 가는 것을 좋아한다. (1－2－3－4－5)
>
>   ⋮
>
> 26. 산에 가는 것을 좋아한다. (1－2－3－4－5)

역질문 넣기

역질문이란 긍정문의 질문을 부정문의 질문으로 하고, 부정문의 질문을 긍정문의 질문으로 하는 것을 말한다. 리커트 5점 척도로 응답을 받았다면 1번을 표시한 문항에 대해 역질문 문항에서는 5번으로 표시해야 성실한 응답으로 판단할 수 있다. 역질문을 할 때도 마찬가지로 번호의 간격을 넉넉히 두어 응답자가 역질문임을 깨닫지 못하도록 하는 것이 좋다.

역질문에 대한 정답을 표기할 때 헷갈릴 수 있는 부분이 있다. 원래의 문항이 '1. 아주 좋지 않다, 2. 좋지 않다, 3. 보통이다, 4. 좋아한다, 5. 아주 좋아한다.'로 되어 있으면 그 역질문에 대해서는 응답자의 생각을 표시하는 데 혼동이 올 수 있다. 그러므로 전체적으로 질문에 대한 응답을 할 때 '좌측으로 갈수록 부정적, 우측으로 갈수록 긍정적'이라고 사전에 알리고 시작하면 응답하는 데 혼동을 막을 수 있다.

> 예시 5. 산에 가는 것을 좋아한다. (1－2－3－4－5)
>
>   ⋮
>
> 26. 산에 가는 것을 좋아하지 않는다. (1－2－3－4－5)

중복 질문과 역질문의 코딩과 분석 시 활용 방법

중복 질문과 역질문은 데이터 클리닝에서 사용하기 위한 도구다. 그러므로 이 문항들이 데이터 분석에서 활용되면 전체 결과에 영향을 미칠 수 있다. 예를 들자면, 요인분석에서 요인 부하량이 주로 높게 나타나게 되고 회귀계수가 높게 나타나는 결과가 발생한다. 이 때문에 분석에 사용할 데이터셋에서는 이런 문항들을 제거하고 분석을 진행한다.

리커트 5점 척도를 이용한다면 중복 질문 간에는 차이가 0에 가까울수록 성실한 답변이고, 역질문의 경우에는 차이가 4에 가까울수록 성실한 답변이다. 어느 정도까지 성실한 것으로 인정할지는 연구자가 정할 문제다. 다만 데이터 클리닝의 기준으로 미리 정해놓고 요인분석을 할 때 삽입하고 제거하는 과정에서 적용하면 도움이 될 것이다.

> **참고** 데이터 클리닝 장치의 한계와 주의점
>
> 데이터 클리닝 장치는 조금이라도 더 성실한 응답자의 데이터를 얻기 위한 것이지만 만능은 아니다. 하나의 기준이 될 뿐이다. 만약 다른 문항들이 오염되어 있다면 이런 데이터 클리닝 장치도 어쩔 수 없다.
>
> 중복 질문과 역질문이라는 장치를 설문지에 심어둔다면 연구자의 세심한 주의가 필요하다. 혹시라도 응답자가 앞에서 했던 응답과 동일한 문항을 발견하거나 왠지 같은 문항이라고 느끼게 된다면 오히려 역효과가 날 수 있기 때문이다.

SECTION 03 | 데이터 수집 시 마음가짐과 주의 사항

직접 인터뷰를 통해 데이터를 수집하는 경우라면 수집 과정에서 몸도 마음도 많이 지칠 수 있다. 미리 어떤 상황이 있을지 예상하고 데이터 수집에 임한다면 훨씬 담담한 마음으로 진행할 수 있을 것이다.

▌데이터 수집 시 마음가짐

전문 업체를 이용하는 경우에는 비용을 지불한 만큼 몸이나 마음을 사용할 일 없이 시간이 지나면 이메일로 간단하게 데이터를 받아볼 수 있다. 하지만 연구자가 직접 데이터를 수집하는 경우라면 데이터를 직접 수집하는 기간 동안 몸도 피곤하고 마음을 상하기도 한다. 따라서 직접 인터뷰를 한다면 연구자의 마음가짐도 중요한 역할을 한다.

마음을 비우자

데이터 수집 기간에 지녀야 할 가장 기본적인 마음가짐은 '비우기'다. 왜냐하면 상당히 많은 거절을 당하기 때문이다. 몇 번 거절당하면 자존심도 상한다. 그냥 무시만 당하는 거절은 그나마 양반이고, 짜증을 내거나 심지어 화까지 내는 사람들도 있다. 그런 상황이 누적되면 '아, 내가 무슨 호사를 누리겠다고 이런 모욕을 당하나' 싶기도 하다. 응답자는 응답할 준비가 전혀 되어 있지 않고 응답하기를 꺼려한다. 그래도 이런 어려운 과정을 모두 마치고 몇 명의 응답을 얻게 되면 본인 스스로가 대견스럽다.

시간대를 정하자

아침부터 저녁까지 쉬지 않고 계속 데이터를 얻으러 돌아다닌다면 상대적으로 많은 양의 데이터를 수집할 수 있다고 생각할 수 있다. 하지만 며칠만 해보면 생각보다 그렇게 많이 얻지 못한다는 것을 알게 될 것이다. 게다가 이런 식의 수집은 확률적 표본추출이란 개념으로 보자면 연구자의 편의에 의한 추출이 될 수 있다. 데이터 수집 계획을 세워 일정한 시간대에 데이터를 수집해야 적절히 쉴 수도 있고 예상치 않은 편의로부터 자유로울 수 있다.

창피한 것은 순간이다

모르는 사람에게 다가가서 데이터를 얻는다는 것이 쉬운 일은 아니다. 또한 모르는 사람에게 아쉬운 소리를 해야 하는 것 또한 참기 어려운 부분이 있다. 창피하기도 하고 주눅이

들기도 한다. 실패에 대한 두려움은 선뜻 말을 걸기 어렵게 만든다. 하지만 설문을 하면서 만난 사람을 또 다시 만날 확률은 아주 낮다. 어차피 모르는 사람이고 거절을 당하더라도 창피함은 한순간이다. 그러나 데이터를 받게 되면 그 데이터는 논문 속에서 영원히 남는다. 그렇다면 고생스럽긴 해도 그만한 가치가 있다.

쉽게 얻을 생각은 아예 하지도 말자

전문 설문 업체라면 보유하고 있는 패널이나 회원들이 있어서 이들로부터 데이터를 수집하므로 상대적으로 데이터를 쉽게 수집할 수 있다. 하지만 일반 연구자들은 데이터를 쉽게 얻는다는 것을 기대하기 힘들다. 한 간호사는 과거에 SCI에 논문 하나를 게재하고 다시 논문을 준비하는 과정에서 환자들을 대상으로 데이터를 수집하는데, 거의 무릎을 꿇고 부탁할 정도로 고생을 했다고 들었다. 물론 어느 정도 과장이 있을 수 있지만 그 정도로 데이터 수집이 힘들다는 뜻이다. 여러분을 위해 준비된 응답자는 없다고 생각하자.

너무 무리하지 말자

수집해야 할 전체 표본 개수를 수집 기간으로 나누면 하루에 수집해야 할 평균 개수가 나온다. 이 평균 개수를 기준으로 상한과 하한을 정해서 그 범위에서 자료를 수집하는 것이 좋다. 물론 많이 수집하면 좋을 수 있다. 강한 의지를 발휘해 하루에 100개의 자료를 수집할 수 있다면 그것도 상관없다. 하지만 이런 특별한 날의 기억으로 인해 수집 계획이 틀어질 수 있기 때문에 하루에 집중해서 너무 무리하지 말자는 것이다.

데이터 수집 시 주의 사항

데이터를 수집할 때 연구자가 특별히 준비해야 하거나 주의할 것은 없다. 다만, 매 순간이 소중하고 응답지 하나가 아쉽기 때문에 1개의 응답이라도 놓치지 않도록 몇 가지 주의할 점을 알아보고자 한다.

설문지는 항상 넉넉하게 준비하자

요즘은 거의 인터넷을 통해 질문지를 보내고 답을 얻지만, 인터넷이 발달하지 않았을 때는 모두 프린트한 설문지로 자료를 수집했다. 그래서 연구자의 가방에는 항상 설문지가 들어 있었다. 그렇다면 지금도 설문지가 필요할까 생각할 수 있는데, 그 답은 "그렇다"이다.

[그림 6-2] 설문지는 충분히 들고 다니는 게 좋다.

모집단의 대표성을 생각할 때, 젊은 층이나 컴퓨터 혹은 웹 기반의 환경에 익숙한 사람들을 대상으로 한다면 문명의 이기를 충분히 누리며 자료를 수집할 수 있겠지만 나이가 많은 층이나 어린 학생들을 대상으로 한다면 설문지가 자료 수집에 효율적이다. 또한 인터넷에 익숙한 연령대나 직업군을 대상으로 한다 해도 가장 직관적으로 응답할 수 있는 방식인 설문지를 이용하는 것이 좋다. 응답자는 한 장 한 장 넘겨가며 자신의 응답을 확인할 수도 있고, 지나간 질문을 다시 확인할 수 있다는 장점이 있다. 즉, 직접 설문지를 받았을 때 응답자의 집중도가 훨씬 높아진다.

하루에 목표치가 20개라고 해서 20개 남짓 가지고 다니면 안 된다. 아주 넉넉하게 가지고 다니기를 권한다. 표본이 될 수 있는 응답자들의 수를 연구자가 통제할 수 없기 때문이다. 어떤 환경에서든 설문지가 모자라는 것보다는 남는 게 낫다.

설문지를 항상 들고 다니자

설문을 하고 자료를 수집하는 기간에는 항상 설문지를 휴대한다고 생각해야 한다. 집 앞의 편의점에 간다고 하더라도 설문지를 휴대하길 권한다. 데이터 수집 기간에 사용할 전용 가방을 하나 준비하는 것도 좋은 방법이다. 데이터 하나를 얻기도 힘들겠지만 설문이 가능한 상황을 놓친다면 그것이 연구자를 더 힘들게 하기 때문이다.

설문지를 항상 가지고 다닌다는 것이 어떨 때는 거추장스럽고 짐스럽기도 하다. 하지만 어차피 길어야 한 달이다. 논문을 위해 올인한다는 생각으로 버텨야 한다.

보상책을 먼저 보이지 말자

설문 응답자에게 보상 차원에서 선물을 제공하는 경우가 있다. 예전에는 설문에 응답한 사람들에게 수지침 볼펜 등을 주곤 했다. 요즘은 주로 기프티콘을 주는 추세인 것 같다.

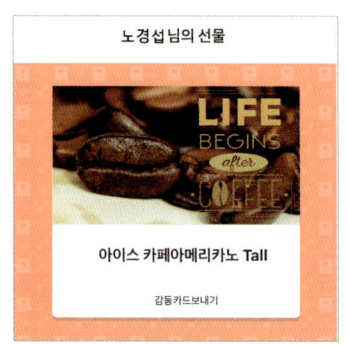

[그림 6-3] 응답 보상책은 설문이 다 끝난 후에 알려주는 편이 좋다.

이때 주의해야 할 점이 있다. "응답해주시면 아메리카노 기프티콘 드려요"라고 말하며 보상해줄 테니 응답해 달라는 식으로 진행하는 경우가 있는데, 될 수 있으면 이 방법은 피하라고 권하고 싶다. 보상책을 먼저 보이면 응답자의 관심이 설문보다는 보상으로 기울 수 있기 때문이다. 응답자는 '빨리 해주고 아메리카노 한 잔 마셔야겠다'와 같은 생각을 할 수 있다. 그러면 설문에 대한 응답이 변질될 수 있다. 한편, 아메리카노 기프티콘 하나가 3천 원에서 5천 원 정도임을 감안한다면, 설문을 전문 업체에 의뢰하고 싶다는 유혹을 받기도 한다.

SECTION 04 | 데이터 분석 시 주의할 점

데이터 수집을 마쳤다면 이제 분석 과정만 남았다. 해당 연구가 왜 필요한가에 대한 증거를 보여주는 과정이므로 주의하여 진행해야 한다.

데이터 수집을 마쳤다면 이제 코딩을 하고 본격적인 데이터 분석에 들어가야 한다. 분석 방법을 다루는 데 능숙하다면 시간을 두고 분석한 후 결과를 도출하면 되겠지만, 데이터 분석에 자신 없어 하는 연구자들이 많다. 그리고 이런 분들이 분석 대행 업체를 찾는다. 전문 회사에서 분석한다고 하니 믿을 수 있다고 생각하기 때문이다.

분석 방법을 적용하여 결과를 도출하고 해석하는 것은 무조건 연구자 스스로 넘어야 할 산이다. 게다가 데이터도 업체에 의뢰하고 분석도 맡긴다면, 1년에 논문 하나를 쓰는 데 만도 엄청난 지출을 하게 되어 연구를 지속하기가 어려울 것이다.

남에게 맡기는 것은 생각조차 하지 말자

학위만 필요하다면 고민하지 말고 분석 방법에 능숙한 전문가에게 의뢰하면 된다. 그러나 학위를 받은 후에 연구를 지속할 예정이거나 연구 기관에 들어가거나 교수로 임용 받는 것을 염두에 두고 있다면, 무조건 스스로 해내야 한다. 학위를 한 학기 혹은 1년 먼저 받는 것이 중요한 게 아니다.

분석 방법을 처음 접하면 그 종류가 너무 많아 질릴 수도 있으나, 논문 통계분석 책의 목차를 보며 흐름을 이해하고 하나씩 그 차이를 확인해 익혀나간다면 결국에는 활용도 높은 무기가 될 수 있다. 만들어놓은 연구모델에 적합한 데이터를 모았다면 반드시 스스로 분석 결과를 도출해서 논문에 기술할 수 있어야 한다.

표본을 30개 단위로 분석한다

통계학에서는 중심극한정리를 이야기할 때 표본 개수 30개를 기준으로 구분한다. 즉, 30개를 넘으면 표본이 크다고 하고 그보다 적으면 표본이 작다고 한다. 이와는 좀 다른 내용이긴 하지만, 필자는 데이터를 수집할 때 '30개의 법칙'을 이야기 한다.[4] 30개의 법칙이란 수집한 데이터를 30개 단위의 그룹으로 만들어 분석하라는 의미다. 예를 들어 요인분석을 실시한다고 했을 때, 30개씩 더해가며 요인분석을 실시해본다. 즉 30개를 모았을 때, 60개를 모았을 때, 90개를 모았을 때, 120개를 모았을 때, 각각 데이터가 축적되는 순간에 요인분석을 하면 데이터가 분석되는 양상을 볼 수 있고 그 결과를 확인할 수 있으니 데이터를 이해하기에 유리하다.

아무리 양질의 데이터라 해도 30개의 표본으로는 요인분석이 되지 않는다. 그렇다면 30개를 더 더해 60개를 만들면 요인분석이 될까? 이 정도의 개수로는 요인분석이 원하는 대로 나오는 경우가 아주 드물다. 표본의 누적에 따른 분석 결과의 양상은 연구자가 데이터를 어느 정도 수집해야 할지에 대한 이정표를 제시해준다.

[그림 6-4] 30개의 법칙을 기억하라.

> **참고 30개의 법칙을 적용할 때 유의할 점**
> 30개의 법칙은 매일 30개의 데이터를 얻으라는 말이 아니다. 데이터 클리닝과 요인분석을 할 때 30개를 기준으로 실시하며 진행해야 실수를 막을 수 있다는 의미다.

모집단에 대한 대표성에 맞추어 표본을 수집한다

30개 단위로 요인분석을 진행해보라는 것은 요인분석이 인과관계 분석의 첫 관문이기 때문이다. 그렇지만 표본 연구에서 가장 중요한 것은 표본이 모집단을 대표할 수 있는 대표성이 있어야 한다는 것이다. 따라서 30개 단위로 분석을 진행하는 경우에도 기술통계량을 파악하면서 모집단을 대표할 수 있는 수치가 나타나는지를 확인하며 진행해야 한다. 즉, 데이터 수집 후반기로 접어들면 모집단의 분포에 맞추어 표본을 수집해야 한다.

데이터 클리닝은 수시로 한다

연구를 여러 차례 진행해본 연구자라면 나름대로 데이터를 클리닝하는 최적화된 방법을 알고 있다. 요인분석 결과가 적절하게 나오지 않은 경우, 통계분석 절차를 아는 사람이라면 '수집→정제→추정→검정'의 과정에서 정제의 단계를 강조하며 데이터 클리닝을 하라고 한다. 그런데 "데이터 클리닝을 어떻게 해야 하나요?"라고 물으면 정확한 방법을 쉽사리 대답하지 못한다. 이는 어떻게 하는 것이 데이터 클리닝인지 정확히 모르기 때문이다.

---

4 이런 법칙이 진짜로 존재하는 것은 아니지만, 효과적인 방법이므로 임의로 명명한 것이다. 데이터를 수집해서 분석할 때 30개 단위로 검토하면 데이터 클리닝이나 요인분석의 결과로 연결되는 과정이 눈에 보여 데이터를 이해하기에 좋다.

30개를 기준으로 요인분석을 해보라는 의미는 사실 요인분석 결과를 확인하는 데 목적이 있다기보다 30개씩 더해가는 과정에서 데이터 클리닝을 동시에 진행해야 함을 강조한 것이다. 업체에 의뢰한 데이터에는 30개의 법칙을 적용할 수 없다. 하지만 직접 인터뷰를 진행하면 하나씩 쌓여가는 설문지를 확인할 수 있고, 연구자가 설문 과정에서 응답자의 태도를 평가[5]할 수도 있다. 데이터 클리닝은 설문지에 매긴 점수까지 확인하면서 활용할 데이터와 버려야 할 데이터를 구분하여 요인분석을 제대로 실행할 수 있게 해주는 것이다. 그러나 업체로부터 수령한 데이터로는 앞에서 설명한 데이터 클리닝 장치를 통한 정제 외에는 마땅히 할 수 있는 방법이 없다.

원하는 결과가 나오지 않더라도 의연해야 한다

수많은 논문을 보고 이를 바탕으로 연구모델을 구축하여 데이터를 적용했는데 요인분석이 제대로 되지 않으면 그때부터 연구자는 '멘붕'이 된다. 사실, 요인분석이 깔끔하게 진행되지 않는 경우가 많다.

연구자들이 진행하는 연구의 상당 부분이 양적 연구로 진행된다. 사람들은 양적 연구가 쉽다고 인식하는 경향이 있다. 하지만 모든 연구 진행 과정에서 정확한 방법을 따르지 않으면 양적 연구의 결과는 거의 쓸모없는 형태로 도출된다. 그러므로 양적 연구가 결코 쉬운 연구라 할 수 없다. 만약 원하는 결과가 나오지 않는다면, 연구자는 당황하지 말고 어떤 과정에 문제가 있었는지 스스로 그 원인을 찾아야 한다.

이 책을 처음부터 꼼꼼하게 읽고 핵심을 짚어 제대로 된 연구를 진행한다면 요인분석에서 나타나는 실수를 최소화할 수 있다. 다시 한 번 말하지만 양적 연구는 도구가 중요하다. 영어 원문의 측정 도구(설문 문항)를 정확하게 한글로 옮겨서 응답자가 정확하게 표현하도록 설문지를 구성하여 양질의 데이터로 분석을 진행해야 한다.

어떤 경우라도 조작은 금물이다

요인분석에서 요인들이 깔끔하게 나누어지지 않으면 연구를 더 이상 진행할 수 없다. 이 경우 연구자들은 지금껏 고생한 것을 생각하며 데이터가 좋지 않더라도 어떻게든 분석이 가능하도록 만들고 싶어 한다. 바로 이때 조작과 데이터 클리닝 사이에서 줄타기를 잘해야 한다. 분석 전에 삭제를 하거나 추가를 하는 기준이 있어서 그 기준에 맞춰 삭제와 추

---

[5] 직접 인터뷰를 진행하면 응답자의 태도를 판단할 수 있다. 예를 들어, 설문을 제대로 읽지 않는다거나 이해하지 못한 설문에 답을 했다거나 보상받는 것을 목적으로 설문에 응했다거나 하는 등의 내용을 기반으로 연구자가 응답자의 응답 태도 성적을 따로 표기해둔다.

가를 진행한다면 이것은 데이터 클리닝이 맞지만, 인위적으로 데이터를 수정하거나 변경, 삭제 혹은 추가를 한다면 명백한 조작이고 연구윤리 위반이다.

정확한 방법으로 요인분석을 했는데도 분석 결과가 제대로 나오지 않는다면 마지막으로 해볼 수 있는 방법은 클리닝된 데이터를 따로 분석하거나 포함해서 분석하는 것이다. 이때도 물론 기준이 세워져 있어야 하며, 그 기준에 맞추어 분석한 다음 중복 문항이나 역질문에 대한 차이가 작은 것부터 어느 수준까지 추가할 수 있다. 하지만 이 역시 데이터에 대한 엄격한 기준이 무너지는 것이므로 권장하지는 않는다. 요인분석이 잘 나오지 않는다면 차라리 표본 설계부터 새로 하는 편이 더 좋다.

꼭 기억합시다!!!

데이터는 수집도 중요하지만 양질의 데이터를 연구에 이용해야 한다는 점이 더 중요하다. 따라서 데이터 클리닝에 해당하는 정제에 대해 이해하고 있어야 한다. 이렇게 데이터셋이 마련되었다면 분석해서 연구문제를 해결한다. 이때 연구모델의 설계 단계에서 사용하기로 결정한 분석 방법을 활용하게 되는데, 활용 과정에서 문제가 발생한다면 이를 해결하는 절차를 거쳐 결론을 도출할 수 있어야 한다.

Episode 8

프로포절과 데이터 클리닝 관련 사례

박사과정을 수료하는 과정에서 필자의 오프라인 강의를 수강하셨던 분의 이야기다. 박사과정을 밟으며 학부에서 강의도 하시다가 이제는 논문을 써야 하는 시기가 되어 논문에 집중하느라 학교 강의는 접었다는 말씀을 하셨다. 이분은 수학적인 부분이 약하다고 하시며 매번 열심히 수업을 들었고, 이해가 안되는 부분이 있다며 재수강까지 하셨다.

이분은 자신의 지도 교수님과 학교 선후배 관계였고 특별한 마찰은 없지만 서로 관심 분야가 다른 것이 문제라면 문제였다. 이분은 진행하는 연구와 관련해 감성적인 것을 더 연구하고 싶어 했지만, 지도 교수님은 눈에 확연하게 보이지 않는 것은 아무리 이론적 근거를 갖추고 가설을 수립해도 잘 인정하지 않는 스타일이라 애를 먹는 것 같았다.

시간이 흘러 프로포절을 준비해야 할 시기가 왔다. 코칭을 통해 프로포절에서 약한 부분을 보강하고, 반드시 필요한 포인트를 점검하였다. 그리고 그다음 주에 프로포절이 진행되었다. 같이 프로포절을 하는 동료가 여럿이어서 비교되는 게 아닌가 싶어 걱정이 컸다. 그런데 예상 외로 프로포절 결과는 이분이 가장 좋았다는 것이다. 가장 잘 준비하고 있다고 생각한 동료의 프로포절은 엄청난 화력으로 공격을 당했다는 이야기도 들었다.

논문 심사의 과정은 정해진 틀 안에서 연구자가 어떤 것을 준비하고 있는지를 확인하는 과정이다. 그렇기 때문에 모든 과정마다 그에 맞는 포인트가 있다. A로 나타내야 할 것이 있는 반면 a로 표기해야 하는 것이 있다. 초보 연구자에게 이를 구분하라고 한다면 쉽지 않은 일이겠으나 천천히 준비하면 어느 순간 그 포인트를 이해하는 시점이 온다.

이후로 이분이 개인사로 인해 약 1개월 가까이 논문에 정진하지 못했다. 그래서 카톡으로 글을 남겼다. "어째 영 연락이 없으셔서, 논문 진행이 어떻게 되어가는지 궁금해서 연락 한번 드렸습니다. 물론 바쁜 일이 있으시겠지만, 시간 관리와 계획 관리가 잘 안되면 논문 개발이 안되는 것 아시죠? 스트레스를 드리고 싶진 않지만 조금 걱정이 되는군요. 빠른 시간 내에 주변 정리가 되어서 다시 논문에 몰입하시기 바랍니다." 집중하지 못하는 시간이 너무 길어지면, 아무리 프로포절이 잘되었다 해도 연구의 진척이 없을 것이기에 다음으로 넘어가버릴 수 있다.

코로나19로 인해 데이터를 업체에 의뢰하였다는 답장이 왔다. 그래서 "데이터 클리닝을 위한 장치만 잘 넣으시면 됩니다"라는 답을 드렸다. 그런데 지도 교수님께서 데이터 클리닝 장치를 확인하시더니 빼라고 했다는 연락을 주셨다. 이런 경우라면 데이터 클리닝에서 문제가 발생할 여지가 너무 많기 때문에 "헛, 안 되는데…. 그럼 저는 (데이터 클리닝에 대해서는) 잘 모르겠습니다"라는 답신을 했다. 이후 전화 통화로 대책을 강구하는 과정에서 요인분석은 지도 교수님의 방법으로 도움을 받으시라는 안내를 했는데, 그마저도 쉽지 않다는 답을 들었다.

지도 교수님은 "중간에 일렬로 답을 한 사람과 불성실한 것 같은 답안을 삭제하면 됩니다"라고 하셨다는 것이다. 이렇게 안내하려면 사전에 삭제하기 위한 일정한 기준을 연구자가 가지고 있어야 하지만, 실상은 그렇지 않았다는 게 문제다. 그래서 지도 교수님이 계시지만 그에 거스르는 안내를 했다. 안내를 하는 입장에서 실수를 해서는 안 되기 때문에, 이 부분은 여러 교수님들과 상의를 해서 '사전에 데이터 정제를 위한 기준을 가지고 있어야 함'을 재차 확인하였다.[6] 결국 지도 교수님께 설문 문항을 확인 받을 때는 문헌적 근거가 있는 설문 문항을 활용했고, 실제로 진행한 설문에는 장치를 2개 만들어 넣어서 진행한 기억이 있다.

---

[6] 상의를 통해 의견을 주신 분은 두 분이었다. 두 분은 최근 SCI급 저널에 연간 7편과 8편의 논문을 내셨던 분들이다.

CHAPTER 07

논리 전개하기 / 데이터 정리하기
Logical Development of Research Paper / Presenting Data

Contents

Section 01_ 논리 전개: 전략적 접근
Section 02_ 데이터 정리 방법: SPSS Statistics & 구조방정식모델
Section 03_ 논문 목차에 따라 정리하기

SECTION 01 | 논리 전개: 전략적 접근

논문은 연구자의 연구문제 해결에 초점을 맞춘 일정한 논리의 흐름이다. 논리가 제대로 서 있다면 설령 그 논리 앞에 있는 주장을 타인이 이해하지 못하더라도 내 주장을 관철할 수 있는 근원이 된다. 그러므로 논문에서 주장을 뒷받침하는 논리를 전개할 때는 전략적인 접근이 필요하다.

논문을 사랑하는 사람이 있는가? 혹은 논문을 읽고 감명을 받아본 사람이 있는가? 결론부터 이야기하자면, 논문은 건조한 문장으로 구성되어 있기에 목적을 갖지 않고 본다면 너무나도 지루할 수밖에 없다. 소설이나 수필 등의 문학작품은 독자로 하여금 마음의 소양을 쌓고 아름다움을 찾도록 하지만, 논문은 사실관계를 확인시키거나 새롭게 알게 된 세계를 밝히는 정도다.

북극이나 남극의 탐험가들이 물리적인 조건을 갖추며 완성하는 과정이 탐험이라면, 연구자들의 연구 과정도 일종의 탐험이다. 실험이나 관찰을 통해, 혹은 책상에 앉아 컴퓨터로 여러 자료를 서핑하고 새로운 문제를 인식해서 그에 대해 들춰내는 정신적 활동 역시 탐험이라 할 수 있을 것이다. 남극 탐험가의 탐험 목적이 세상을 향해 인생의 메시지를 던지거나 감동을 선사하는 데 있는 게 아니라 미지의 세계를 알아내는 데 있듯이, 연구자들도 벌어지는 현상을 바탕으로 새로운 세계를 밝히는 데 목적이 있다. 그렇다면 논문을 쓴다는 것은 어떤 활동이 되어야 하며, 그 효과성이나 효율성에 대해 생각해보아야 한다.

▌논문의 목적이 명확히 드러나야 한다

논문의 문체가 딱딱한 것은 논문의 목적이 독자의 감정을 자극하는 데 있지 않고 객관적 서술과 증거를 통해 독자를 이해시키는 데 목적이 있기 때문이다. 이런 딱딱함 때문에 독자는 논문을 읽는 과정에서 집중력이 약화될 수도 있다. 그러므로 논문의 시작 부분에 저자가 이 연구를 해야만 하는 이유가 명확히 드러나야 한다. 연구 목적을 나타내는 방법이 따로 정해진 건 아니다. 연구자는 어떻게 하면 더 효율적으로 독자를 이해시킬 수 있는지 그 방법을 찾아야 한다.

연구 목적을 기술할 때 주의할 점이 있다. 연구 논문은 공공재이므로 반드시 진행해야 하는 당위로서의 목적이 되어야지 연구를 위한 연구가 목적으로 나타나서는 안 된다. 즉, 연구의 목적과 연구를 위한 목적을 구분할 수 있어야 한다. 앞에서 누누이 말했지만, 논문의 형식을 갖췄다고 해서 모두 논문이라고 할 수 없다. 사회에 기여할 수 있는 가치 있는 논문, 즉 진정한 논문을 써야지 논문을 위한 논문을 써서는 안 된다.

▍표본의 대표성을 강조해야 한다

논문 심사 과정에서 심사위원 한 분이 작심하고 표본으로 공격한다면 아마도 여러분은 그 학기에 학위는 포기해야 할 상황이 벌어질 수도 있다. 그만큼 모집단에 대한 표본의 대표성이 중요하다.

매우 지엽적 표본으로부터 도출한 결론은 일반화하기 어렵다. 예를 들어, 어촌에서 산업구조와 주민 선호도에 관한 연구를 한다고 하자. 그런데 연구자가 어촌을 찾아다니기 힘들어 서울에서 고향이 어촌인 사람들만을 대상으로 연구조사를 진행했다면, 그 연구 결과는 어촌의 특성을 전혀 무시한 것이 될 개연성이 크다.

우리는 이미 통계학 시간에 모집단이 아닌 표본을 대상으로 통계학을 적용한다고 배웠다. 물리적, 시간적 한계로 인해 모집단 연구보다 표본 연구가 더 효율적이기 때문이다. 또한 표본이 대표성을 가져야 한다는 것도 알고 있다. 하지만 현재 국내에서 출간된 논문들을 한번 들여다보라. 자신이 선택한 표본이 모집단에 대한 대표성이 있다고 언급한 논문들이 있는가? 모집단에 대해 언급하지 않는 논문들이 대부분이며, 연구자가 선택한 표본에 대해 설명하고 인구통계학적 분석을 기술통계량으로 제시한 뒤 다음으로 넘어간다. 이런 논문을 보면 이 연구자가 대체 무슨 생각을 하고 있는가 하는 의심이 든다. 모집단에 대한 설명도 없는데 자신이 선택한 표본에 무슨 의미가 있다고 그토록 자신 있게 표본에 대해 설명하는지 이해할 수가 없다. 더 가관인 것은 결론 부분에서 자신이 선택한 표본의 한계를 지적한다. 결국, 결과를 일반화하기 어렵다는 것을 스스로 고백하는 셈이다. 이런 논문은 논문이라 볼 수 없고, 논문의 형식만 취했다고 보는 게 정확할 것이다.

연구자가 문제의식을 느껴서 연구모델을 개발하고 그에 대한 연구 결과를 도출하기 위해 가장 먼저 생각해봐야 할 것은 모집단이다. 모집단 특성을 알고 그 이후에 모집단 특성을 대표할 수 있을 만한 표본을 구성하는 데 집중할 필요가 있다. 적어도 표본이 대표성을 가지고 있다면 심사 과정에서 표본으로 인한 지적은 피할 수 있을 것이다.

참고 모집단 조사가 힘든데 모집단 특성을 어떻게 알 수 있을까?

모집단 특성을 알아야 한다는 말이 모수를 알아야 한다는 의미는 아니다. 통계청 홈페이지에만 들어가도 다양한 통계들을 얻을 수 있다. 우리가 내는 세금으로 확보한 이런 자료들을 쉽게 확인할 수 있는데 홈페이지에 들어가 확인하는 작은 수고조차 하지 않는다면 자신의 게으름을 탓해야 한다. 확률적 표본추출에서는 단순히 빈도만 알고 있어도 모집단 특성에 맞춘 표본추출이 가능하다.

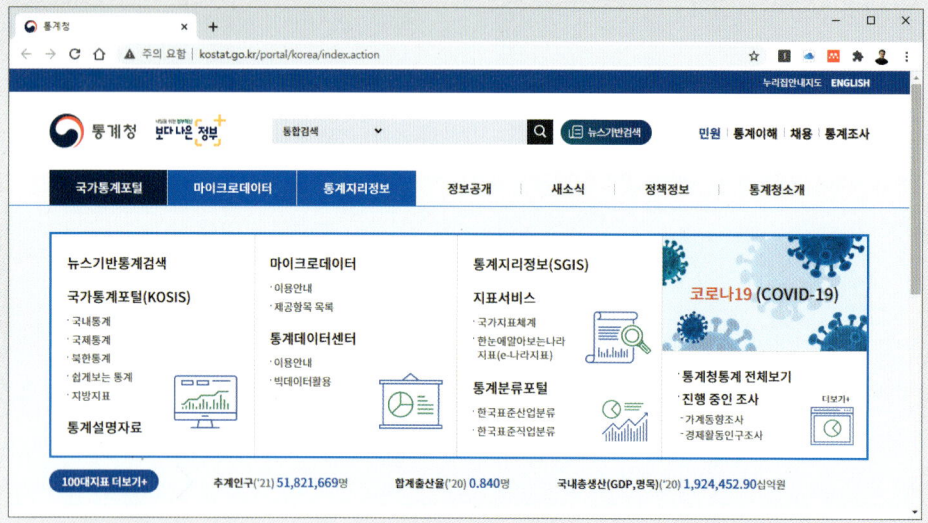

[그림 7-1] 통계청 홈페이지

통계청은 국가 전체를 대상으로 확보된 통계 자료를 제시한다. 만약 지엽적인 특정 산업이나 기타 특수한 분야의 통계를 확인하고 싶다면 관련 조합이나 관리·감독하는 공공기관, 협회, 단체 등을 통해 얼마든지 확인할 수 있다.

표본 개수(n)가 작다고 주눅 들지 말자

"표본은 몇 개 정도 하면 되나요?"라는 질문을 자주 받는다. 사실, 정답은 없다. 표본 수를 계산해주는 인터넷 사이트도 있던데, 이런 사이트들은 어떻게 해서 그런 계산이 나오는지에 대한 설명도 없고 알고리즘 자체를 자신 있게 이야기하지 않는다.[1]

적절한 표본 개수는 연구 대상이나 특성에 따라 달라질 수 있다. 일반적으로 사회과학자들은 1,000개 정도의 표본을 요구하는 것 같다.[2] 지도 교수님을 찾아가 "표본 수를 몇 개로 할까요?"라고 질문해도 정확한 답을 해주지 않는다. 대부분의 교수님들은 "표본 개수를 가능한 크게 가져가야 한다" 정도로만 답해주신다. 기초통계학에서 '점추정량의 바

[그림 7-2] 표본 개수는 몇 개면 적절할까?

람직한 조건의 충분성'면에서 보면 가능한 한 표본의 크기를 크게 가져가야 모집단에 가까우므로 이 또한 맞는 말이라 할 수 있다.

그렇다면 충분성을 따라 표본을 무조건 많이 가져가야 할 것인가? Python으로 온라인상의 정보를 크롤링하는 장치를 통해 수집이 가능한 정보라면 얼마든지 표본을 구할 수 있다. 자료 수집 기간을 1년 정도로 아주 넉넉히 잡고 조사를 진행하거나 큰돈을 들여 조사 업체에 맡기면 얼마든지 충분한 자료를 확보할 수 있다. 그런데 이런 방식으로 표본을 구한다면 과연 논문을 쓰고자 하는 연구자나 학위를 받으려는 사람들이 얼마나 되겠는가?

표본 수가 너무 적으면 공격의 대상이 될 수 있겠으나 이를 회피할 수 있는 방법도 있다. 선배 연구자의 사례를 활용하면 된다. 물론 선배 연구자의 연구가 아주 뛰어나거나 적절한 정도가 증명되어야 한다. 즉, 탑 저널을 통해 유사 연구나 참고문헌에서 활용 가능한 연구의 표본 개수를 확인해보면 된다.

[그림 7-3]에 있는 논문은 2021년에 출판된 논문이다. 이 논문은 70개의 표본으로 연구를 진행했음을 확인할 수 있다. 이러한 사례를 활용한다면 심사 과정에서 표본 개수를 문제로 탈락의 고배를 마실 확률은 줄어들 것이라 생각한다.[3]

---

[1] 필자는 현재 표본 개수 계산 방법에 대한 논문을 완성했으며 조만간 투고할 예정이다. 이 논문에서는 수학적인 방법으로 표본의 수를 계산하고 그에 대해 검증하는 방법까지 제시하고 있다. 수학적 방법으로 표본 개수를 계산한 결과와 표본 수를 계산해주는 인터넷 사이트에서 제시하는 수치를 비교했을 때 상당히 큰 차이가 있음을 확인했다. 검증되지 않은 업체에서 제공하는 정보에 휘둘리지 않았으면 한다.

[2] 국가에서 주관하는 '사회조사분석사' 시험 문제에서 적절한 표본 수에 대한 정답이 '약 1,000개'다.

[3] 표본 개수가 70개면 적당하다는 말이 아니라 표본 개수 70개로 연구된 것이 있다는 하나의 사례를 제시한 것이다. 연구자는 충분성에 입각해서 모집단에 대해 대표성이 있는 표본을 최대한 많이 구해야 할 것이다.

[그림 7-3]

[그림 7-3] 표본 개수 n = 70으로 작성된 논문

[그림 7-3]과 같은 논문은 연구자가 논문을 쓰는 과정에서 논문을 검색할 때 찾게 될 것이다. 관련 분야에 해당하는 논문이니, 평소에 논문을 정리하여 저장하는 습관이 있다면 이와 유사한 논문을 많이 발견할 수 있을 것이다.

[그림 7-4]에서는 해당 저널의 영향력을 확인할 수 있는 IF(impact factor)를 확인할 수 있다. 이에 대해서는 2장 '연구주제에 맞는 논문 검색하기'에서 확인한 바 있다. https://jcr.clarivate.com/에서 해당 논문이 실린 저널의 IF를 확인할 수 있다.[4]

---

[4] 2장에서도 얘기했지만, IF가 만능은 아니다. 유행이 될 만한 연구주제는 당연히 인용 수가 높을 것이고 이런 논문을 실은 저널의 IF가 올라가는 것도 당연하다. 꼭 필요하지만 다수의 관심을 갖지 못하는 영역은 그 중요성에도 불구하고 IF가 낮다. 이 때문에 현재는 IF에 대한 옹호론과 회의론이 대립하고 있다.

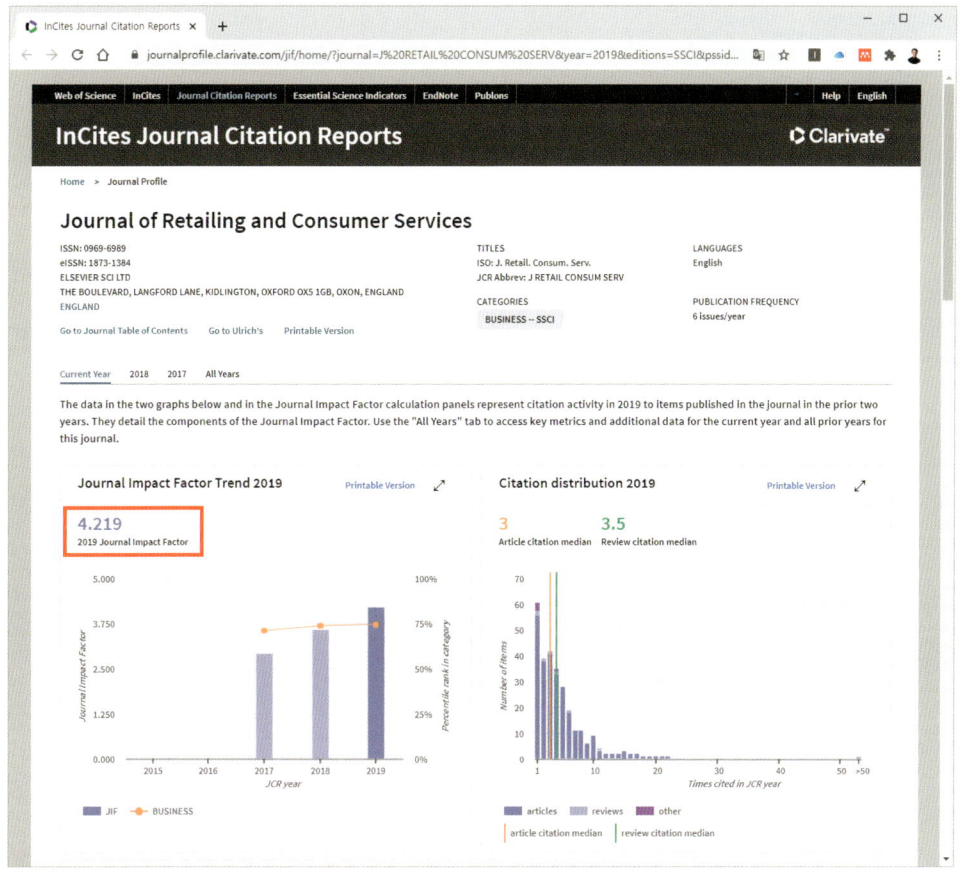

[그림 7-4] JCR에서 확인한 논문의 IF

표본을 선정할 때 시간과 비용에 쫓겼다는 티를 내지 말자

연구자가 직접 인터뷰를 진행해 데이터를 수집했다면 시간에 쫓겼을 것이고, 업체에 맡겼다면 비용에 쫓겼을 것이다. 이렇게 해서 마련한 표본이 300개 혹은 500개가 되더라도 심사자나 지도 교수님 입장에서는 더 많은 개수를 요구할 수 있다. 충분성의 문제이기도 하지만 설문 문항이 많을수록 표본 분포가 정규성을 구성하게 될 확률이 높아질 수 있기 때문이다. 이때 특별한 경우가 아니라면 힘들다거나 너무한다는 표정을 짓기보다 쿨하게 인정하고 받아들이는 응답을 하는 것이 좋다. 표본을 구하기 위한 조사를 즐기면서 했으며 더 하라고 해도 역시 즐기면서 할 수 있다고 하자. 물론 마음이 괴롭겠지만 연구 성과의 완성도를 조금 더 가져가는 과정이라 생각하면 편해진다.

연구자가 지금까지 잘하지 못해서가 아니라 모든 과정이 사람이 하는 일이기 때문이다. 지금까지 잘 진행되던 것이 예기치 못한 곳에서 암초를 만날 수 있다. 나중에 더 피곤한 일을 만들기보다 지금의 상황을 빨리 지나가는 것이 정신건강에 유리하다.

나이가 좀 있는 박사과정에 계신 분들 중 지도 교수님과 거의 싸우다시피 맞대응하는 경우를 간혹 보는데, 본인이 사회에서 아무리 잘나가고 성공했다고 하더라도 학교에서는 학생일 뿐이다. 정상적인 사고방식을 지닌 교수라면 조금이라도 더 도움이 되길 바라는 마음으로 안내를 하는 것이지, 대학원생들 앞에서 갑이라는 생각으로 권위를 내세우지는 않는다.

심사위원들은 나를 도와주시는 분들이지만, 필요하다면 연구 방향과 결과에 자신감을 가져도 된다

심사를 앞두고 혹은 심사 과정에서 심사위원들에 대한 다양한 의견이 있을 수 있지만, 적어도 학위논문 심사에서 심사위원들은 '내 연구의 조력자'라 할 수 있다. 심사위원들은 기본적으로 논문 심사를 해본 경험이 많고, 이런 분들의 견해를 한 자리에서 모두 들어볼 수 있기 때문이다. 결과적으로, 다음 심사까지 심사위원의 지적 사항에 대해 모두 맞추어갈 수 있다면 연구자는 분명 훨씬 더 완성도를 높인 연구 결과를 얻게 될 것이다.

하지만 지금 심사를 받고 있는 연구에 대해 가장 많이 고민하고, 문헌적 고찰을 하고, 연구모델을 찾아서 중요한 포인트를 찾고, 어떤 결과를 도출했을 때 가장 연구가 잘된 것인지 가장 잘 아는 사람은 연구자 자신이다. 지도 교수님도 연구 방향성에 대해 안내를 해주시지만 정작 연구에 시간을 투자하며 고생하는 사람은 연구자 이외에 아무도 없다. 그렇다면 그 연구의 1인자는 누가 뭐래도 연구자 본인이다. 그렇다면 스스로에게 혹은 연구에 대해서 자신감을 가져도 좋다. 물론 제대로 된 연구 과정을 거친 연구자라는 전제가 붙긴 한다.

여기서 중요한 포인트는 심사위원을 반박하라는 것이 아니라, 성실히 연구를 진행한 만큼 자신의 연구 결과에 자신을 가져도 좋다는 의미다. 너무 자신감이 충만해서 심사위원과 언쟁하는 일은 없어야 한다.

SECTION 02 | 데이터 정리 방법: SPSS Statistics & 구조방정식모델

데이터를 분석한 결과를 제시할 때는 모든 결과물을 나열하는 게 아니라 필요한 것만 보기 좋게 정렬하여 제시해야 한다. SPSS Statistics를 이용한 정리 방법과 구조방정식모델을 이용한 정리 방법이 조금 다르니 여기서 제시하는 내용을 잘 익혀 적용하도록 한다.

데이터 정리 방법이란 논문에서 분석 결과에 해당하는 부분을 정리하는 방법이다. 분석 결과는 가능한 한 Excel 파일로 내보내기를 해서 Excel 기능을 이용하는 것이 가장 좋다. 왜냐하면 논문에서 목차와 본문 내용을 기술할 때는 글자 크기나 줄 간격 등 정해진 형식이 있어 여기에 따라야 하지만, 표나 그림에 대해서는 특별해 정해진 양식이나 폼이 없기 때문이다. 독자가 가장 이해하기 쉬운 형태로 보여줄 수 있으면 된다. Excel로 정리하길 권하는 이유는 스크린 샷(screen shot) 프로그램을 이용하여 오려내서 MS-Word에 붙여 넣기를 하면 되기 때문이다.

논문에서 데이터 정리를 통한 결과를 기술하는 방법에는 일반적으로 두 가지 방법이 있다. 즉, SPSS Statistics를 이용하는 방법과 구조방정식모델을 이용하는 방법이 있다. 아래에 제시한 (1)~(4)까지의 내용은 두 방법에 동일하게 적용된다. 이후 (5)부터는 각 방법에 따라 내용이 달라진다. 지금부터 제시하는 내용을 숙지해서 논문을 작성할 때 활용하도록 한다.

▌ 기본적으로 적용해야 할 사항

양적 연구에서 데이터를 정리할 때 공통적으로 제시해야 하는 내용들이 있다. 차례대로 살펴보자.

(1) 먼저 모집단을 중심으로 생각해야 한다

표본을 설정하고 그에 대한 연구를 진행하기 전에 먼저 모집단을 생각해야 한다. 모집단의 특성을 파악하여 어떻게 연구를 진행할 것인지 결정해야 한다. 만약 연구자가 연구 전체를 통찰하지 않은 상황에서 연구를 진행한다면 지엽적인 연구가 될 수밖에 없다. 연구모델을 설계할 때도 역시 전체 상황을 기반으로 설계에 들어가야 한다.

(2) 모집단에 대한 대표성을 항상 염두에 둔다

연구 전체에 대한 그림을 그릴 수 있다면 그다음으로 직접적인 데이터는 어떤 관점에서 다뤄야 할지 고민해야 한다. 양적 연구, 특히 통계를 적용하는 양적 연구는 태생적으로 모집단 연구가 아니라는 한계를 안고 출발한다. 이 때문에 자연과학 분야나 이공 계열에서는 표본 연구를 두고 전체가 아닌 일부만 떼어 일반화한다며 부정적으로 보는 학자들도 있다. 그렇기에 표본은 과학적으로 추출해야 하고 모집단에 대한 대표성을 지녀야 한다.

논문에서 데이터 분석 결과를 기술할 때는 기술통계량을 제시하여 인구통계학적 특성을 설명하는 것에서부터 시작한다. 모든 논문에 동일하게 적용되는 사항이다. 연구자라면, 논문을 쓰고 있다면, 왜 인구통계학적 특성을 먼저 기술하는지 한 번쯤은 생각해봐야 한다. 이유는 단 하나다. 내 표본에 모집단에 대한 대표성이 있음을 설명하고자 함이다. 하지만 상당히 많은 논문에 모집단에 대한 대표성이라는 내용이 나오지 않는다. 이런 문제점을 스스로 발견할 수 있다면 여러분은 진정한 연구자의 길에 들어선 것이다. 인구통계학적 특성을 설명하여 표본이 모집단에 대한 대표성이 있다는 것을 이야기할 수 있다면, 이는 곧 앞으로 분석한 결과를 일반화할 수 있다고 주장하는 셈이다.

(3) 변수로 접근한다

인구통계학적 특성을 기술했다면 이제 연구모델로 접근해야 한다. 연구모델로 접근하는 첫 단계가 요인분석이다. 연구자는 여러 문헌을 참조하여 정한 변수를 실제 현장에서 데이터로 모아 연구모델에 적용해야 한다. 실제로 얻은 데이터는 여러 문항으로 구성되어 있다. 이 문항들을 각각의 변수로 구성하여 측정 도구가 적합한지 검증하는 것이다.

[그림 7-5] 요인분석을 통해 설문 문항을 각각의 변수로 구성한다.

연구자는 개념의 조작적 정의에 입각해 연구모델에 맞는 설문을 구성하므로 변수가 어떻게 구성될지 짐작할 수 있다. 그런데도 탐색적 요인분석을 하는 이유는 연구모델을 구성할 때 하나의 문헌에서 단일한 연구모델을 참조한 게 아니라 여러 문헌적 검토를 통해 복합적으로 구성하였고, 이를 바탕으로 설문 문항을 설계했기 때문이다. 제대로 된 방법으로 데이터를 정확하게 수집했다면 처음 연구자가 예상하는 변수대로 요인분석 결과가 도출될 것이다.

(4) 반복 측정해도 내 결과가 맞는다는 것을 증명한다

요인분석 결과가 제대로 나왔다면, 다시 한 번 데이터를 얻어 측정해도 동일한 변수로 구분된다는 것을 증명해야 한다. 가장 확실한 방법은 계속 반복 측정을 하는 것이다. 하지만 설문 조사를 한 번 진행하기도 어려운데 반복 측정을 위해 또 다시 조사를 한다는 것은 효율적이지 않다. 이런 방식은 오히려 연구자의 연구 의지를 꺾는 역할을 하게 될 것이다. 반복 측정하더라도 동일한 탐색적 요인분석 결과가 나온다는 것을 증명하는 분석 방법이 신뢰도 분석(reliability analysis)이다. 신뢰도 분석을 진행하여 연구자의 요인분석 결과가 옳다는 것을 증명하면 된다.

SPSS Statistics

SPSS Statistics만으로 분석을 완성하려면 아래의 순서를 따르면 된다.

[그림 7-6] SPSS Statistics 프로그램

(5) 변수들 간의 관계 정도를 증명한다

요인분석을 진행하면 여러 개의 측정 항목이 공통 요인으로 묶여 하나의 변수 덩어리를 이루게 된다. 이렇게 묶인 각 변수 덩어리 간의 연관성을 확인해야 한다. 만약 변수들 간에 연관성이 없다면 연구모델에서 이들을 활용한다는 것은 논리에 맞지 않기 때문이다.

변수들 간의 연관성은 정도의 차이를 확인하는 것이 아니라 양의 관계인지, 음의 관계인지, 혹은 관련성이 없는지를 판단하는 데 목적이 있다. 변수들 간의 관계가 많아야 좋은

지, 적어야 좋은지에 대해 질문할 수 있는데, 변수들 간의 연관성이 너무 많아도 문제가 될 수 있고 없어도 문제가 될 수 있다.

예를 들어, 변수들 간의 연관성이 1이라면 100%이므로 이는 서로 같다는 의미다. 50%만 되어도 변수 간의 구분이 불가능해진다. 이를 다중공선성이라고 하는데, 이처럼 변수들 간에 연관성이 너무 많으면 문제가 될 수 있다. 정확한 기준은 없으나 대략 40%가 넘으면 문제의 소지가 있다. 하지만 이것도 절대적인 기준은 아니다. 연구에 따라, 연구모델의 변수들에 따라 연관성이 조금 높게 나타나더라도 이 정도면 괜찮을 수 있다는 논리만 있다면, 그리고 50%가 넘지 않은 상태라면 그대로 진행해도 좋을 것이다.

SPSS Statistics에서는 이처럼 변수 간의 연관성을 확인하는 분석을 상관분석이라고 한다. 다만 조금 더 깊은 학습을 하려면 연관성분석의 내용을 확인하는 것이 좋다.

(6) 변수들 간의 영향 관계를 증명한다

변수들 간의 연관성이 파악되었다면 이제 본격적으로 변수들 간의 영향 관계를 입증해야 한다. 연구모델에서 확인할 수 있는 화살표(→)는 어떤 한 변수가 다른 변수에 영향을 준다는 의미다. 여기서 영향력의 정도, 즉 인과관계를 파악하려면 회귀분석을 진행해야 한다.

다양한 회귀분석 방법이 있지만 어떤 방법을 이용할지는 연구모델의 설계 단계에서 연구자 스스로 결정해야 한다. 물론, 연구 문제를 풀어나가는 데 가장 적합한 방법으로 진행해야 한다. 이처럼 가장 적합한 방법을 선택하기 위해서는 연구자가 회귀분석의 종류와 분석 방법에 대해 모두 이해하고 있어야 한다는 전제가 필요하다.

(7) 논리에 맞는 해설로 마무리한다

인과관계 분석까지 모두 마무리되었다면, 분석 결과를 해석해야 한다. 분석 결과에 제시한 표들에서 연구 문제를 해결하기 위한 수치들을 언급하며 "이러이러한 결과가 나왔으니 이 연구는 어떠하다."라는 결과를 서술할 수 있어야 한다.

이때 단순히 분석 결과만 해석하면 연구의 의미가 작아질 수 있으니 시사점으로 연결할 수 있어야 한다. 향후의 연구 방향에 대한 연구자의 의견이 들어가도 좋다.

구조방정식모델

구조방정식모델(SPSS Amos)을 통해 연구를 진행하고 있다면 (4)까지 진행한 후에 아래의 방법을 따르면 된다.

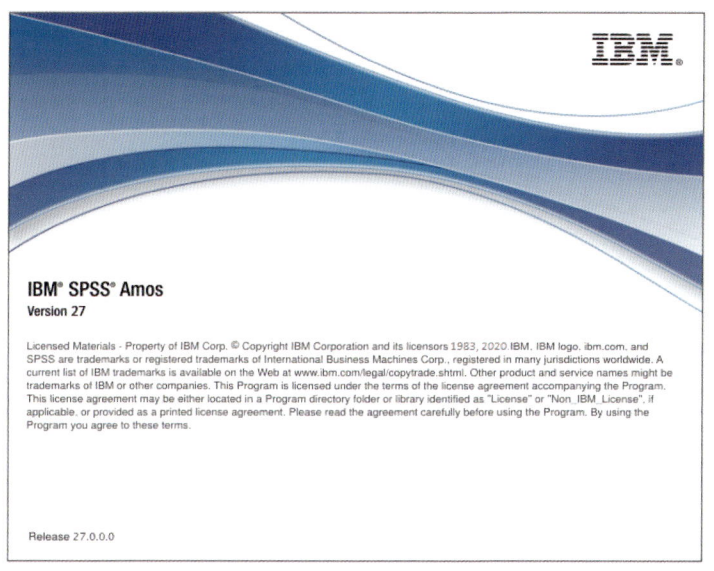

[그림 7-7] SPSS Amos 프로그램

(5) 이론에 맞는지를 확인한다: 확인적 요인분석

탐색적 요인분석과 신뢰도분석을 통해, 변수별로 구분 짓고 반복 측정을 하더라도 동일한 결과가 나온다는 것을 증명했다면 확인적 요인분석을 실시한다. 탐색적 요인분석이 요인들을 변인 간 속성을 기준으로 묶는다면, 확인적 요인분석은 실제 데이터를 사용하여 이론을 기반으로 확인했을 때 설정된 변수들이 제대로 묶여 있는지 확인하는 것이다.

SPSS Statistics에서는 신뢰도분석을 진행한 이후 연관성을 확인하였다. 확인적 요인분석은 집중타당성과 판별타당성을 확인하는 것으로 SPSS Statistics에서 진행한 상관분석의 내용을 포함하고 있다. SPSS Statistics보다 더 정밀한 검증 방법이라 할 수 있다.

(6) 구조방정식모델: 경로분석

확인적 요인분석을 마쳤다면, 이제 실제 연구모델에 맞는 경로를 구성하여 그림을 그려야 한다. 이처럼 경로 그림을 그려 변수 간 인과관계를 분석하는 방법을 경로분석이라고 한다. 이때 관측변수를 잠재변수로 묶어 연구모델에 적합하게 만들 수도 있고, 실제로 얻은 데이터를 표준화한 값의 측정치로 연구

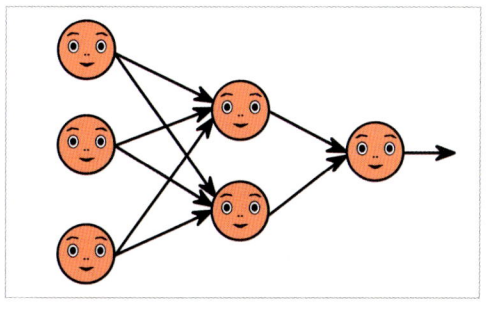

[그림 7-8] 연구모델에 맞는 구조방정식모델을 그려야 한다.

모델을 구성하는 방법도 있다. 전자는 이론에 충실한 방법으로 모델을 구성하는 방법이고, 후자는 관측치를 기준으로 연구모델에 적용하는 방법이다.

(7) 정리표 + model fit(모델 적합도)

구조방정식모델을 이용한다면 가장 먼저 확인해야 할 수치가 모델 적합도다. 모델적합도는 연구자가 구성한 모델이 측정된 데이터를 얼마나 잘 설명하는지를 나타내는 지표다. 크게 절대적합도지수, 간명적합도지수, 증분적합도지수로 나뉜다. 가장 우선적으로 절대적합도지수로 모델 적합도를 판단하지만, 모든 지수에서 적합한 것으로 측정된 경우가 가장 바람직할 것이다.

(8) 논리에 맞는 마무리로 해석한다

모델적합도까지 확인해서 문제가 없다면, 분석 결과를 해석해야 한다. 분석 결과에 제시한 표들에서 연구문제를 해결하기 위한 수치들을 언급하며 "이러이러한 결과가 나왔으니 이 연구는 어떠하다."라는 결과를 서술할 수 있어야 한다.

이때 단순히 분석 결과만 해석하면 연구의 의미가 작아질 수 있으니 시사점으로 연결할 수 있어야 한다. 향후의 연구 방향에 대한 연구자의 의견이 들어가도 좋다.

SECTION 03 │ 논문 목차에 따라 정리하기

목차를 보면 해당 논문의 논리적 흐름을 판단할 수 있다. 각 목차별로 어떤 내용이 어떻게 들어가야 하는지를 확인해보자.

논문을 정리하는 방법은 크게 두 가지로 나눌 수 있는데, [그림 7-9]와 같이 전체 목차를 5개 목차로 구성하는 방법과 7개 목차로 구성하는 방법이 있다.[5]

```
Abstract
   Keywords:

1. Introduction

2. Theoretical Background
   2.1
   2.2
   2.3

3. Research Model and Methods
   4.1 Hypothesis
   4.2 Sampling
   4.3 Data Collection
   4.4 Measurement of the Variables

4. Results and Discussion
   4.1 The Measurement Properties
       Table 1: Exploratory Factor Analysis and Reliability
       Figure 1: Confirmatory Factor Analysis
   4.2 Test of the Hypothesis
   4.3 Discussions

5. Conclusion and Implications
   5.1 Implications for the Researchers
   5.2 Implications for Practitioners
```

(a) 5개 목차로 구성하기

```
Abstract
   Keywords:

1. Introduction

2. Theoretical Background
   2.1
   2.2
   2.3

3. Research Model
   H1:
   H2:

4. Methods
   4.1 Sampling
   4.2 Data Collection
   4.3 Measurement of the Variables

5. Results
   5.1 The Measurement Properties
       Table 1: Exploratory Factor Analysis and Reliability
       Figure 1: Confirmatory Factor Analysis
   5.2 Test of the Hypothesis

6. Discussions

7. Conclusion and Implications
   7.1 Implications for the Researchers
   7.2 Implications for Practitioners
```

(b) 7개 목차로 구성하기

[그림 7-9] 논문 목차 구성 방법

---

[5] 가장 일반적인 구분이며, 연구나 연구자에 따라 다르게 구성해서 논리를 전개해도 전혀 상관이 없다.

둘 중 연구자가 편한 방법을 이용하면 된다. 두 목차 편성의 내용을 보면 결국 같다고 볼 수 있지만, 연구자의 성향이나 연구 성격에 따라 쓰기에 더 적합한 것이 있을 것이다.

여기서 목차의 구성과 논문 분량에 대해 잠깐 짚어볼 것이 있다. [그림 7-9]와 같이 목차를 구성하면 너무 일반적이고 간단한 게 아니냐는 질문을 받기도 한다. 예를 들어, 박사학위 논문이라면 더 자세하고 긴 목차를 담아야 한다고 생각할 수도 있다. 최소 150페이지 이상의 논문 분량을 원하는 지도 교수님도 계신다. 논문 분량이 많아진다는 것은 그 연구에서 밝혀야 할 내용과 주장할 내용이 많아 이론적인 고찰의 양이 늘어나고 연구방법과 결과에 대한 분석이 많아진다는 의미다. 그러나 대부분의 연구를 보면 한 가지 연구방법으로 마무리를 짓는 경우가 많다. 이럴 때 연구자가 양을 늘릴 수 있는 부분은 이론적 배경뿐이다. 문제는 양을 늘리려다 보니 연구문제의 범위를 벗어나는 부분까지 언급하거나 전공 분야에서는 누구라도 알고 있는 구구단 수준의 내용을 고전(古典)부터 언급하며 일종의 연대기처럼 기술하는 경우가 종종 있다는 점이다. 또는 연구자가 자신의 연구에 자신이 없어 연구 내용에 대해 공격받을 것을 염려하여 각종 내용을 추가하는 경우가 있는데, 결국 다 쓸데없는 요소일 뿐이다. 이런 불필요한 내용은 최종 심사가 마무리되고 최종본을 인쇄할 때 인쇄비만 올리는 원인이 된다.

> **참고** **학위논문의 분량에 관한 견해**
>
> 가끔 "박사 논문의 분량은 어느 정도가 적당한가요?"라는 질문을 받는다. 이 질문을 받으면 "지도 교수님께 맞추세요"라고 답한다. 지도 교수님 성향에 따라 많은 양을 요구하는 분들도 계시고, 반대로 핵심만 쓰길 원하는 교수님도 계시기 때문이다.
>
> 연구주제에 맞는 내용으로 군더더기 없이 구성하되 논문의 흐름을 이해하는 데 부족함이 없도록 깔끔하게 기술할 수 있다면 가장 이상적이다. 하지만 처음부터 이런 논문을 쓰기는 쉽지 않다. 그렇다 보니 양질의 연구 논문을 담보할 수 없는 경우 우선 양이라도 채워야 마음의 위안이 되어 논문 분량을 늘리기도 한다.
>
> 이런 분들에게 다음과 같은 이야기를 해주고 싶다. "노벨경제학상 수상자인 존 내시(John Nash)는 프린스턴 대학에서 27쪽짜리 박사 논문을 썼는데, 50년도 더 지나 그 논문으로 노벨상까지 받았습니다." 과거의 연구 가치와 현재의 연구 가치가 본질적으로 다르지 않다. 논문은 페이지 수로 가치가 증명되는 것이 아니다. 논문 안에 담은 내용이 연구로서의 본질적 가치를 지니고 있는가가 중요한 기준이 되어야 한다.

초록(Abstract)

초록은 논문의 내용을 간추려 짧게 정리한 글이다. 일반적으로 초록을 어떻게 작성하라는 원칙은 없으나, 짧은 글로 연구 내용 전체를 압축하여 설명할 수 있으면 가장 바람직하다.

[그림 7-10]에 제시한 논문은 의학 분야의 저널에 논문을 투고할 때 해당 저널에서 규정한 초록 작성 방법을 소개하고 있다. 여기서 제시한 방법은 논문 내용을 빠르게 이해하는 데 도움이 된다고 생각한다. 참고하면 좋을 것 같다. 여기서는 연구 배경(Background), 연구 목적(Objectives), 분석 방법(Methods), 결과(Results), 결론(Conclusions)으로 나누어 요약하도록 하고 있다. 다수의 저널에서 이처럼 내용에 대한 꼭지를 달아 표현하도록 규정하고 있지는 않지만, 이렇게 구성하니 내용이 좀 더 눈에 잘 들어오는 것 같다. 다만 조금 아쉬운 부분이 있는데, 결론 이후에 연구의 시사점을 추가하여 제시하면 완벽하겠다는 생각이 든다. 각각의 내용을 1문장이나 2문장 정도로 언급해주면 아주 적절한 초록이 될 것이다. 이어서 핵심어(Keywords)를 6개 정도 지정해주면 된다.

[그림 7-10] 초록의 내용을 주제별로 구분한 저널의 초록 예시

서론(Introduction)

한국어로 작성된 논문의 경우 서론에서는 연구의 배경, 필요성과 목적, 연구문제, 연구의 한계를 기술하고 용어 등을 소목차를 붙이는 형식으로 구성하여 거의 천편일률적으로 정리하는 것 같다. 그러나 연구의 한계는 결론에서 연구자를 위한 시사점으로 옮겨야 할 것이고, 용어 정리는 해낭 분야의 문외한을 배려한 것으로 보이지만 논문의 특성상 관계자나 관심이 있는 사람이 보는 문헌이란 점을 생각하면 이 부분은 없어도 되지 않을까 생각한다.

영어로 논문을 쓰는 경우 Introduction을 세부 목차로 구분하지 않는다. 연구의 배경이 되는 상황과 현재 상황, 연구 목적, 연구문제를 설명하고, 연구의 목적과 연구 당위성에 대한 연구자의 주장을 표현한다.

이론적 배경(Theoretical Background)

이론적 배경은 연구자가 설계한 연구모델의 이론적인 근거를 제시하는 부분이다. 연구모델에 설정한 변수에 대한 배경지식, 정의, 현재까지 해당 분야의 연구 진행 상황을 기술하고 이 연구에 설정한 변수가 들어가야 하는 이유를 설명하면 된다.

논문의 분량을 늘리기 위해 이론적 배경을 아주 세심하고 다양하게 쓰는 경우가 있다. 현황 자료부터 시작해서 기타 보고서 등 출판물에 나와 있는 자료까지 언급하는 경우가 있는데, 논문에서는 필요 없는 부분이다. 논문은 연구문제를 인식해서 그 문제를 해결하고 결론을 도출하는 과정까지 물 흐르듯 자연스럽게 기술되어야 한다. 억지로 분량을 늘리기 위해 여기저기서 가져온 내용으로 채워나간다면, 독자는 논문을 읽을 때 집중력이 떨어질 뿐만 아니라 연구자의 주장을 확실하게 파악하기 힘들어진다.

여기서 한 가지 짚어두고 싶은 게 있다. 간혹 이론적 배경을 먼저 쓰고 연구모델을 설정하겠다는 이들이 있다. 이 책에서는 연구모델을 설계하고 완성하기 전까지는 다독(多讀)을 하라고 강조하고 있다. 또한 연구모델을 확정하고 키페이퍼를 중심으로 이론적 배경에 관한 사항을 정리하라고 안내한다. 연구모델 없이 이론적 배경을 먼저 쓰는 것은 연을 날리기 전 연에 실을 묶어야 하는데, 연을 먼저 날려 놓고 실을 묶겠다는 것과 같다.

연구모델(Research Model)

연구문제를 해결하기 위한 연구모델을 제시하는 부분이다. 실제로 논문을 쓸 때 가장 먼저 고려하는 부분이기도 하다. 연구모델이 확정되어야 이를 기초로 해서 이론적 배경을 작성할 수 있기 때문이다.

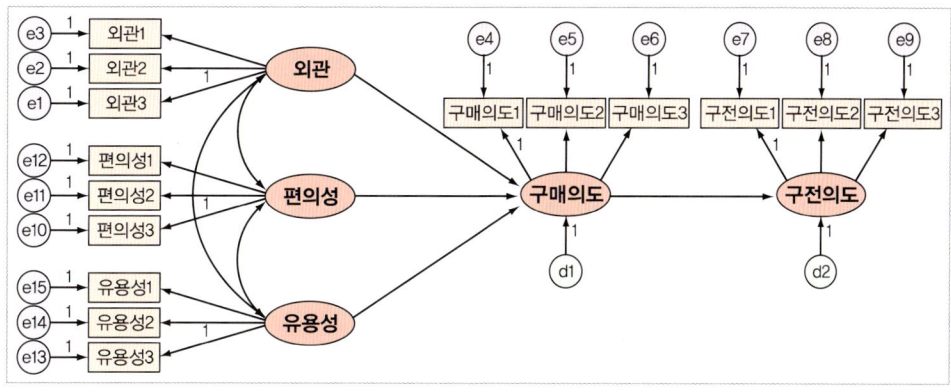

[그림 7-11] 연구모델의 예

여기서는 연구모델에서 알고자 하는 인과관계나 평균관계를 보고 그에 맞는 가설을 설정해야 한다. 가설을 $H_1, H_2, \cdots, H_n$으로 설정해서 모든 가설이 설정된 이유를 문헌을 중심으로 설명해야 한다. 단순히 "이 부분을 알아야 되기에 설정한 가설이다."로 설명하면 논문이 아니라 과학소설이 된다고 했다. 반드시 가설을 설정한 이론적 배경을 넣어야 한다. 다시 말해, 인과관계를 확인하고자 하는 모델이라면 원인과 결과를 의미하는 해당 화살표(→)가 어디에서 왔는지 그 출처를 표시하고 설명이 들어가야 하다. 이러한 근거가 없다면 해당 가설을 수립할 수 없다.

그런데 문헌적 근거는 없지만 가설을 세워서 어떤 유의미한 가치를 밝힐 수 있는 경우라면 어떻게 해야 할까? 연구자가 어떤 가설을 세웠다면 문헌적 근거가 없을지라도 나름의 논리적인 근거가 있을 것이다. 이때는 연구자가 상상하는 가설을 세우기 위해, 원인이 되는 근거를 논리적으로 들어 자신이 새롭게 세우는 가설을 확인하는 것이 마땅하다고 주장해야 한다. 이런 예를 논문에서도 확인할 수 있는데, 변수와 관련한 여러 문헌을 설명하면서 "이런 맥락에서, A는 다음과 같은 가설을 가능하게 하는 … 이라고 생각할 수 있다.(In this context, it can be thought that A …, which makes the following hypothesis possible.)"와 같은 방식으로 논리와 논리를 연결해서 가설을 설정할 수 있다. 즉, 해당 변수와 관련된 내용을 설명하고, "이러이러하니 결국 이런 가설을 세워서 확인하는 것이 당연하다."라는 논리를 제시하는 것이다.

연구방법(Methods)

연구자가 실시하게 될 연구방법을 설명하는 부분이다. 먼저 표본추출을 한 후 데이터를 수집한 과정에 대한 설명이 나온다. 그리고 그 데이터를 측정한 방법, 즉 설문 도구에 대한 기술이 이어진다.

■ 표본추출(Sampling)

연구문제를 해결하기 위한 데이터를 수집할 표본을 어떻게 결정했는지에 대해 설명한다. 확률적 표본추출과 비확률적 표본추출 중 어떤 방법이 연구 문제를 해결하는 데 적합한지 설명하고, 그중에서도 세부적으로 어떤 방법을 선택하는 것이 바람직한지 설명한다. 또한 표본추출 시 제외해야 할 대상이 있다면 제외한 이유를 설명하도록 한다.

선택한 표본추출 방법에 대해 필요한 경우 선택 이유와 함께 참고문헌을 제시해야겠지만 일반적인 표본추출이라면 반드시 인용이 필요한 것은 아니다. 하지만 표본에서 제외하는 대상이 있다면 관련한 근거 문헌을 제시해야 한다. 예를 들어, 최첨단 산업의 확대에 관한 표본추출에서 농촌, 어촌, 산촌을 제외한다고 했을 경우, 최첨단 산업을 이런 지역에서 조사하는 것이 바람직하지 않다는 증거를 근거 문헌으로 제시하면 된다.

■ 데이터 수집(Data Collection)

이어서 추출된 표본을 대상으로 데이터를 어떻게 수집했는지에 대해 설명한다. 업체를 이용했는지, 직접 인터뷰를 한 것인지, 이메일이나 QR코드를 사용해 전자 인터뷰를 했는지 설명하고 전체 몇 번의 시도를 했는지와 응답은 어느 정도의 비율인지를 설명한다. 또 전체 응답에서 실제 데이터 분석에 활용한 표본 개수는 몇 개인지를 설명하고 제외된 데이터들은 어떤 기준에 의해 왜 제거되었는지를 설명한다.

양적 연구방법에 의한 분석은 데이터에서 출발하므로 데이터를 어떻게 모았는지가 아주 중요하다. 이는 표본이 모집단의 대표성을 가져야 하는 것과 마찬가지로 수집된 데이터가 타당하다는 근거가 되기 때문이다.

■ 변수의 측정, 변수의 조작적 정의(Measurement of the Variables)

측정을 위한 설문 구성에 대해 자세히 설명하는 항목이다. 인구통계학적 특성 부분과 변수에 해당하는 부분을 각각 나누었다는 설명과 함께 변수와 관련한 측정 도구가 리커트 척도 몇 가지로 측정되었는지에 대해 설명해야 한다. 또한 각 변수를 측정하는 변인들에 대해 해당 원문과 함께 출처를 명확히 밝혀야 하고 활용한 것과 활용하지 않은 것에 대해 설명해야 한다.

5장에서 설문 작성에 대해 설명할 때 언급한 내용이지만 설문은 원문에 충실해야 한다. 국내 문헌을 참조하는 경우 인용을 2번만 거쳐도 실제 원문의 측정 도구와 거의 다른 측정 도구가 된다. 그러므로 반드시 원문을 참조하고 원문에서 명사만 교체하여 사용하는 것이 바람직하다.

분석 결과(Results)

다음으로 수집한 데이터의 분석 결과를 보고한다. 기술통계량을 기반으로 한 인구통계학적 특성과 각 변수에 대해 데이터를 기반으로 증명을 통해 설명한다.

■ 측정 속성(The Measurement Properties) [6]

가장 먼저, 표본이 어떻게 구성되어 있는지(표본의 특성)를 인구통계학적 특성으로 나타낸다. 이때 모집단과 비교하여 모집단에 대한 대표성이 있는 표본을 구성했다는 내용이 들어가야 한다. 다음으로 인과관계 분석이라면 탐색적 요인분석을 하여 표본을 바탕으로 각 변수가 구성된 과정을 설명해야 한다. 평균비교 분석이라면 요인분석은 필요 없으며, 측정한 평균에 대한 비교를 바로 시작해도 좋다. 이후 연구모델을 통해 최종적으로 확인해야 할 모든 분석을 마무리하고 결과를 표시한다.

■ 가설 검정(Test of the Hypothesis)

모든 분석을 마쳤으면 연구모델에서 제시한 가설의 채택과 기각 여부를 확인해야 한다. 연구모델을 다시 한 번 제시하여 채택은 직선의 화살표, 기각은 점선의 화살표로 구분해주면 독자 입장에서 직관적으로 이해하기 쉽다. 이어서 표로 각 가설의 채택/기각 여부를 정리하여 유의수준 및 표준화계수 값과 같이 제시하면 된다.

토론(Discussions)

분석 결과(Results)에서 단순히 데이터를 분석한 결과만 보고했다면, 여기서는 분석 결과가 연구모델과 전공 분야에서 의미하는 바를 보고해야 한다. 이때 연구를 진행한 이유에 대해 다시 한 번 언급해도 좋다. 그로부터 연구 결과가 어떻게 나타났는지를 설명한 후에 중요한 결과에 담긴 의미를 설명한다. 연구 결과의 의미를 설명한다는 것은 기본적으로 최종 종속변수에 대해 각 변수별 결과가 나타내는 의미를 설명하는 것이다. 단, 이때도 분석 결과만으로 연구자의 의견을 구성할 게 아니라 기존 연구 내용들과 다른 연구자의 주장을 인용하면서 설명한다면 더욱 의미 있는 연구 결과가 것이다.

---

[6] 목차를 구성할 때 '측정 속성'으로 표기해도 괜찮지만 더 정확하게 표기하고 싶다면 '분석 방법'이란 용어를 써도 된다.

결론 및 시사점(Conclusion and Implications)

여기서는 토론에서 확인한 연구가 갖는 의미를 중심으로 연구 목적을 충족했음을 강조할 수 있으며 향후 이 연구의 영향에 대해 언급하면 마무리한다. 하지만 이 정도로 마무리하면 약간 덜 익은 느낌이 나므로 연구 시사점을 연구자와 실무자들에게 제시해야 한다.

■ 연구자들을 위한 시사점(Implications for the Researchers)

여기서는 연구자를 대상으로 이 연구에 담긴 의미를 제시한다. 연구에 담긴 이론적인 기여에 대해 설명하는 부분이기도 하다. 몇 가지로 구분해서 이론적 고찰과 관련해 본인의 연구가 어떤 의미를 지니는지 재확인하고, 연구의 결과로 연구자가 느끼는 점을 제시할 수 있다.

연구 한계(Limitations)는 결국 연구자들이 확인해야 할 사항이므로 연구자들을 위한 시사점에서 가장 마지막에 언급하여 마무리해도 좋다. 국문으로 작성하는 경우, 연구의 한계를 서론에도 넣고 다시 결론에서 언급하는 경우도 있지만, 연구를 진행한 뒤 결론적으로 느끼는 연구의 한계를 적시하는 것이 더 자연스럽고 정확하다. 한편, 연구 한계를 별도의 항목으로 나누어 제시하는 경우도 있다.

■ 실무자들을 위한 시사점(Implications for the Practitioners)

학술적인 입장에서 연구를 진행하여 나타난 결과이지만 결국 실생활에서 나타나게 될 내용이므로, 연구 결과가 필요한 실무자, 기업, 단체 등에 제시하는 시사점이다. 이론적인 측면을 다루지만 "해당 이론이 현재 실무에서 어떻게 활용되어 어떤 현상으로 나타나니, 본 연구가 실무에서 가지는 의미는 이러이러하다"라고 제시하면 된다.

꼭 기억합시다!!!

도출된 결과를 일정한 논문 형식에 따라 정리해야 한다. 양식에 맞게 요점을 정리하고, 주장하고자 하는 내용을 알맞게 기술하면 논문이 완성된다.

Episode 9

수준 낮은 논문을 끌어 올린 사례

몇 해 전, 논문 시즌이 되어 지인에게서 전화를 받았다. 요즘 『제대로 알고 쓰는 논문 통계분석』을 유튜브와 함께 보며 스터디를 하고 있다는 것이다. 저자 입장에서 참 고마운 일이다.

그는 이번에 박사 논문 심사를 받게 돼서 스터디를 하고 있다고 했다. 보통 4월 말과 10월 말에 논문 심사가 시작되니 약 1~2개월 전부터 논문 시즌이 시작된다고 보면 된다. "잘 준비하셔서 이번에 꼭 학위를 받으시기 바랍니다"라는 격려 인사를 하고 통화를 마무리했다.

그로부터 약 한 달 후에 다시 전화를 받았다. 자신이 쓴 논문을 보고 고칠 부분이 있는지 검토를 좀 해달라고 했다. 논문을 보고 깜짝 놀랐다. 박사 논문은 물론이고 석사 논문으로도 통과될지 장담할 수 없는 논문이었다.

논문 수준이 너무 낮으면 어떤 처방도 내리기가 참 힘들다. 완전히 들어내고 새로 채워야 하는데 논문 심사까지 남은 기간으로 볼 때 물리적으로나 시간적으로나 불가능한 경우였다. 그래서 이렇게 말씀드렸다. "솔직하게 말씀드립니다. 현재 보내주신 논문이 박사 논문으로 언급되기엔 많이 부족합니다. 연구모델도 어떻게 도출된 것인지 알 수가 없고, 결과적으로 무엇을 말하고자 함인지 어떤 목적도 보이지 않습니다. 단순히 연구모델이 있고 그것만으로 설명하는 글입니다." 그러자 그분이 솔직하게 대답했다. "연구모델은 랩에서 지난 학기에 박사학위를 받은 모델에서 변수를 하나 변경했고, 이론적인 배경도 거의 거기에서 가져온 것입니다." 그래서 최종적으로 "알아서 선택하셔야 합니다. 제가 할 수 있는 부분이 없네요"라고 말씀드렸더니 "논문 심사비 100만 원을 냈는데 고민입니다"라고 답하셨다.

그로부터 며칠 뒤, 논문 심사비 100만 원을 포기하고 처음부터 논문 지도를 받겠다고 했다. 그때가 5월이었으니 다음 학기까지 약 6개월 정도 시간이 있었다. 박사 논문만 진행한다면 충분한 시간이었다.

가장 먼저 논문 검색 방법부터 지도하기 시작했다. 그리고 매주 토요일에 논문 스터디를 했다. 일반인이 직장을 다니면서 매주 논문 스터디를 하는 것은 쉽지 않다. 하지만 그는 신도 부러워한다는 공기업에 다니고 있었기에 금전적으로나 시간적으로나 다른 사람들보다는 상당히 유리했다.

이미 정해진 주제에 따라 두 달 정도 논문을 검색했으나 새로운 것이 나오지 않았다. 그는 괜찮은 논문들이라 생각되는 것은 모두 씽크와이즈 마인드 프로세서로 정리를 하고 있었다. 이때 필자는 씽크와이즈를 처음 알게 되었다.

시간이 계속 흘러 8월이 되었고 그에게서 갑자기 전화가 왔다. 뭔가 발견한 것 같다고 했다. 그러면서 두 가지를 보여주는데 그중 한 가지가 너무 독특했다. 해외에서는 그 분야의 연구가 시작된 지 몇 년 되었으나 우리나라에는 아직 그 개념도 소개되지 않은 것이었다. 그래서 그것으로 결정하고 본격적으로 논문 구성에 들어갔다.

연구모델이 확정되고 씽크와이즈로 정리하던 참고논문으로 인해 이론적 배경 부분은 너무나도 빨리 정리되었다. 또한 3개월 넘게 매일 논문을 찾으며 정리했기에 논문 내용이 정말 풍성할 수 있었다. 연구모델을 설명하고 논리를 전개하는 데 매끄럽다는 것을 느낄 수 있었다.

바로 설문에 들어갔다. 인맥이 좋아서 그런지 아주 쉽게 데이터를 모았다. 통계를 도와주며 결론까지 끌어내는 데 문제가 없었으며 논문으로 완성하기까지 시간이 얼마 걸리지 않았다. 논문을 모두 완성한 상태에서 심사에 들어갔다. 이때 놀라운 일이 하나 벌어졌다.

1차 논문 심사에서 심사위원이 그의 논문을 심사하며 "아니, 어떻게 우리 학교에서 이런 논문이 나왔지? 이거 번역해서 SSCI로 가야 하는 것 아닌가?"라고 한 것이다. 1차 심사는 40분도 안 되어 끝났다고 한다. 논문이 한 번에 통과되는 경우는 없다. 그런데 그런 일이 일어난 것이다.

이런 케이스는 이 학교만의 아주 특수한 케이스였다는 점을 유의해야 한다. 전공이 특이하다 보니 이 전공의 학위논문들은 해당 전공에서 발표되는 논문을 서로 끌어다 쓰고 인용하는 수준이었다. 한마디로 '그 나물에 그 밥'인 셈이다. 과거 몇 년간 그 나물에 그 밥을 보다가 아주 새로운 논문을 보게 되어 무척이나 놀랐던 것 같다.

결국, 논문 쓰는 법을 제대로 알고 올바른 연구 과정을 거치는 것이 중요하다는 것을 다시 한 번 증명한 셈이다.

CHAPTER
08

프로포절과 논문 심사 대비하기
Preparing for Proposal and Dissertation Examination

Contents
Section 01_ 프로포절 준비하기
Section 02_ 논문 심사 대비하기

SECTION 01 프로포절 준비하기

학위 과정에서 논문을 쓰기 위해서는 프로포절(proposal) 과정을 거쳐야 한다. 보통 논문 심사를 하기 한 학기 전에 프로포절을 실시한다. 논문 쓰는 방법을 배우지 못한 상황에서 프로포절을 해야 한다고 하면 막상 무엇부터 해야 할지 몰라 헤매는 사람들이 있다. 물론 한 번 해보고 나면 그다음부터는 문제가 되지 않지만 처음 준비할 때는 상당히 부담스럽다. 당황하지 않고 프로포절을 준비할 수 있도록 몇 가지 가이드를 하고자 한다. 우선 프로포절의 개념과 프로포절을 하는 이유에 대해 간략하게 살펴보고, 프로포절에 들어가야 할 내용들을 자세히 알아보도록 하자.

프로포절의 개념

프로포절(proposal)은 논문을 쓰는 데 필요한 연구를 어떻게 진행하겠다고 안내하는 연구계획서 또는 발표를 의미한다. 학교마다 프로포절을 달리 부르기도 하는데, 논문 세미나 또는 콜로키움(colloquium)에서 진행되기도 한다. 프로포절은 보통 전공 교수님들과 학위 과정에 있는 학생들 앞에서 연구자가 발표를 하고 참여자들이 자유롭게 의견을 나누면서 토론하는 방식으로 진행된다. 이 과정에서 미처 보지 못했던 연구 방향을 조언받을 수 있고, 연구 계획을 제대로 진행하고 있는지 확인할 수 있는 기회로 삼을 수 있다. 물론 프로포절 준비를 제대로 못해 터무니없는 연구주제가 발표된다면 다음 학기에 다시 프로포절을 해야 하는 참상이 벌어지기도 한다.

프로포절에 관해 미리 알고 있어야 할 것은 프로포절로 발표된 내용이 연구자의 논문으로 100% 이어지지 않는다는 점이다. 완성된 최종 학위논문을 보면 대체로 프로포절 내용에서 많이 달라져 있다. 그 이유는 프로포절 과정에서 참여자들의 의견을 듣고 논문의 완성도를 높이기 위해 어떤 내용은 넣고 어떤 내용은 빼기 때문이다. 또한 논문 심사까지 한 학기 정도 남았으므로 그 기간 동안 수많은 논문을 보며 더욱 정교하게 논문을 채우고 완성하는 과정에서 연구의 방향과 내용이 점차 변하기 때문이다.

프로포절은 더 완성된 논문을 만들기 위해 닻을 올리고 연구라는 바다로 나아가는 출발점이라 생각하면 좋다. 그렇기에 프로포절 과정에서 많은 지적과 꾸지람을 들었다 할지라도 기죽을 필요가 없다. 개선점이 있다면 잘 메모해두었다가 논문의 완성도를 높이는 방향으로 연구를 지속하면 된다.

프로포절을 하는 이유

프로포절을 하는 이유는 학위 과정에서 연구방법을 잘 숙지하고 있는지 판단하기 위함이다. 제대로 숙지되지 않은 경우라면 발표가 끝난 다음 이어지는 토론에서 미흡한 부분을 보강하게 된다. 특히 연구주제와 관련하여, 해당 연구가 가능한지에 대한 사항도 검토된다. 초보 연구자들 중에는 연구 가능성 여부를 구분하지 못하는 이들이 간혹 있다. 물론 대개의 경우 지도 교수님께서 사전에 잘 안내해주시지만 개인적인 사정으로 인해 정확하게 안내를 받지 못하는 연구자들도 있기 때문이다.

프로포절은 보통 프레젠테이션 형식으로 진행된다. 따라서 발표 자료는 파워포인트를 사용해 슬라이드를 보기 좋게 구성하기만 하면 되므로 형식적인 측면에서는 크게 어려운 게 없다.

프로포절에 반드시 들어가야 할 내용

프로포절에 들어갈 내용이 따로 정해진 것은 아니다. 다만, 프로포절이 연구 계획서이니만큼 자기가 하고자 하는 연구에 대한 내용이 체계적으로 들어가 있어야 한다. 프로포절 단계에서는 아직 논문 결과까지 확인할 수 없으나, 최종 논문을 준비하는 과정에서 논문의 결론이 어떠할 것이라는 예상을 기반으로 결론까지 준비하도록 한다.

프로포절의 내용이 논문과 유사하지만 아직 연구가 완료된 것이 아니다. 따라서 연구문제와 연구 목적 및 연구의 필요성이 반드시 나타나도록 해야 한다. 프로포절을 하는 것은 연구의 시작을 공개적으로 알리는 선포(declaration)의 의미도 갖는다. 동료 연구자들과 교수님들 앞에서 '이러이러한 주제로 연구를 진행해서 학위를 받을 예정인데, 이 주제에 대한 이론적 고찰을 지금까지 어떻게 준비했으며, 연구문제를 해결하기 위한 방법론은 어떤 것으로 할 것'이라는 내용을 전달하고 본격적으로 연구에 들어가기 때문이다.

> **참고** 프로포절에서 발표할 분량
>
> 다수 앞에서 프로포절할 때 분량을 어느 정도로 해야 하는지에 대한 질문을 받기도 한다. 딱히 정해진 것은 없지만, 발표자가 많다면 30분 정도 주어지기도 하고 발표자 수가 적다면 1시간 혹은 그 이상으로 진행되는 경우도 있다. 보통 20분 정도 발표하고 20분 정도 질의와 응답으로 구성된다.
>
> 대개 발표 시간을 맞추지 못하고 길어지는 경우가 많은데, 연구 배경과 연구 목적을 요점만 간추려 명확하게 전달해야 한다. 이론적 배경까지 설명하느라 시간을 많이 쓰곤 하는데, 가장 중요한 것은 연구 목적과 연구모델이다.

다음에 제시하는 7가지를 중심으로 프로포절을 준비하도록 한다. 직관적으로 파악할 수 있도록 '스마트폰의 사용자 선택을 유도하는 쾌락적 요인'이란 연구주제에 대해 각 항복별로 어떻게 준비하면 좋을지를 설명하겠다.

(1) 연구주제

연구자가 선택한 주제와 관련한 주변 지식 등을 설명하고, 해당 주제가 지금까지 어떤 방향으로 흘러오거나 완성되었는지 설명한다. 연구의 흐름이나 시장 상황, 기타 연구주제와 연계하여 알아야 할 상황들을 언급하면서 독자들이 현재까지의 배경 상황을 이해할 수 있도록 배경지식을 제공한다.

> **예시 가이드**
>
> 스마트폰 사용자 현황, 시장점유율, 선택 요인, 제조사별 특징 등에 대해 화두를 던진다. 이러한 제반 현황에 대해 언급하면서 스마트폰이 우리 생활 속에 깊숙이 자리 잡은 전자기기임을 밝히고, 그로 인해 더욱 정밀한 추가적 속성들이 밝혀지면 좋겠다는 설명을 함으로써 해당 연구를 진행하게 된 이유를 제시한다.

(2) 연구문제와 연구 목적

'쾌락적 요인'을 연구문제로 설정하게 된 과정을 설명한다. 또한 이 연구를 통해 어떤 파급효과를 기대하는지에 대해 설명한다.

> **예시 설명**
>
> 남녀노소를 가리지 않고 요금제가 비싸지만, 상대적으로 요금제가 싼 폴더폰보다는 스마트폰을 많이 사용하고 있다. 폴더폰보다는 스마트폰이 게임이나 독서를 하는 데 더 적합하고, 전자신문이나 웹툰을 볼 때도 더 큰 즐거움을 주는 등의 요소가 있기 때문이다. 기존에 시장점유율을 이끌던 다양한 선택 요인들이 언급되었는데, 사용자가 가지는 선택 속성 중 유희적 요소나 즐거움을 찾는 요소가 아직 연구에서 밝혀지지 않았다. 따라서 쾌락에 해당하는 요소에 대한 연구가 필요하다.

(3) 선행 연구의 이론적 고찰

연구문제에 관한 다양한 이론적 고찰을 통해, 연구모델에서 선택한 변수와 그와 관련한 문헌에서 언급한 내용을 간결하게 요약해서 설명해야 한다. 물론 인용은 필수이며, 최신 논문에서 인용해야 좋은 평가를 받게 될 것이다.

한편, 직접 찾은 논문으로 연구모델을 만들고 이론적 배경을 작성했다면 그때까지 정리한 참고문헌을 모두 소개하고 싶은 욕심이 있겠으나, 이때는 조금만 참아주기를 바란다. 청중은 자기 논문이 아니기 때문에 관여도가 극히 약하다. 또한 발표를 듣는 짧은 시간 동안 수많은 참고문헌을 볼 준비도 되어 있지 않고 보고 싶지도 않다. 따라서 핵심 논문만 몇 개 추려 소개해도 충분하다. 그래도 아쉽다면 나중에 참고문헌을 보여줄 때 모든 참고문헌 리스트를 보여주면 된다.

> **예시 가이드**
> 외관, 유용성, 즐거움, 소비자 선택으로 정한 변수들을 기반으로 한 이론적 배경과 변수를 선택한 이유를 설명한다. 이때 참고문헌을 인용해서 설명해야 한다.

(4) 연구모델과 가설

연구모델에 나타난 가설에 대한 선행 연구가 있어야 한다. 만약 선행 연구가 없는 부분이 있다면 해당 변수를 설명하고 논리적 귀결을 통해 연구모델에서 가설로 설정한 것이 타당하다는 것을 주장해야 한다.

이론적 배경에서 설명한 기존 연구들과 이번 연구의 차이점을 연구모델을 통해 설명한다. 현재까지의 연구와 프로포절하는 연구의 차이점을 소개하고, 프로포절하는 연구모델에 대한 연구가 마무리될 때 어떤 의미가 있고 어떤 장점이 있는지를 주장한다. 이 부분을 이론적 배경에서 주장하면 청중은 이해하지 못한다. 왜냐하면 이론적 고찰에 대해 자세히 들으려는 마음의 준비가 되어 있지 않기 때문이다. 아무리 연구의 가치를 설명한다고 해도 직관적으로 이해하지 못한다. 그러나 연구모델을 보여주며 그 의미를 전달하면 대다수 청중은 연구의 가치와 중요성을 이해하게 될 것이다. 연구윤리에 위배되지 않는 한, 어떤 논문이라도 최대한 독자가 이해하기 쉽고 그 내용을 받아들일 수 있는 방향으로 연구자의 주장을 나타내야 한다.[1]

---

[1] 프로포절할 때도 연구자의 전략이 필요하다. 단순히 순서대로 쭉 읽어나가기만 한다면 연구 가치는 청중에게 잘 전달되지 않는다. 아무리 잘된 연구라도 연구윤리를 위반하지 않는 선에서 포장이 필요하다. 그에 따라 청중의 이해도가 달라지고 연구 가치에 대한 인식이 달라진다.

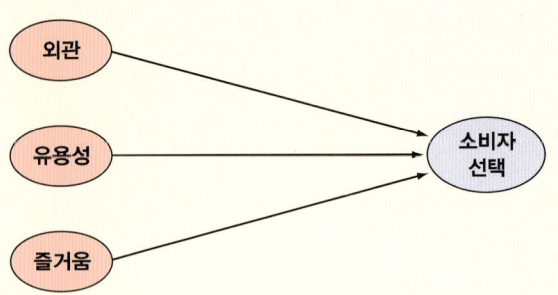

H_1 : 외관은 소비자 선택에 긍정적 영향을 미칠 것이다.
H_2 : 유용성은 소비자 선택에 긍정적 영향을 미칠 것이다.
H_3 : 즐거움은 소비자 선택에 긍정적 영향을 미칠 것이다.

(5) 방법론

연구모델에서 밝히고자 하는 연구문제를 어떤 방법으로 진행하여 해결할 것인지 설명해야 한다. 당연히 연구자는 자신이 선택한 연구방법론에 대해 분석 방법을 상세하게 알고 있어야 하고, 왜 그 연구방법이 연구문제를 해결하는 데 적합한지 설명할 수 있어야 한다. 발표 자료에는 기본적으로 향후 데이터를 어떤 방법으로 수집할 것이며, 어떤 분석 방법을 어떤 순서에 의해 진행할 예정인지에 대해 기술해주면 된다.

> **예시 설명**
>
> 모집단을 가늠하고 그 특성에 맞추어 표본추출 방법을 선택할 예정이다. 데이터 수집은 직접 인터뷰를 통해 약 500개의 설문을 목표로 하고 있다. 분석 방법은 인구통계학적 분석을 통해 모집단의 대표성이 있음을 확인하고, 탐색적 요인분석 – 신뢰도분석 – 확인적 요인분석(집중타당성, 판별타당성) – 구조방정식모델(경로분석)을 통해 결과를 도출할 것이다.

(6) 분석 결과와 결론

데이터 수집 전의 연구 계획서이므로 아직 분석 결과를 알 수 없다. 그렇지만 연구자는 이미 많은 자료를 찾아보며 연구를 진행해왔으므로 그동안 살펴본 문헌에 비추어 볼 때 어떤 결과가 나올지 예상할 수 있다. 물론 실제로 다른 결과가 나올 수도 있다. 따라서 "문헌적으로 검토해보니 이러이러한 결과가 예상된다"라고 기술하면 된다. 결론 역시 예상하는 분석 결과에 맞추어 기술하면 된다.

> **예시 설명**
> 아직 데이터 수집 전이라 확신할 수는 없으나 그동안의 문헌적 고찰을 통해 예측해보면 외관, 유용성, 즐거움은 소비자 선택에 유의한 영향을 미치게 될 것으로 판단된다. 그러므로 … (하략)

(7) 참고문헌

EndNote를 컴퓨터에 설치하고 파워포인트 프로그램을 열면 제일 마지막 리본메뉴에 EndNote가 애드-온(Add-on)되어 나타나지만, Mendeley는 파워포인트에서 지원되지 않는다. Mendeley로 참고문헌을 작성했다면 조금 번거롭기는 하지만 MS-Word에 논문을 작성하며 인용한 참고문헌을 복사해서 붙여넣기를 한다.[2]

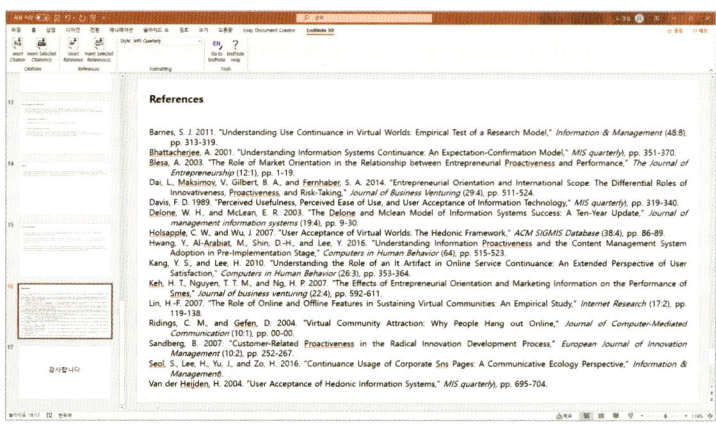

(a) EndNote로 정리된 참고문헌

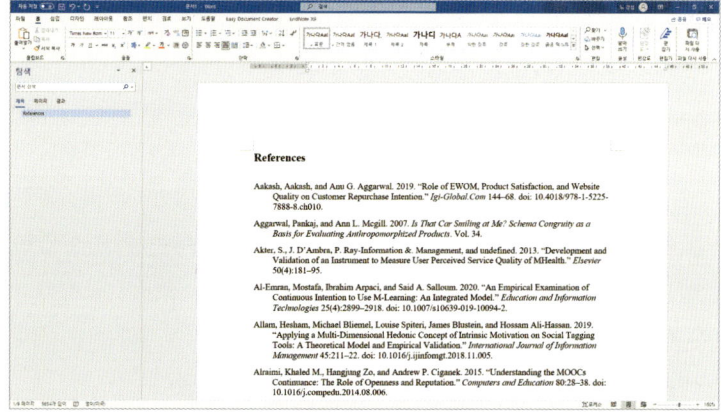

(b) MS-Word로 정리된 참고문헌

[그림 8-1] 참고문헌 작성 방법

---

2 Mendeley 사용법은 이 책의 맨 앞부분인 INTRO를 참고하기 바란다.

SECTION 02 논문 심사 대비하기

논문 심사는 내 연구에 대한 객관적인 판단을 받아보는 것으로, 학위를 받기 위한 마지막 관문이다. 또한 학자로서 첫 발을 내딛기 위해 점검을 받는 것이므로 지금까지 연구하고 논문을 쓰며 준비한 모든 역량을 이때 쏟아 부어야 한다.

논문 심사를 대하는 마음가짐

논문 심사를 한 번에 통과하는 경우는 없다. 그러므로 논문 심사 과정에서 어떤 지적을 받더라도 마음 상하거나 움츠러들지 말아야 한다. 논문을 제대로 준비했어도 경우에 따라서는 심사 과정에서 호된 난관이 따르기도 한다.

제대로 된 방법으로 윤리 규정을 지켜가며 연구를 하는 동안 프로포절을 거쳐 심사 과정까지 왔다면 거의 모든 절차를 거친 것이다. 연구자에게 칭찬과 박수를 보낸다. 연구자는 열심을 다해 논문의 결론까지 내고 마무리했다는 생각에 내심 '이제 고생이 끝났다'라고 생각할 수 있다. 그리고 연구자는 심사 과정을 거뜬히 통과할 것으로 기대한다. 하지만 논문 심사가 절대로 한 번으로 마무리될 수 없다는 것을 기억하자.

학위논문 심사에 참여하는 심사위원들은 단순히 심사 과정에서 인준서에 사인하거나 도장만 찍기 위해 참석하는 분들이 아니다. 각 전문 분야에서 능력을 인정받은 분들이기에 심사위원으로 위촉했을 것이다. 그런데도 '내가 지금까지 정말 열심히 했으니 논문 심사에서는 문제없이 통과할 것이다'라고 생각한다면 지나치게 안일하고 오만한 태도라 하지 않을 수 없다.

세계적인 석학들이 저널에 투고를 하는 경우에도 많은 편집자들이 확인하고 심사위원들이 심사를 한다. 2장에서 논문 랭킹을 보는 방법과 해당 분야에서 가장 유명한 저자를 확인하는 방법을 소개했다. 그 저자의 논문을 한번 찾아보기를 권한다. 논문에는 투고된 날짜가 있고 게재가 확정된 날짜도 나와 있다. 두 날짜 사이에는 논문이 수정(Revised)되어 다시 접수된 날짜가 나온다. 세계적인 연구자들도 수정을 거쳐 논문을 게재하는데 이제 알에서 깨어난 초보 연구자가 한 번에 심사를 통과하는 일은 있을 수 없다.

논문 심사가 왜 1차, 2차, 3차로 시차를 두고 구분되어 있겠는가? 논문 완성도를 높일 수 있도록 설정한 기간이다. 실제로 심사 횟수가 증가할수록 거듭하여 논문의 질은 올라갈 수밖에 없음을 기억하자.

국내 모 대학원의 경우 SCIE 혹은 SSCI에 논문을 게재하는 조건으로 학위를 수여하는 경우도 있다. 이런 경우라면 논문 심사 과정은 일종의 통과의례일 수밖에 없다. 심판대에 오른 연구자의 결과물이 이미 세계적으로 유명한 저널에서 인정받았는데 굳이 결점을 찾아 보완하라고 하는 것도 이상한 일이기 때문이다. 물론 이 경우에도 심사위원들이 눈에 띄는 결점을 발견했다면 지적하여 보완하도록 요청할 것이다.

논문의 완성도

"어느 정도까지 논문을 완성해서 심사를 받아야 합니까?"라는 질문을 하기도 한다. 논문을 완벽하게 만들어 준비해 가더라도 심사 과정에서 수정 사항이 나오게 되는데, 어떤 경우에는 새롭게 다시 써야 할 수도 있다. 그러니 연구자 입장에서는 약간 미완성 상태인 논문으로 심사를 받고 지적 사항을 보완하면 덜 고생스럽지 않을까 생각할 수 있다.

연구자의 마음은 이해하지만, 무조건 완성된 논문으로 심사에 들어가야 한다. 완성된 논문으로 심사를 받아도 결점과 보완할 부분이 많기 마련인데, 미완성 논문으로 심사에 들어간다면 최종 논문의 질을 담보할 수 없다. 지적 사항을 보완하는 일이 지금까지 논문을 준비하느라 고생했던 것보다 더 힘들 수 있다. 하지만 아무리 힘들어도 남은 심사 기간은 길어야 한 달이다.

가장 바람직하고 추천할 만한 방법은 방학 기간에 논문을 완성해놓는 것이다. 방학 기간에는 수업이 없으므로 온전히 논문에만 집중할 수 있기 때문이다. 이렇게 하면 학기가 시작되어도 첫 번째 심사일까지 조언을 들으며 추가 보완만 하면 된다.

동료 연구자들과 서로 논문 진도를 체크할 수 있게 학기가 시작되면 논문을 쓰겠다고 생각하는 사람들이 있는데, 이는 정말 어리석은 생각이다. 협업하여 논문을 쓰는 경우를 제외하면, 논문은 연구자가 홀로 주관하여 만들어내는 결과물이다. 주변에서 어떻게 준비하는지를 알면 동기부여가 되고 심심하지도 않아 좋다고 말하는 사람들도 있다. 그런데 잘 생각해보면 논문을 쓰는 동안 심심할 시간이 있었다는 것은 논문에 집중하지 않았다는 의미다. 또한 남의 연구 과정을 알면 동기부여가 되기보다 '저 친구는 잘하고 있는데, 나는 왜 진도가 안 나갈까?'라는 조급함만 생기기 십상이다. 독자적으로 연구를 진행하면서 자신이 잘하고 있는지 여부는 지도 교수님께 체크를 받으면 된다.

두 달이라는 방학 기간에 논문 작성이 가능한지를 묻는 경우도 있다. 학위논문을 완성하는 데 두 달이면 충분하다. 아무것도 준비되지 않은 상태에서 두 달이 주어졌다면 불가능하겠지만, 주제와 연구모델이 이미 정해졌고 프로포절도 마친 상황에서라면 두 달은 아주 여유로운 기간이다.

심사위원과 나의 관계

저널에 논문을 투고한 경우에는 누가 심사위원이 될지 모르지만, 학위 심사를 받는 경우는 지도 교수님과 상의하여 심사위원을 결정하게 된다. 외부에서 위촉한다면 연구자와 심사위원이 서로 잘 모를 수 있겠으나 학교 내에서 위촉한 심사위원은 서로 잘 알고 있을 수 있다. 이때 서로 관계가 좋은 사제지간이라면 심사 과정이 유리할 수 있시 않을까 생각하겠지만, 심사위원도 본인의 이름으로 인준서에 사인이나 날인하기 때문에 공식적인 문서가 남는 만큼 심사에 신중을 기할 수밖에 없다.

가끔 이런 말을 듣는다. "심사위원들이 저승사자처럼 느껴진다. 왜 그렇게 꼬투리를 잡으려고 하는지 모르겠다." 이는 사실과 전혀 다르다고 말해주고 싶다. 꼬투리를 잡는 게 아니라 논문에 난 흠집이나 상처를 메꿔줄 처방을 하는 것이다. 연구자를 괴롭히려는 게 아니라 연구자에게 더 강력한 무기를 장착시켜 주고 싶어서 연구 결과물을 꼼꼼히 들여다보고 더 나은 방향으로 안내를 하려는 것이다.

[그림 8-2] 심사위원은 나를 돕는 존재다.

필자도 박사 논문 심사 과정에서 자신감이 넘친 나머지 심사위원들의 말을 듣고 취할 것은 취하지만 아닌 것은 아니라고 완곡하게 반박도 해보았다. 여기서 그치지 않고, 심각하게 한 건 아니지만 억지주장도 펼쳐보았다. 이때 심사위원님은 웃으시면서 "다음번에 이 부분을 고쳐오지 않으면 도장을 찍어줄 수 없으니 알아서 하시오"라는 말씀도 하셨다. 당연히 다음 회차의 심사 전까지 모두 고쳤으며 지적받은 내용에 대해 억지주장이 아닌 최신 논문으로 다시 반박을 했다. 아마도 심사위원께서는 모든 지적 사항에 대해 단순히 순응하는 것만을 원하진 않으셨을 것이라 생각한다. 지적 사항에 대해 근거 문헌을 찾아 논문으로 재반박하는 논리를 편 것을 더욱 좋아하셨을 것이다. 이 이야기가 심사위원의 말에 반박하라는 차원에서 하는 이야기가 아님을 이해하리라 생각한다. 열심히 연구한 만큼 자신감을 가지고 최대한 예의를 지켜서 자신의 주장을 펼치길 바란다.

다시 한 번 강조하지만 심사위원은 여러분이 더 잘되기를 원한다. 심사위원을 두려워하거나 멀리하지 않아야 한다.

논문 심사

논문 심사에 임하고 있다면 그동안의 고생과 노력을 확인하는 시간이라 생각하면 된다. 논문 심사는 심사위원 다섯 분(석사라면 세 분) 앞에서 그동안의 연구 결과를 프레젠테이션으로 발표하고 보완 사항을 듣는 시간이다.

논문 심사와 프로포절의 관계

논문 심사 때 발표하는 내용이 프로포절 내용에서 많이 달라진 경우 연구자가 위축되기도 하는데, 프로포절 내용과 같은 내용을 심사하는 논문에서 본 기억이 없다. 심지어 프로포절 단계에서 연구모델이 문제가 되어 심사 논문에는 달라진 연구모델이 들어가 있기도 한다.

기본적인 심사 과정은 프로포절을 한 방법과 동일하다. 다만, 청중이 다르다. 프로포절 때는 전공 교수님들과 동료 연구자들 다수가 참석하지만, 논문 심사 때는 심사위원들만 계신다. 발표할 때는 프로포절에서 한 내용 중 분석 결과 부분을 상세하게 설명하고, 결론과 시사점을 추가한다.

연구 당위성과 연구 목적: 강조할 것을 강조한다

논문 심사를 받을 때도 중요하다고 힘을 주어 강조할 내용이 있다. 연구주제와 관련한 제반 사항을 언급하고, 그러한 이유로 연구문제에서 지적하는 부분을 밝혀야 한다는 당위성을 강조해야 한다. 연구자는 계속 이 연구문제만 생각했기 때문에 해당 연구의 당위성이 머릿속에 박혀 있겠지만 심사위원들은 그렇지 않다. 심사위원들에게 논문을 미리 보내드리면, 받아본 논문을 열심히 읽은 심사위원도 계시겠지만 그렇지 않을 개연성이 더 크다. 프로포절에서 강조했으니 다시 강조할 필요가 없다는 생각은 버리자. 처음부터 시작한다는 마음으로 연구의 이유와 연구의 목적을 강렬하게 드러내야 한다.

이론적 배경: 핵심만 정확히 설명한다

정식 논문 심사이므로 연구자는 모든 연구 내용을 설명하고 인정받고 싶겠지만, 핵심만 제대로 발표해도 연구자의 노력을 충분히 나타낼 수 있다. 자신이 진행한 연구를 완전히 이해한 연구자라면 이론적인 핵심을 충분히 고를 수 있는 능력이 된다. 그러니 자신감을 가지고 핵심 위주로 발표를 이어가야 한다. 서론에서 연구문제와 연구 목적을 정확하게 전달하면 이론적 배경을 설명할 때도 심사위원들이 쉽게 이해할 수 있다.

이론적인 배경을 설명할 때 연구 목적의 근원에 해당하는 이론부터 설명하기 시작하면, 일단 그 논문 심사는 지루해지기 시작한다. 어떤 청중이라도 지루함을 느끼기 시작하면 화자의 전달력이 아무리 좋아도 5분을 견디기 힘들다는 것을 잊지 말아야 한다. 그래서 핵심이 중요하다고 강조하는 것이다. 심사위원들은 기본적인 내용은 이미 이해하고 있다는 점을 생각하자.

연구모델: 직관적으로 이해될 수 있게 설명한다

연구모델에 관한 것을 설명할 때는 연구모델을 직관적으로 이해할 수 있도록 변수별로 표현하는 것이 좋다. 연구모델이 복잡한 경우 해설을 조금 곁들이면 보다 쉽게 이해할 것이다. 연구모델이 있는 슬라이드를 보여주되 설정한 가설을 위주로 설명해야 발표 시간도 줄일 수 있고, 어떤 부분을 연구에서 확인하고자 하는지를 빨리 이해시킬 수 있다.

논문을 쓸 때도, 심사위원 앞에서도 독자(讀者)나 청자(聽者)가 가장 빨리 이해할 수 있는 방법을 생각해야 한다. 이 부분이 가장 간과하기 쉬운 부분인데, 연구자는 해당 연구주제에 대해 당연히 가장 잘 알고 있고 정통해 있겠지만 청자 입장에서는 아직 받아들일 준비가 되어 있지 않다. 그렇다면 연구자가 몇 장의 슬라이드를 꾸미더라도 듣는 사람의 입장에서 한 번 더 생각해야 한다.

분석 결과: 핵심 요소만 설명한다

연구모델에 따라 다르겠지만 연구자는 자신의 업적이 가장 과학적으로 드러나는 분석 결과에 많은 초점을 둔다. 하지만 몇 장의 슬라이드에 분석 결과를 다 담을 수는 없다. 핵심 결과와 함께 가설로 설정한 내용들을 채택하거나 기각하는 과정에서 중요하다고 판단되는 요소만 설명해도 좋다. 다만 이 부분에서 집중적으로 질문하시는 심사위원이 있을 수 있다. 이런 경우를 대비해서 파워포인트의 제일 마지막인 'Thank you…!!!' 페이지 뒤에 Appendix를 장착하고 심사에 응하자. 혹시 모를 질문에 대비한 내용들을 여기에 모두 모아놓는다. 심사위원의 질문을 받게 되면 해당 부분을 찾아서 방어하면 된다.[3]

결론: 시사점을 넣으면 화룡점정이 된다

결론은 연구 전체의 결과를 집약하는 부분이다. 즉, 연구모델에서 도출된 결과를 표현하되 그 의미가 어떤 결과로 이어질 것이며 어떤 영향을 가지게 될 것인지를 주장하면 된다.

여기에 추가하여 상술할 것이 있는데, 연구가 갖는 의미인 시사점을 넣어주면 가히 화룡점정(畵龍點睛)이라 할 수 있다. 먼저 연구자를 위한 시사점을 제시한다. 이 연구를 통해 연구자에게 던질 수 있는 메시지를 설명하고, 앞으로 더 보강해야 할 부분과 학계에서 갖는 의미 및 연구의 장점을 이야기할 수 있다. 이어서 연구를 현장에서 적용하는 실무자들을 위한 시사점이 포함되면 좋다. 연구가 실제 생활에 적용되어 보다 나은 환경을 만든다면 그보다 더 좋은 연구는 없을 것이기 때문이다.

---

[3] 개인적으로는 심사위원과 피심사자의 관계를 공격과 방어로 설명하고 싶지 않으나, 현실에서 defence로 표현하는 경우가 많아 이 용어를 그대로 쓴 것이다. 사실 응답(response, answer)으로 표현하는 편이 더 적절할 것이다.

참고 논문 심사에 따른 행정 절차

학위논문을 완성해갈 무렵 심사보다 연구자를 더 힘들게 하는 것이 있다. 바로 논문 심사 과정에 따른 행정 처리다. 엄밀히 말하면 힘들다기보다 번거로운 일들인데, 누가 대신해줄 수도 없어 모든 일을 연구자가 일일이 돌아다니며 처리해야 한다. 논문을 열심히 쓰는 와중에 행정적인 부분이 따라오지 못하면 대사를 그르칠 수 있다. 각종 서류들을 처리하기 위해 캠퍼스를 이리저리 왔다 갔다 하는 것이 보통 일이 아니니, 사전에 다음과 같은 행정 처리 과정이 있음을 알아두고 마음의 준비를 하자.

먼저 '학위청구논문 제출신청서'를 작성하여 제출하고 '학위청구논문 심사비'를 납부해야 한다. 또한 '학위청구논문 지도교수 추천서'를 받고, '심사용 학위청구논문'을 논문 심사위원에게 제출해야 1차 준비가 끝난다.

다음으로 '논문심사위원 추천서'를 출력하여 지도 교수님과 함께 심사위원을 선택한다. 만약 외부에서 위촉한다면 '외부심사위원 추천서'를 작성해서 같이 제출해야 한다. 연구자는 연구윤리에 대해 기본적으로 알고 있어야 하기 때문에 '연구윤리교육'을 받고 '수료증'도 같이 제출해야 한다. 여기까지 했으면 기본적인 행정 준비를 마친 것이다.

본격적인 심사에 들어가면 이때 준비해서 제출해야 할 것들이 있다. '논문심사결과보고서'와 '심사일지', '학위청구논문 연구윤리 준수 서약서', '학위논문 유사도 확인서', '표절방지 시스템 검사 결과보고서(카피킬러 검사)', '학위청구논문 심사종합판정표' 등이다. 이런 서류들은 교수님께서 취합하여 행정 부서에 넘겨주시는 경우도 있지만 대부분 연구자가 직접 처리한다. 여기까지 처리했으면 행정상으로는 학위를 받는 데 문제가 없다.

다음으로 후속 행정 절차가 남아 있다. 작성한 학위논문을 온라인으로 제출해야 하고 '저작권 동의서', '학위논문 확인서'를 제출해야 한다. 이어서 기다리고 기다리던 '인쇄본 학위논문'을 출력하여 제출한다. 실질적으로는 여기서 마무리되지만 박사학위 취득자는 '박사급 고급인력 정책 자문단'이라는 서류에 신청자에 한하여 동의하는 신청을 할 수 있다. 필수 사항은 아니지만 굳이 신청하지 않을 이유가 없다. 모든 설문에 성실히 응하고 동의하면 전 과정이 마무리된다.

꼭 기억합시다!!!

논문으로 학위를 받으려면 프로포절과 논문 심사 과정을 거쳐야 한다. 각 과정이 어떤 의미로 진행되는지 이해하고 이에 맞게 준비를 한다. 이때 연구자가 지녀야 할 마음가짐도 미리 숙지하여 당황하는 일이 없도록 한다.

Episode 10
논문 작성의 핵심을 파악하는 것이 중요함을 알깨운 사례

2020년에는 코로나19로 인해 오프라인 수업을 Zoom으로 대체하여 1:1 코칭을 진행했다. 이때 수강생 중에 이미 박사학위를 받았는데도 이 수업을 듣고 이어서 논문 통계분석까지 수강한 분이 있었다. 수업 시간에 학위를 다 받으셨는데 왜 수업을 들으시는지 질문했다. 그분 말씀이 "그래도 논문 쓰는 방법을 잘 모르겠다"였다.

주변 연구원들에게 물어도 저마다 논문 작성에 대해 하는 말이 다르고 분석 방법이 다른데, 어떤 게 맞는 건지 판단이 안 돼 수업을 들으면서 익히고 싶다는 것이다. 그래서 기존에 어떻게 논문을 써왔는지에 대한 질문으로 시작해서 준비 과정, 인용하는 내용, 기술 방법 등 상당히 자세한 내용으로 코칭을 진행했다. 상당수 연구자들이 논문 목차에 따라 어떻게 기술해야 하는지는 개념적으로 이해하지만 정작 연구주제를 정하고 그에 따른 흐름을 나타내기 위해 어떤 핵심을 가져가야 하는지는 잘 짚어내지 못한다.

한 번은 일주일을 온전히 투입할 수 있다고 해서 총 100편의 논문을 찾아보는 과제를 내준 적이 있다. 일주일이 지나서 코칭할 때 확인해보니 과제를 완성해놓으셨다. 일주일간 관심 분야 논문을 100편 찾아서 저장하려면 하루에 최소한 30~50편은 봤다는 것이므로 정말 많이 애쓰셨음을 느낄 수 있었다.

논문을 찾으면서 무엇을 느꼈는지 질문하니 "많은 논문을 보다 보니 이제서야 잘 쓴 논문과 그렇지 않은 논문이 눈에 보이기 시작합니다"라고 하셨다. 누구나 일주일 만에 이런 선택안을 가질 수는 없겠지만 아마도 그동안 논문을 계속 써오셨기에 가능했을 거란 생각이 든다.

부록 A

이왕 쓰는 논문, 영어로 써라

논문을 쓰는 것만도 고민스러운데 영어로 쓰라고 하면 대부분의 사람들은 고개를 절레절레 흔들 것이다. 하지만 영어로 논문을 쓸 수 있는 사람과 쓸 수 없는 사람이 정해진 것도 아니다. 그리고 논문을 쓸 정도라면 10년 이상 영어 공부를 해왔다는 뜻이다. 이왕 쓰는 논문이라면 영어로 써보는 게 어떨까?

누군가와 영어로 대화한다면 내가 하고 싶은 말을 영어로 할 수 있어야 하지만 상대방이 영어로 하는 말도 잘 들을 수 있어야 한다. 하지만 영어 논문을 쓴다는 것은 일방적으로 연구자가 하고 싶은 말을 일정한 형식에 맞추어 쓰는 것이니 고쳐가면서 쓰면 된다. 그러니 한번 도전해보자.

Contents

Section 01_ 영어를 잘 못해도 상관없다
Section 02_ 해외 저널에 투고하자

SECTION 01 | 영어를 잘 못해도 상관없다

'영어를 잘 못하는데 영어로 쓰는 것이 가능할까?'라는 의문이 들 수 있다. 또 '나는 어학적인 머리는 안 돼'라고 생각하는 사람도 있을 수 있다. 이런 생각을 하는 사람들은 대부분 영어에 대한 두려움이 있고, '영어'라는 말만 나와도 주눅이 든다. 하지만 모국어도 아닌데 다른 나라 말을 잘 못하는 게 이상한 일은 아니다.

영어 실력이 중학교 수준 이상이라면 영어 논문에 도전해볼 만하다. 논문 한 편은 대략 300~400개 정도의 문장으로 구성되어 있다. 길게 쓴다 해도 500문장 이내로 작성된다. 이태리 장인이 한 땀 한 땀 바느질하여 옷 한 벌을 만들듯, 우리는 한 문장 한 문장 작성해가며 논문을 완성하는 것이다. 그런데 이태리 장인이 옷을 지으려면 모든 과정을 스스로 해결해야 하는 반면, 우리는 영어 논문을 작성하는 과정에서 약간의 비용을 들여 도움을 받을 수도 있다.

읽을 수는 있는데 쓰는 것도 가능할까?

결론부터 말하자면, 영어 논문을 찾아서 읽는 것이 가능하다면, 영어로 쓰는 것도 가능하다. 이 책을 읽고 자신의 논문에 적용했다면 그전에 쓴 논문과 비교할 때 내용의 완성도가 올라갔을 것이다. 뿐만 아니라 참고문헌으로 인용하는 논문이 많이 달라졌을 것이다. 이전에는 국내 논문만 찾았으나 지금은 자연스럽게 해외 문헌을 참고하게 되니 해외의 웬만한 탑 저널 명칭도 기억날 것이고, 관련 분야를 연구하는 세계적인 학자들도 몇 명은 기억날 것이다. 사람마다 정도의 차이는 있겠지만, 논문을 찾을 때 처음부터 최신 버전으로 탑 저널에서 확인하라고 했던 의미는 충분히 이해했으리라 생각한다.

그렇다면 작문을 어떻게 하면 될 것인가? 영어를 모국어로 사용하는 사람이라도 완벽한 영어를 구사하기는 쉽지 않다. 우리도 모국어인 한국어로 작문하고 나중에 검토해보면 틀린 부분을 여러 곳에서 확인하게 된다. 영어를 잘하는 사람이라도 관사(article, 冠詞)의 경우 아무리 조심하고 생각하며 쓴다 하더라도 틀리게 쓰는 예를 쉽게 확인할 수 있다. 그러므로 영어가 완벽하지 않더라도 미리 겁먹지 말고 영어로 쓰는 시도를 해보길 추천한다.

문명의 이기를 충분히 활용하자

본문에서 구글 번역기와 파파고에 대해 다루면서 영어를 한국어로 번역하는 과정에 대해 설명했다. 여기서는 한국어를 영어로 번역하는 과정에 대해 생각해보자.

한국어를 영어로 바꿀 때 가장 기본이 되어야 할 사항은 'Make Sense(의미가 통하다)'다. 한국어 문장에는 주어가 빠져 있는 경우가 많다. 그래서 번역하면 거의 수동태로 표현되고 능동태로 표현되더라도 내가 원하지 않은 주어가 들어 있는 경우가 많다. 영어는 이 정도만 구분하여 정리할 수 있는 수준이면 충분하다.

영어가 한국어 정도로 능숙한 사람이 아니라면 영어 논문을 쓴다 해도 한국어로 먼저 문장을 만들어 번역하는 것이 관리 면에서 편리하다. 한국어로 작문하는 경우, 반드시 주어를 넣어서 능동태 문장으로 작성하자. 그래야 번역기가 조금 더 쉽게 작동할 수 있는 환경이 만들어진다.

그런데 이보다 더 중요한 포인트가 있다. 문장을 만들 때 긴 문장을 만들지 않아야 한다는 점이다. 문장이 너무 길면 번역기를 아무리 잘 활용해도 100% Make Sense되도록 할 수 없다. 사실, 문장이 길어지면 한국어 문장이라도 이해하기가 힘들다.

문장을 최대한 짧게 쓰면 영어로 쓰는 문장에서 실수를 줄일 수 있다. 문장을 짧게 쓰는 게 처음부터 쉽지는 않겠지만 조금만 노력하면 습관으로 붙일 수 있다. 짧은 문장이 이해하기도 쉽고 문법에도 잘 맞는다. 또한 MS-Word로 작성하다 보면 문법적으로 맞는 문장은 아무런 표시가 나타나지 않는데, 틀린 단어나 문법이 들어가면 밑줄로 표시하여 고칠 수 있도록 안내도 해준다. MS-Word는 간단한 문장뿐 아니라 아주 긴 문장에서도 문법적 오류를 찾아준다.

> I want to write a dissertation in English.
>
> I want to writing a dissertation in English.

[그림 A-1] MS-Word 맞춤법 검사 기능

윤문이 있으니 걱정하지 말자

영어가 모국어가 아닌 이상 영어로 문장을 쓰면 틀린 부분이 나올 수밖에 없다. 게다가 영어를 아무리 잘해도 관사는 넘을 수 없는 산처럼 느껴진다. 수많은 영어 학원의 강사들이 a와 the의 구분 방법을 설명하고 있다.

하지만 이러한 한계마저도 걱정할 필요가 없다. 영어 문장을 교정해주는 윤문(潤文) 서비스가 있기 때문이다.[1] 윤문 과정을 진행해봐야 현재 자신의 영어와 네이티브 영어가 어떻게 다른지 알 수 있다. 물론 윤문 서비스를 받으려면 약간의 비용이 발생한다. 하지만 몇 차례 윤문을 받다 보면 내 문장력도 조금씩 늘어가는 것을 확인할 수 있다. 그러면 윤문 없이 영어 논문을 완성하여 그대로 투고하는 날도 맞이하게 될 것이다.

> The research model consists of the ECM's Cconfirmation and Ssatisfaction as mediators. Therefore, it is necessary to check if there is an indirect effect ofon this parameter.
>
> The significance of the indirect effects was confirmed through phantom variable modeling. Table 8 shows the results of testing the indirect effects of the parameters for the important variables. Significant indirect effects were found when Ssatisfaction was mediated in the path where inertia influenced the continuous intention. In addition, anthropomorphism was confirmed to have a significant mediating effect when passing confirmation and satisfaction, and hedonic motivation, which is also the (perceived enjoyment,) was confirmed to have a significant effect on the continuous intentions with S regarding satisfaction as a mediator. Finally, in the ECM set, which is as the basic frame of this study, it was confirmed that Cthe confirmation has a significant effect on Cthe continuous Iintention through Ssatisfaction.

[그림 A-2] 윤문 서비스를 받은 후 수령한 결과물

만약 번역기를 활용하기가 힘든 상황이라면 번역 서비스를 신청하는 것도 한 방법이다. 이 경우 한국어 버전의 논문 전체를 영어로 번역해야 하므로 서비스 비용이 비싸다는 것이 단점이라 하겠다.

---

[1] 윤문(潤文): 문장에 있는 오류를 수정하고 문장을 읽기 편하게 정리하는 것을 의미한다.

SECTION 02 해외 저널에 투고하자

국내의 학회지 중에 영어로 된 논문만 투고 받는 곳이 있다. 기본적인 투고 논문의 수와 인용 숫자를 높여 SCOPUS나 SSCI, SCIE로 평가받기 위함이다. 많은 학자들이 이런 저널에 논문을 투고하고 전 세계의 유명한 학자들이 해당 논문들을 인용하면 그 저널의 영향력은 커지기 마련이다.

우리나라 학자들 중에도 뛰어난 연구 결과를 보여주는 사례가 많다. 이처럼 잘 연구된 결과물들은 해외의 탑 저널에서도 자주 채택된다. 국내 학자들의 논문이 탑 저널에 많이 채택될수록 국가의 위상이 올라가고 한국 학자들의 연구 능력이 높다는 것을 나타내므로 아주 바람직한 결과라 하겠다.

내 논문을 해외 저널에 투고할 수 있는 이유

논문을 쓸 때 국내 논문을 참고하지 말라고 한 이유는 크게 두 가지였다. 첫째, 전공 분야의 최신 기조를 해외 저널에서 주로 리드하고 있기 때문이다. 둘째, 아무리 좋은 한국어 저널이라도 해외에서는 대부분 인정하지 않기 때문이다. 한국어 논문을 참고문헌으로 활용했다면 해외 저널에 투고하는 것은 꿈도 꿀 수 없다. 해외 저널의 편집자는 국내에서 출간된 한글 논문을 확인할 수 없으므로 투고된 논문의 참고문헌이 한국 논문이란 것만 확인해도 거부(reject) 판정을 내릴 수밖에 없다.

그러나 이 책의 흐름을 좇아 논문을 진행했다면 여러분이 쓴 논문과 다른 사람들이 쓴 논문의 가장 큰 차별점은 참고문헌의 수준이라 할 수 있다. 대부분 탑 저널에서 출판된 논문을 참고문헌으로 활용하였을 것이기 때문이다. 이것만으로도 내 논문의 수준을 증명할 수 있다.

해외 저널 선택 방법

해외 저널에 투고하기 위해 영어로 논문을 썼지만 막상 어느 저널에 투고해야 할지, 이 저널이 내 논문의 콘셉트와 맞을지 판단이 안 서 망설이는 사람들이 있다. 해외 저널에 투고할 때 먼저 생각해야 할 것은 전문 분야 혹은 저널에서 추구하는 방향과 맞지 않으면 투고한 논문이 반려될 수도 있다는 점이다. 또한 연구자는 투고 논문이 처리되는 과정을 알 방법이 없다. 심지어 이 기간이 몇 달이 될 수도 있다. 그러므로 해외 저널에 논문을 투고한다면 먼저 연구주제와 유사한 저널인지, 진행 기간은 어느 정도인지 등을 미리 확인해야 한다.

[그림 A-3]은 엘제비어(ELSEVIER)에서 제공하는 JournalFinder다. 연구자의 연구 제목(Paper title), 초록(Paper abstract), 키워드(Keywords), 분야(Field of research)를 선택한 후 Find journals > 을 클릭하면 다양한 저널 정보를 제공해준다.

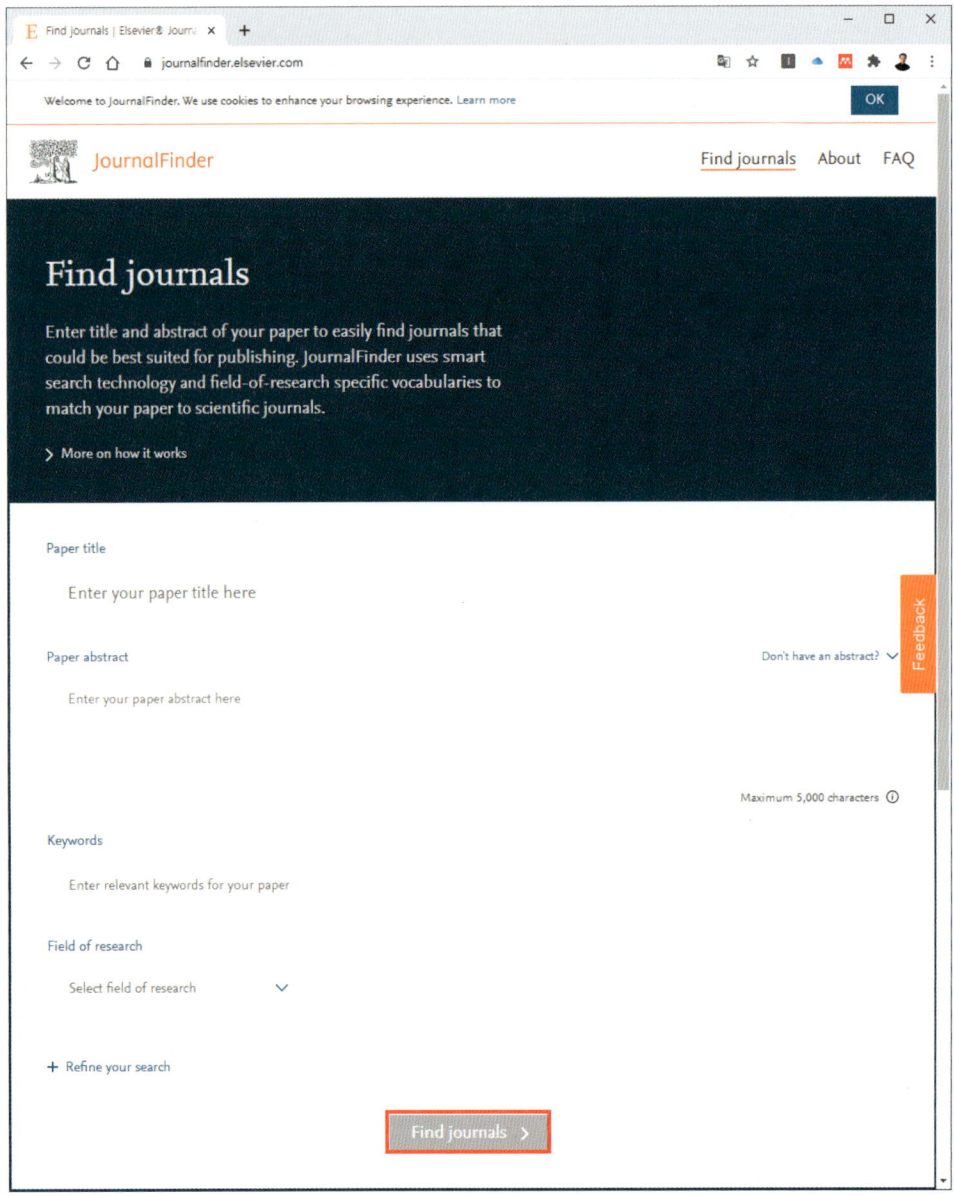

[그림 A-3] 엘제비어에서 제공하는 JournalFinder

[그림 A-4]는 Find journals >을 클릭하면 나타나는 저널 추천 화면이다. 인용 횟수를 기준으로 저널의 영향력을 나타내는 Impact Factor, 출판되기까지 걸리는 시간을 나타내는 Time to publication 등을 제공한다.

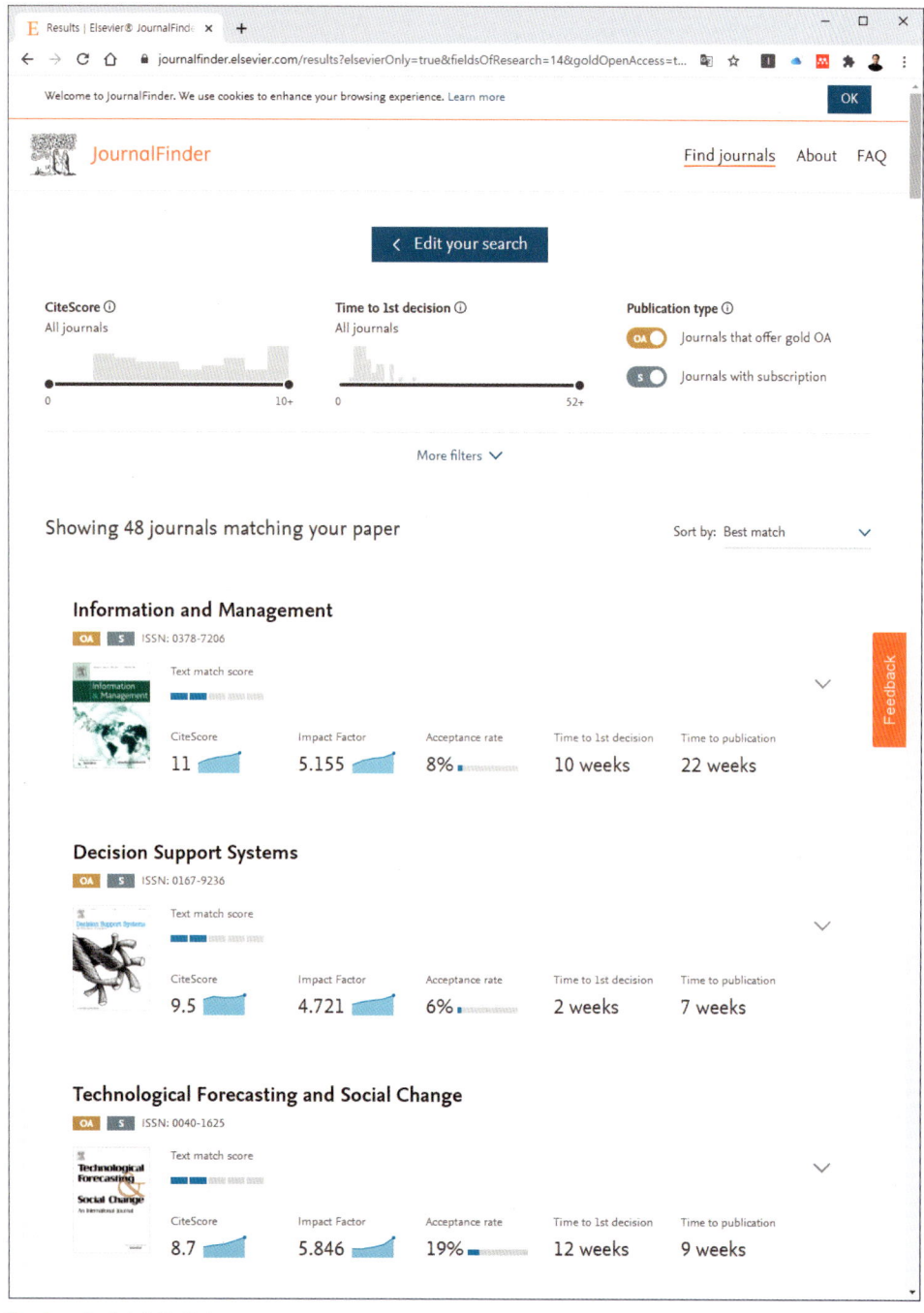

[그림 A-4] 저널 추천 화면

엘제비어(ELSEVIER) 말고도 다음과 같이 저널을 추천하는 다른 출판사들도 있으니, 확인해보기 바란다.

- **Springer** https://journalsuggester.springer.com/

- **WILEY** https://journalfinder.wiley.com/

- **Web of Science Group** https://mjl.clarivate.com/

부록

B

논문 작성에 대해 정말 궁금했던 것들

연구 초보자들을 비롯해 논문을 쓰는 분들이 자주 질문하는 내용 중에서 21가지를 가려 뽑았다. 논문을 쓰면서 누구에게도 묻지 못했던 질문에 대한 답을 확인해보자.

Q 01 논문을 빨리 완성시킬 수 있는 환경은 어떻게 만들까요?

A 논문을 위한 환경 요건이 따로 정해져 있지는 않지만 랩 연구원들 혹은 논문을 완성하고자 하는 사람들이 서로 모이는 환경을 만드는 것이 중요하다. 혼자서 논문을 쓸 수 있는 사람은 혼자 진행해도 좋다. 하지만 혼자 해왔는데 지금까지 논문을 쓰지 못하고 있는 사람이라면 혼자 하는 실패를 다시 한 번 맛볼 수 있다는 점을 염두에 두고 도전해야 할 것이다.

논문 쓰는 모임을 만들었다면 진도가 어느 정도 나갔는지 정기적으로 공유하면서, 모두 함께 진도가 나가도록 해야 한다. 따라서 모임의 리더가 있어야 할 것이고, 몇 명이 발표하고 토론할지 서로 약속하여 진행하는 것이 좋을 것이다.

이때 중요한 것은 절대 결석이 없어야 한다는 것이다. 한 사람이라도 다른 급한 일이 있다며 결석하면 그때부터 모임의 동력이 떨어지므로 처음부터 구성원을 잘 모아야 한다. 다만, 지도 교수님이나 카리스마 있는 리더가 있다면 혹시 한 명 정도 결석한다 해도 쉽게 리드해나갈 수 있을 것이다.

Q 02 논문 모임을 구성한다면 몇 명이 하는 게 좋을까요?

A 필자 의견으로는 4~6명 정도가 가장 적당할 것 같다. 구성원이 너무 많아도 발표하는 데 시간이 오래 걸리므로 지루한 시간이 될 수 있기 때문이다. 종합 진도표를 만들어 모두 발표하고 진행 상황을 서로 공유하며 체크하는 것이 혼자 진행하는 것보다 훨씬 효율이 좋을 것이다.

더 적은 인원으로 구성해도 좋은지 궁금할 수 있다. 실제로 여러 케이스에서 논문 모임을 진행해보면 2명인 경우 인원이 적다는 느낌이 드는 건 사실이다. 하지만 논문을 써야 하는 2명과 리더 1명이 있다면 실제로 모임이 가능했고, 둘 다 학위까지 무사히 받을 수 있었다.

실제로 진행해보면 모임 인원보다 발표나 토론에 대한 구성원 각자의 준비 여부가 더 중요했다. 모두 철저히 준비했다면 오히려 적은 인원이 더 효율적이었다. 시간도 맞추기 쉽고 시작과 마침에 늘어진다는 느낌이 전혀 나지 않았다.

Q 03 논문 모임의 주기는 어느 정도가 적당할까요?

A 자주 모일수록 논문의 완성도가 높아지고 논문을 완성하는 데 걸리는 시간이 단축된다. 풀타임 학위 과정에 있는 경우라면 일주일에 한 번 모임을 갖는 것이 적당했다. 물론 학기 중에는 너무나 지쳐가는 구성원들의 모습도 볼 수 있었다. 하지만 방학 때부터 모임을 시작한 경우, 학기 중에 오히려 더 수월하게 모임을 진행했다.

현업에 있으면서 파트타임으로 학위 과정을 밟는 경우, 이분들은 주로 주말을 이용해 연구를 진행하기 때문에 한 주의 텀을 두는 것이 효율 면에서 훨씬 유리했던 것으로 기억한다. 즉, 2주에 한 번씩 모임을 진행하는 것이 효율적이었다.

Q 04 논문 쓰는 기간은 어느 정도가 적당한가요?

A 논문을 쓸 때 기간 설정은 반드시 필요하다. 기본적인 논문들을 어느 정도 읽어놓는 상태라면 데이터가 없더라도 KCI급 논문을 작성하는 데 한 달이면 충분하다. 하지만 읽어놓은 논문이 없다면 주제부터 잡아야 하기 때문에 최소 6개월은 걸릴 것이다. 그러므로 논문을 쓰지 않더라도 논문을 지속적으로 읽는 습관을 들여야 한다. 또한 읽은 논문을 철저하게 정리해서 보관하는 습관을 들여야 한다. 그래야 논문 작성에 들어갔을 때 시간을 단축하는 기반이 된다.

Q 05 지도 교수님 선택은 어떻게 해야 하나요?

A 본인 사정에 가장 잘 맞는 지도 교수님을 선택해야 한다. 연구자가 되고 싶다면 연구를 많이 하시는 교수님을 선택하면 되고, 학위를 빨리 받고 싶다면 교수님들의 랩에서 평균적으로 학위를 받는 시간이 어떤지를 확인하여 결정할 수 있다. 특정 분야에 관심이 있다면 학교 홈페이지의 교수 프로필을 확인하여 연구 목록을 보고 자신의 관심 분야와 맞는 교수님께 상담을 요청하도록 한다.

Q 06 연구모델을 구성할 때 랩의 다른 구성원이 만든 연구모델에서 변수 하나만 변경해도 되나요?

A 연구를 위한 논문이 아니라 논문을 위한 논문을 쓴다면 그래도 된다. 하지만 연구자가 세상을 떠난 후에도 본인 이름으로 된 논문은 여전히 존재한다는 것을 기억해야 한다. 이 책에서 설명하는 연구모델의 의미를 다시 한 번 새겨보길 바란다.

Q 07 같은 랩의 논문을 서로 인용해야 하나요?

A 논문 인용 여부는 전적으로 연구자의 몫이다. 본인이 연구를 진행하는 데 필요하다면 넣어야 할 것이고 필요 없다면 넣지 않는 것이 맞다. 랩 구성원 간에 인용을 주고받는 일이 비일비재하게 나타나고 있는데, 솔직하게 말하면 왜들 그러는지 모르겠다. 인용 숫자가 1회 증가한들 어떤 의미가 있는가? 아무 의미가 없다. 미국에서도 연구자의 능력을 인정하기 위한 인용 숫자의 기준은 100회로 보는 추세다. 인용을 100회 주거나 받는 정도가 아니라면 인용 품앗이는 하지 않아도 좋을 것이다.

연구는 거래나 비즈니스가 아니다. 국내 학자의 지위 향상을 위해서라도 서로 인용해주는 게 맞다고 말할 수도 있다. 하지만 연구를 하고 논문을 쓴다는 것은 미지의 세계를 연구해서 새로운 것을 찾아 세상에 알리는 것이 목적임을 생각할 때, 연구자는 근본에서 새로워져야 하고 진실을 추구해야 한다는 것을 늘 마음에 새겨야 한다.

Q 08 학위논문, 저널용 투고 논문은 몇 장 정도 써야 하나요?

A 논문에 정해진 양은 없다. "학위논문은 최소한 120페이지는 되어야 하는 거 아니야?"라고 말하는 사람들이 있는데, 전혀 근거 없는 소리다. 의학 논문의 사례이지만 초록과 참고문헌을 포함해 4페이지로 구성된 하버드 메디컬 스쿨 교수의 논문도 보았다. 인문/사회과학 계열에서도 분량에 대한 스트레스에서 좀 벗어났으면 한다.

연구 목적부터 시사점까지 논점이 흐트러지지 않고 논리가 잘 흘러서 연구 목적을 충족하는 과정이 논문에 잘 나타나 있으면 된다. 물론, 논문 분량에 대해 말씀하시는 지도 교수님들도 있다. 주로 논문을 처음 써서 완성도가 떨어지는데 분량마저 적다면 공격의 대상이 될 수 있기에 양으로라도 커버하려는 방어 심리에서 하시는 말씀이라 생각하면 된다. 결국 연구자가 연구방법을 정확하게 알고 제대로 된 논문을 쓴다면 논문 양에 신경 써야 할 일은 발생하지 않는다.

저널 투고용 소논문의 경우, 분량을 정해주는 저널들도 있다. 연구자가 본인 연구에 대해 잘 이해하고 있다면 얼마든지 기준에 맞게 논문 분량을 조정할 수 있다. 논문 분량을 맞추지 못한다면 대부분 논문 쓰는 방법과 내용에 익숙하지 않기 때문이다. 따라서 연구 내용을 정확히 이해하고 중요한 부분을 잘 표현하는 연습을 해야 할 것이다.

Q 09 학위논문을 저널에 요약해서 발표해도 되나요?

A 저널용 논문과 학위논문을 구분하는 경우가 많다. 또한 학위논문을 저널에 발표하는 것은 자기표절에 해당한다는 의견도 있다. 하지만 먼저 논문의 성격을 생각해봐야 할 것이다.

학위논문은 학업과 연구 성과를 바탕으로 하여 학위를 받기 위한 목적으로 작성하는 논문이고, 저널용 논문은 학자들 간 소통을 통해 학문 발전에 기여하고자 작성하는 논문이다. 학위논문이 저널에 사용될 수 없다면 그만큼 소통이 되어야 할 학문적 결과가 빠지는 셈이다. 따라서 학위논문을 잘 정리하여 저널에 투고할 수 있도록 장려해야 한다. 단, 이 경우 연구자가 자신의 연구 내용을 100% 이해하고 있다는 전제가 필요하므로 분량 면이나 내용의 연결성 면에서 좀 더 엄격한 기준을 적용하는 것이 바람직하다고 생각한다.

국내에서는 학회에 따라 학위논문을 저널에서 받는 경우도 있고 받지 않는 경우도 있다. 그러므로 사전에 잘 확인해보고 지도 교수님과 상의해서 결정하는 것이 좋다.

Q 10 학회 참석은 어느 정도로 하면 좋은가요?

A 기본적으로 전공에서 유망한 학회 2~3개 정도에 종신회원으로 가입한 후 학회지를 주기적으로 받아보기를 권한다. "논문을 쓸 때 국내 저널을 보지 말라면서 왜 학회에 가입하라고 하나요?"라고 물을 수 있다. 왜냐하면 대한민국에 살고 있는 한 국내 동향을 모르고 있을 수는 없기 때문이다. 특히나 전공과 관련한 학회인

데 전혀 관련 없이 유아독존(唯我獨尊) 방식으로 살 수는 없다. 국내 학회에 논문을 투고하거나 발표하는 것은 연구자 선택에 달렸지만 최소한의 관심은 가지고 있어야 한다.

Q 11. 해외 학회에도 참석해야 할까요?

A. 이 역시 연구자의 선택에 따라 달라진다. 동기부여 측면에서 보면 해외 학회에 참석하는 것이 국내 학회에만 참석하는 것보다 훨씬 효과적이라고 할 수 있다. 게다가 영어 소통에 문제가 없다면 금상첨화다.

해외 학회에 자비로 참석한다면 비용이나 시간 면에서 부담되겠지만, 이름만 듣던 학자들을 만날 기회가 되기도 한다. 지도 교수님이 해외 학회에서 활동하시는 분이라면 서로 소개도 받고 인사를 나누는 기회가 될 수 있다. 또한 포닥(Post Doc.; 박사후과정)이나 객원연구원(Visiting Scholar)의 기회를 얻을 수도 있다.

여유가 된다면 지도 교수님과 랩 구성원들이 상의해서 단체로 해외 학회에 참석해보는 것도 좋을 것이다. 최근에는 코로나19로 인해 영상으로 학회에 참석하기도 한다. 이 경우 시간이나 비용 면에서 유리한 측면이 있지만, 개인적으로는 펜데믹이 좀 잠잠해진 후 직접 참여하는 것을 추천한다.

Q 12. 지도 교수님이 특정 양식에 맞춰 분석 결과를 제시하라고 하시네요. 틀린 것 같은데 어떻게 해야 할까요?

A. 지도 교수님 성향이 오픈 마인드라면 최근 논문 기조를 보며 방향을 바꿀 수 있을 것이다. 그러나 지도 교수님이 특정 양식에 맞추는 것만 주장하는 경우라는 그에 맞추어야 한다. 결국 최종적으로 본인의 학위를 결정하는 분이 지도 교수님이시니 바꿀 수 없다면 피할 수도 없다. 일단 교수님 요구에 맞추어 빨리 학위를 받되, 그후 추가 논문들을 반드시 발표해야 한다. 그래야 앞에 출간된 논문에서 부족하거나 틀린 보고 내용을 바로잡을 수 있기 때문이다.

Q 13 MS-Excel로 논문을 쓸 수 있을까요?

A 결론부터 이야기하자면 Excel만으로는 논문을 쓸 수 없다. Excel은 계산 기능이 출중한 문서 편집용 프로그램으로 보는 것이 맞다. Excel이 많은 분석 기능을 제공하고 있으며 Add-on 프로그램을 붙여 사용할 수도 있으나 논문에서 사용되는 분석 툴과는 성격이 다르다. 단순 보고서 정도의 내용이 논문으로 될 수 있는 주제라면 Excel로도 작성할 수 있겠으나, 대부분의 연구주제와 그 분석 방법은 Excel이 감당할 수 있는 수준을 훨씬 뛰어넘는다.

Q 14 해적판 프로그램을 사용해도 문제가 없을까요?

A 정품을 사용하길 권한다. 해적판으로 도출한 분석 결과가 정품으로 분석한 결과와 다른지는 확인하지 못했다. 하지만 불법 다운로드 사이트에서 가져와 설치한 컴퓨터에서 윈도우 프로그램이 아예 박살나는 경우는 보았다. 학교에서 프로그램 설치 및 지원을 해주기도 하니 가장 먼저 학교에 문의해서 지원이 가능한지부터 확인하도록 하자.

Q 15 제가 사용하는 방법론이 틀렸다고 하는데, 어떻게 해야 할까요?

A 주변 동료들에게 내가 사용하는 방법론이 틀렸다는 지적을 받으면 마음이 흔들린다. 물론 이런 흔들림도 본인이 그 방법론을 정확히 모르는 데서 기인하겠지만, 스스로 판단하여 맞는다고 생각하면 밀고 나가야 한다.

정확한 방법론에 서 있다면 누가 뭐라 해도 견디겠지만, 어디에 물어보거나 참고할 수 있는 자료를 얻을 수 없는 경우 갑자기 팔랑귀로 변신하는 마법이 일어난다. 그때는 지도 교수님이나 방법론을 잘 아는 사람에게 조언을 구하는 것이 좋다. 주변 동료들이 열심히 조언을 해준다 한들 그가 정말 뛰어난 고수가 아니라면 그 조언이 맞는다는 보장이 없기 때문이다. 잘 생각해보라. 그가 정말 뛰어난 고수라면 벌써 학위를 받고 나갔지 여러분 옆에 있지 않는다.

16 논문 컨설팅을 받아야 할까요? 컨설팅을 받는다면 언제 어떤 업체를 선택해야 할까요?

스스로 논문을 쓸 자신이 없거나 이번에는 반드시 쓰고 나가야겠다고 마음먹었다면 비용을 아낄 필요가 없다고 생각한다. 하지만 본인의 의지가 강하고 논문 쓰는 방법을 잘 이해하고 있다면 굳이 컨설팅을 받을 필요가 없을 것이다. 그럼에도 불구하고 처음 가는 길이니 제대로 가고 있는지 점검하는 차원에서 컨설팅을 받아본다면, 후속 연구는 컨설팅 없이 진행할 수 있을 것이다. 한 번 논문 쓰는 방법을 알게 되면 그 후에는 얼마든지 스스로 할 수 있다는 자신감이 붙기 때문이다.

제대로 된 컨설팅 업체를 만나려면 직접 업체를 방문하여 상담을 받아보는 것이 좋다. 비용을 지불하는 갑의 입장에서 꼼꼼하게 면접을 진행한 후 선택해야 한다. 즉, 업체 입장에서는 상담이라 하겠지만, 본인 입장에서는 면접을 시행하는 것이다. 필요한 사항을 정확하게 제시하고 업체 쪽에서 어떤 진행을 할 수 있는지 확인하면 된다.

그렇다면 컨설팅은 언제 받으면 좋을까? 방학 시작 전에 상담을 받아 방학과 함께 컨설팅을 시작하면 시기적으로 좋을 것이다. 방학 동안 논문을 다 쓰면 개강한 후 마무리만 하면 된다. 그러면 학기 중에 지도 교수님을 매주 보면서 약 한 달 반 후에 있을 심사를 준비하게 되어 성공적으로 학위를 받을 수 있을 것이다.

 17 내 논문에 참고문헌의 인용을 그대로 사용해도 되나요?

엄밀히 말하면 '재인용'으로 표기해야 한다. 하지만 논문에서 재인용한다는 것은 다른 연구자가 읽어서 인용한 것을 그대로 가져오겠다는 의미다. 실제로 많은 연구자들이 해당 인용을 믿고 참고문헌의 수를 늘리기 위해 그대로 자기 논문에 가져오는 것을 본다. 명백한 연구윤리 위반에 해당한다. 하지만 그런 방식으로 인용한다 해도 양심의 문제일 뿐 정말 읽었는지 읽지 않았는지 알 방법이 없다. 만약 해당 문헌을 찾아봤는데 인용으로 표기된 내용이 없다면(실제로 국내 한국어 논문의 경우 빈번하게 나타남) 심각한 상황이다. 거짓으로 논문을 쓴 셈이므로 학위 취소까지도 가능하다.

선배 학자의 연구를 살펴보는 것은 연구자의 기본적인 의무다. 다른 사람의 연구를 그대로 가져와서는 안 되며, 제대로 읽어서 본인의 연구에 맞게 해석하여 적용해야 할 것이다.

Q 18 논문 대필을 해도 될까요?

A 검색엔진에서 '논문 대필'을 검색해보고 깜짝 놀랐다. 대필자를 찾는 사람들이 있고 대필 업체에서 글을 남기기도 하는데, 이는 범죄 행위다. 논문 대필을 하면 형법상 업무 방해, 위계에 의한 공무 집행 방해 등의 혐의로 기소될 수 있다. 방조범이나 교사범도 당연히 형법상의 저촉을 받는다.

Q 19 공동 연구를 해도 괜찮을까요?

A 연구를 함께 하는 동료가 있으면 서로 격려도 해가며 실질적인 도움을 주고받을 수 있다. 하지만 공동 연구가 반드시 좋은 것만은 아니다. 연구자가 주도하여 잘 관리할 수 있다면 공동 연구가 좋겠지만, 마음먹은 대로 되지 않는다면 그만큼 스트레스가 커질 것이기 때문이다. 만약 연구를 주도하지는 않지만 같이 연구하여 논문에 이름을 올리고자 한다면 공동 연구로 시작하는 것도 좋은 방법이다.

공동 연구를 하면 기여도에 따라 논문에 표기되는 저자의 순서가 달라지는 게 맞지만 때로는 복잡하고 난처한 상황에 처하기도 한다. 예를 들어, 처음부터 지도교수님의 안내에 따라 공동 연구가 진행된다면 문제가 없지만, 다른 랩 연구원들이나 잘 모르는 사람들과 공동 연구를 진행한다면 최종적으로 논문에 자기 이름을 올릴 때 저자 순서에 이견이 발생할 수도 있다.

그래서 공동 연구는 학위를 받은 후 스스로 자유롭게 연구를 진행할 수 있을 때 주도적으로 하길 권한다.

Q 20 논문을 하나씩 쓰고, 주저자와 교신저자를 하나씩 교환해도 될까요?

A 랩이 잘 돌아가는 경우 이런 방법을 많이 쓴다고 들었다. 하지만 연구를 하는 학자라면 이런 유혹에서 벗어나야 한다, 이는 식자(識者)로서의 양심을 팔아 넘기는 행위다. 자신을 학위 과정에 있는 학생이라고 생각하기보다는 학자로서 첫 발걸음을 뗀다는 마음가짐으로 순수하게 학문에 정진하길 바란다.

Q 21 IRB란 무엇인가요? IRB를 통과하려면 어떻게 해야 하나요?

A 최근 대학원에서는 학위논문을 진행하기에 앞서 논문의 윤리 문제를 미리 확인하기 위해 IRB 심의 절차를 활용하기도 한다. IRB(Institutional Review Board)는 원래 연구소나 병원 등에서 지원금을 받거나 연구 허가를 받을 때 연구의 윤리성 여부를 판단하는 내부 심사 기구를 말한다. 대학교에서는 '인간을 대상으로 하는 연구' 및 '인체로부터 유래하는 연구'인 경우, IRB 심의를 통해 해당 연구를 진행해도 될지 필터링을 한다. 현재 이런 필터링 과정을 거치는 학교도 있고 거치지 않는 학교도 있다.

몇몇 대학원에서 확인한 결과 IRB 승인을 받으려면 '연구 제목, 연구자, 연구 목적, 연구 배경, 연구 기간, 연구 대상, 연구 대상을 선정한 방법, 응답자의 동의 여부, 연구방법, 연구로부터 발생하게 될 위험성, 그에 대한 대책, 연구의 공헌, 개인 정보와 관련한 인체로부터 파생하는 정보의 수집에 관한 사항, 정보 보호의 원칙, 정보의 2차 가공에 관한 사항, 연구에 대한 평가 방법, 참고문헌' 등에 대한 사항을 관련 서류대로 준비하여 소속 대학의 IRB에 미리 제출해야 한다.

이 중 어떤 항목들에 대해서는 수긍이 가기도 하나 어떤 항목들은 연구 현장을 너무 모르고 설정한 게 아닌가 하는 생각이 들기도 한다. 특히, 표본 설정과 관련된 항목은 계획임에도 아주 정확한 수치를 요구하고 활용하는 데이터를 선택하는 기준까지 세밀하게 작성하도록 하고 있기 때문에 초보 연구자들의 입장에서는 작성하기가 여간 까다로운 게 아니다.

위에 열거한 항목을 모두 정확하게 넣으려면 연구가 전부 마무리되었을 때나 가능하다. 사회과학 분야의 연구 형태를 의학 계열의 연구방법과 같은 방식으로 보는 것은 적절치 않아 보인다. 연구의 윤리성 문제는 매우 중요하지만, 이런 문제일수록 해당 분야의 연구 상황을 충분히 파악하고 이해한 바탕 위에서 기준을 잡아야 할 것이다.

ㄱ

가설	149, 165, 255
가설 검정(Test of the Hypothesis)	15, 247
가설 설정	165
간명적합도지수	240
개념의 조작적 정의	186
개념타당성(construct validity)	202
객관성	178, 186
객관적 서술	228
거부(reject)	269
건조한 문장(건조체)	14
검증 가능성	18
견해(perspective)	16
결론(conclusion)	15, 248
경로분석	239
경영정보시스템(MIS)	102
경험치	128
고속도로	128
고인 물	73
공공재	14, 127
공분산구조모형	181
공헌	198
공헌도	208
과학적 방법	174
관여도	66
관측변수	239
교감	177
교과서	84
교도관	178
교신저자(CA: corresponding author)	134
구글링	129
구글 번역기	112
구글 학술검색	95, 96
구양수(歐陽脩)	123
구조방정식모델(SPSS Amos)	181, 235, 238, 239
구조방정식모델링	12
국내 논문	138
국내문헌목록	100
귀납법	207
귀납적 방법	180, 207
귀납적 연구방법	196
기간 결정	211
기여도	127
기준 타당성	183
기초통계학	12
기프티콘	220
김치	180

ㄴ

내시의 균형(Nash equilibrium)	119
내용 타당성	183, 202
논리의 흐름	14, 208
논리 전개	228
논문 서칭	94
논문 세미나	252
논문 심사	258, 260
논문심사결과보고서	263
논문심사위원 추천서	263
논문을 작성하는 순서	64
논문을 정리하는 방법	241
논문의 문장	160
논문의 완성도	208
논문 작성 프로그램	11
논문지도	80
논문 쪼개기	89
논문 컨설팅	80, 81
논평(commentary)	16
능동태	161

ㄷ

다독(多讀)	123, 244
다상량(多商量)	123
다작(多作)	123
다중공선성	238
당위성	66
대상	184
대표성	208, 236
대학원 수업	175
대행 업체 이용	215
더미(dummy) 변수 회귀분석	184
데이터 마이닝(data mining)	174, 181, 207
데이터 수집(Data Collection)	207, 246
데이터 수집 도구	183
데이터 수집 방법	214
데이터 이용	196

데이터 정리 방법 235
데이터 클리닝 212, 222
데이터 클리닝의 기준 217
데이터 클리닝 장치 217
델파이법(delphi method) 200
도서 리뷰(book review) 17
독립변수 183
독자 262
독창성 17
동력 68
등간척도 176

ㄹ

랩(Lab) 18
랩의 명칭 83
레고(LEGO) 13
레퍼런스 162
로지스틱(logistic) 회귀분석 184
리뷰 논문(review article) 16, 140
리비전(revision) 161

ㅁ

마인드 프로세서 19, 23, 143, 149
마인드맵 23
말 전달하기 게임 186
매개변수 163
매몰 177
메타분석 174
명목집단법(NGT: nominal group technique) 201
명목척도 176
명사 187
명사만 변경 194
명사만 변형 187
모델적합도 240
모집단 63
모집단에 대한 대표성 222
모집단 특성 230, 235
목차의 구성 165, 242
목표의식 211
문장 형태(voice) 161
문제의식 14
문헌적 근거 124
미개척 분야 85
미성숙 177

ㅂ

박사 77
박사급 고급인력 정책 자문단 263
반복 측정 237
방목 71
방향성 68
버려야 할 논문 100
버려야 할 데이터 223
범주형 183
범주형 척도 176
변수 63
변수의 조작적 정의 246
변수의 측정 246
보상책 220
본조사 202
부사 160
분산분석 207
분석 결과(Results) 15, 247
분석 방법(methods) 15, 206
분석의 정확성 208
분야 156
불가능한 연구 178
비율척도 176
비트코인 99
비평적 시각(critical view and review) 13
비협력 게임(Noncooperative Games) 119
비확률적 표본추출 방법 209

ㅅ

사용자 매뉴얼 164
사전 준비 156
사회과학 연구 174
사회자 200
사회적 거리두기 215
사회적 공헌(contribution) 79
사회조사분석사 70
사회현상 174
삼다(三多) 123
상거래 의도(Social Commerce Intention) 148
상관분석 238
상대성이론 164
상태의 차이(평균비교) 165
서론(序論, introduction) 14, 244
서열척도 176
서지 관리 프로그램 20

선포(declaration)	253	연구모델 확정	145
선행 연구	67	연구 목적	165, 228, 254, 261
설문 개발	200	연구문제	254
설문 문항 이용	196	연구방법(Methods)	245
설문 문항 척도 결정하기	187	연구 범위	165
설문 작성 방법	182	연구비 지원	193
설문 작성하기	186	연구윤리	10, 15
설문지	220	연구윤리교육	263
성범죄자	178	연구윤리 위반	125
셰르파	11	연구의 당위성	66, 165, 261
소설	166	연구의 윤리성	282
수동태	161	연구의 한계(Limitations)	67
수료증	263	연구자들을 위한 시사점(Implications for the Researchers)	248
수집 시간	211		
수치화	174, 186	연구자의 의견	238
스크린 샷(screen shot)	235	연구조사방법론	12, 69
시뮬레이션	145	연구주제	82, 254
시사점	238, 248, 262	연구 타당성	183
식상하다	164	연구 트렌드	129
식상한 주제	164	연구 한계(Limitations)	248
신뢰도 분석(reliability analysis)	237	연속형 척도	176
실무자들을 위한 시사점(Implications for the Practitioners)	248	연역적 방법	180, 207
		연역적 연구방법	196
심사용 학위청구논문	263	영어 울렁증	111
심사위원	234	영향관계(인과관계)	165
심사일지	263	예비조사	202
씽크와이즈(TW)	19, 23, 131, 143	온라인 데이터 이용	214
씽크와이즈(TW)의 유용성	30	외부심사위원 추천서	263
		우리 의도(We-Intention)	148
ㅇ		우편	200
아마존	197	운전면허증	128
아웃풋(output)	67	워드프로세서	19
아인슈타인	164	워킹페이퍼(working paper)	192
암호 화폐	79	원문	187
양적 연구	12, 223	원저 논문(original research)	16
양적 연구방법	174	유효 기간	199
에베레스트	11	윤리성	18
엔터	113	은유법	160
엘제비어(ELSEVIER)	102	응답 대상자	184
역질문	216	의견(opinion)	16
역추적	188	의사결정나무	174, 181
연관성	237	이론적 고찰	88, 207
연구	206	이론적 근거	167
연구 동향	118	이론적 배경(Theoretical background)	15, 101, 155, 159, 167, 244
연구를 위한 목적	228		
연구모델	15, 124, 156, 158, 244, 255	이론적 배경 작성	163
		이상치(out-lier)	78
연구모델 수정	159, 193	인공신경망	174, 181

인과관계	162
인구통계학적 특성	236
인사이트(insight)	158
인쇄본 학위논문	263
인용	184
일반인 집단	200
일반화	209, 229
임상 사례 연구(clinical case study)	16
임상 시험(clinical trial)	16

ㅈ

자료 분석(data analysis)	15
자료의 수집(data collection)	15, 206
자승자박	179
잠재변수	239
장래성	85
장비	10
재범률	178
재인용	124, 162
저승사자	260
저자	129
저작권 동의서	263
전략적 접근	228
전문가 집단	200
절대적합도지수	240
점추정량의 바람직한 조건의 충분성	231
정규성	233
정보원	213
조력자	234
조작	183
조절변수	163
존 내시(John Nash)	119
존 스튜어트 밀(John Stuart Mill)	74
종속변수	183
좋은 논문이 되기 위한 조건	17
주경야독	79
주저자(FA: first author)	134
주제	156
주제의 적합성	208
줄타기	223
중복 질문	216
중심극한정리	221
중심 논문	139, 141
중요한 내용	164
증거	228
증분적합도지수	240
지속적인 사용 의도(Continued Usage Intention)	145
지혜의 눈	198
직유법	160
직접 인터뷰	211, 214
직접 첨부	131
질적 연구방법	174
집중타당성	202, 239

ㅊ

참고문헌	35
참고문헌의 설문	194
처방	260
척도	176, 183
청자	262
초점집단면접법	200
최근 트렌드	85
최신 기조	118
출판 연도	122, 129
취해야 할 논문	100
측정 도구(설문 문항)	223
측정 도구를 직접 만드는 것	193
측정 속성(The Measurement Properties)	247

ㅋ

카테고리별	130
커리큘럼	12
컨설팅	80
코딩	221
코스워크(course work)	84
콜로키움(colloquium)	252
크롤링(crawling)	215
클라우드(cloud)	32, 143
클래리베이트(Clarivate)	103
키워드	129
키워드별	130
키페이퍼(Key-papers)	119, 141, 156, 158

ㅌ

타당성	186
탐색적 요인분석	183, 236
탐험	228
탑 저널(Top Journal)	70, 73
태(voice)	162
테슬라	197
토론(Discussions)	247
통계 프로그램	12

통계학	12
투입한 시간	143
트렌드	72
트렌드 분석	85

ㅍ

파오차이	180
파일	131
파파고	115
판별타당성	202, 239
패널	219
편법	150
폴더	131
표본 개수	231
표본추출	246
표본추출 방법	209
표적집단면접법(FGI: focus group interview)	200
표절	18
표절방지 시스템 검사 결과보고서(카피킬러 검사)	263
풀타임	11, 138
프로젝트	12
프로포절(proposal)	66, 252
프로포절을 하는 이유	253

ㅎ

하위 가지	28
하이퍼링크	131
학부 수업	175
학술논문	16
학술논문 모집(call for paper)	76
학위 과정	275
학위논문	16
학위논문의 분량	242
학위논문 유사도 확인서	263
학위논문 확인서	263
학위청구논문 심사비	263
학위청구논문 심사종합판정표	263
학위청구논문 연구윤리 준수 서약서	263
학위청구논문 제출신청서	263
학위청구논문 지도교수 추천서	263
학자적 양심	207
학제적(interdisciplinary)	17, 157
학제적 연구	89
한국연구재단	193
한국학술지인용색인	75
한글	20

함의	187
해설서	164
해외문헌목록	100
해외 저널 선택 방법	269
핵심 가치	163
핵심 개념	164
향후의 연구 방향	238
협업자	133
형용사	160
화려함	160
화룡점정	262
화살표	141, 238
확률적 표본추출 방법	209
확인적 요인분석	239
활용할 데이터	223
활자화	73
회귀분석	181, 183, 238
회원	219
후속 연결성	88
후속 연구	158

A

A&HCI(Arts and Humanities Citation Index)	110
Add-on	36
AI	111
Appendix	262
Article	14, 17

C

Citation	70
Citation Plugin	36, 47
Cite-O-Matic	58
Conclusion	248

D

discussion	15
dissertation	14, 17
doi	97

E

Endnote	35

I

IF(Impact Factor)	103, 271
Implications	248
interdisciplinary	88
IRB(Institutional Review Board)	282

J

JCR	103
Journal Citiation reports	103

K

KCI	62
Key-papers	63

M

Mendeley	20, 35
Mendeley Desktop	36, 37
Microsoft Academic	95, 96
model fit	240
MS-Word	20

P

paper	14, 17
Ph.D	77

R

Research Model	244
Research paper	17
Revised	258
RISS	95

S

Sampling	246
SCI	110
SCIE	102
SCI-E	110
SCI-HUB	97
SCI-HUB의 저작권 침해	99
SCOPUS	106, 110
SJR	106
SPSS Statistics	235
SSCI	102, 110

T

Term paper	17
thesis	14, 17
Thomson Reuters	103
Time to publication	271
TW	132, 149
t검정	207

U

URL	131

W

Web Importer	36, 44

숫자

1차 문헌	16
2차 논문	16
30개의 법칙	221